Viviendas de uso turístico
Análisis de la situación actual y propuestas para la mejora de su marco regulatorio

Claves**39**

Serie Claves del Gobierno Local

Viviendas de uso turístico

Análisis de la situación actual y propuestas para la mejora de su marco regulatorio

Director: Alejandro ROMÁN MÁRQUEZ

Coordinador: Pedro Alberto BAREA GALLARDO

PRÓLOGO DE ALFREDO GALÁN GALÁN

Pedro Alberto BAREA GALLARDO

Alejandro CORRAL SASTRE

Humberto GOSÁLBEZ PEQUEÑO

María HERNANDO RYDINGS

Mariola RODRÍGUEZ FONT

Alejandro ROMÁN MÁRQUEZ

Joana M. SOCÍAS CAMACHO

M.ª del Mar SOTO MOYA

FUNDACIÓN
DEMOCRACIA
Y GOBIERNO LOCAL

© Fundación Democracia y Gobierno Local
Rambla de Catalunya, 126 - 08008 Barcelona
c/ Fernando el Santo 27, bajo A - 28010 Madrid
www.gobiernolocal.org

Corrección y revisión de textos: María Teresa Hernández Gil

Producción: Estilo Estugraf Impresores, S.L.

Depósito legal: M-3615-2024
ISBN: 978-84-125912-5-5

Índice

Viviendas de uso turístico
Análisis de la situación actual y propuestas
para la mejora de su marco regulatorio

Fundación Democracia y Gobierno Local
Serie: Claves del Gobierno Local, 39
ISBN: 978-84-125912-5-5

7

8

Viviendas de uso turístico
Análisis de la situación actual y propuestas
para la mejora de su marco regulatorio

Fundación Democracia y Gobierno Local
Serie: Claves del Gobierno Local, 39
ISBN: 978-84-125912-5-5

Presentación

Alejandro Román Márquez
Universidad de Sevilla.
Instituto Clavero Arévalo/Instituto Andaluz de
Investigación e Innovación en Turismo (IATUR)

La eclosión, durante la última década, de las plataformas *online* dedicadas a la comercialización de estancias en viviendas particulares ha supuesto una auténtica revolución en el sector del alojamiento vacacional, con consecuencias que van más allá de la mera actividad turística. La proliferación de inmuebles dedicados al alojamiento turístico genera sin duda un impacto en la configuración del tejido socioeconómico de las ciudades, modificando sus características y usos tradicionales, especialmente en los centros urbanos, donde se concentra la mayoría de estos alojamientos. Si bien es cierto que en algunos casos las viviendas de uso turístico (en adelante, VUT) se localizan en inmuebles que carecían de actividad previa, habiendo sido reformados ex profeso para esta función, también es cierto que, en otros muchos casos, las VUT se ubican en inmuebles que venían prestando una función residencial, lo que sin duda afecta a la disponibilidad de vivienda para los residentes de las ciudades con mayor número de VUT. Por otro lado, las VUT amplían la oferta de alojamiento turístico, por lo que contribuyen, junto con los establecimientos de alojamiento turístico tradicionales, a la atracción de flujos turísticos. Un aumento descontrolado de estos flujos puede provocar problemas económicos, sociales y ambientales cuando se desborda la capacidad de carga del destino. En primer lugar, porque un aumento de la población *de hecho* (visitantes) sobrecarga las infraestructuras y los servicios públicos, financiados casi mayoritariamente en atención a la población *de*

Viviendas de uso turístico
Análisis de la situación actual y propuestas
para la mejora de su marco regulatorio

Fundación Democracia y Gobierno Local
Serie: Claves del Gobierno Local, 39
ISBN: 978-84-125912-5-5

9

derecho del destino (residentes), lo que redunda en perjuicio de su calidad respecto de ambos grupos poblacionales. En segundo lugar, porque una eventual saturación de la capacidad de acogida del destino puede provocar actitudes de rechazo hacia los visitantes por parte de la población residente. Y, en tercer lugar, porque la sobrefrecuentación de los destinos turísticos constituye un riesgo para la sostenibilidad de sus recursos, ya sean naturales o histórico-culturales. Estos potenciales riesgos, de consecuencias tan relevantes para los destinos turísticos, hacen que el estudio del fenómeno de las VUT posea un extraordinario interés desde el punto de vista de la política pública aplicada a la gestión del espacio local.

Cuando un destino se enfrenta a desafíos como los señalados, sus gestores se ven en la obligación de articular todas las medidas a su alcance para tratar de encauzarlo en la dirección adecuada, preservando la integridad de sus recursos turísticos, además de garantizar derechos esenciales para la población residente, como es el derecho a la vivienda y a un entorno urbano adecuado. La finalidad de la presente obra es ofrecer a los poderes públicos locales, así como a cualquier persona interesada en esta materia, un estudio en el que se analizan, desde una perspectiva esencialmente jurídica, los principales aspectos vinculados con el fenómeno de las VUT, desde su régimen jurídico como servicio de alojamiento turístico hasta su incidencia en el derecho a la libertad de empresa, el planeamiento urbano, los derechos de los consumidores y usuarios, o el sistema tributario.

Cada uno de los capítulos de esta obra se centra en un aspecto crucial de las VUT. En el primero de ellos, a cargo del profesor Barea Gallardo (Universidad de Sevilla), se ofrece una visión general del fenómeno de las VUT en la que se abordan los antecedentes directos de esta figura y el contexto socioeconómico en el que se ha desarrollado. También se realiza un estudio de la denominada *economía colaborativa*, exponiendo sus orígenes y evolución en el pasado reciente, el papel que ha jugado en el auge de las VUT, su situación actual y su régimen jurídico, incluyendo su principal instrumento: las plataformas de intermediación *online*.

En el siguiente capítulo, a cargo de la profesora Socías Camacho (Universidad de las Islas Baleares), se analizan los principales impactos generados por la actividad de las VUT en las ciudades desde diferentes perspectivas: el urbanismo, la ordenación del territorio, el medio ambiente urbano, la política de vivienda o la convivencia entre residentes y turistas. Problemas como el monocultivo turístico, la proliferación desmesurada del alquiler vacacional o la mercantilización del espacio público urbano son examinados en este capítulo, proponiéndose algunas orientaciones

10

Viviendas de uso turístico
Análisis de la situación actual y propuestas
para la mejora de su marco regulatorio

Fundación Democracia y Gobierno Local
Serie: Claves del Gobierno Local, 39
ISBN: 978-84-125912-5-5

para volver a colocar la habitabilidad de los espacios urbanos en el centro de las políticas públicas.

El tercer capítulo, elaborado por la profesora Rodríguez Font (Universidad de Barcelona), ofrece un análisis exhaustivo del régimen de funcionamiento de las VUT, el cual abarca tres aspectos esenciales de este: el contexto jurídico-político del alojamiento colaborativo, la conceptualización de la figura en la normativa autonómica, y la regulación de su actividad. A lo largo de las páginas que componen este capítulo, la profesora Rodríguez Font realiza un examen crítico de los diferentes aspectos que componen el régimen jurídico de las VUT, invitando a la reflexión en torno a algunos de los aspectos más relevantes y problemáticos de esta modalidad alojativa.

El cuarto capítulo se ocupa de los mecanismos de intervención local en la actividad de alojamiento turístico en viviendas. El profesor Corral Sastre (Universidad CEU San Pablo) hace un doble análisis de los instrumentos existentes en la actualidad para intervenir en el mercado de las VUT, tanto desde la perspectiva de su limitación y control como del fomento. En el primero de ellos examina los instrumentos a disposición de la Unión Europea, el Estado y las comunidades autónomas. En el segundo, objeto principal de este capítulo, expone de forma crítica los mecanismos utilizados para ordenar y fomentar las VUT en el ámbito local, entre los que destacan los instrumentos de naturaleza urbanística y los relativos al control de calidad de los servicios turísticos.

El siguiente capítulo —quinto— ha sido elaborado por la Profesora Hernando Rydings (Universidad Rey Juan Carlos), y tiene por objeto la intervención de los municipios en el mercado de las VUT a través de sus competencias sobre planificación urbana. En este capítulo se analizan la admisibilidad y los límites de la principal técnica urbanística utilizada por la Administración municipal para la limitación cuantitativa de las VUT: la zonificación urbanística. Se hace, para ello, un estudio de la experiencia de ciudades como Madrid, Barcelona o Bilbao, examinando su encaje en el ordenamiento jurídico español, así como la principal jurisprudencia generada en torno a esta cuestión.

Quien suscribe estas líneas se ha encargado de la redacción del sexto capítulo, en el que expongo las principales restricciones a la libertad de empresa en relación con la actividad de las VUT, como son las originadas por los requisitos de acceso al mercado, la prohibición de determinadas modalidades de explotación —como la cesión parcial—, las limitaciones temporales relativas a su disfrute por cada usuario, las restricciones de naturaleza urbanística o los requisitos relativos a equipamiento obligatorio y servicios pres-

Viviendas de uso turístico
Análisis de la situación actual y propuestas
para la mejora de su marco regulatorio
Fundación Democracia y Gobierno Local
Serie Claves del Gobierno Local, 39
ISBN: 978-84-125912-5-5

tados a los usuarios turísticos. Todas estas restricciones son analizadas desde la perspectiva de su ajuste a los principios de buena regulación económica, dando cuenta de la opinión que sobre estas cuestiones han manifestado tanto la Comisión Nacional de los Mercados y la Competencia como la jurisprudencia más reciente.

El séptimo capítulo ha sido elaborado por el profesor Gosálbez Pequeño (Universidad de Córdoba), el cual ofrece un estudio pormenorizado de los instrumentos de protección de los usuarios de VUT a disposición de la Administración local. A este fin, el profesor Gosálbez Pequeño reflexiona sobre la noción de consumidor y usuario desde la perspectiva turística y analiza las diferentes herramientas que pueden poner en marcha los entes locales para la defensa de los usuarios de VUT, proponiendo una serie de mecanismos que aumenten sus capacidades para proteger adecuadamente a estos consumidores.

La profesora Soto Moya (Universidad de Málaga) analiza, en el capítulo octavo de esta obra, la idoneidad y legalidad de un eventual impuesto de origen local que grave las estancias en VUT. Para ello, realiza un estudio pormenorizado del reparto competencial en materia impositiva, así como de la viabilidad jurídica de la creación de un impuesto local sobre la actividad de las VUT, ofreciendo vías legales para aquellos municipios interesados en su instauración.

Esta obra se cierra con un capítulo final, el noveno, en el que, a modo de síntesis de sus contenidos, se realiza una recopilación de las principales conclusiones y propuestas de los diferentes investigadores que han participado en su elaboración, brindando un repositorio de ideas y propuestas en torno al fenómeno de las VUT.

Se trata, en definitiva, de una obra cuya finalidad es ofrecer respuestas a los operadores jurídicos y gestores públicos en relación con las principales cuestiones relacionadas con las VUT, de forma que estos puedan tener un conocimiento profundo de este fenómeno que les permita adoptar las decisiones más adecuadas en cada situación. Si bien el objeto de estudio ha sido tratado desde las múltiples perspectivas a las que afecta, se ha prestado una especial atención al ámbito local, cuya atención preferente ha sido una de las líneas fundamentales a lo largo de este trabajo.

Viviendas de uso turístico
Análisis de la situación actual y propuestas
para la mejora de su marco regulatorio

Fundación Democracia y Gobierno Local
Serie: Claves del Gobierno Local, 39
ISBN: 978-84-125912-5-5

Prólogo

Gobierno local y viviendas de uso turístico

Alfredo Galán Galán
*Director de la Fundación
Democracia y Gobierno Local.
Catedrático de Derecho Administrativo
de la Universidad de Barcelona*

La Fundación Democracia y Gobierno Local, en sus más de veinte años de recorrido, tiene como objeto el impulso y el desarrollo de iniciativas de estudio y divulgación en materias de interés local. No cabe duda de que las viviendas de uso turístico (VUT) constituyen una de dichas materias. De ellas se ha ocupado ya la Fundación en varias de sus actividades, incluidas contribuciones en sus publicaciones periódicas y la celebración de jornadas. No obstante, la relevancia y actualidad del tema hizo conveniente su tratamiento completo y sistemático en una obra colectiva que, además, prestara particular atención a su incidencia en el ámbito local. Con esta finalidad, se constituyó en su día, en el seno de la Fundación, un grupo de trabajo con este objeto y que culmina hoy viendo la luz el presente libro.

La obra que aquí se prologa aborda el análisis de la situación actual de las VUT y la formulación de propuestas para la mejora de su marco regulatorio. Cada uno de los capítulos que la integran examina un aspecto clave de la cuestión: el contexto socioeconómico de las VUT, el fenómeno de la economía colaborativa y las plataformas de intermediación *online* (profesor Pedro Alberto Barea Gallardo, de la Universidad de Sevilla); el impacto en las ciudades de la actividad de las VUT (profesora Joana M. Socías Camacho, de la Universidad de las Islas Baleares); el objeto y régimen de funcionamiento de las VUT (profesora Mariola Rodríguez Font, de la Universidad de Barce-

Viviendas de uso turístico
Análisis de la situación actual y propuestas
para la mejora de su marco regulatorio

Fundación Democracia y Gobierno Local
Serie Claves del Gobierno Local, 39
ISBN: 978-84-125912-5-5

13

lona); los mecanismos de intervención local en la actividad de alojamiento turístico en viviendas (profesor Alejandro Corral Sastre, de la Universidad CEU San Pablo); la regulación de las VUT a través de los instrumentos de planeamiento urbanístico y, en concreto, de la zonificación de las viviendas de uso turístico (profesora María Hernando Rydings, de la Universidad Rey Juan Carlos); la regulación de las VUT desde la perspectiva de los principios de buena regulación económica y las principales barreras regulatorias (profesor Alejandro Román Márquez, de la Universidad de Sevilla); la protección de los derechos de los usuarios de este tipo de viviendas (profesor Humberto Gosálbez Pequeño, de la Universidad de Córdoba); y la fiscalidad de las VUT, prestando especial atención a la competencia local para gravar las pernoctaciones (profesora M.ª del Mar Soto Moya, de la Universidad de Málaga). Se cierra el libro con un capítulo final que recoge las conclusiones y propuestas de mejora normativa.

Estamos ante una obra de perfil académico. Durante su elaboración, no obstante, se tuvo el acierto de contrastar las propuestas en desarrollo con la opinión de técnicos de las Administraciones y expertos en el sector. El resultado es una obra rigurosa y de utilidad, seguramente llamada a convertirse en referencia para los interesados en la materia. Por todo ello es de justicia mostrar nuestro agradecimiento y hacer llegar la enhorabuena al equipo de autores, al coordinador de la publicación, el profesor Pedro Alberto Barea Gallardo, y, muy especialmente, al profesor Alejandro Román Márquez por su atinada y constante labor de dirección. Llegados a este punto, lo mejor es dejar ya al lector que pase la página y comience una lectura que, sin duda, será amena y formativa.

Viviendas de uso turístico
Análisis de la situación actual y propuestas
para la mejora de su marco regulatorio

Fundación Democracia y Gobierno Local
Serie: Claves del Gobierno Local, 39
ISBN: 978-84-125912-5-5

CAPÍTULO 1

Contexto socioeconómico de las viviendas de uso turístico. El fenómeno de la economía colaborativa: nacimiento, evolución y regulación

Pedro Alberto Barea Gallardo
Departamento de Derecho Administrativo
Instituto Clavero Arévalo
Universidad de Sevilla

SUMARIO. 1. Antecedentes y contexto socioeconómico de la actividad de cesión de viviendas con fines turísticos: razones que explican su interés actual. 2. La economía colaborativa: a vueltas con su origen, concepto, relación con el sector del alojamiento turístico y su regulación en este ámbito. 3. Las plataformas electrónicas en el ámbito del alojamiento turístico: la calificación jurídica de los servicios que prestan, la normativa que conforma su régimen jurídico y su responsabilidad por los datos y anuncios que alojan. 4. Bibliografía.

1. Antecedentes y contexto socioeconómico de la actividad de cesión de viviendas con fines turísticos: razones que explican su interés actual

El objeto de este capítulo es ofrecer un primer acercamiento a la actividad de cesión de viviendas para usos turísticos, que desde hace varios años viene suscitando una intensa controversia social y jurídica, y en la que están implicados sujetos con intereses diversos, a saber: los particulares —personas físicas y jurídicas— que participan en ella con distintos roles, los operadores tradicionales del sector del alojamiento turístico —como los titulares de establecimientos hoteleros y apartamentos turísticos—, y los poderes públicos[1]. Se trata de una realidad que, en puridad, pese a los numerosos trabajos que

---

1. Domínguez Luelmo (2018: 5).

Viviendas de uso turístico
Análisis de la situación actual y propuestas
para la mejora de su marco regulatorio

Fundación Democracia y Gobierno Local
Serie: Claves del Gobierno Local. 39
ISBN: 978-84-125912-5-5

15

se han ocupado de su estudio en fechas recientes, no constituye *per se* ninguna novedad. No en vano, en nuestro país, donde el turismo se erige como un sector clave de la economía[2], es posible reconocer precedentes próximos de ese género de cesión de viviendas "a mediados del siglo XX, cuando el incipiente desarrollo económico del país fomentó el turismo (nacional y extranjero), porque durante los meses de verano los propietarios de viviendas amuebladas de las ciudades costeras arrendaban su uso"[3]. De hecho, de este periodo datan las primeras disposiciones que hicieron referencia a dicha actividad, tanto desde el prisma del derecho privado como del derecho público. Baste señalar, en prueba de cuanto decimos, que el Decreto 4104/1964, de 24 de diciembre, por el que se aprobó el Texto Refundido de la Ley de Arrendamientos Urbanos, establecía, desde la primera perspectiva, que "los arrendamientos, cesiones y subarriendos de viviendas o locales de negocio, con o sin muebles, de fincas cuyo arrendatario" únicamente las ocupase "por la temporada de verano, o cualquier otra, aunque los plazos concertados para el arrendamiento fueran distintos", quedaban extramuros de su ámbito de aplicación, habiendo de regirse por lo pactado y por lo previsto con carácter necesario en el Código Civil o en la legislación foral, en su caso[4]. Valga recordar, de otra parte, y desde la segunda óptica, que la Orden del Ministerio de Información y Turismo de 17 de enero de 1967, por la que se aprobó la ordenación de los apartamentos, "bungalows" y otros alojamientos similares de carácter turístico, introdujo en nuestro ordenamiento una regulación típicamente administrativa, ajustada a los cánones de lo que todos conocemos bajo el nombre de "actividad de policía"[5], para las modalidades de alojamiento turístico abarcadas por la Orden citada, resaltando en su preámbulo la necesidad de distinguir su prestación del "simple arrendamiento de una vivienda amueblada" al que aludía, con los términos arriba expuestos, la entonces vigente Ley de Arrendamientos Urbanos, en la medida en que en este último caso solo se producía "la transferencia del uso temporal y onero-

---

2. De acuerdo con los últimos datos ofrecidos por el Instituto Nacional de Estadística, publicados el 22 de diciembre de 2022, "el peso del Producto Interior Bruto (PIB) asociado al turismo, medido a través de la demanda final turística, alcanzó los 97126 millones de euros en el año 2021"; cifra que, según sus propios términos, "supuso el 8,0 % del PIB, con un aumento de 2,2 puntos respecto a 2020". Dichos datos apuntan, asimismo, que "la ocupación en las ramas económicas características del turismo alcanzó los 2,27 millones de puestos de trabajo", lo que equivalía al "11,4 % del empleo total de la economía, cinco décimas menos que en 2020". Véase, para verificar lo anterior, la Cuenta Satélite del Turismo de España, Serie 2016—2021.

3. Gosálbez Pequeño (2023: 44). Conviene apuntar, y es de justicia hacerlo, que esta publicación nos ha servido de base para efectuar el repaso normativo que se contiene en nuestro trabajo, al igual que también lo ha hecho, para el recorrido histórico y buena parte de nuestro capítulo, la que nombramos a continuación: Rebollo Puig (2021).

4. Artículo 2.1 del Decreto 4104/1964, de 24 de diciembre, por el que se aprobó el Texto Refundido de la Ley de Arrendamientos Urbanos.

5. Expresión acuñada, como es consabido, en Jordana de Pozas (1949: 42-49).

16

Viviendas de uso turístico
Análisis de la situación actual y propuestas
para la mejora de su marco regulatorio

Fundación Democracia y Gobierno Local
Serie: Claves del Gobierno Local. 39
ISBN: 978-84-125912-5-5

so de una vivienda", sin que el arrendador se obligase "a prestar ningún servicio ni a realizar actividad alguna en beneficio del arrendatario", mientras que el primero se caracterizaba por englobar un "conjunto de asistencias" que recibía "el cliente de la empresa desde el momento mismo de la ocupación del alojamiento". Una distinción, por cierto, la demandada por aquella Orden, en la que ahondaría, años después, el Real Decreto 2877/1982, de 15 de octubre, gráficamente rubricado, con una conjunción que denota que son diferentes realidades, "de ordenación de apartamentos turísticos y de viviendas turísticas vacacionales". Así, y como resultado de la mescolanza de estas disposiciones reglamentarias, que convivirían durante varias décadas, la primera nomenclatura quedó reservada para aludir, a modo de paraguas, a "los bloques o conjuntos de apartamentos, y los conjuntos de villas, chalés, bungalows y similares" que se ofrecieren "empresarialmente en alquiler, de modo habitual, debidamente dotados de mobiliario, instalaciones, servicios y equipo para su inmediata ocupación por motivos vacacionales o turísticos"; tipologías, todas ellas, que quedaron sujetas a una detallada regulación que requería para su explotación el previo otorgamiento de autorización por la Administración competente en la materia, y que prescribía cuestiones tales como las condiciones mínimas de los alojamientos y un contrato-tipo o normado en el que se determinaban los derechos y obligaciones de las partes. Por su parte, las "viviendas turísticas vacacionales" se definieron como "las unidades aisladas de apartamentos, bungalows, villas y chalés y similares y, en general, cualquier vivienda que con independencia de sus condiciones de mobiliario, equipo, instalaciones y servicios", se ofreciese "en régimen de alquiler por motivos vacacionales o turísticos"; categorías, estas otras, para las que se dispuso una sucinta ordenación administrativa que, al margen de la anterior conceptualización, prácticamente se limitaba a indicar que, en este caso, para la apertura y funcionamiento solo habría obligación de "notificar al organismo competente su dedicación al tráfico turístico", y que la explotación de los alojamientos "sin la posesión del duplicado de la citada notificación, debidamente diligenciada", merecería "la consideración de clandestina"[6]. El grueso de la regulación de esta actividad, por tanto, salvo estas parcas previsiones de derecho público, vendría dado

---

6.   Cuanto se ha dicho puede comprobarse con una lectura conjunta de la Orden del Ministerio de Información y Turismo de 17 de enero de 1967 y el Real Decreto 2877/1982, de 15 de octubre. En particular, las definiciones de los "apartamentos turísticos" y de las "viviendas turísticas vacacionales" pueden verse en los artículos 1.1 y 17 de la última norma; la sujeción de la explotación de los primeros a autorización administrativa, la previsión de las condiciones mínimas de dichos alojamientos y el contrato-tipo en el que se establecían los derechos y obligaciones de las partes, en los artículos 3, 9 a 11 y 50 de la Orden; el sometimiento de la explotación de las "viviendas turísticas vacacionales" a la obligación de notificar al organismo competente su dedicación al tráfico turístico, bajo pena de reputarse actividad clandestina, en los artículos 18 y 19 del Real Decreto.

Viviendas de uso turístico
Análisis de la situación actual y propuestas
para la mejora de su marco regulatorio

Fundación Democracia y Gobierno Local
Serie Claves del Gobierno Local, 39
ISBN: 978-84-125912-5-5

17

por el derecho privado, que doce años después de la promulgación del Real Decreto 2877/1982, de 15 de octubre, vería llegar a la Ley 29/1994, de 24 de noviembre, de Arrendamientos Urbanos (LAU), norma vigente en la actualidad, derogatoria del texto refundido de 1964, y que, por lo que a nosotros importa, hizo dos cosas: en primer lugar, en su artículo 3, denominado "Arrendamiento para uso distinto del de vivienda", describir esta tipología contractual como "aquel arrendamiento que, recayendo sobre una edificación", tuviere por "destino primordial uno distinto" a satisfacer la necesidad permanente de vivienda del arrendatario, y especificar que tendrían dicha condición "los arrendamientos de fincas urbanas celebrados por temporada, sea esta de verano o cualquier otra"; en segundo lugar, en su artículo 4.3, precisar que, sin perjuicio de lo dispuesto en el apartado 1 de este mismo precepto, los arrendamientos para uso diverso del de vivienda se regirían por la voluntad de las partes, en su defecto, por lo dispuesto en el Título III de la LAU, y, supletoriamente, por lo establecido en el Código Civil.

Sin ser nada nuevo, por ende, la cesión de viviendas para usos turísticos ni tampoco su ordenación jurídica, la irrupción y progresiva expansión de las nuevas tecnologías de la información y la comunicación, hito trascendental que hunde sus raíces, fundamentalmente, en la segunda mitad del siglo XX, y una serie de factores concitados en el primer cuarto de la centuria en la que vivimos, propiciarían, no obstante, al proyectarse sobre el turismo, un auténtico auge sin precedentes de esa actividad, sobre todo en zonas costeras y el centro de las principales ciudades[7]: en esencia, y por nombrar solo los condicionantes que suelen mencionarse con más frecuencia y que parecen más relevantes, la crisis financiera y económica de alcance mundial que empezó a dejarse notar en 2007; el cambio en los patrones de consumo de buena parte de la ciudadanía, motivado por la merma de poder económico para adquirir bienes y servicios y la voluntad de mantener niveles de consumo parecidos a los de antes de la crisis; y la capacidad del hombre para imaginar e innovar, a la que, como la realidad ha puesto de manifiesto en numerosas ocasiones, las situaciones de necesidad y de pérdida de recursos disponibles parecen servir de acicate[8]. En efecto, la crisis señalada, el viraje de la cultura de consumo, tradicionalmente focalizada en la propiedad, para brindar mayor protagonismo al uso de los bienes y al acceso a los servicios sin necesidad de ostentar la

---

7. Así se desprende, circunscribiéndonos a nuestro país, de estudios realizados por organismos públicos como el Instituto Nacional de Estadística, pero también de otros procedentes de asociaciones, de naturaleza jurídico-privada, como la Alianza para la Excelencia Turística (EXCELTUR) y la Federación Española de Asociaciones de Viviendas y Apartamentos Turísticos (FEVITUR). Véanse, en concreto, los siguientes documentos: (i) Instituto Nacional de Estadística (2020, 2021a, 2021b); (ii) EXCELTUR (2015, 2016, 2022); y por último, (iii) FEVITUR (2022).

8. Lucas Durán (2021: 32-34).

18

Viviendas de uso turístico
Análisis de la situación actual y propuestas
para la mejora de su marco regulatorio

Fundación Democracia y Gobierno Local
Serie: Claves del Gobierno Local, 39
ISBN: 978-84-125912-5-5

titularidad dominical, y la fundación de compañías que diseñan y proporcionan plataformas que, aprovechando los amplios horizontes abiertos por el mundo electrónico, operan, cuando menos, como canales digitales para la oferta y la búsqueda de bienes y servicios, son factores que han contribuido al incremento exponencial que en los últimos años ha experimentado la actividad de cesión de viviendas con finalidades turísticas. Esta intensificación es, justamente, una de las razones que explican que, pese a no ser, en rigor, una actividad insólita, se sitúe, hoy por hoy, entre las preocupaciones cardinales de la población y, por tanto, de los poderes públicos y la doctrina científica, siempre dispuesta a atender las cuestiones que puedan requerir reflexión y análisis. Ahora bien, la expansión de tal actividad, el ensanchamiento de su dimensión en términos cuantitativos hasta magnitudes notablemente superiores a las habidas en tiempos pretéritos, no es la única clave que subyace, como es lógico, tras el interés que el tema suscita. Al igual que ocurre con los globos, que al hincharse pasan a albergar un mayor volumen de aire, pero también a ocupar y entrar en contacto con una superficie más amplia por el aumento de su tamaño y, por consiguiente, a incorporar mayores riesgos e incertidumbres para su integridad y la de cuantas cosas les rodean, el engorde del número de viviendas asociadas a dicha actividad ha provocado que, desde una óptica cualitativa, presente mayores retos e incertezas que en el pasado. Algunas de las incógnitas más destacadas, que por motivos evidentes no podían darse antes, son las referidas a la calificación jurídica que merece el servicio que desempeñan las plataformas digitales en el mercado del alojamiento turístico, cuál ha de ser su régimen jurídico y la responsabilidad que debe atribuírseles cuando, por ejemplo, los datos y anuncios que alojan y que provienen de terceros —los denominados "anfitriones"— no se ajustan a lo establecido en la normativa aplicable; extremos estos en los que nos detendremos más adelante y para los que ya contamos con pronunciamientos del Tribunal de Justicia de la Unión Europea y el Tribunal Supremo. Los desafíos, por su parte, se han planteado y acentuado por los efectos que suelen predicarse del crecimiento de la cantidad de viviendas que se colocan en aquel mercado. Piénsese a título ilustrativo, pues este aspecto se abordará en otro capítulo, que además de resultas que pueden reputarse loables o positivas, como, según ha apuntado la Comisión Nacional de los Mercados y la Competencia (CNMC), generar una mayor cantidad y variedad de oferta —lo que a su vez puede derivar, al incrementarse la competencia, en una minoración del precio medio, una mejora de la calidad ofertada y una mejor adecuación a las necesidades del consumidor—, implica también, aunque no sea la fuente exclusiva, externalidades negativas, como un mayor índice de congestión y ruido, molestias a los vecinos residentes en los edificios y en las zonas de la ciudad en las que radican los inmuebles donde se presta aquella actividad, una subida del precio de la vivienda —para alquiler y para compra— en esas áreas y en las colindantes, el

Viviendas de uso turístico
Análisis de la situación actual y propuestas
para la mejora de su marco regulatorio

Fundación Democracia y Gobierno Local
Serie: Claves del Gobierno Local, 39
ISBN: 978-84-125912-5-5

19

desplazamiento de la población original de los barrios afectados por otra de corte turístico, y la posible producción de situaciones de intrusismo y competencia desleal que pueden menoscabar la calidad de los destinos turísticos[9]. Todos estos frentes e interrogantes, como otros que no hemos nombrado, junto al propio auge de la cesión de viviendas para usos de la índole mencionada que los ha abierto y agrandado, son los que colocan a esta actividad, así como a las maneras de afrontar su regulación, entre las cuestiones candentes del presente, en la medida en que, como es fácil advertir, ponen en liza derechos y principios contemplados incluso en el texto de la Constitución (CE), como el derecho de propiedad —artículo 33—, la libertad de empresa —artículo 38—, el derecho a un medioambiente adecuado —artículo 45—, el derecho a una vivienda digna —artículo 47—, la defensa de los consumidores y usuarios —artículo 51— o el principio de desarrollo territorial y urbano sostenible —en este caso, artículo 2 del Real Decreto Legislativo 7/2015, de 30 de octubre, por el que se aprueba el texto refundido de la Ley de Suelo y Rehabilitación Urbana (TRLS)—[10]. Tan es así que, después de que la Orden del Ministerio de Información y Turismo de 17 de enero de 1967 y el Real Decreto 2877/1982, de 15 de octubre, fuesen dejados sin efecto por aplicación del Real Decreto 39/2010, de 15 de enero, por el que se derogaron "diversas normas estatales sobre acceso a actividades turísticas y su ejercicio", el que seguramente sea uno de los hitos de mayor trascendencia para la configuración del régimen jurídico de la cesión de viviendas con fines turísticos esgrimió expresamente uno de aquellos retos e incertidumbres para justificar su dictado y aprobación: señaladamente, la adición de una letra e) al artículo 5 LAU en virtud de la Ley 4/2013, de 4 de junio, de medidas de flexibilización y de fomento del mercado del alquiler de viviendas, con el propósito de excluir del ámbito de aplicación de esa ley, de acuerdo con su tenor original, "la cesión temporal de uso de la totalidad de una vivienda amueblada y equipada en condiciones de uso inmediato, comercializada o promocionada en canales de oferta turística y realizada con finalidad lucrativa, cuando esté sometida a un régimen específico, derivado de su normativa sectorial"; una normativa sectorial que su redacción actual apellida como "turística"[11]. En efecto, según declara el preámbulo de la Ley

---

9. Sobre los factores que han motivado el auge experimentado por la actividad de cesión de viviendas para usos turísticos, y los efectos, positivos y negativos, que acostumbra a predicarse de ese aumento, existen abundantes publicaciones. A fin de evitar una nota al pie y un apartado de referencias bibliográficas demasiado amplios, que extiendan en demasía el número de páginas del trabajo, sirva al modesto afán de apoyar cuanto hemos expuesto la cita de dos documentos elaborados por la CNMC, a saber: CNMC (2016, 2018).

10. En este sentido, sin ánimo de exhaustividad, Desdentado Daroca (2019: 47-50); Rebollo Puig (2021: 311-318); Rodríguez Portugués (2021: 98-116); y Socías Camacho (2018: 134-138, 144-151).

11. En virtud de la modificación introducida por el Real Decreto-ley 7/2019, de 1 de marzo, de medidas urgentes en materia de vivienda y alquiler. En concreto, la redacción vigente del artículo 5.e) de la LAU es la siguiente: "Artículo 5. Arrendamientos excluidos. Quedan excluidos del

20

Viviendas de uso turístico
Análisis de la situación actual y propuestas
para la mejora de su marco regulatorio

Fundación Democracia y Gobierno Local
Serie: Claves del Gobierno Local. 39
ISBN: 978-84-125912-5-5

4/2013, de 4 de junio, esta reforma obedeció a la circunstancia de que en los últimos años se venía "produciendo un aumento cada vez más significativo del uso del alojamiento privado para el turismo", y al entendimiento por parte del legislador estatal de que ello "podría estar dando cobertura a situaciones de intrusismo y competencia desleal, que van en contra de la calidad de los destinos turísticos". Esta medida adoptada por el Estado y las consecuencias asociadas a la misma, en último lugar, también favorecen que la cesión de viviendas de que venimos hablando esté, como reza la expresión popular, "en el candelero". Y ello, porque en nuestro país, marcadamente descentralizado tras la publicación de la CE, la competencia para normar en materia de turismo corresponde no al Estado, sino a las comunidades autónomas, al haber asumido al amparo del artículo 148.1.18 CE, en sus respectivos estatutos de autonomía, competencias exclusivas sobre la integridad de esta materia y, por tanto, sobre su ordenación y gestión[12], siendo así que bajo tal manto, y al calor del retraimiento de la LAU en favor de la normativa sectorial turística —retracción de cuya constitucionalidad duda la doctrina—[13], han ido aprobando diferentes legislaciones que, en principio, incumben a las viviendas asociadas a la actividad de cesión con finalidades turísticas que encajen en los términos del artículo 5.e) LAU; un trasvase hacia la esfera del derecho público del régimen jurídico de esta actividad, hasta hace poco de carácter eminentemente *iusprivatista*, pero también de una fragmentación normativa que, ante la ausencia de un mínimo común denominador proveído por el Estado, ha propiciado el surgimiento de disparidades en cuestiones tan elementales como la denominación otorgada a tales viviendas, su propio concepto, los requisitos y equipamientos que deben observar o qué debe reputarse "cesión temporal de uso" a los efectos de aquel precepto de la LAU[14], existiendo, incluso, alguna

---

ámbito de aplicación de esta ley: [...] e) La cesión temporal de uso de la totalidad de una vivienda amueblada y equipada en condiciones de uso inmediato, comercializada o promocionada en canales de oferta turística o por cualquier otro modo de comercialización o promoción, y realizada con finalidad lucrativa, cuando esté sometida a un régimen específico, derivado de su normativa sectorial turística".

12. El artículo 148.1.18 CE establece que "las comunidades autónomas podrán asumir competencias", entre otras materias, sobre "promoción y ordenación del turismo en su ámbito territorial". Debe tenerse en cuenta, además, la incidencia que puede tener sobre la actividad de cesión de viviendas con finalidades turísticas otra competencia asumida por las comunidades autónomas en sus estatutos de autonomía, cual es la referida a la "ordenación del territorio, urbanismo y vivienda", prevista en el artículo 148.1.3 CE, así como el papel que pueden desempeñar los municipios en ejercicio de sus competencias propias, reconocidas en el artículo 25 de la Ley 7/1985, de 2 de abril, Reguladora de las Bases del Régimen Local (LBRL).

13. Se cuestiona, por ejemplo, en Desdentado Daroca (2019: 56-57); Martínez Cañellas (2014: 157-158); y Rebollo Puig (2021: 309).

14. De estas divergencias se da cuenta en Bauzá Martorell (2018: 323-339); Botello Hermosa (2020b: 1610-1656); Campuzano Tomé (2019: 120-146); Fernández Pérez (2018: 96-125); García Saura (2019: 53-63); Gosálbez Pequeño (2023: 57, 60-66); Guillén Navarro (2015: 119-127; 2020: 107-216); Murga y Fernández (2018: 66-98); y Román Márquez (2022: 2-9).

Viviendas de uso turístico
Análisis de la situación actual y propuestas
para la mejora de su marco regulatorio

Fundación Democracia y Gobierno Local
Serie: Claves del Gobierno Local, 39
ISBN: 978-84-125912-5-5

21

disposición autonómica que no alcanza solo a la que incumbe a la totalidad de la vivienda, como requiere la legislación civil para su desplazamiento por la ordenación turística, sino también a la que se refiere a las habitaciones[15]. No es el momento ni el lugar para efectuar un estudio de las vías que podrían valer para lograr ese mínimo común denominador, para contar con unas reglas estatales que provean una mínima homogeneidad entre las distintas normativas autonómicas y eviten la sensación de inseguridad que se instala en los titulares y explotadores de estas viviendas en lo que respecta al cumplimiento de las estipulaciones legales según la región en que estén, y hasta posibles quiebras del principio de unidad de mercado —principio, por lo demás, no enunciado de forma explícita en la CE, si bien puede atisbarse en varios de sus preceptos, como los artículos 138.2 y 139.2, y por el que vela la Ley 20/2013, de 9 de diciembre, de Garantía de la Unidad de Mercado (LGUM)—[16]. No obstante, merece la pena apuntar que no deben pasar inadvertidos, a tales efectos, cauces como el recurso, con la debida mesura, a competencias horizontales del Estado, más allá de las verticales y relativas a la "legislación mercantil" y la "legislación civil", reconocidas en los apartados 6 y 8 del artículo 149.1 CE, como las recogidas en los apartados 1 y 13 de este mismo precepto, o sea, las referidas a "la regulación de las condiciones básicas que garanticen la igualdad de todos los españoles en el ejercicio de los derechos y en el cumplimiento de los deberes constitucionales", y a las "bases y coordinación de la planificación general de la actividad económica"[17]. Tampoco ha de olvidarse la posibilidad de desempolvar un instrumento previsto en el artículo 150.3 CE[18], pero que solo se ha tratado de poner en práctica, con resultado frustrado, en una oca-

---

15.   Por ejemplo, el Decreto andaluz 28/2016, de 2 de febrero, de las viviendas con fines turísticos y de modificación del Decreto 194/2010, de 20 de abril, de establecimientos de apartamentos turísticos, establece en su artículo 1.1 que "tiene por objeto la ordenación de las viviendas con fines turísticos como un servicio de alojamiento turístico, de conformidad con lo dispuesto en el apartado 1.a) del artículo 28 de la Ley 13/2011, de 23 de diciembre, del Turismo de Andalucía". Más adelante, en el artículo 5.1, precisa que "las viviendas con fines turísticos podrán ser: a) Completas, cuando la vivienda se cede en su totalidad. b) Por habitaciones, debiendo la persona propietaria residir en ella. En estos casos, podrán utilizar las denominaciones internacionalmente reconocidas para este tipo de alojamiento". Sobre la regulación recogida en el Decreto andaluz 28/2016, de 2 de febrero, puede consultarse Román Márquez (2018a). De otra parte, si quiere saberse más de esta norma, señaladamente sobre la suerte de las impugnaciones planteadas en su día por dos asociaciones contra ella —que no se dirigieron contra las previsiones arriba reproducidas—, resueltas en única instancia por las sentencias del Tribunal Superior de Justicia de Andalucía de 29 de junio de 2018 (rec. 364/2016) y núm. 1162/2018, de 5 de diciembre (rec. 360/2016), después recurridas en casación por la Junta de Andalucía y confirmadas, con algunas matizaciones, por las sentencias del Tribunal Supremo núm. 1400/2019, de 21 de octubre (rec. 6320/2018), y núm. 148/2020, de 6 de febrero (rec. 1218/2019), recomendamos Rebollo Puig (2021: 330-332).

16.   Sobre la afección del principio de unidad de mercado y cómo se ha interpretado hasta el momento, Rebollo Puig (2021: 311-313) y Socías Camacho (2018: 150-170).

17.   En esta línea, Desdentado Daroca (2019: 45-46) y Rebollo Puig (2021: 307-311, 313).

18.   Este cauce se apunta en Rebollo Puig (2021: 313).

Viviendas de uso turístico
Análisis de la situación actual y propuestas
para la mejora de su marco regulatorio

Fundación Democracia y Gobierno Local
Serie: Claves del Gobierno Local. 39
ISBN: 978-84-125912-5-5

sión en sus casi cinco décadas de vigencia, cual es la "ley de armonización", y que, en palabras de la norma suprema, está pensado para que el Estado establezca "los principios necesarios para armonizar las disposiciones normativas de las comunidades autónomas, aun en el caso de materias atribuidas a la competencia de estas, cuando así lo exija el interés general"; vía esta, empero, que cabe especular que tendría *a priori* menos visos de prosperar, en parte porque creemos que difícilmente tendrá recorrido en una España como la actual, en la que podría reputarse un mecanismo centralizador que evoca a otros tiempos, y en parte porque el Tribunal Constitucional, en la STC 76/1983, de 5 de agosto[19], que dirimió los recursos de inconstitucionalidad interpuestos contra ese intento frustrado que hemos señalado —el Proyecto de Ley Orgánica de Armonización del Proceso Autonómico (LOAPA)—, manifestó que el Estado no puede "dictar leyes de armonización en los supuestos en que disponga de otros títulos específicos previstos en la Constitución para dictar la regulación legal de que se trate", en tanto que "el artículo 150.3 constituye una norma de cierre del sistema, aplicable solo a aquellos supuestos en que el legislador estatal no disponga de otros cauces constitucionales para el ejercicio de su potestad legislativa o estos no sean suficientes para garantizar la armonía exigida por el interés general".

2. La economía colaborativa: a vueltas con su origen, concepto, relación con el sector del alojamiento turístico y su regulación en este ámbito

Pero volvamos un momento hacia atrás. Hemos explicado que la cesión de viviendas con finalidades turísticas experimentó un auge sin igual en fechas recientes por la concurrencia de una serie de factores que, para evitar reiteraciones, no enunciaremos de nuevo. Lo que importa ahora señalar es que la combinación de esos factores, además de auspiciar tal incremento, propició el surgimiento y desarrollo de un "modelo de acceso a los bienes y servicios, alternativo o complementario al modelo tradicional de propiedad y consumo, basado en compartir, reciclar y reutilizar"[20]; un sistema que se ha bautizado, con carácter general, en los más heterogéneos estratos de la vida —desde la ciudadanía o los medios de comunicación social hasta la doctrina y los poderes públicos—, con el nombre de "economía colaborativa". No es esta, con todo, a pesar de los esfuerzos realizados desde distintas instancias e, incluso, de haber dado por fruto estos denuedos, como veremos, definiciones acuñadas por autoridades internacionales y nacionales, una expresión que cuente, hoy día, con contornos y significados pacíficos, al menos en la literatura científica. En este sentido, puede decirse que sigue gozando

---

19.   Recursos previos de inconstitucionalidad acumulados 311, 313, 314, 315 y 316/1982.
20.   Con estos términos, Alfonso y Burillo (2017: 51).

Viviendas de uso turístico
Análisis de la situación actual y propuestas
para la mejora de su marco regulatorio

Fundación Democracia y Gobierno Local
Serie: Claves del Gobierno Local, 39
ISBN: 978-84-125912-5-5

23

de plena salud, pese a los años transcurridos, la siguiente apreciación del Comité Económico y Social Europeo en una de las primeras aproximaciones de la Unión Europea a ese modelo económico que, queriendo distinguirse del convencional, del que pone el acento en la idea o el valor de propiedad, y no en el simple acceso al uso de los bienes o a los servicios en orden a la satisfacción de las necesidades, se ha dado en etiquetar, comúnmente, con el vocablo "colaborativo": que la "conceptualización, en especial cuando el método es inductivo, no es lineal y requiere de un tiempo para establecerse y obtener una unanimidad de entendimiento", motivo por el que, según ese órgano, algunos autores se habrían inclinado por "no intentar siquiera una definición por temor a que no sea suficientemente amplia o, por el contrario, a que no circunscriba bien su ámbito"[21]. De hecho, uno de los nombres propios que siempre se citan cuando se invoca la pléyade de los dedicados al examen de dicho modelo tituló hace una década una de sus publicaciones con la aserción *The sharing economy lacks a shared definition*[22]; rotunda afirmación que diez años más tarde, como decimos, mantiene su vigencia, puesto que la doctrina aún sigue dando a luz trabajos en los que se reflexiona, en mayor o menor medida, en torno a su concepto y extensión, en los que se trata de discernir las actividades que habrían de verse, en puridad, cobijadas bajo un sintagma nominal constituido por dos palabras de las que una de ellas es el adjetivo "colaborativo"[23].

Ahora bien, esta falta de concierto no empece que exista avenencia acerca de diversos extremos relacionados con el modelo económico que en estas líneas nos ocupa, e incluso que sea posible identificar algún dato innegable, independientemente de que se compartan o no las implicaciones que del mismo pueden derivarse. Así, primeramente, parece aceptarse que ese modelo de acceso a los bienes y servicios que pivota sobre la idea de "compartir, reciclar y reutilizar", en el que no es necesario hacerse con la titularidad dominical de las cosas, no es en verdad, como la actividad de cesión de viviendas con fines turísticos, algo nuevo en cuanto a su sustancia o contenido, que no resulte posible identificar o, como mínimo, vislumbrar en el pasado, antes de que se produjera la mescolanza de circunstancias que ha provocado que, de un tiempo a esta parte, haya saltado con fuerza a la palestra. Aquellas acciones, hacer partícipes de lo propio a otras personas, someter un objeto usado a un proceso para que se pueda volver a utilizar, ya con la función que desem-

---

21. Comité Económico y Social Europeo (2016).
22. Botsman (2013).
23. Con particular preocupación por el sintagma "economía colaborativa", su definición y las realidades que encierra, Botello Hermosa (2019: 21-44; 2020a: 278-316).

Viviendas de uso turístico
Análisis de la situación actual y propuestas
para la mejora de su marco regulatorio

Fundación Democracia y Gobierno Local
Serie: Claves del Gobierno Local, 39
ISBN: 978-84-125912-5-5

peñaba originariamente o con cualquier otro destino, se han dado siempre[24], por expresarlo con una de las frases más ingeniosas que hemos leído nunca para aludir a las épocas más remotas de la historia, desde que "el mundo era tan reciente que muchas cosas carecían de nombre, y para mencionarlas había que señalarlas con el dedo"[25]. También parece haber consenso, en segundo lugar, en que, sin ser en su esencia un fenómeno novedoso, lo es en la forma, en el cauce o medio por el que en la actualidad se desenvuelven tales acciones y, en suma, las transacciones dirigidas a facilitar el acceso a los bienes y servicios, toda vez que ello hoy tiene lugar aprovechando las posibilidades abiertas por las tecnologías de la información y la comunicación y, especialmente, a través de plataformas digitales que se han ido creando e introduciendo en diversos segmentos de la actividad económica con la vocación de servir, como poco, como canales donde comercializar o promocionar bienes y servicios en un mundo electrónico e interconectado, como una suerte de entornos o plazas virtuales en las que los tenedores de los bienes y servicios y los interesados en acceder a los mismos pueden ponerse en contacto[26]. En tercer lugar, parece admitirse que el sintagma "economía colaborativa" no se identifica con una sola realidad, sino que se ha acogido en nuestra lengua como una locución que designa un *genus*, lo que es igual, como un círculo de gran dimensión que comprende varias realidades o manifestaciones —en la terminología anglosajona, sucedáneos como "*collaborative consumption*", "*collaborative economy*", "*sharing economy*" o "*peer economy*"—[27], cada una con atributos y matices que configuran su particular significado, pero que presentan un incuestionable punto en común: ser modelos de producción y consumo en los que, por medio de plataformas tecnológicas, como acabamos de apuntar, se posibilita el intercambio y la compartición de bienes y servicios entre los titulares de los activos y los posibles interesados en muy distintos ámbitos o sectores, de ahí que, con la intención de resaltar este rasgo gemelar, se haya escrito que la "economía colaborativa" —entendida, no sobra hacer la aclaración, no en su acepción de especie, sino de género— es un "fenómeno innovador de alcance global y transversal"[28]. En cuarto lugar, resulta indiscutible que alrededor de dicho modelo económico se ha construido una narrati-

---

24. En este sentido, por citar solo algunas publicaciones, Alfonso y Burillo (2017: 51); De la Encarnación (2016: 33); y Doménech Pascual (2015: 65). También Comité Económico y Social Europeo (2016).

25. Expresión extraída de una de las obras más destacadas de Gabriel García Márquez, Premio Nobel de Literatura en 1982: *Cien años de soledad*.

26. De nuevo, Alfonso y Burillo (2017: 51-52); De la Encarnación (2016: 33); y Doménech Pascual (2015: 65). También puede hallarse esta idea, más allá del ámbito doctrinal, en Comité Económico y Social Europeo (2016) y CNMC (2016).

27. En Alfonso y Burillo (2017: 53-55) se proporciona una ilustrativa y sucinta explicación de las connotaciones propias de cada sintagma.

28. Con estos términos, CNMC (2016).

Viviendas de uso turístico
Análisis de la situación actual y propuestas
para la mejora de su marco regulatorio

Fundación Democracia y Gobierno Local
Serie: Claves del Gobierno Local, 39
ISBN: 978-84-125912-5-5

25

va, no ya por la doctrina, sino por las propias autoridades públicas, que ensalza un conjunto de implicaciones o aspectos relacionados con el mismo que se consideran favorables desde la perspectiva del interés general. Por ejemplo, la Comisión Europea ha afirmado que "la economía colaborativa crea nuevas oportunidades para consumidores y emprendedores", y puede "contribuir de manera importante al empleo y el crecimiento en la Unión Europea si se fomenta y desarrolla de manera responsable". Y, de forma más concreta, ha declarado que si bien "el éxito de las plataformas colaborativas es a veces difícil para los actuales operadores y prácticas del mercado", no puede ignorarse que al posibilitar la entrada de nuevos agentes, entre ellos simples personas naturales, fomenta también "nuevas oportunidades de empleo, modalidades de trabajo flexibles y nuevas fuentes de ingresos", al igual que, por lo que concierne a los consumidores y usuarios, puede entrañar "ventajas mediante nuevos servicios, la ampliación de la oferta y precios más bajos", y, desde la perspectiva de la sostenibilidad, "promover un mayor reparto de los activos y un uso más eficaz de los recursos"[29], que de otra forma podrían permanecer ociosos[30]. En la misma línea se ha manifestado la CNMC, que, por reflejar aquí algunas bondades más de cuantas se predican de la economía colaborativa y las plataformas digitales que sirven de base a su desenvolvimiento, ha señalado que en el contexto de este sistema económico se ven aminorados "los costes de búsqueda de los usuarios, por la posibilidad de consultar y comparar online las características" de los bienes y servicios, "los costes de transacción, al incorporar sistemas de pago electrónicos que facilitan la realización de transacciones económicas", y, también, "los problemas de información asimétrica tradicionales" en algunos sectores "mediante los mecanismos de reputación que incorporan, proporcionando a los usuarios información" de los bienes y servicios y de la valoración que se les ha dado con anterioridad[31]. Finalmente, en quinto y último lugar, es sobradamente conocido y un hecho irrefutable que dichas instancias, la Comisión Europea y la CNMC, han alumbrado ya definiciones con el propósito de esclarecer lo que haya de tenerse por "economía colaborativa", nociones con las que se podrá concordar o no, pero que, en cualquier caso, son las confeccionadas por esas autoridades, que cuentan con legitimidad democrática[32]. La Comisión Europea, en su Comuni-

---

29. Comisión Europea (2016). Este no es, sin embargo, el único instrumento en el que la Comisión Europea se ha manifestado en el sentido expuesto *ut supra*. Pueden leerse otros, como Comisión Europea (2015).

30. En estas mismas ideas abundan, dentro de la estructura de la Unión Europea, el Comité Económico y Social Europeo y el Parlamento Europeo. Puede comprobarse, por poner solamente algunos ejemplos, en Comité Económico y Social Europeo (2016, 2018) y Parlamento Europeo (2017).

31. Véase, en particular, CNMC (2018).

32. En ambos casos, la legitimidad democrática viene dada porque en los procesos de designación de sus miembros participan órganos o instituciones en los que están representados

26

Viviendas de uso turístico
Análisis de la situación actual y propuestas
para la mejora de su marco regulatorio

Fundación Democracia y Gobierno Local
Serie: Claves del Gobierno Local, 39
ISBN: 978-84-125912-5-5

cación al Parlamento Europeo, al Consejo, al Comité Económico y Social Europeo y al Comité de las Regiones rotulada "Una agenda europea para la economía colaborativa", declaró que, a los efectos de esta misma Comunicación —ciertamente modestos, como corresponde a tal instrumento, que no pasa de explicitar la posición de la Comisión Europea sobre una determinada cuestión y de brindar orientaciones no vinculantes—, este sintagma "se refiere a modelos de negocio en los que se facilitan actividades mediante plataformas colaborativas que crean un mercado abierto para el uso temporal de mercancías o servicios ofrecidos a menudo por particulares". Además, añadió dos puntualizaciones que completan su concepto: por un lado, que "la economía colaborativa implica a tres categorías de agentes: i) prestadores de servicios que comparten activos, recursos, tiempo y/o competencias —pueden ser particulares que ofrecen servicios de manera ocasional ('pares') o prestadores de servicios que actúen a título profesional ('prestadores de servicios profesionales'); ii) usuarios de dichos servicios; e iii) intermediarios que —a través de una plataforma en línea— conectan a los prestadores con los usuarios y facilitan las transacciones entre ellos ('plataformas colaborativas')"; y por otro lado, que, "por lo general, las transacciones de la economía colaborativa no implican un cambio de propiedad y pueden realizarse con o sin ánimo de lucro". La CNMC, por su parte, pareció moverse en este mismo sentido en el documento que reúne los resultados preliminares de su inacabado "Estudio sobre los nuevos modelos de prestación de servicios y la economía colaborativa", puesto que en él aseguró que esta expresión "engloba un conjunto heterogéneo y rápidamente cambiante de modos de producción y consumo por el que los agentes comparten de forma innovadora activos, bienes o servicios infrautilizados, a cambio o no de un valor monetario, valiéndose para ello de plataformas sociales digitales y, en particular, de internet"[33]. Tras el examen de estas definiciones una conclusión resulta clara: la Comisión Europea y la CNMC asignan al significante "economía colaborativa" un significado amplio, verdaderamente vasto, que sintetiza, en un grado más o menos notable, los lugares comunes o extremos generalmente aceptados expuestos en las líneas precedentes, y que no

---

de forma directa los ciudadanos. En el caso de la Comisión Europea, se advierte con facilidad con el ejemplo de su Presidente, que es elegido por el Parlamento Europeo después de que el Consejo Europeo, del que forman parte los jefes de Estado o de Gobierno de los Estados miembros, le proponga un candidato. A este respecto pueden verse los artículos 14 y 17 del Tratado de la Unión Europea. En el caso de la CNCM, de otra parte, la legitimidad democrática irradia del hecho de que quienes componen su Consejo, órgano rector, junto al Presidente, de esta autoridad administrativa independiente —incluidos Presidente y Vicepresidente—, son nombrados por el Gobierno mediante real decreto, teniendo el Congreso de los Diputados la facultad de vetar el nombramiento del candidato propuesto. Así se desprende de los artículos 13 y 15 de la Ley 3/2013, de 4 de junio, de creación de la Comisión Nacional de los Mercados y la Competencia.

33. En concreto, en CNMC (2016).

Viviendas de uso turístico
Análisis de la situación actual y propuestas
para la mejora de su marco regulatorio

Fundación Democracia y Gobierno Local
Serie Claves del Gobierno Local, 39
ISBN: 978-84-125912-5-5

27

restringe el alcance de la locución, como quizás podría llevar a pensar el vocablo "colaborativo", por más que no sea algo que se infiera necesariamente del
alcance que el *Diccionario de la lengua española* atribuye a tal adjetivo[34], a
modelos económicos que únicamente abarquen negocios jurídicos gratuitos
o, por lo menos, negocios jurídicos que, pese a ser onerosos, no obliguen a una
de las partes a afrontar una contraprestación pecuniaria[35-36].

Expuesto cuanto antecede, si centramos nuestra atención en el sector del alojamiento turístico, que es el que interesa en este trabajo, y que
constituye, según se ha declarado en innumerables ocasiones por diferentes
organismos públicos y desde la doctrina científica, uno de los ámbitos de la
actividad económica, junto con el del transporte de pasajeros, en el que ma-

---

34.   El *Diccionario de la lengua española* asocia al término "colaborativo" el significado de
"hecho en colaboración"; a la palabra "colaboración", las definiciones de "acción y efecto de colaborar" y "texto escrito por alguien que colabora en un periódico o en una revista", que no nos
interesa; y al verbo "colaborar", las acepciones de "trabajar con otra u otras personas en la realización de una obra", "escribir habitualmente en un periódico o en una revista, sin pertenecer
a la plantilla de redactores", que tampoco importa a efectos de este trabajo, "contribuir", en el
sentido de "concurrir con una cantidad", y "contribuir", en referencia a la acción de "ayudar con
otros al logro de algún fin". La relación del vocablo "colaborativo" y las palabras que pertenecen
a su familia con el ámbito del consumo y la economía se aborda en Rivera Outomuro (2021:
44-45). En la primera página se recoge una reflexión que merece la pena reproducir aquí: "La
palabra *colaborar* significa etimológicamente 'trabajar con', y solemos usarla para indicar que
existe una cierta independencia entre quienes trabajan juntos, a diferencia del *trabajar para*
que usamos cuando hay una dependencia jerárquica directa. En las plataformas de intercambio podemos decir que los proveedores de servicios son colaboradores de los administradores
de las plataformas, igual que un trabajador autónomo colabora con una empresa para la que
trabaja, porque, aunque la relación sea asimétrica, hay cierta independencia. Aplicado al consumo, el concepto de *colaboración* resulta más difícil, porque por definición cuando somos
beneficiarios de un servicio no *co-laboramos* con quien nos lo provee. [...] En este sentido, el
paradigma de la economía colaborativa plantea una disrupción radical del significado de las
palabras *compartir* y *colaborar* para asociarlas a relaciones de naturaleza mercantil, difumi-
nando y rompiendo la separación semántica entre lógicas relacionales y modelos de distribución diferentes. Con ello, la economía colaborativa propone una nueva socialidad que confunde
lo personal con lo mercantil. En su publicidad, *Airbnb* enfatiza las relaciones amigables entre
anfitriones y huéspedes, y *Blablacar* tiene ese nombre porque charlamos durante el viaje con
nuestro conductor. La promesa es recortar la distancia entre las relaciones personales y las comerciales, sin embargo, lo que en realidad se elimina es la percepción social de esa distancia".
35.   Sobre la gratuidad u onerosidad de los negocios jurídicos puede leerse, por ejemplo, De
Castro y Bravo (1991: 260-266). En esta publicación se expone de manera magistral, entre otras
cosas, la distinción que sigue: "Un contrato —como un negocio— se considera oneroso cuando
cuesta a cada parte hacer o prometer una prestación en favor de la otra. En su manifestación
más típica, consiste en una mutua transmisión de bienes, de modo que la pérdida que para
cada parte suponga se vea compensada o reemplazada patrimonialmente por el beneficio
adquirido a costa de la otra. [...] En cambio, el negocio gratuito supone un puro beneficio sin
contraprestación (un hacer o promesa de hacer) para una parte, y para la otra una disminución
del acervo patrimonial sin compensación económica [...]".
36.   En este sentido, Comité Económico y Social Europeo (2016). Aquí se indica que "no se
considera que sean características distintivas o específicas" de la economía colaborativa, entre
otros atributos, "el carácter gratuito u oneroso (*Couchsurfing* versus *Airbnb*)".

Viviendas de uso turístico
Análisis de la situación actual y propuestas
para la mejora de su marco regulatorio

Fundación Democracia y Gobierno Local
Serie: Claves del Gobierno Local. 39
ISBN: 978-84-125912-5-5

yormente ha incidido la "economía colaborativa"[37], se impone estimar que en este sintagma quedarían comprendidos supuestos tan variopintos de cesión de viviendas como los que se conciertan por medio de las plataformas tecnológicas ofrecidas por compañías como *Airbnb* y *Homeaway*, en las que los propietarios se registran para ofertar alojamiento en los inmuebles de su titularidad en aras de que potenciales interesados puedan satisfacer, a cambio de un cierto valor pecuniario, su necesidad temporal de hospedaje[38]; *HomeExchange*, donde, como su nombre denota, los particulares anuncian sus viviendas a fin de celebrar intercambios con otros usuarios, sin que exista un pago dinerario por ninguna de las partes, pero sí la asunción por ambas del compromiso de ceder su vivienda en el marco de las permutas que promueve dicha plataforma; o *BeWelcome* y *Servas*, donde no hay un ápice de onerosidad, en cuanto que en estos casos los particulares ofrecen alojamiento de forma gratuita, sin esperar sacrificio o prestación a su favor por el eventual huésped[39]. Y ello será así mientras persista el sintagma "economía colaborativa" con las definiciones que le han atribuido la Comisión Europea y, dentro de nuestras fronteras, la CNMC, por más que en determinados supuestos, específicamente en los propiciados por las dos empresas que hemos nombrado en primer término, no solo identifiquen seductoras "oportunidades" o sugerentes "fuentes de ingresos" —por emplear las palabras de esa institución europea, que constan más atrás— los ciudadanos que tienen una vivienda infrautilizada y deciden puntualmente ceder su uso temporal,

---

37. Las referencias que pueden traerse a colación son cuantiosas. Baste, a fin de adverar lo que decimos, con mencionar fuentes como el Proyecto técnico del Instituto Nacional de Estadística correspondiente a su "Estimación de la ocupación en alojamientos turísticos y otros alojamientos de corta estancia (grupo 55.2 de la CNAE-2009) a partir de información suministrada por plataformas digitales", datado en junio de 2021 y revisado en julio de 2022. En él se apunta que "este proyecto tiene como objetivo complementar la información de las encuestas tradicionales de ocupación en el ámbito del grupo 55.2" —relativo a "Alojamientos turísticos y otros alojamientos de corta estancia"—, que, en sus propias palabras, "es el que tiene una mayor presencia en las plataformas digitales y en la que el fenómeno de la economía colaborativa (origen de estas plataformas) tiene un mayor impacto".

38. Sobra aclarar que no empleamos la palabra "hospedaje" en sentido técnico-jurídico, sino en el que el *Diccionario de la lengua española* recoge como primera acepción, a saber: "Alojamiento y asistencia que se da a alguien".

39. Por ejemplo, en el caso de *Servas International*, sus propios Estatutos, que pueden consultarse en su página web institucional, indican que el propósito de esta entidad —que es una asociación sin ánimo de lucro y está acreditada como organización no gubernamental ante la Organización de las Naciones Unidas—, "*is to create conditions for the exchange of ideas, experiences and knowledge that promote tolerance and understanding between people worldwide*", y para lograrlo sus miembros promueven, entre otros valores, la "*hospitality and generosity through travel, hosting guests and other opportunities to meet*". Por su parte, *Servas España* señala en su web que, en el contexto de esta comunidad, existe la posibilidad de viajar y no recibir huéspedes. Precisa, incluso, que "*Servas no te exigirá nunca que lo hagas*", aunque recomienda que se brinde alojamiento por tratarse de "una experiencia y un acto de generosidad ofrecer hospitalidad".

Viviendas de uso turístico
Análisis de la situación actual y propuestas
para la mejora de su marco regulatorio

Fundación Democracia y Gobierno Local
Serie: Claves del Gobierno Local, 39
ISBN: 978-84-125912-5-5

29

sino también sujetos que se dedican de manera profesional al sector del alojamiento, medianos y grandes propietarios, empresas de diverso tamaño y hasta fondos de inversión[40].

Esta es, precisamente, una de las circunstancias que han ocasionado que los operadores tradicionales del sector del alojamiento turístico, sometidos desde el pasado a una intensa ordenación e intervención administrativa, así como, en natural consecuencia, a unos costes considerables, económicos y burocráticos, para explotar su empresa —o sea, para desarrollar su actividad mercantil o empresarial—, hayan alzado la voz en estos últimos años y requerido a los poderes públicos que acometan la regulación de una actividad de cesión de viviendas con finalidades turísticas que, sin ser insólita ni desconocida en nuestro país, no había recibido, como hemos constatado, la misma atención por parte del derecho, pero que sí había experimentado en apenas una década, a causa de las nuevas tecnologías y su gran alcance, entre otros factores —en un fenómeno similar a la igualación de posibilidades que la honda, un arma a distancia, introdujo en la lucha de David y Goliat—, una evolución tan notable, un crecimiento de su dimensión tan acusado, que desde hace años se presenta, a diferencia de antaño, como una poderosa alternativa real al alojamiento tradicional; una alternativa que, para más *inri*, en no pocos supuestos estaría siendo prestada por personas físicas y jurídicas con carácter profesional y, por consiguiente, habitual[41]; una alternativa que, como es lógico y ya comentamos, reviste una trascendencia económica y social muy superior a la que nunca ostentó con anterioridad, mayores riesgos e incertezas y, en definitiva, mayores problemas para derechos y principios consagrados incluso a nivel constitucional. Por supuesto, la voz de esos operadores tradicionales no ha sido la única que se ha levantado. Se le han sumado otras, como las de asociaciones de vecinos residentes en zonas de las ciudades en las que se ubican viviendas en las que se desarrolla dicha actividad y que se consideran perjudicados por diferentes externalidades negativas, algunas de las cuales hemos enunciado, que se le suelen achacar[42]. Y de la conjunción de unas y otras voces ha resultado el surgimiento de un grupo de sujetos —no en sentido jurídico, es decir, como un ente asociativo, sino como un conjunto que nuestro pensamiento puede discernir— que, en

---

40. Así, Boix Palop (2018: 262-264, 276) y Rebollo Puig (2021: 303).

41. Conviene puntualizar, como hemos hecho en una nota anterior con otro vocablo, que no utilizamos el término "habitual" en el sentido técnico-jurídico, sino en el que consta en el *Diccionario de la lengua española* como segunda acepción: "Dicho de una cosa: Que existe o se da normalmente o con frecuencia".

42. Puede verificarse con cuantiosas noticias de prensa. Por citar solo una relativamente reciente y cuyo título sea claro a los fines que perseguimos puede verse la siguiente: Guzmán (2021).

30

Viviendas de uso turístico
Análisis de la situación actual y propuestas
para la mejora de su marco regulatorio

Fundación Democracia y Gobierno Local
Serie: Claves del Gobierno Local, 39
ISBN: 978-84-125912-5-5

un ilustrativo símil bélico acuñado por nuestra doctrina, pudiera denominarse "bando intervencionista", por demandar un mayor intervencionismo público, una mayor ordenación y control desde la esfera pública, sobre aquella actividad[43]. Por otro lado, sin embargo, se han elevado voces contrarias, que, como se ha escrito doctrinalmente, "tienen por bandera el mercado y la libertad de empresa"[44]; que subrayan y dan por ciertas las virtudes que se imputan a la economía colaborativa, a las plataformas digitales y, por lo que aquí importa, al aumento del número de viviendas cuyo uso se cede temporalmente con fines turísticos, pero niegan o cuestionan los perniciosos efectos que desde el otro bando se le atribuyen[45]; que, en la narrativa que se ha elaborado en derredor de ese modelo económico, mantienen, como hemos visto en páginas precedentes, que algunos problemas o fallos de mercado tradicionales, como el concerniente a la información asimétrica, "que otrora justificaban la intervención pública", habrían quedado superados por la gracia de las citadas plataformas electrónicas y las valoraciones emitidas por otros usuarios, de forma que esa intervención habría devenido innecesaria y carente de razón de ser o fundamento; que, en fin, si "reconocen alguna de esas externalidades ven mejor paliarlas con medidas tributarias", concreta-

---

43. Rebollo Puig (2021: 305).
44. Rebollo Puig (2021: 304).
45. Buen ejemplo de ello es CNMC (2018). Cuando aborda las ventajas o efectos favorables del incremento de la oferta de viviendas turísticas, utiliza la rúbrica "Efectos positivos del crecimiento de las viviendas turísticas". Sin embargo, cuando trata los efectos desfavorables que normalmente se les asocian, emplea el rótulo "*Posibles* efectos negativos del crecimiento de las viviendas turísticas", y además los pone en duda o rechaza, al menos, que se deban exclusivamente a dichas viviendas. Así, afirma que por un lado se encontrarían las externalidades negativas "derivadas del aumento del turismo, como congestión, ruidos, o consumo de recursos medioambientales", pero seguidamente indica que "no son exclusivas de las viviendas turísticas, ya que se producen por cualquier turista, independientemente del modo de alojamiento en el que se hospede". Señala que por otro lado "estarían las proyectadas sobre los habitantes del inmueble en el que se ubica la vivienda turística, derivadas del *supuesto* mayor uso de ciertos recursos comunes de la comunidad de propietarios por parte de los usuarios de viviendas turísticas, o las molestias por ruido de estos a aquellos". Por último, indica que "se ha destacado el impacto de la proliferación de viviendas turísticas sobre el precio de la vivienda (alquiler o compra) en determinadas zonas de las ciudades, especialmente en el centro histórico, donde la entrada de las viviendas de uso turístico ha sido más importante, así como su efecto arrastre a otras zonas colindantes". Sin embargo, advierte: "[...] no existe evidencia concluyente, pues si bien se ha registrado un aumento generalizado de los precios de la vivienda en España en los últimos años, ello se debe a una confluencia de factores económicos, entre los que cabría incluir el uso turístico, pero es difícil discernir en qué medida han contribuido cada uno de esos factores. Así, no existe evidencia de una relación directa y exclusiva entre la oferta de viviendas turísticas y el precio de las viviendas. Además, esta crítica debe ponerse en relación con la principal alternativa a las viviendas turísticas. Si no hubiera crecido la oferta de viviendas turísticas, se habría producido un mayor crecimiento de la construcción de hoteles y edificios de apartamentos turísticos para atender a la demanda de alojamiento de turistas, lo cual supondría detraer viviendas de residentes para dedicarlas íntegramente al alquiler turístico, con efectos sobre el precio de la vivienda".

Viviendas de uso turístico
Análisis de la situación actual y propuestas
para la mejora de su marco regulatorio

Fundación Democracia y Gobierno Local
Serie Claves del Gobierno Local, 39
ISBN: 978-84-125912-5-5

31

mente con impuestos correctores o "pigouvianos"[46], en lugar de afrontarlas "con regulaciones restrictivas que tildan de disfuncionales y de ser remedios peores que la enfermedad"[47].

En torno a la actividad de cesión de viviendas con finalidades turísticas existe, pues, un encendido debate entre los partidarios de la regulación y el intervencionismo público, de una parte, y quienes simpatizan con la desregulación y la liberalización del régimen de las actividades económicas, de otra. Una polémica que, como dicha actividad y, en cuanto a su sustancia o contenido, el sistema económico que ha revitalizado e intensificado a esta última hasta umbrales que jamás había alcanzado, tampoco es nueva, sino que, antes bien, es una vieja conocida que se explica en la generalidad de los manuales de derecho administrativo. Por el momento, el examen de los boletines oficiales y la propia realidad parecen arrojar la impresión de que la tendencia imperante es la reguladora. De una parte, porque todas las comunidades autónomas han aprobado, al amparo de su competencia exclusiva sobre "promoción y ordenación del turismo en su ámbito territorial", su propia regulación sobre las viviendas en las que se desenvuelve dicha actividad; regulación que, aunque por un lado incorpora un cierto cariz liberal, en cuanto que circunscribe su ámbito de aplicación a las viviendas que se ceden con finalidades turísticas con carácter habitual —lo que denota un espíritu abstencionista desde el plano de aquella rama y disciplina para con las cesiones que los particulares celebren de manera ocasional—[48], por otro lado resulta claro que presenta un articulado marcadamente intervencionista que pone en batería diferentes técnicas de policía administrativa:

---

46.   Llamados así en honor a Arthur Cecil Pigou (18 de noviembre de 1877 — 7 de marzo de 1959), economista inglés que sugirió que la intervención del Estado en la actividad económica podía tener lugar a través de impuestos encaminados a corregir fallos de mercados y externalidades negativas.

47.   Las palabras extractadas provienen de Rebollo Puig (2021: 304).

48.   Debe tenerse en consideración, no obstante, cómo se defina la nota de "habitualidad" en la legislación autonómica, que cabe señalar —es objeto de otro capítulo— que no siempre es igual, presumiéndose en algunas, simple y llanamente, cuando la vivienda se comercializa o promociona por medio de "canales de oferta turística". Sirva como muestra la lectura del artículo 1.1 y el artículo 3 del Decreto andaluz 28/2016, de 2 de febrero: "Artículo 1. Objeto y ámbito de aplicación. 1. El presente Decreto tiene por objeto la ordenación de las viviendas con fines turísticos como un servicio de alojamiento turístico, de conformidad con lo dispuesto en el apartado 1.a) del artículo 28 de la Ley 13/2011, de 23 de diciembre, del Turismo de Andalucía. [...]. Artículo 3. Definición. 1. Se entiende por viviendas con fines turísticos aquellas ubicadas en inmuebles situados en suelo de uso residencial, donde se vaya a ofrecer mediante precio el servicio de alojamiento en el ámbito de la Comunidad Autónoma de Andalucía, de forma habitual y con fines turísticos. 2. Se presumirá que existe habitualidad y finalidad turística cuando la vivienda sea comercializada o promocionada en canales de oferta turística. 3. Se considerarán canales de oferta turística, las agencias de viaje, las empresas que medien u organicen servicios turísticos y los canales en los que se incluya la posibilidad de reserva del alojamiento".

Viviendas de uso turístico
Análisis de la situación actual y propuestas
para la mejora de su marco regulatorio

Fundación Democracia y Gobierno Local
Serie: Claves del Gobierno Local, 39
ISBN: 978-84-125912-5-5

desde su texto, que es manifestación de la ordenación, es decir, del establecimiento normativo de límites y condiciones para el desempeño de la actividad —pues una porción de la regulación se halla en normas con rango de ley, pero la proporción más relevante está en reglamentos—[49], hasta su sometimiento a heterogéneos instrumentos de control[50]. También parece colegirse, de otra parte, que las posturas reguladoras e intervencionistas se están imponiendo del dato de que el Estado introdujera hace algunos años una modificación, con apoyo en su competencia vertical y exclusiva sobre la "legislación civil", en la Ley 49/1960, de 21 de julio, sobre Propiedad Horizontal (LPH), que ha rebajado el cuórum para la adopción de acuerdos de las comunidades de propietarios orientados a limitar o condicionar el ejercicio, en alguna de las viviendas del edificio, de la actividad de cesión con fines turísticos mediante su incardinación en el círculo de actividades a las que se refiere el artículo 7.2 de esa ley, a saber: aquellas que no está permitido desarrollar "al propietario y al ocupante del piso o local", en este o el resto del inmueble, por tratarse de "actividades prohibidas en los estatutos, que re-

---

49.   Demostrativo de ello es el ejemplo de la nota anterior. El Decreto 28/2016, de 2 de febrero, contiene el grueso de la ordenación jurídica de las viviendas turísticas en Andalucía, pero la Ley 13/2011, de 23 de diciembre, del Turismo de Andalucía regula diversos extremos que igualmente integran el régimen de estas.

50.   Pueden leerse previsiones que, por ejemplo, exigen que las viviendas cuenten con licencia de primera ocupación, que supeditan el inicio de la actividad a la formalización de una declaración responsable ante el departamento o consejería competente en materia de turismo, que disponen que las viviendas deben inscribirse en un registro autonómico de turismo y establecen que en toda publicidad o promoción efectuada por cualquier medio ha de indicarse el código de inscripción en ese registro, o que determinan que la cesión de viviendas con fines turísticos quedará sujeta a la potestad inspectora de la Administración autonómica, sin perjuicio de las competencias de comprobación y control que tengan atribuidas otras Administraciones públicas. En aras de adverar lo expresado, seguidamente reproducimos algunos fragmentos de los artículos 6, 9 y 10 del Decreto andaluz 28/2016, de 2 de febrero, que desde varias notas anteriores venimos utilizando: "Artículo 6. Requisitos y servicios comunes. Las viviendas con fines turísticos deberán cumplir con los siguientes requisitos: a) Disponer de licencia de ocupación, y cumplir en todo momento con las condiciones técnicas y de calidad exigibles a las viviendas. [...] Artículo 9. Inscripción. 1. Para el inicio de la prestación del servicio de alojamiento en la vivienda con fines turísticos, la persona o entidad que explota este servicio tendrá que formalizar la correspondiente declaración responsable ante la Consejería competente en materia de turismo, en la que manifieste el cumplimiento de los requisitos establecidos en el presente Decreto, pudiendo publicitarse a partir de este momento como vivienda con fines turísticos. [...] 3. Las viviendas con fines turísticos se inscribirán de oficio en el Registro de Turismo de Andalucía, comunicándose las altas y bajas a las diferentes corporaciones municipales donde estas se ubiquen y a la Consejería competente en materia de vivienda. 4. Una vez inscrita la vivienda con fines turísticos, el código de inscripción en el Registro de Turismo de Andalucía habrá de indicarse en toda publicidad o promoción realizada por cualquier medio. [...] Artículo 10. Inspección y régimen sancionador. 1. Los servicios de inspección de la Consejería competente en materia de turismo, ejercerán las funciones de comprobación y control del cumplimiento de lo establecido en la presente norma, de acuerdo con la Ley 13/2011, de 23 de diciembre y con el Decreto 144/2003, de 3 de junio, de la Inspección de Turismo, sin perjuicio de las competencias de inspección y control que tengan atribuidas otras Consejerías o Administraciones públicas. [...]".

Viviendas de uso turístico
Análisis de la situación actual y propuestas
para la mejora de su marco regulatorio

Fundación Democracia y Gobierno Local
Serie: Claves del Gobierno Local, 39
ISBN: 978-84-125912-5-5

33

sulten dañosas para la finca o que contravengan las disposiciones generales sobre actividades molestas, insalubres, nocivas, peligrosas o ilícitas". Antes de aquella reforma debía aplicarse el artículo 17.6 LPH, que exigía "la unanimidad del total de los propietarios" que, a su vez, personificasen "el total de las cuotas de participación", para la válida adopción de los acuerdos no recogidos de manera expresa en los otros apartados de ese artículo 17 que implicasen la aprobación o modificación de las reglas contenidas en el título constitutivo de la propiedad horizontal o los estatutos de la comunidad, presupuesto que se cumplía en los acuerdos encaminados a restringir o supeditar la actividad que nos interesa. El Real Decreto-ley 7/2019, de 1 de marzo, de medidas urgentes en materia de vivienda y alquiler, empero, consciente quizás de que esa unanimidad difícilmente podría darse desde el momento en que alguno de los propietarios viniera destinando una vivienda al alojamiento turístico o tuviere la intención de hacerlo[51], incluyó en el artículo 17 LPH un apartado 12 que, a diferencia de la genérica y residual regla de la unanimidad, preceptúa: "El acuerdo por el que se limite o condicione el ejercicio de la actividad a que se refiere la letra e) del artículo 5 de la Ley 29/1994, de 24 de noviembre, de Arrendamientos Urbanos, en los términos establecidos en la normativa sectorial turística, suponga o no modificación del título constitutivo o de los estatutos, requerirá el voto favorable de las tres quintas partes del total de los propietarios que, a su vez, representen las tres quintas partes de las cuotas de participación"[52]. Finalmente, que las tendencias reguladoras o intervencionistas vienen preponderando parece deducirse de la circunstancia de que los municipios, bajo el manto de las competencias propias que en materia de urbanismo tienen reconocidas en el artículo 25.2.a) de la Ley 7/1985, de 2 de abril, Reguladora de las Bases del Régimen Local (LBRL)[53], han determinado los lugares en los que puede implantarse

---

51.   Del obstáculo que representaba la regla de la unanimidad se han hecho eco numerosos autores. Pueden mencionarse, entre otras publicaciones, Martínez Calvo (2020: 471) y Román Márquez (2014: 17).

52.   La redacción completa del artículo 17.12 LPH es la siguiente: "Artículo diecisiete. Los acuerdos de la Junta de propietarios se sujetarán a las siguientes reglas: [...] 12. El acuerdo por el que se limite o condicione el ejercicio de la actividad a que se refiere la letra e) del artículo 5 de la Ley 29/1994, de 24 de noviembre, de Arrendamientos Urbanos, en los términos establecidos en la normativa sectorial turística, suponga o no modificación del título constitutivo o de los estatutos, requerirá el voto favorable de las tres quintas partes del total de los propietarios que, a su vez, representen las tres quintas partes de las cuotas de participación. Asimismo, esta misma mayoría se requerirá para el acuerdo por el que se establezcan cuotas especiales de gastos o un incremento en la participación de los gastos comunes de la vivienda donde se realice dicha actividad, siempre que estas modificaciones no supongan un incremento superior al 20%. Estos acuerdos no tendrán efectos retroactivos".

53.   Artículo 25.2.a) LBRL: "Artículo 25. [...] 2. El Municipio ejercerá en todo caso como competencias propias, en los términos de la legislación del Estado y de las Comunidades Autónomas, en las siguientes materias: a) Urbanismo: planeamiento, gestión, ejecución y disciplina urbanística. Protección y gestión del Patrimonio histórico. Promoción y gestión de la vivienda de

Viviendas de uso turístico
Análisis de la situación actual y propuestas
para la mejora de su marco regulatorio

Fundación Democracia y Gobierno Local
Serie: Claves del Gobierno Local. 39
ISBN: 978-84-125912-5-5

la actividad de cesión de viviendas con finalidades turísticas, lo que a todas luces entraña una restricción o afectación de dicha actividad. Lo han hecho, en esencia, mediante la ordenación, para las diferentes zonas de las ciudades, de los usos posibles del suelo y de las edificaciones construidas; acción que en el argot se reconduce a las técnicas u operaciones que reciben los nombres de "calificación" y "zonificación"[54]. No profundizaremos aquí, en estas páginas, en los pormenores de los anteriores ejemplos de intervención pública. Ello se hará en otros capítulos por autores más avezados. Lo que a nosotros corresponde es manifestar, sencillamente, que una cosa es aceptar que los tres niveles territoriales del Estado pueden configurar y modelar, obviamente bajo la cobertura de sus competencias, el régimen jurídico de la actividad de cesión de viviendas con fines turísticos, como de hecho vienen haciendo, y otra estimar, desde luego erróneamente, que mientras se muevan en el ámbito de sus competencias su margen de acción será absoluto, que podrán disciplinar la actividad como mejor les parezca, sin parámetros y cautelas que les encorseten, en suma, "de cualquier modo y dando origen a ordenaciones con cualquier contenido"[55]. Y ello, porque nuestra Carta Magna y el derecho de la Unión Europea consagran unas coordenadas, unos límites, garantías y barreras, que deben respetarse inexcusablemente en el desempeño de la trascendental función que es la ordenación jurídica, no solo de la puramente administrativa —la que deriva en reglamentos y planes—, sino de toda ella.

Por lo que respecta a la CE, han de tenerse en consideración los principios y derechos que mencionamos en otro momento y, primeramente, el derecho de propiedad y la libertad de empresa, en los que se distinguen con facilidad las coordenadas y cautelas que hemos apuntado, en la medida en que, por su situación en el articulado de nuestra norma suprema —Sección 2.ª del Capítulo Segundo del Título I—, gozan de las garantías que contempla su artículo 53, precepto que, después de disponer que "los derechos y libertades reconocidos en el Capítulo segundo del presente Título vinculan a todos los poderes públicos", precisa que "solo por ley, que en todo caso deberá respetar su contenido esencial, podrá regularse el ejercicio de tales derechos y libertades, que se tutelarán de acuerdo con lo previsto en el artículo 161.1.a)": como es consabido, el contenido esencial —ga-

---

protección pública con criterios de sostenibilidad financiera. Conservación y rehabilitación de la edificación. [...]".

54. Sobre la intervención de los municipios en la actividad de cesión de viviendas con finalidades turísticas por medio de sus potestades urbanísticas pueden leerse trabajos como Aguirre i Font (2021: 24-41); Arana García (2018: 6-21); Hernando Rydings (2022: 100-118); o Román Márquez (2018b: 22-39).

55. En esta línea, y con las palabras reproducidas, Rebollo Puig (2021: 311).

Viviendas de uso turístico
Análisis de la situación actual y propuestas
para la mejora de su marco regulatorio

Fundación Democracia y Gobierno Local
Serie Claves del Gobierno Local, 39
ISBN: 978-84-125912-5-5

35

rantía material—, constituido, en palabras del Tribunal Constitucional —STC 11/1981, de 8 de abril—, por "aquellas facultades o posibilidades de actuación necesarias para que el derecho sea recognoscible como pertinente al tipo descrito y sin las cuales deja de pertenecer a ese tipo y tiene que pasar a quedar comprendido en otro desnaturalizándose, por decirlo así", por aquella parte del contenido "que es absolutamente necesaria para que los intereses jurídicamente protegibles, que dan vida al derecho, resulten real, concreta y efectivamente protegidos"; y, por otro lado, la reserva de ley —garantía formal—, que exige que sean las leyes las que determinen la intervención pública sobre el derecho de propiedad y la libertad de empresa y los principales aspectos de sus regímenes jurídicos. La realidad, no obstante, se impone, y esta es que esas garantías no se han mostrado como escudos infranqueables del derecho de propiedad y la libertad de empresa, que, como es meridiano a ojos de cualquiera, han admitido desde que se promulgara la CE abundantes modulaciones[56], entre otras razones, probablemente por la dificultad de concretar una noción tan abstracta, empleada pero no determinada para cada derecho por la norma fundamental, como la de contenido esencial; de otra parte, por la flexibilización que ha sufrido aquella reserva de ley, que desde fechas tempranas se ha interpretado, por la doctrina académica y la jurisprudencia constitucional, no como una reserva absoluta, sino relativa, que permite la intervención del Ejecutivo no solo por medio del decreto legislativo y el decreto ley —siempre que se respeten, como es natural, los requisitos constitucionales para la utilización de estos instrumentos normativos—, sino mediante la colaboración reglamentaria[57]; y, por último, porque esos derechos no se reconocen en nuestro ordenamiento infundidos de un carácter sagrado que los haga dignos de una escrupulosa veneración que no consienta restricciones, sino que, al contrario, la delimitación de las facultades que los componen se ve influida en ambos casos por parámetros o referencias que les circundan y que la CE enuncia en los artículos en los que los reconoce: en concreto, por la "función social", en el del derecho de propiedad[58], y por "el marco de la economía de mercado" y "las exigencias de la economía general y, en su caso, de la planificación", en el de la libertad de empresa[59]. Las

---

56. Rebollo Puig (2021: 311).

57. Un tempranero ejemplo doctrinal es López y López (1988: 133-137), que se pronuncia sobre esta cuestión haciéndose eco de la STC 37/1987, de 26 de marzo (rec. 685/84).

58. Véanse los apartados 1 y 2 del artículo 33 CE: "Artículo 33. 1. Se reconoce el derecho a la propiedad privada y a la herencia. 2. La función social de estos derechos delimitará su contenido, de acuerdo con las leyes".

59. Léase el artículo 38 CE: "Artículo 38. Se reconoce la libertad de empresa en el marco de la economía de mercado. Los poderes públicos garantizan y protegen su ejercicio y la defensa de la productividad, de acuerdo con las exigencias de la economía general y, en su caso, de la planificación".

Viviendas de uso turístico
Análisis de la situación actual y propuestas
para la mejora de su marco regulatorio

Fundación Democracia y Gobierno Local
Serie: Claves del Gobierno Local, 39
ISBN: 978-84-125912-5-5

ordenaciones efectuadas por el Estado, las comunidades autónomas y los municipios, bajo la vitola de sus respectivas competencias, con el propósito de incidir en la actividad de cesión de viviendas para usos turísticos, comentadas resumidamente más atrás, constituyen una buena "prueba del nueve" —concédasenos la licencia de utilizar esta añeja expresión matemática— para contrastar lo que decimos. Mejor o, al menos, más eficaz arma defensiva frente a las tendencias intervencionistas ha resultado por ahora, en este segmento de la actividad económica, el principio de unidad de mercado, también consagrado en la CE —ya nombramos algunos artículos— e, incluso, en el derecho originario de la Unión Europea —artículos 26, 49 y 56 del Tratado de Funcionamiento de la Unión Europea (TFUE)—, aunque no con esos exactos términos. O quizás más rigurosamente, lo han sido "las normas del derecho europeo derivado y las estatales aprobadas para hacer más efectiva la unidad de mercado"[60]: o sea, la Directiva 2006/123/CE del Parlamento Europeo y del Consejo, de 12 de diciembre de 2006, relativa a los servicios en el mercado interior, comúnmente denominada "Directiva de Servicios", la Ley 17/2009, de 23 de noviembre, sobre el libre acceso a las actividades de servicios y su ejercicio, normalmente llamada "Ley Paraguas", que transpuso a nuestro ordenamiento esa disposición europea, y la LGUM. Un trío normativo que, si bien no está referido de manera específica al turismo ni, es ocioso decirlo, a la actividad cuyo régimen y problemática jurídica se examinan en este libro, irradia cuanto determinan sus previsiones, concernientes en general a la "prestación de servicios" —Directiva de Servicios y Ley Paraguas[61]— y a las "actividades económicas que se prestan en condiciones de mercado" —LGUM—[62], sobre el uno y la otra[63]. Una triada normativa que apuesta decididamente por una regulación moderada, alejada de planteamientos que impidan o dificulten en demasía, por carecer de una justificación real o no guardar proporción con los fines que con ella se pretendan, el desarrollo de actividad-

---

60. Rebollo Puig (2021: 313).

61. El artículo 4.1 de la Directiva de Servicios define la voz "servicio" de la siguiente manera: "Artículo 4. Definiciones. A efectos de la presente Directiva se entenderá por: 1) 'servicio' cualquier actividad económica por cuenta propia, prestada normalmente a cambio de una remuneración, contemplada en el artículo 50 del Tratado". El artículo 3.1 de la Ley Paraguas reproduce esta definición.

62. Así resulta del artículo 2.1 LGUM, que dispone que "esta ley será de aplicación al acceso a actividades económicas que se prestan en condiciones de mercado y su ejercicio por parte de operadores legalmente establecidos en cualquier lugar del territorio nacional".

63. En efecto, el turismo y el alojamiento turístico no se encuentran entre los servicios y actividades que el artículo 2.2 de la Directiva de Servicios y el artículo 2, apartados 2 y 3, de la Ley Paraguas excluyen de sus ámbitos de aplicación. Tampoco encajan, salvo tangencialmente en cuanto a su régimen tributario, en el artículo 2.3 LGUM, que declara extramuros de su ámbito de aplicación a "las materias del ámbito tributario".

Viviendas de uso turístico
Análisis de la situación actual y propuestas
para la mejora de su marco regulatorio

Fundación Democracia y Gobierno Local
Serie Claves del Gobierno Local, 39
ISBN: 978-84-125912-5-5

37

des de servicios[64]. Una trinidad normativa que, en este sentido, puede decirse que postula una "desregulación"[65], una poda o adelgazamiento de las ordenaciones y una atemperación de los medios de intervención administrativa, introduciendo en nuestro derecho, desde las fechas en que comenzaron a proyectar sus efectos o entraron en vigor, unos principios que se han titulado "de buena regulación económica" —pueden leerse en diversos considerandos y el artículo 16 de la Directiva de Servicios, en el artículo 9 de la Ley Paraguas y los artículos 3 a 9 LGUM—, que han terminado hallando una cierta recepción, no ya para el concreto ámbito de las actividades económicas, sino en general para el ejercicio de la iniciativa legislativa y la potestad reglamentaria, en el artículo 129 de la Ley 39/2015, de 1 de octubre, del Procedimiento Administrativo Común de las Administraciones Públicas (LPAC), donde se rotulan, sin más, "principios de buena regulación"[66]. Un corpus normativo, en fin, que, en parte por su naturaleza y en parte por los títulos constitucionales atributivos de competencias que sirvieron de fundamento a su dictado —la directiva es un instrumento normativo que tiene por destinatarios a los Estados miembros de la Unión

---

64. En este sentido se expresa, por ejemplo, el preámbulo de la Ley Paraguas, que en sus primeras líneas declara: "[...] esta Ley, al incorporar al ordenamiento jurídico la Directiva, adopta un enfoque ambicioso intensificando la aplicación de sus principios, si bien establece expresamente que los servicios no económicos de interés general quedan excluidos de su ámbito de aplicación. El fin es impulsar la mejora de la regulación del sector servicios, reduciendo las trabas injustificadas o desproporcionadas al ejercicio de una actividad de servicios y proporcionando un entorno más favorable y transparente a los agentes económicos que incentive la creación de empresas y genere ganancias en eficiencia, productividad y empleo en las actividades de servicios, además del incremento de la variedad y calidad de los servicios disponibles para empresas y ciudadanos".

65. Rebollo Puig (2021: 313).

66. De hecho, en el preámbulo de la LPAC puede leerse lo siguiente: "Durante los más de veinte años de vigencia de la Ley 30/1992, de 26 de noviembre, en el seno de la Comisión Europea y de la Organización para la Cooperación y el Desarrollo Económicos se ha ido avanzando en la mejora de la producción normativa ('Better regulation' y 'Smart regulation'). Los diversos informes internacionales sobre la materia definen la regulación inteligente como un marco jurídico de calidad, que permite el cumplimiento de un objetivo regulatorio a la vez que ofrece los incentivos adecuados para dinamizar la actividad económica, permite simplificar procesos y reducir cargas administrativas. Para ello, resulta esencial un adecuado análisis de impacto de las normas de forma continua, tanto ex ante como ex post, así como la participación de los ciudadanos y empresas en los procesos de elaboración normativa, pues sobre ellos recae el cumplimiento de las leyes. En la última década, la Ley 17/2009, de 23 de noviembre, y la Ley 2/2011, de 4 de marzo, supusieron un avance en la implantación de los principios de buena regulación, especialmente en lo referido al ejercicio de las actividades económicas. Ya en esta legislatura, la Ley 20/2013, de 9 de diciembre, ha dado importantes pasos adicionales, al poner a disposición de los ciudadanos la información con relevancia jurídica propia del procedimiento de elaboración de normas. Sin embargo, es necesario contar con una nueva regulación que, terminando con la dispersión normativa existente, refuerce la participación ciudadana, la seguridad jurídica y la revisión del ordenamiento. Con estos objetivos, se establecen por primera vez en una ley las bases con arreglo a las cuales se ha de desenvolver la iniciativa legislativa y la potestad reglamentaria de las Administraciones públicas [...]".

38

Viviendas de uso turístico
Análisis de la situación actual y propuestas
para la mejora de su marco regulatorio

Fundación Democracia y Gobierno Local
Serie: Claves del Gobierno Local. 39
ISBN: 978-84-125912-5-5

Europea[67], y la Ley Paraguas y la LGUM declaran haberse elaborado y publicado al amparo de lo dispuesto en los apartados 1 y 13 del artículo 149.1 CE, que reconocen las competencias exclusivas y horizontales del Estado que citamos en los inicios del trabajo, y de lo establecido en el apartado 18 de ese precepto, que le reserva las competencias legislativas sobre los aspectos más importantes del derecho administrativo español, entre ellos "las bases del régimen jurídico de las Administraciones públicas" y "el procedimiento administrativo común"—, brinda, pese a no estar, como hemos dicho, singularmente pensado para el turismo y la actividad de cesión de viviendas con finalidades turísticas, pero sí envolver a este sector y a esta actividad en su ámbito de aplicación, una dosis de homogeneidad en cuanto a los principios y cautelas que consagra con el afán de refrenar posibles excesos de intervencionismo, lo que tiene especial valor en un ámbito material, el referido al turismo, en el que, debido al reparto de competencias que de la CE se desprende, la dispersión normativa resulta inevitable, pero no tanto, como en otro momento defendimos y con lo que acaba de exponerse puede comprobarse, la disparidad de sus previsiones. Un marco normativo, en suma, que proporciona una misma atalaya desde la que cotejar, para cualquier punto o nivel territorial de España, la validez o invalidez de la ordenación que se efectúe, como ya han tenido ocasión de demostrar, por lo demás, los órganos judiciales del orden jurisdiccional contencioso-administrativo al resolver las impugnaciones que se les han ido planteando.

El contenido de las regulaciones realizadas hasta el presente de la actividad de cesión de viviendas con fines turísticos, su análisis a la luz de ese trío normativo y, en particular, de los principios de buena regulación económica, así como los pronunciamientos judiciales recaídos, se expondrán en los siguientes capítulos. En ellos, empero, el foco se pondrá sobre la vertiente sustantiva de la actividad y, más específicamente, sobre el impacto que esta tiene en las ciudades, qué se reputa en nuestro derecho como "vivienda de uso turístico", el detalle de su régimen jurídico y los mecanismos de intervención administrativa existentes... A nosotros compete, pues, culminar nuestra aportación con el estudio de unas cuestiones que quedaron apuntadas en las páginas precedentes y referidas a la dimensión formal de la actividad, al cauce o medio por el que se desenvuelve y que ha operado como un catalizador para la misma: señaladamente, la calificación jurídica que merece el servicio que prestan las plataformas electrónicas en el mercado

---

67. El artículo 288 TFUE señala que "la directiva obligará al Estado miembro destinatario en cuanto al resultado que deba conseguirse, dejando, sin embargo, a las autoridades nacionales la elección de la forma y de los medios".

Viviendas de uso turístico
Análisis de la situación actual y propuestas
para la mejora de su marco regulatorio

Fundación Democracia y Gobierno Local
Serie Claves del Gobierno Local. 39
ISBN: 978-84-125912-5-5

39

del alojamiento turístico; cuál es la normativa que les resulta de aplicación y que conforma su régimen, que puede ser o no la normativa sectorial turística, incógnita esta cuya respuesta depende de la que reciba el interrogante anterior; y, por último, cuál es su responsabilidad por los datos y anuncios que alojan y que proceden de terceros —en la jerga, los "anfitriones"—, cuando estos no se adecúan a las exigencias establecidas por el ordenamiento. Sobre todos estos aspectos han dado cuenta ya, como avanzamos, el Tribunal de Justicia de la Unión Europea y el Tribunal Supremo. También la Comisión Europea. No debemos hacer aquí, por ende, esfuerzos orientados a dar soluciones originales. Basta, simplemente, con reconocer el realizado por dichas instancias, que nos han puesto en bandeja lo que debe decirse, y exponer las conclusiones por ellas alcanzadas, sin perjuicio, por supuesto, de que al hilo de algún pormenor podamos introducir alguna idea a modo de complemento.

3. **Las plataformas electrónicas en el ámbito del alojamiento turístico: la calificación jurídica de los servicios que prestan, la normativa que conforma su régimen jurídico y su responsabilidad por los datos y anuncios que alojan**

La calificación jurídica que ha de asignarse al servicio desempeñado por las plataformas electrónicas fue objeto de reflexión, antes de que el Tribunal de Justicia de la Unión Europea y el Tribunal Supremo se ocuparan de ello con la mirada detenida sobre el sector del alojamiento turístico, en la Comunicación de la Comisión Europea, ya nombrada, que se conoce por el título de "Una agenda europea para la economía colaborativa". En este documento se advirtió con carácter general, sin hacer singular referencia a ningún ámbito económico, que "el hecho de que las plataformas colaborativas puedan estar o no sujetas a requisitos de acceso al mercado, y en qué medida lo estén, depende de la naturaleza de sus actividades". Y puesta así de relieve la importancia que tiene aclarar este extremo, se esbozó una distinción que, por subyacer en las sentencias que más tarde dictarían aquellos tribunales y resultar ilustrativa, conviene recordar. Por una parte, y sobre la base del concepto de "servicio de la sociedad de la información" que se maneja en el derecho comunitario —esencialmente, en la Directiva 2000/31/CE del Parlamento Europeo y del Consejo, de 8 de junio de 2000, relativa a determinados aspectos jurídicos de los servicios de la sociedad de la información, en particular el comercio electrónico en el mercado interior, llamada de forma más abreviada "Directiva sobre el comercio electrónico", y la Directiva (UE) 2015/1535 del Parlamento Europeo y del Consejo, de 9 de septiembre de 2015, por la que se establece un procedimiento de información en materia de reglamentaciones técnicas y de reglas relativas a los servicios de la socie-

40

Viviendas de uso turístico
Análisis de la situación actual y propuestas
para la mejora de su marco regulatorio

Fundación Democracia y Gobierno Local
Serie: Claves del Gobierno Local, 39
ISBN: 978-84-125912-5-5

dad de la información—[68], la Comisión declaró que, "en la medida en que las plataformas colaborativas proporcionan un 'servicio prestado normalmente a cambio de una remuneración, a distancia, por vía electrónica y a petición individual de un prestatario de servicios', ofrecen un servicio de la sociedad de la información". No obstante, puntualizó que, por otra parte, hay "casos en los que puede considerarse que las plataformas colaborativas ofrecen otros servicios además de los servicios de la sociedad de la información, actuando como intermediarios entre los prestadores de los servicios subyacentes y sus usuarios"; remarcó, en particular, que "en determinadas circunstancias, una plataforma puede ser también un proveedor del servicio subyacente". En el primer caso, según explicó la Comisión con apoyo en la Directiva sobre el comercio electrónico, las plataformas, al reputarse meros servicios de la sociedad de la información, no podrían "estar sujetas a autorizaciones previas o cualquier requisito equivalente dirigidos específica y exclusivamente a dichos servicios", pues dicha disposición consagra para estos supuestos un "principio de no autorización previa". Además, los Estados miembros solo podrían "imponer requisitos reglamentarios a las plataformas" que ofreciesen "tales servicios de forma transfronteriza desde otro Estado miembro en circunstancias limitadas y sujetos a un procedimiento específico", en cuanto que esa Directiva establece, como regla general, que "los Estados miembros no podrán restringir la libertad de prestación de servicios de la sociedad de la información de otro Estado miembro por razones inherentes al ámbito coordinado"[69]. En el segundo caso, en cambio, las plataformas "podrían

---

68. El artículo 2.a) de la Directiva sobre el comercio electrónico establece: "Artículo 2. Definiciones. A efectos de la presente Directiva, se entenderá por: a) 'servicios de la sociedad de la información': servicios en el sentido del apartado 2 del artículo 1 de la Directiva 98/34/CE, modificada por la Directiva 98/48/CE [...]". La citada Directiva 98/34/CE del Parlamento Europeo y del Consejo, de 22 de junio de 1998, por la que, según el nombre que se le dio, "se establece un procedimiento de información en materia de las normas y reglamentaciones técnicas", fue derogada por la Directiva (UE) 2015/1535 del Parlamento Europeo y del Consejo, de 9 de septiembre de 2015, actualmente vigente. Es esta, en consecuencia, la norma a la que debe entenderse realizada aquella remisión. Concretamente, debe reconducirse a su artículo 1.1.b), que tiene este tenor: "Artículo 1. 1. A efectos de la presente Directiva, se entenderá por: [...] b) 'servicio': todo servicio de la sociedad de la información, es decir, todo servicio prestado normalmente a cambio de una remuneración, a distancia, por vía electrónica y a petición individual de un destinatario de servicios. A efectos de la presente definición, se entenderá por: i) 'a distancia', un servicio prestado sin que las partes estén presentes simultáneamente; ii) 'por vía electrónica', un servicio enviado desde la fuente y recibido por el destinatario mediante equipos electrónicos de tratamiento (incluida la compresión digital) y de almacenamiento de datos y que se transmite, canaliza y recibe enteramente por hilos, radio, medios ópticos o cualquier otro medio electromagnético; iii) 'a petición individual de un destinatario de servicios', un servicio prestado mediante transmisión de datos a petición individual. [...]".

69. Todo ello se deriva de los artículos 2 a 4 de la Directiva sobre el comercio electrónico. Seguidamente exponemos las previsiones que sustentan las afirmaciones de la Comisión Europea: "Artículo 2. Definiciones. A efectos de la presente Directiva, se entenderá por: [...] h) 'ámbito coordinado': los requisitos exigibles a los prestadores de servicios en los regímenes jurídicos de

Viviendas de uso turístico
Análisis de la situación actual y propuestas
para la mejora de su marco regulatorio

Fundación Democracia y Gobierno Local
Serie: Claves del Gobierno Local, 39
ISBN: 978-84-125912-5-5

41

estar sujetas a la normativa sectorial específica, incluidos los requisitos de autorización y concesión de licencias empresariales aplicados por lo general a los prestadores de servicios"[70]. La calificación que deba atribuirse a los servicios desarrollados por las plataformas digitales resulta, por tanto, como puede verse, fundamental para delimitar su régimen jurídico. Para facilitar a los aplicadores del derecho tan importante tarea, que no se puede hacer de manera apriorística, la Comisión Europea apuntó que existen "varios elementos de hecho y de derecho" que permiten discernir "el nivel de control o influencia que la plataforma colaborativa" puede ejercer, en cada caso, sobre el prestador del servicio subsiguiente, lo que "tendrá por lo general una importancia significativa" a los efectos de identificar la auténtica naturaleza de los servicios y la calificación jurídica que corresponde. En concreto, la Comisión destacó "tres criterios clave": en primer lugar, el precio, y, más

---

los Estados miembros aplicables a los prestadores de servicios de la sociedad de la información a los servicios de la sociedad de la información, independientemente de si son de tipo general o destinados específicamente a los mismos. i) El ámbito coordinado se refiere a los requisitos que debe cumplir el prestador de servicios en relación con: — el inicio de la actividad de un servicio de la sociedad de la información, como los requisitos relativos a cualificaciones, autorizaciones o notificaciones; — el ejercicio de la actividad de un servicio de la sociedad de la información, como los requisitos relativos al comportamiento del prestador de servicios, los requisitos en relación con la calidad o el contenido del servicio, incluidos los aplicables a publicidad y contratos, o los requisitos relativos a la responsabilidad del prestador de servicios. ii) El ámbito coordinado no se refiere a los requisitos siguientes: — requisitos aplicables a las mercancías en sí; — requisitos aplicables a la entrega de las mercancías; — requisitos aplicables a los servicios no prestados por medios electrónicos. Artículo 3. Mercado interior. [...] 2. Los Estados miembros no podrán restringir la libertad de prestación de servicios de la sociedad de la información de otro Estado miembro por razones inherentes al ámbito coordinado. [...] 4. Los Estados miembros podrán tomar medidas que constituyen excepciones al apartado 2 respecto de un determinado servicio de la sociedad de la información si se cumplen las condiciones siguientes: [...]. Artículo 4. Principio de no autorización previa. 1. Los Estados miembros dispondrán que el acceso a la actividad de prestador de servicios de la sociedad de la información no pueda someterse a autorización previa ni a ningún otro requisito con efectos equivalentes. 2. Lo dispuesto en el apartado 1 no irá en perjuicio de los regímenes de autorización que no tengan por objeto específico y exclusivo los servicios de la sociedad de la información, ni de los regímenes cubiertos por la Directiva 97/13/CE del Parlamento Europeo y del Consejo, de 10 de abril de 1997, relativa a un marco común en materia de autorizaciones generales y licencias individuales en el ámbito de los servicios de telecomunicaciones".

70.   Debiendo respetar, en todo caso, los llamados principios de buena regulación económica. Ciñéndonos a la Directiva de Servicios, esos que contempla su artículo 16.1: "Artículo 16. Libre prestación de servicios. 1. Los Estados miembros respetarán el derecho de los prestadores a prestar servicios en un Estado miembro distinto de aquel en el que estén establecidos. El Estado miembro en que se preste el servicio asegurará la libertad de acceso y el libre ejercicio de la actividad de servicios dentro de su territorio. Los Estados miembros no supeditarán el acceso a una actividad de servicios o su ejercicio en sus respectivos territorios a requisitos que no respeten los principios siguientes: a) no discriminación: el requisito no podrá ser directa o indirectamente discriminatorio por razón de la nacionalidad o, en el caso de las personas jurídicas, por razón del Estado miembro en que estén establecidas; b) necesidad: el requisito deberá estar justificado por razones de orden público, de seguridad pública, de salud pública o de protección del medio ambiente; c) proporcionalidad: el requisito deberá ser el adecuado para conseguir el objetivo que se persigue y no ir más allá de lo necesario para conseguirlo [...]".

Viviendas de uso turístico
Análisis de la situación actual y propuestas
para la mejora de su marco regulatorio

específicamente, si la plataforma establece el precio final que debe pagar el usuario como beneficiario del servicio subyacente, precisando que "el hecho de que la plataforma colaborativa solo recomiende un precio o de que el prestador de los servicios subyacentes sea libre de adaptar el precio fijado por una plataforma colaborativa indica que puede que no se cumpla este criterio"; en segundo lugar, lo que rubricó "otras condiciones contractuales clave", una suerte de cajón de sastre que comprendería variables como que la plataforma disponga términos y condiciones distintos del precio y que determinen la relación contractual entre el prestador de los servicios subsiguientes y el usuario; y en tercer lugar, si la plataforma posee "activos clave" para prestar el servicio subyacente. Estos, empero, no son todos los criterios que pueden utilizarse para dilucidar si una plataforma ejerce tal grado de influencia o control que cabe entender que no se reduce a desempeñar un servicio de la sociedad de la información, sino que va más allá y desarrolla, asimismo, el servicio subyacente. La propia Comisión Europea señaló otros. Por ejemplo, si la plataforma "sufraga los gastos y asume todos los riesgos relacionados con la prestación" del tantas veces repetido servicio subyacente. Excluyó, sin embargo, que puedan estimarse "indicios claros" o "prueba" de esa "influencia o control significativos" que la plataforma lleve a cabo "determinadas actividades que son auxiliares con respecto a los servicios principales de la sociedad de la información" proporcionados por ella como intermediaria entre el prestador del servicio subsiguiente y los usuarios, como "modalidades de pago, cobertura de seguro, servicio posventa, etc.", o la inclusión de "mecanismos de evaluación o calificación". Expresó, por último, la Comisión, centrando —ahora sí— su atención en el mercado del alojamiento, que, con base en todo lo expuesto, era posible afirmar que "una plataforma colaborativa que ofrece servicios en el sector del alquiler a corto plazo solo puede prestar servicios de la sociedad de la información y no también el propio servicio de alojamiento si, por ejemplo, el proveedor del servicio de alojamiento fija sus propios precios y la plataforma no posee ninguno de los activos para la prestación del servicio. El hecho de que la plataforma colaborativa pueda ofrecer también servicios de seguro y calificación a sus usuarios no tiene por qué alterar esta conclusión".

Tres años después de que la Comisión Europea emitiera la precedente comunicación, el Tribunal de Justicia de la Unión resolvió una cuestión prejudicial planteada por el *Tribunal de Grande Instance de Paris* en el contexto de un proceso penal —iniciado a raíz de la denuncia interpuesta por una asociación, apellidada *"pour un hébergement et un tourisme professionnels"*, y el posterior escrito de acusación formulado por el *Procureur de la République près le Tribunal de Grande Instance de Paris*— seguido contra *Airbnb Ireland UC* en el que había de dirimirse si esta compañía había

Viviendas de uso turístico
Análisis de la situación actual y propuestas
para la mejora de su marco regulatorio

Fundación Democracia y Gobierno Local
Serie: Claves del Gobierno Local, 39
ISBN: 978-84-125912-5-5

43

incurrido o no en responsabilidad de esa índole conforme al derecho francés; ordenamiento cuya "Ley Hoguet" exigía —y exige— hallarse en posesión de una tarjeta o *carte professionnelle* para efectuar servicios de intermediación y gestión de inmuebles y activos comerciales[71] —tarjeta de la que carecía aquella sociedad—, y que sancionaba —y sanciona— con penas de multa y privación de libertad la realización o prestación de asistencia a tales operaciones de intermediación y gestión sin haber obtenido la tarjeta, y la recepción o posesión de cantidades de dinero, bienes, efectos o valores de cualquier tipo con motivo de dichas actividades[72]. La cuestión prejudicial, en concreto, se formuló con el propósito de esclarecer dos extremos: por un lado, si las prestaciones ejecutadas por *Airbnb Ireland UC* encajaban en la Directiva sobre el comercio electrónico y, por ende, quedaban cobijadas bajo la regla general, reproducida más atrás, que aboga por la libertad de prestación de servicios de la sociedad de la información; por otro, si cabía oponer a esta entidad las "normas restrictivas relativas al ejercicio de la profesión de agente inmobiliario en Francia, establecidas por la Ley Hoguet". Para despejar la primera incógnita, el Tribunal, en la STJUE de 19 de diciembre de 2019[73], indagó si un servicio como el desarrollado por *Airbnb Ireland UC* podía considerarse un servicio de la sociedad de la información a la luz de la citada Directiva, que entiende como tal "todo servicio prestado normalmente a cambio de una remuneración, a distancia, por vía electrónica y a petición individual de un destinatario de servicios"[74]. Tras brindar una respuesta afirmativa a esta cuestión, matizó que, pese a ello, debía analizarse si el servicio desempeñado por la plataforma era solo un servicio de la sociedad de la información y se diferenciaba del servicio subsiguiente al que estaba —y está— vinculado o, por el contrario, había de interpretarse, como ya había acontecido con una célebre plataforma en el ámbito del transporte de pasajeros[75], que era un servicio de intermediación que formaba parte de un "servicio global cuyo elemento principal" es un servicio al que corresponde "otra calificación jurídica". Aunque no se explicita en la sentencia, es obvio que para abordar este otro interrogante el Tribunal de Justicia de la Unión Europea utilizó los criterios brindados por la Comisión Europea. Tras aplicarlos al caso que estamos comentando, manifestó que "si bien es cierto que el servicio de intermediación prestado por *Airbnb Ireland* tiene por objeto fa-

---

71.   Puede constatarse con la lectura del artículo 3 de la "Ley Hoguet", cuya denominación completa es *Loi n° 70-9 du 2 janvier 1970 réglementant les conditions d'exercice des activités relatives à certaines opérations portant sur les immeubles et les fonds de commerce.*

72.   Artículos 14.a) y 16.1 de la "Ley Hoguet".

73.   Asunto C-390/18.

74.   Véase la nota 68.

75.   SSTJUE de 20 de diciembre de 2017 (asunto C-434/15) y 10 de abril de 2018 (asunto C-320/16).

44

Viviendas de uso turístico
Análisis de la situación actual y propuestas
para la mejora de su marco regulatorio

Fundación Democracia y Gobierno Local
Serie: Claves del Gobierno Local, 39
ISBN: 978-84-125912-5-5

cilitar el alquiler de un alojamiento", que está incluido en el ámbito de aplicación de la Directiva 2006/123/CE del Parlamento Europeo y del Consejo, de 12 de diciembre de 2006, "la naturaleza de los vínculos existentes entre tales servicios no justifica que se excluya la calificación como 'servicio de la sociedad de la información' del servicio de intermediación y, por consiguiente, la aplicación de la Directiva 2000/31 al mismo"; que "ese servicio de intermediación es disociable de la transmisión inmobiliaria propiamente dicha, en la medida que no solo tiene por objeto la realización inmediata de una prestación de alojamiento, sino, más bien, sobre la base de una lista estructurada de los alojamientos disponibles en la plataforma electrónica epónima que correspondan a los criterios de las personas que buscan un alojamiento de corta duración, proporcionar un instrumento que facilite la conclusión de contratos en futuras transacciones"; que "la presentación organizada del conjunto de las ofertas, junto con las herramientas de búsqueda, de localización y comparación entre ellas, constituye, por su importancia, un servicio que no puede considerarse meramente accesorio de un servicio global al que corresponde una calificación jurídica diferente, a saber, la prestación de alojamiento"; que "un servicio como el prestado por *Airbnb Ireland* en modo alguno resulta indispensable para llevar a cabo la prestación de servicios de alojamiento", dado que "arrendatarios y arrendadores" cuentan con "otros muchos cauces, algunos de los cuales existen desde hace mucho tiempo, como las agencias inmobiliarias, los anuncios clasificados en papel o en formato electrónico o incluso los sitios web de alquiler de inmuebles"; que de la información obrante en los autos no se desprendía "que *Airbnb Ireland* determine o limite el importe del alquiler solicitado por los arrendadores que utilizan su plataforma"; que, "a lo sumo, pone a su disposición una herramienta opcional de estimación del precio de su arrendamiento en función de los precios medios de mercado en dicha plataforma, dejando a los arrendadores la responsabilidad de fijar el precio del arrendamiento"; que "ninguna de las otras prestaciones" que facilita *Airbnb Ireland*, como una "garantía por daños y, con carácter opcional, un seguro de responsabilidad civil", o un "sistema de evaluación de los arrendadores y los arrendatarios", "pone en tela de juicio", en fin, la idea, plasmada *ut supra*, de que un servicio de intermediación como el desarrollado por ella "no se puede considerar parte integrante de un servicio global cuyo elemento principal sea un servicio de alojamiento". Y alcanzada esta conclusión, el Tribunal de Justicia de la Unión Europea contestó a la primera cuestión prejudicial proclamando que "procede calificar de 'servicio de la sociedad de la información' comprendido en el ámbito de aplicación de la Directiva 2000/31/CE un servicio de intermediación", como el de aquella compañía, "prestado a cambio de una remuneración, que tiene por objeto poner en contacto mediante una plataforma electrónica a potenciales arrendatarios con arrendadores,

Viviendas de uso turístico
Análisis de la situación actual y propuestas
para la mejora de su marco regulatorio

Fundación Democracia y Gobierno Local
Serie: Claves del Gobierno Local, 39
ISBN: 978-84-125912-5-5

profesionales o no profesionales, que proponen servicios de alojamiento de corta duración y que, además, ofrece otras prestaciones accesorias de ese servicio de intermediación". Desde la base, pues, de que la calificación que debe darse al servicio ejecutado por *Airbnb Ireland UC* es estrictamente la de "servicio de la sociedad de la información", y de que, en consecuencia, la Directiva sobre el comercio electrónico constituye su disposición comunitaria de cabecera, el Tribunal afrontó la resolución de la segunda cuestión prejudicial, referida a si cabía aplicar a tal sociedad las "normas restrictivas relativas al ejercicio de la profesión de agente inmobiliario en Francia" previstas por la "Ley Hoguet". Para ello, partió de la regla general, ya mencionada, establecida por dicha Directiva, que afirma que "los Estados miembros no podrán restringir la libertad de prestación de servicios de la sociedad de la información de otro Estado miembro por razones inherentes al ámbito coordinado", y de la regla especial, igualmente señalada, que admite que los Estados pueden adoptar, "en circunstancias limitadas y sujetos a un procedimiento específico", medidas que excepcionen el mandamiento anterior. Circunstancias limitadas y procedimiento específico que el artículo 3.4 de la Directiva traza de la siguiente manera: por un lado, indicando que las medidas deben ser "necesarias" por motivos de orden público, protección de la salud pública, seguridad pública o protección de los consumidores, tomadas en contra de un servicio de la sociedad de la información que vaya en detrimento de estos objetivos o presente un riesgo serio y grave de ir en menoscabo de ellos, y resultar "proporcionadas"; por otro lado, denotando que antes de adoptar tales medidas el Estado miembro debe haber solicitado al Estado miembro en cuyo territorio se halle establecido el prestador de servicios de la sociedad de la información que tome sus propias medidas, sin que este las haya tomado o habiéndose mostrado insuficientes, y ordenando que, también con carácter previo, debe haber notificado su intención de adoptar tales medidas a la Comisión Europea y a ese Estado miembro. En el asunto que estamos tratando, la República Francesa no había puesto en conocimiento de la Comisión ni de Irlanda —esto es, el Estado miembro de establecimiento de *Airbnb Ireland UC*— las previsiones limitativas de la libre prestación de los servicios de la sociedad de la información contenidas en la "Ley Hoguet", que, pese a ser de fecha anterior a la Directiva sobre el comercio electrónico, no quedaba exenta de la obligación de notificación. Identificado aquí un incumplimiento por parte de Francia, el Tribunal de Justicia de la Unión Europea interpretó que esta ley no podía aplicarse "en ningún caso a un particular que se encuentre en una situación como la de *Airbnb Ireland* en el litigio principal, con independencia de que dicha ley cumpla o no las demás condiciones previstas en la referida disposición" comunitaria. Y, específicamente, respondió a la segunda cuestión prejudicial que "un particular puede oponerse a que se le apliquen" las medidas estipu-

46

Viviendas de uso turístico
Análisis de la situación actual y propuestas
para la mejora de su marco regulatorio

Fundación Democracia y Gobierno Local
Serie: Claves del Gobierno Local, 39
ISBN: 978-84-125912-5-5

ladas por un Estado miembro "que restrinjan la libre circulación de un servicio de la sociedad de la información que se presta desde otro Estado miembro, cuando dichas medidas no hayan sido notificadas con arreglo" a lo señalado en la Directiva sobre el comercio electrónico.

Las conclusiones aquí sentadas por el Tribunal de Justicia de la Unión Europea sobre la calificación jurídica que merecen los servicios desempeñados por plataformas digitales, como la de *Airbnb Ireland UC*, en el ámbito del alojamiento turístico, y sobre la normativa que les resulta de aplicación y que configura su régimen, han sido, con el paso de los años, utilizadas por este mismo tribunal[76] y por nuestro Tribunal Supremo para despachar otros asuntos que se les han planteado. Por lo que a este trabajo respecta, peculiar interés reviste cuanto ha declarado este último en sus SSTS 1818/2020, de 30 de diciembre, y 2/2022, de 7 de enero[77], por las que resolvió los recursos de casación formulados, respectivamente, por *Homeaway Spain, S.L.U.*, de una parte, y por *Airbnb Marketing Services, S.L.U.* y *Airbnb Ireland UC*, de otra, contra dos sentencias del Tribunal Superior de Justicia de Cataluña que habían desestimado los recursos contencioso-administrativos interpuestos por dichas entidades contra dos resoluciones de la Dirección General de Turismo de la Generalitat que les ordenaban, en virtud de los artículos 73 y 98 de la Ley 13/2002, de 21 de junio, de Turismo de Cataluña[78], proceder "al bloqueo, supresión o suspensión" definitiva "de su página web o de cualquier

---

76. En concreto, en la STJUE de 27 de abril de 2022 (asunto C-674/20). En esta sentencia, sin embargo, se excluye la aplicación de la Directiva sobre el comercio electrónico porque la medida establecida por el Estado miembro, y sobre la que pivotaban las cuestiones prejudiciales, era de naturaleza tributaria, siendo así que el artículo 1.5.a) de la Directiva determina que la misma no se aplicará "en materia de fiscalidad". Lo mismo ocurriría en la STJUE de 22 de diciembre de 2022 (asunto C-83/21).

77. Recursos de casación núms. 238/2018 y 6063/2020, respectivamente.

78. Interesan, en concreto, los apartados 3 y 5 del artículo 73 y el artículo 98 de la Ley 13/2002, de 21 de junio, de Turismo de Cataluña: "Artículo 73. Registro de Turismo de Cataluña. [...] 3. Se inscriben en el Registro de Turismo de Cataluña todas las empresas y establecimientos turísticos regulados por la presente ley y la normativa que la desarrolla. [...] 5. El número de inscripción de los alojamientos turísticos en el Registro de Turismo de Cataluña debe constar en todo tipo de publicidad, promoción o comercialización. [...] Artículo 98. Multas coercitivas. 1. Los órganos competentes pueden imponer multas coercitivas, realizado el requerimiento de ejecución de los actos y las resoluciones de carácter administrativo destinados al cumplimiento de lo determinado en la presente Ley y demás disposiciones relativas al sector turístico. 2. El requerimiento al que se refiere el apartado 1 tiene que advertir a la persona interesada del plazo del que dispone para cumplirlo y de la cuantía de la multa que, en caso de incumplimiento, puede serle impuesta. En cualquier caso, el plazo fijado debe ser suficiente para el cumplimiento de la obligación de que se trate, y la multa no puede exceder los 10.000 euros. 3. El incumplimiento del requerimiento a que se refiere el apartado 1 puede dar lugar, comprobado por la Administración, a la reiteración de las multas, por períodos de tiempo que sean suficientes para el cumplimiento y que en todo caso no pueden ser inferiores a lo señalado en el primer requerimiento. 4. Las multas coercitivas son independientes de las que puedan imponerse en concepto de sanción, y son compatibles con las mismas".

Viviendas de uso turístico
Análisis de la situación actual y propuestas
para la mejora de su marco regulatorio

Fundación Democracia y Gobierno Local
Serie Claves del Gobierno Local, 39
ISBN: 978-84-125912-5-5

47

otra que pudieran utilizar en iguales términos de todo contenido relativo a empresas y establecimientos de alojamientos turístico", localizados en esta comunidad autónoma, en el que no figurase "el número de inscripción en el Registro de Turismo de Cataluña", bajo el apercibimiento de que, en caso de no atenderse el requerimiento en el plazo conferido para su cumplimiento voluntario, se acometería su ejecución forzosa. Entramos, por lo tanto, de la mano de estos pronunciamientos, en el terreno de la responsabilidad de las plataformas electrónicas por los datos y anuncios que albergan y que provienen no de ellas, sino de los sujetos que promocionan o comercializan, a través de las mismas, la cesión de viviendas para usos turísticos, cuando esos datos y anuncios no se acomodan a lo establecido por el ordenamiento jurídico; ingresamos, en suma, en el último de los aspectos relacionados con las plataformas tecnológicas que hemos de examinar, y que pasa inexorablemente por determinar si un prestador de servicios de la sociedad de la información, además de estar sometido al corpus normativo regulador de tales servicios —corpus, como hemos visto, donde la Directiva sobre el comercio electrónico ostenta una posición eminente—, puede quedar obligado, asimismo, por la legislación sectorial que disciplina la actividad subsiguiente, en este caso la normativa catalana en materia de turismo. Cuatro ideas conviene consignar, no obstante, en aras de lograr la mejor claridad expositiva, antes de emprender la reseña de las soluciones brindadas y los razonamientos seguidos por el alto tribunal: la primera es que la Directiva sobre el comercio electrónico, norma europea de referencia para las plataformas cuyos servicios de intermediación merecen la calificación de simples servicios de la sociedad de la información, se transpuso al derecho español mediante la Ley 34/2002, de 11 de julio, de Servicios de la Sociedad de la Información y de Comercio Electrónico (LSSICE), dictada por el Estado con sustento en los apartados 6, 8 y 21 del artículo 149 CE, donde se reconocen, entre otras, sus competencias exclusivas sobre "legislación mercantil", "legislación civil" y "telecomunicaciones"; la segunda idea es que estas disposiciones fueron la quilla sobre la que se asentó toda la fundamentación jurídica del tribunal; la tercera es que al tiempo de dirimirse los recursos de casación, y, aun antes, de suscitarse la propia controversia, la Directiva regulaba en la Sección 4.ª de su Capítulo II, compuesta por los artículos 12 a 15, en palabras de su propio texto, la "Responsabilidad de los prestadores de servicios intermediarios", y la LSSICE hacía lo mismo en su Título II, denominado "Prestación de servicios de la sociedad de la información", que albergaba —y alberga— una Sección 2.ª en su Capítulo II, integrada por los artículos 13 a 17 y rotulada "Régimen de responsabilidad"; para terminar, la cuarta idea previa que queremos apuntar es que tras recaer aquellos fallos del Tribunal Supremo se publicó el Reglamento (UE) 2022/2065 del Parlamento Europeo y del Consejo, de 19 de octubre de 2022, relativo a un mercado único de servicios digitales y por el

Viviendas de uso turístico
Análisis de la situación actual y propuestas
para la mejora de su marco regulatorio

Fundación Democracia y Gobierno Local
Serie: Claves del Gobierno Local. 39
ISBN: 978-84-125912-5-5

que se modifica la Directiva 2000/31/CE, también llamado "Reglamento de Servicios Digitales", que en su artículo 89 determina la supresión de los artículos 12 a 15 de la Directiva sobre el comercio electrónico y su sustitución por los artículos 4, 5, 6 y 8 del nuevo Reglamento[79-80]. Un cambio, este, conviene indicarlo, que no enturbia, pese a todo, las conclusiones alcanzadas en las mencionadas SSTS 1818/2020, de 30 de diciembre, y 2/2022, de 7 de enero.

En estos pronunciamientos, el Tribunal Supremo, con el afán de resolver los recursos, dilucidó primeramente la calificación jurídica que corresponde a los servicios desarrollados por las plataformas electrónicas de *Homeaway*, en un caso, y de *Airbnb*, en otro, con apoyo en la STJUE de 19 de diciembre de 2019. En ambos supuestos afirmó que la actividad desempeñada por las recurrentes debía reputarse, simple y llanamente, "un servicio de intermediación distinto del servicio subsiguiente al que está vinculado"; que ninguna de las prestaciones adicionales que una y otra ofrecen ponían en cuestión "la calificación de su actividad" como una "prestación de servicios de la sociedad de la información"; que en uno y otro caso cabía mantener que dichas prestaciones accesorias no desvirtuaban "la naturaleza del servicio de intermediación" que aquellas llevan a cabo, consistente, según expresara el Tribunal Supremo, en una "intermediación neutra", en "poner en contacto a arrendadores y arrendatarios de viviendas vacacionales, sin transformarlo en un negocio de arrendamiento de viviendas", que quedaría como actividad subyacente diferente de la intermediación realizada por la plataforma; que, en fin, dada la calificación jurídica de la actividad de las recurrentes, debía —y debe— entenderse que la misma se rige "por la Directiva

---

79.   En particular, la redacción literal del artículo 89 del Reglamento de Servicios Digitales es la siguiente: "Artículo 89. Modificaciones de la Directiva 2000/31/CE. 1. Se suprimen los artículos 12 a 15 de la Directiva 2000/31/CE. 2. Las referencias a los artículos 12 a 15 de la Directiva 2000/31/CE se entenderán hechas a los artículos 4, 5, 6 y 8 del presente Reglamento, respectivamente". Los artículos 92 y 93 del Reglamento, por su parte, detallan su régimen de entrada en vigor y aplicación, que creemos oportuno reproducir: "Artículo 92. Aplicación anticipada a prestadores de plataformas en línea de muy gran tamaño y de motores de búsqueda en línea de muy gran tamaño. El presente Reglamento se aplicará a los prestadores de plataformas en línea de muy gran tamaño y de motores de búsqueda en línea de muy gran tamaño designados con arreglo al artículo 33, apartado 4, a partir de los cuatro meses siguientes a la notificación al prestador de que se trate a que se refiere el artículo 33, apartado 6, en caso de que dicha fecha sea anterior al 17 de febrero de 2024. Artículo 93. Entrada en vigor y aplicación. 1. El presente Reglamento entrará en vigor a los veinte días de su publicación en el Diario Oficial de la Unión Europea. 2. El presente Reglamento será de aplicación a partir del 17 de febrero de 2024. No obstante, el artículo 24, apartados 2, 3 y 6, el artículo 33, apartados 3 a 6, el artículo 37, apartado 7, el artículo 40, apartado 13, el artículo 43 y las secciones 4, 5 y 6 del capítulo IV, serán de aplicación a partir del 16 de noviembre de 2022. El presente Reglamento será obligatorio en todos sus elementos y directamente aplicable en cada Estado miembro".

80.   Sobre el régimen de responsabilidad de los prestadores de servicios de intermediación implantado por el Reglamento de Servicios Digitales pueden leerse, entre otras publicaciones, Alarcón Sotomayor (2023: 270-274) y Ferrer Tapia (2023: 377-409).

Viviendas de uso turístico
Análisis de la situación actual y propuestas
para la mejora de su marco regulatorio

Fundación Democracia y Gobierno Local
Serie Claves del Gobierno Local, 39
ISBN: 978-84-125912-5-5

49

2000/31/CE y la Ley nacional 34/2002, ambas normas reguladoras de los servicios de la sociedad de la información y el comercio electrónico, y no por la legislación sectorial de alojamientos turísticos". Aclarado lo anterior, el Tribunal pasó a profundizar en el sistema de responsabilidad de los prestadores de servicios de la sociedad de la información diseñado por la Directiva sobre el comercio electrónico y la LSSICE. No es ocasión de exponerlo en detalle. A los efectos que aquí se persiguen es suficiente con advertir que una y otra disposición articulaban ese régimen estableciendo reglas específicas en función de la clase de servicio de intermediación que se desarrollase[81], y que, a juicio del Tribunal Supremo, los de *Homeaway* y *Airbnb* eran —y son, desde luego— "servicios de alojamiento o almacenamiento de datos"; que para esta tipología la Directiva europea y la ley española preveían una "exención de responsabilidad" del prestador de servicios de intermediación por "la información almacenada a petición del destinatario", exención que no era absoluta o incondicionada, sino que operaba —y operará en lo sucesivo, en cuanto que el Reglamento de Servicios Digitales se expresa de modo similar[82]— si el primero no tenía "conocimiento efectivo de que la actividad o la información almacenada es ilícita o de que lesiona bienes o derechos de un tercero susceptibles de indemnización", o si, en caso de tenerlo, obraba "con diligencia para retirar los datos o hacer imposible el acceso a ellos"; y como colofón, que la LSSICE puntualizaba —y sigue puntualizando— que se entiende que el prestador de servicios tiene el conocimiento efectivo al que alude la primera hipótesis o condición habilitante de la exención de responsabilidad "cuando un órgano competente haya declarado la ilicitud de los datos, ordenado su retirada o que se imposibilite el acceso a los mismos, o se hubiera declarado la existencia de la lesión, y el prestador conociera la correspondiente resolución, sin perjuicio de los procedimientos de detec-

---

81. En aras de no hacer la nota demasiado larga, únicamente se exponen, para ilustrar la idea, los rótulos de los preceptos correspondientes de la Directiva sobre el comercio electrónico y de la LSSCI. (i) Artículos 12 a 14 de la Directiva: "Artículo 12. Mera transmisión. [...]. Artículo 13. Memoria tampón (*Caching*). [...]. Artículo 14. Alojamiento de datos. [...]". (ii) Artículos 14 a 17 LSSICE: "Artículo 14. Responsabilidad de los operadores de redes y proveedores de acceso. [...]. Artículo 15. Responsabilidad de los prestadores de servicios que realizan copia temporal de los datos solicitados por los usuarios. [...] Artículo 16. Responsabilidad de los prestadores de servicios de alojamiento o almacenamiento de datos. [...]. Artículo 17. Responsabilidad de los prestadores de servicios que faciliten enlaces a contenidos o instrumentos de búsqueda. [...]".

82. Artículo 6.1 del Reglamento de Servicios Digitales: "Artículo 6. Alojamiento de datos. 1. Cuando se preste un servicio de la sociedad de la información consistente en almacenar información facilitada por un destinatario del servicio, el prestador de servicios no podrá ser considerado responsable de la información almacenada a petición del destinatario, a condición de que el prestador de servicios: a) no tenga conocimiento efectivo de una actividad ilícita o de un contenido ilícito y, en lo que se refiere a solicitudes de indemnización por daños y perjuicios, no sea consciente de hechos o circunstancias que pongan de manifiesto la actividad ilícita o el contenido ilícito, o b) en cuanto tenga conocimiento o sea consciente de ello, el prestador de servicios actúe con prontitud para retirar el contenido ilícito o bloquear el acceso a este".

Viviendas de uso turístico
Análisis de la situación actual y propuestas
para la mejora de su marco regulatorio

Fundación Democracia y Gobierno Local
Serie: Claves del Gobierno Local, 39
ISBN: 978-84-125912-5-5

ción y retirada de contenidos que los prestadores apliquen en virtud de acuerdos voluntarios y de otros medios de conocimiento efectivo que pudieran establecerse"[83]. Enmarcados los asuntos discutidos en estas coordenadas, concretadas de esta manera las "reglas del juego", al Tribunal Supremo solo le restó aplicarlas a cada uno de ellos. Y de nuevo, las respuestas que dio fueron las mismas. Así, en ambos manifestó que no podía estimarse que los prestadores de servicios de alojamiento de datos tuviesen conocimiento efectivo de "la ilicitud administrativa en que incurren los anuncios de alojamientos turísticos que no incorporen el número de registro" por el mero hecho de que tales anuncios se alojasen en la página web; que "la sola previsión de la Ley catalana de que la publicidad de los alojamientos turísticos debe incorporar el número de registro" no bastaba para sostener que dichos prestadores tenían un conocimiento de ese calibre "de la ilicitud de que algunos usuarios de su página web no hubieran incluido en sus anuncios el número de registro turístico de los alojamientos"; que no concurría ninguna de las circunstancias que la LSSICE contempla "como acreditativas de tal conocimiento efectivo", pues no había en los recursos sometidos a su conocimiento "ningún tipo de declaración" de que se hubiera producido "una lesión de derechos ajenos, que además debería ser conocida" por el prestador de los servicios de la sociedad de la información, ni tampoco existía una "declaración de ilicitud por parte del órgano competente de la Administración catalana de que determinados anuncios" habían "incurrido en ilícito administrativo por no haber incorporado el número administrativo, ordenando la retirada de los mismos"; que la declaración de ilicitud y orden de retirada de datos que la LSSICE menciona "va necesariamente referida a anuncios concretos, a diferencia de la orden administrativa" de la que traían causa los pleitos, que, en puridad, era "una orden genérica" que obligaba "al prestador de servicios a efectuar un examen del contenido de sus anuncios",

---

83. En adelante, para determinar si existe o no "conocimiento efectivo" habrán de tenerse en cuenta los considerandos 22 y 53 del Reglamento de Servicios Digitales, así como su artículo 16.3. En el considerando 22, por poner un ejemplo, se indica lo que sigue: "El prestador puede obtener dicho conocimiento efectivo o consciencia del carácter ilícito de los contenidos, entre otras vías, a través de investigaciones realizadas por iniciativa propia o de notificaciones recibidas de personas físicas o entidades de conformidad con el presente Reglamento en la medida en que dichas notificaciones sean suficientemente precisas y estén adecuadamente fundamentadas para que un operador económico diligente, de manera razonable, pueda detectar y evaluar el contenido presuntamente ilícito y, en su caso, actuar contra él. Sin embargo, no cabe considerar que dicho conocimiento efectivo o consciencia se obtenga por el mero hecho de que el prestador sea consciente, de manera general, de que su servicio también se utiliza para almacenar contenidos ilícitos. Además, el hecho de que el prestador indexe automáticamente la información cargada en su servicio, tenga una función de búsqueda y recomiende información basándose en los perfiles o preferencias de los destinatarios del servicio no es motivo suficiente para considerar que dicho prestador tenga un conocimiento 'específico' de las actividades ilegales llevadas a cabo en esa plataforma o de los contenidos ilícitos almacenados en ella".

Viviendas de uso turístico
Análisis de la situación actual y propuestas
para la mejora de su marco regulatorio

Fundación Democracia y Gobierno Local
Serie Claves del Gobierno Local, 39
ISBN: 978-84-125912-5-5

51

lo que entraba en palmaria contradicción con el artículo 15.1 de la Directiva sobre el comercio electrónico, que disponía que los Estados miembros no podían imponer a los prestadores de servicios de intermediación "una obligación general de supervisar los datos que transmitan o almacenen, ni una obligación general de realizar búsquedas activas de hechos o circunstancias que indiquen actividades ilícitas" —previsión, procede señalar, que mantiene el Reglamento de Servicios Digitales—[84]; y, finalmente, que no cabía olvidar que en las páginas web de *Homeaway* y *Airbnb* "no solo caben anuncios de alojamientos turísticos que, en virtud de la Ley catalana 13/2002, estarían obligados a incluir el número de registro, sino también otros tipos de alojamiento que no estarían sujetos a dicha obligación". En definitiva, el Tribunal Supremo concluyó que un prestador de servicios de la sociedad de la información como los nombrados *ut supra*, de la modalidad de alojamiento o almacenamiento de datos, "estará obligado a suprimir los anuncios, o vedar el acceso a ellos, que incumplan una obligación legal cuando la Administración competente haya declarado dicho incumplimiento y lo comunique" al prestador de tales servicios, lo que no aconteció en los asuntos aquí examinados, sin que esta pueda gravarle con una obligación general de supervisión o de búsqueda activa de hechos que denoten la existencia de actividades desacordes a derecho, pues tal cosa supondría prácticamente trasladarle "la función de inspección y control de contenidos que, dentro de su ámbito material, corresponde a la Administración competente". Y ello, en la medida en que el prestador de servicios de la sociedad de la información "se encuentra regulado por la normativa propia" y "no por la sectorial de turismo, lo que solo ocurriría si se tratase de una empresa cuya calificación jurídica" no fuese ya la de prestador de ese género o familia de servicios, sino la de "empresa turística, lo que hemos visto que no es el caso, o en supuestos de ilicitud flagrante que tampoco concurre en el presente supuesto". Esta batería de razones justificó en las SSTS 1818/2020, de 30 de diciembre, y 2/2022, de 7 de enero, la estimación de los recursos de casación formulados y, por consiguiente, la anulación de las resoluciones de la Dirección General de Turismo de la Generalitat de Cataluña que originaron la controversia. La sentencia más reciente, sin embargo, apuntó, por añadidura, la posibilidad de aplicar, como hiciera la STJUE de 19 de diciembre de 2019, los requisitos preceptuados por la Directiva sobre el comercio electrónico para la adopción por parte de los Estados miembros de medidas restrictivas de la liber-

---

84. Artículo 8 del Reglamento de Servicios Digitales: "Artículo 8. Inexistencia de obligación general de monitorización o de búsqueda activa de hechos. No se impondrá a los prestadores de servicios intermediarios ninguna obligación general de monitorizar la información que transmitan o almacenen, ni de buscar activamente hechos o circunstancias que indiquen la existencia de actividades ilícitas".

Viviendas de uso turístico
Análisis de la situación actual y propuestas
para la mejora de su marco regulatorio

Fundación Democracia y Gobierno Local
Serie: Claves del Gobierno Local. 39
ISBN: 978-84-125912-5-5

tad de prestación de servicios de la sociedad de la información, esos que subordinan esta facultad a unas "circunstancias limitadas" y a un "procedimiento específico" de notificación al Estado miembro en cuyo territorio esté establecido el prestador de servicios de la sociedad de la información y a la Comisión Europea, toda vez que no se tenía constancia de que, en el supuesto enjuiciado, se hubiera "seguido el indicado procedimiento". Un incumplimiento que, como en el caso de la "Ley Hoguet", habría determinado igualmente, en términos del Tribunal Supremo, "la inoponibilidad de la medida no notificada".

4. Bibliografía

Aguirre i Font, J. M. (2021). La regulación municipal de las viviendas de uso turístico: soluciones a través del urbanismo. *Revista de Estudios de la Administración Local y Autonómica*, 15.

Alarcón Sotomayor, L. (2023). Las plataformas de viviendas turísticas y su responsabilidad por alojar contenidos ilegales: una responsabilidad tocada, pero no hundida. En H. Gosálbez Pequeño y A. Bueno Armijo (dirs.). *Desregulación y regulación de la economía colaborativa en la actualidad turística y las actividades con incidencia turística*. Cizur Menor: Aranzadi.

Alfonso Sánchez, R. y Burillo Sánchez, F. J. (2017). Capítulo I. La economía llamada "colaborativa". En R. Alfonso Sánchez J. y Valero Torrijos (dirs.). *Retos jurídicos de la economía colaborativa en el contexto digital*. Cizur Menor: Aranzadi.

Alianza para la Excelencia Turística. (2015). *Alojamiento turístico en viviendas de alquiler: impactos y retos asociados*.

— (2016). *Observaciones al estudio de la CNMC sobre nuevos modelos de prestaciones de servicios y la economía colaborativa (E/CNMC/004/15)*.

— (2022). *Estudio ReviTUR. Principales evidencias de los efectos del resurgir de las viviendas turísticas en las ciudades españolas y recomendaciones para su tratamiento*.

Arana García, E. (2018). La intervención local en las viviendas de uso turístico a través de la zonificación urbanística: requisitos y consecuencias. *Revista de Estudios de la Administración Local y Autonómica*, 10.

Bauzá Martorell, F. (2018). Intervención administrativa en la vivienda turística vacacional. *Revista Española de Derecho administrativo*, 189.

Boix Palop, A. (2018). Estrategias regulatorias para la resolución de los conflictos de intereses generados por la proliferación del alojamiento de corta duración con intermediación digital. En A. M.ª de la Encarnación (dir.). *La regulación del alojamiento colaborativo. Viviendas de uso*

Viviendas de uso turístico
Análisis de la situación actual y propuestas
para la mejora de su marco regulatorio

Fundación Democracia y Gobierno Local
Serie: Claves del Gobierno Local, 39
ISBN: 978-84-125912-5-5

53

turístico y alquiler de corta estancia en el derecho español. Cizur Menor: Aranzadi.

Botello Hermosa, J. M.ª (2019). Economía colaborativa, ¿el término adecuado? En A. Ortí Vallejo y G. Rubio Gimeno (dirs.). *Propuestas de regulación de las plataformas de economía colaborativa: perspectivas general y sectoriales*. Cizur Menor: Aranzadi.

—   (2020a). El alojamiento colaborativo y la reconfiguración de la economía colaborativa desde una nueva perspectiva jurídica. *Anuario de Derecho Civil*, 73 (4).

—   (2020b). La preponderancia del criterio de habitualidad en la configuración de los alquileres turísticos y su necesaria reconfiguración: una propuesta de solución. *Anuario de Derecho Civil*, 73 (4).

Botsman, R. (2013). The sharing economy lacks a shared definition. *Fast Company*. Disponible en: https://www.fastcompany.com/3022028/the-sharing-economy-lacks-a-shared-definition#8.

Campuzano Tomé, H. (2019). *"Las viviendas de uso turístico". Marco legal y problemática jurídica en el contexto de la economía colaborativa*. Madrid: Reus.

CNMC. (2016). *Resultados preliminares. Estudio sobre los nuevos modelos de prestación de servicios y la economía colaborativa* (E/CNMC/004/15).

—   (2018). *Estudio sobre la regulación de las viviendas de uso turístico en España* (E/CNMC/003/18).

Comisión Europea. (2015). *Comunicación al Parlamento Europeo, al Consejo, al Comité Económico y Social Europeo y al Comité de las Regiones, "Mejorar el mercado único: más oportunidades para los ciudadanos y las empresas"*, COM(2015) 550 final.

—   (2016). *Comunicación al Parlamento Europeo, al Consejo, al Comité Económico y Social Europeo y al Comité de las Regiones, "Una agenda europea para la economía colaborativa"*, COM(2016) 356 final.

Comité Económico y Social Europeo. (2016). *Dictamen exploratorio sobre el tema "La economía colaborativa y la autorregulación"* (2016/C303/05).

—   (2018). *Dictamen exploratorio sobre el tema "Fiscalidad de la economía colaborativa. Análisis de posibles políticas impositivas ante el crecimiento de la economía colaborativa"* (2018/C081/09).

De Castro y Bravo, F. (1991). *El negocio jurídico*. Madrid: Civitas.

De la Encarnación, A. M.ª (2016). El alojamiento colaborativo: viviendas de uso turístico y plataformas virtuales. *Revista de Estudios de la Administración Local y Autonómica*, 5.

Desdentado Daroca, E. (2019). Aspectos jurídico-administrativos de las viviendas de uso turístico. En M. Lucas Durán (dir.). *Las viviendas de uso turístico y su regulación jurídica. Un enfoque multidisciplinar*. Cizur Menor: Aranzadi.

54

Viviendas de uso turístico
Análisis de la situación actual y propuestas
para la mejora de su marco regulatorio

Fundación Democracia y Gobierno Local
Serie: Claves del Gobierno Local, 39
ISBN: 978-84-125912-5-5

Doménech Pascual, G. (2015). La regulación de la economía colaborativa. (El caso "Uber contra el taxi"). *Revista CEFLegal*, 175-176.

Domínguez Luelmo, A. (2018). Prólogo. En G. Cerdeira Bravo de Mansilla (dir.). *Viviendas de uso turístico: régimen civil, administrativo y fiscal*. Madrid: Reus.

EXCELTUR. (2015). *Alojamiento turístico en viviendas de alquiler: impactos y retos asociados*.

— (2016). *Observaciones al estudio de la CNMC sobre nuevos modelos de prestaciones de servicios y la economía colaborativa (E/CNMC/004/15)*.

— (2022). *Principales evidencias de los efectos del resurgir de las viviendas turísticas en las ciudades españolas y recomendaciones para su tratamiento*.

Fernández Pérez, N. (2018). *El alojamiento colaborativo*. Valencia: Tirant lo Blanch.

Ferrer Tapia, M.ª B. (2023). Una nueva regulación digital para la Unión Europea. Los Reglamentos (UE) 2022/1925, de 14 de septiembre de 2022, y 2022/2065, de 19 de octubre de 2022. En H. Gosálbez Pequeño y A. Bueno Armijo (dirs.). *Desregulación y regulación de la economía colaborativa en la actualidad turística y las actividades con incidencia turística*. Cizur Menor: Aranzadi.

FEVITUR. (2022). *Observatorio de la vivienda turística en España 2022*.

García Saura, P. J. (2019). *Viviendas de uso turístico y plataformas colaborativas en España. Aproximación al régimen jurídico. Estudio comparado desde la perspectiva de la sostenibilidad*. Madrid: Dykinson.

Gosálbez Pequeño, H. (2023). Rememorando el *big bang* de las viviendas turísticas y la "moderada administrativización" del contrato de arrendamiento turístico de la vivienda. En H. Gosálbez Pequeño y A. Bueno Armijo (dirs.). *Desregulación y regulación de la economía colaborativa en la actualidad turística y las actividades con incidencia turística*. Cizur Menor: Aranzadi.

Guillén Navarro, N. A. (2015). La vivienda de uso turístico y su incidencia en el panorama normativo español. *Revista Aragonesa de Administración Pública*, 45-46.

— (2020). *La regulación de la vivienda de uso turístico en España*. Madrid: Iustel.

Guzmán, M.ª J. (2021). Las asociaciones vecinales del centro y Triana respaldan la regulación de los pisos turísticos. *Diario de Sevilla*, 22-1-2021. Disponible en: https://www.diariodesevilla.es/sevilla/Vecinos-centro-Triana-respaldan-regulacion-viviendas-turisticas-Sevilla_0_1540346201.html.

Hernando Rydings, M.ª (2022). Zonificación urbanística y viviendas de uso turístico en Madrid. *Revista de Estudios de la Administración Local y Autonómica*, 18.

Instituto Nacional de Estadística. (2020). *Medición del número de viviendas turísticas en España y su capacidad. Agosto de 2020*.

Viviendas de uso turístico
Análisis de la situación actual y propuestas
para la mejora de su marco regulatorio

Fundación Democracia y Gobierno Local
Serie Claves del Gobierno Local, 39
ISBN: 978-84-125912-5-5

55

— (2021a). *Medición del número de viviendas turísticas en España y su capacidad. Febrero de 2021*.

— (2021b). *Medición del número de viviendas turísticas en España y su capacidad. Agosto de 2021*.

— (2022). *Cuenta Satélite del Turismo de España. Serie 2016—2021*.

Jordana de Pozas, L. (1949). Ensayo de una teoría del fomento en el derecho administrativo. *Revista de Estudios Políticos*, 48.

López y López, Á. M. (1988). *La disciplina constitucional de la propiedad privada*. Madrid: Tecnos.

Lucas Durán, M. (2019). Presentación de la obra. En M. Lucas Durán (dir.). *Las viviendas de uso turístico y su regulación jurídica. Un enfoque multi-disciplinar*. Cizur Menor: Aranzadi.

Martínez Calvo, J. (2020). Alojamiento colaborativo y propiedad horizontal: regulación de las viviendas turísticas por parte de las comunidades de propietarios. En P. A. Munar Bernat, M.ª A. Martos Calabrús, R. López San Luis y V. Bastante Granell (dirs.). *Turismo, vivienda y economía colaborativa*. Cizur Menor: Aranzadi.

Martínez Cañellas, A. (2014). La cesión del uso de la vivienda a no residentes: contrato de alojamiento (de estancias turísticas) en viviendas y el contrato de arrendamiento de temporada, conforme a la Ley del Turismo de las Islas Baleares tras la reforma de la Ley de Arrendamientos Urbanos. *Boletín de la Real Academia de Jurisprudencia y Legislación de las Illes Balears*, 15.

Murga Fernández, J. P. y Fernández Scagliusi, M.ª Á. (2018). Capítulo I. La constitución de las viviendas de fin turístico: aspectos civiles y administrativos. En G. Cerdeira Bravo de Mansilla (dir.). *Viviendas de uso turístico: régimen civil, administrativo y fiscal*. Madrid: Reus.

Parlamento Europeo. (2017). *Informe sobre "Una agenda europea para la economía colaborativa"* (2016/0000(INI)).

Rebollo Puig, M. (2021). Capítulo IX. Las restricciones a las viviendas turísticas ante los tribunales. En H. Gosálbez Pequeño (dir.). *Tratado jurídico ibérico e iberoamericano del turismo colaborativo*. Cizur Menor: Aranzadi.

Rivera Outomuro, J. (2021). *Crítica de la economía colaborativa. Análisis del modelo y sus alternativas desde una perspectiva sociológica*. Madrid: Consejo Superior de Investigaciones Científicas.

Rodríguez Portugués, M. (2021). Capítulo III. Regulación y garantías del ejercicio de los derechos fundamentales económicos en el turismo colaborativo. En H. Gosálbez Pequeño (dir.). *Tratado jurídico ibérico e iberoamericano del turismo colaborativo*. Cizur Menor: Aranzadi.

Román Márquez, A. (2014). Las viviendas particulares dedicadas a la actividad de alojamiento turístico. Su exclusión de la LAU. *Revista Internacional de Doctrina y Jurisprudencia*, 6.

56

Viviendas de uso turístico
Análisis de la situación actual y propuestas
para la mejora de su marco regulatorio

Fundación Democracia y Gobierno Local
Serie: Claves del Gobierno Local, 39
ISBN: 978-84-125912-5-5

— (2018a). El nuevo decreto andaluz sobre viviendas particulares de uso turístico. Análisis a la luz de la agenda europea para la economía colaborativa. *Cuadernos de Turismo*, 41.

— (2018b). Planificación urbanística del turismo: la regulación de las viviendas de uso turístico en Madrid y Barcelona. *Revista de Estudios de la Administración Local y Autonómica*, 10.

— (2022). Viviendas de uso turístico, legislación económica y calidad de la oferta alojativa: una propuesta integradora. *Revista General de Derecho del Turismo*, 5.

Socías Camacho, J. M. (2018). Estado regulador y alojamiento colaborativo. El régimen de la intervención pública limitadora de la prestación del servicio. *Revista de Administración Pública*, 205.

Viviendas de uso turístico
Análisis de la situación actual y propuestas
para la mejora de su marco regulatorio

Fundación Democracia y Gobierno Local
Serie: Claves del Gobierno Local, 39
ISBN: 978-84-125912-5-5

57

La actividad de las viviendas de uso turístico en las ciudades: irrupción y consecuencias

Joana M. Socías Camacho
Profesora titular de Derecho Administrativo.
Universitat de les Illes Balears

SUMARIO. 1. Introducción. 2. El impacto de la turistificación en las ciudades. 3. Las técnicas clásicas de intervención administrativa han de ajustarse en el marco de la unidad de mercado. 4. La actividad de comercialización turística en viviendas comporta la saturación del espacio público. 5. La sostenibilidad de las ciudades, el poder local y la mejora de la regulación. 6. Conclusión. 7. Bibliografía.

1. Introducción

Las ciudades turísticas de España ocupan una posición privilegiada en el mundo globalizado. España representa uno de los primeros destinos turísticos mundiales, de ahí la relevancia de dicha actividad dentro del contexto socioeconómico. Y de ahí también el interés que esa actividad genera en la Administración, en cuanto organización puesta al servicio del interés general y conformadora del orden socioeconómico. El turismo de la era regulatoria y de la economía colaborativa se mueve en un escenario que dista mucho del tradicional que conocíamos y que se había configurado a partir del *boom* turístico del siglo pasado. Y eso, lógicamente, sitúa a la Administración ante situaciones que son complejas y que debe afrontar; es decir, ante nuevos retos cuya realización exige la puesta en juego de renovadas fórmulas de intervención y de relación del poder público con el sector priva-

Viviendas de uso turístico
Análisis de la situación actual y propuestas
para la mejora de su marco regulatorio

Fundación Democracia y Gobierno Local
Serie Claves del Gobierno Local, 39
ISBN: 978-84-125912-5-5

59

do[1]. A la identificación de las nuevas demandas que el turismo de vivienda de uso vacacional plantea, y a la definición de las soluciones adecuadas para dar respuesta a esas demandas, debe orientarse el estudio de la actividad turística de la actualidad. Se trata de contemplar la posición y actuación de la Administración frente al fenómeno turístico en la era actual, que incide plenamente en el derecho a la vivienda digna y en el derecho a un medio ambiente adecuado, y que afecta a la ordenación del espacio urbano (equipamientos, infraestructuras, servicios). La nueva regulación de este fenómeno no puede obviar las diversas situaciones y problemáticas que el alojamiento en viviendas de uso turístico (o incluso en caravanas o en "veleros hostal", como sucede muy recientemente[2]) puede comportar, que son múltiples y variadas, y que abarcan desde la salvaguarda del derecho al domicilio libre de inmisiones, el urbanismo, la ordenación del territorio, el medio ambiente adecuado y el derecho a la vivienda digna, hasta el derecho de propiedad, el derecho de libertad de empresa o la unidad de mercado. El elevado número de viviendas que en los últimos años se comercializan turísticamente y la enorme presión que ello supone sobre el suelo, la energía, el agua, el territorio, las carreteras, las infraestructuras o el medio ambiente, hacen imprescindible establecer regímenes de intervención para controlar este fenómeno; dicho de otro modo, la alta concentración demográfica, la elevada demanda energética, hídrica y de suelo y la excesiva generación de residuos y de contaminación acústica conllevan un significativo consumo de recursos naturales, la pérdida de la biodiversidad y del bienestar social.

La regulación de las viviendas de uso turístico no puede dejar de abordar cuestiones propias del urbanismo, la ordenación del territorio, el medio ambiente o la política de vivienda, con el fin de asegurar una adecuada convivencia de residentes y turistas en las ciudades; cuestiones como la configuración de los barrios o las zonas donde se concentre la oferta —mediante el uso de la técnica de la zonificación—, la previsión de infraestructuras adecuadas, o la oferta suficiente de alquiler o vivienda a precio razonable a la población residente, son aspectos que deben ser tratados por las autoridades públicas competentes. Además, el auge que está teniendo este tipo de alojamiento (denominado "colaborativo"[3]) y el nuevo rol de los *peers* y los *professional services providers* afectan directamente a las responsabi-

---

1. Resulta muy interesante el trabajo sobre la administrativización del régimen jurídico privado de la figura del alquiler de temporada con fines turísticos que realiza Gosálbez Pequeño (2023).

2. Las plataformas Airbnb o Booking ofrecen en Valencia alojamiento en "veleros hostal", bautizado como una modalidad de *Mobile Home* (casa móvil, en inglés) y cuyo precio oscila entre los 100 y los 433 euros por noche.

3. Véanse De la Encarnación (2016) y Rodríguez Font (2017a, 2017b).

60

Viviendas de uso turístico
Análisis de la situación actual y propuestas
para la mejora de su marco regulatorio

Fundación Democracia y Gobierno Local
Serie: Claves del Gobierno Local, 39
ISBN: 978-84-125912-5-5

lidades públicas y, por tanto, obligan a la Administración a adoptar un rol distinto en la regulación y definición del nuevo modelo de turismo. Ese rol comporta un cambio en el modo de plantear las relaciones entre el poder público, los agentes turísticos y las nuevas plataformas intermediarias o *marketplaces*, que no se puede reducir a la clásica intervención de policía administrativa, sino que exige nuevas fórmulas y espacios de colaboración público-privada propios del Estado regulador. Las técnicas clásicas de intervención administrativa han de ajustarse en el marco de la unidad de mercado, como veremos.

Se ha destacado que la nueva realidad del fenómeno turístico que se nos presenta hoy en día desborda ampliamente los márgenes del que conocíamos hasta ahora. Es indudable que la proliferación del número de viviendas que se comercializan turísticamente —con frecuencia al margen de los cauces legales y reglamentarios[4]— ha provocado una enorme presión sobre las ciudades. La consolidación de la vivienda de uso turístico, con sus impactos sobre el espacio y el medio ambiente urbano, constituye un punto de interés innegable. Según la OCDE, en el año 2100 el 85 % de los 11 000 millones de habitantes del planeta vivirán en ciudades, por lo que hay que prestar atención a los retos que los entornos urbanos tienen que afrontar desde ahora. Por ello, creemos que los resultados a los que se pueda llegar en este libro han de ser de interés desde un doble punto de vista. En primer lugar, desde un punto de vista estrictamente científico, es decir, por razón de las fórmulas jurídico-teóricas que puedan proponerse como mecanismos para afrontar, desde las diversas vertientes de intervención señaladas, los impactos del fenómeno turístico sobre el espacio urbano. Y en segundo lugar, tal vez más importante, desde un punto de vista técnico, esto es, por razón de la proyección práctica que esas fórmulas han de tener sobre la ordenación sostenible de la ciudad turística. En relación con esto último, hay que destacar que el alquiler turístico es un factor influyente de las problemáticas que afectan a la construcción de las ciudades; por tanto, su análisis no es en absoluto casual, sino que responde a un propósito deliberado: el de convertir su estudio (y las conclusiones que puedan derivarse) en una vía capaz de generar conocimiento con una vocación eminentemente experimental; y además, en un ámbito que tiene una relevancia socioeconómica extraordinaria.

---

4. Según nota de prensa del mes de septiembre de 2023, una de las medidas que se prevén para detectar el alquiler turístico ilegal en Mallorca es que Hacienda y el Consell Insular procedan a cruzar los datos del pago de la ecotasa. Se pretende así que la institución insular pueda disponer de información de la Agencia Tributaria para saber qué propietarios abonan la ecotasa con el fin de facilitar la detección de irregularidades.

Viviendas de uso turístico
Análisis de la situación actual y propuestas
para la mejora de su marco regulatorio

Fundación Democracia y Gobierno Local
Serie: Claves del Gobierno Local, 39
ISBN: 978-84-125912-5-5

61

Con estas coordenadas, creemos que todo ello puede tener un impacto científico y técnico destacado, no solo a nivel nacional, sino también internacional, y especialmente en las regiones y ciudades turísticas más emblemáticas. Queremos seguir insistiendo ahora sobre lo que ya dijimos más arriba. El auge de la llamada economía "colaborativa" ha modificado claramente la configuración del fenómeno turístico, dotándolo de unos perfiles y características completamente distintos de los que veníamos conociendo. Entre las muchas innovaciones del nuevo fenómeno, sin duda una destacada es la que afecta a la proyección territorial de la actividad turística. Si hasta ahora el turismo se había configurado como un fenómeno espacialmente acotado, restringido a las llamadas "zonas turísticas", y urbanísticamente delimitado, vinculado a determinadas tipologías edificatorias (básicamente hoteles y apartamentos), hoy en día es evidente que la oferta y la demanda turística han rebasado con mucho esos márgenes, penetrando en el tejido de las ciudades y confundiéndose con las tipologías habitacionales propias del espacio urbano (residencia unifamiliar y plurifamiliar). Todo ello ha generado unos impactos negativos ciertamente notables —ya mencionados (deterioro del medio ambiente urbano, congestión del espacio, encarecimiento de la vivienda residencial, insuficiencia de las dotaciones y los servicios, contaminación acústica)— que hace apenas algunos años eran difíciles de imaginar. Expresiones tan al uso hoy como las de "gentrificación", "turistificación" o "síndrome de Venecia" eran completamente desconocidas poco tiempo atrás. La novedad del fenómeno, junto con el carácter difuso de los cauces a través de los cuales se articula, han dificultado en gran medida la formulación de instrumentos de respuesta o soluciones adecuadas. Tales instrumentos han de implicar inevitablemente a la función urbanística, de ordenación de las ciudades, con técnicas clásicas —como la zonificación[5]— junto con otras más modernas —como por ejemplo las referidas a las dotaciones de los servicios domésticos o el establecimiento de cupos de alojamiento—. Dicho de otro modo, parece claro que los instrumentos o técnicas del urbanismo no pueden funcionar de manera aislada, sino que se han de combinar con los propios de otras vertientes de la intervención administrativa, como son en particular los que se refieren a la política de vivienda o a la intervención general sobre la actividad económica.

2. El impacto de la turistificación en las ciudades

Cuando se procede a la regulación del alquiler turístico, el derecho a explotar la vivienda puede colisionar con las necesidades sociales y de bienestar

---

5. Sobre el uso de la técnica de la zonificación puede verse Hernando Rydings (2022).

62

Viviendas de uso turístico
Análisis de la situación actual y propuestas
para la mejora de su marco regulatorio

Fundación Democracia y Gobierno Local
Serie: Claves del Gobierno Local. 39
ISBN: 978-84-125912-5-5

de la ciudadanía. La Comisión Nacional de los Mercados y la Competencia (CNMC) ha llevado a cabo una serie de actuaciones sobre esta materia a través de impugnaciones de diversas normas reguladoras (de Madrid, Bilbao o San Sebastián, entre otras), al sostener que dicha regulación supone una restricción al acceso a la comercialización que implica una confrontación con el principio de libertad de empresa, el derecho de propiedad, las leyes de la competencia y la garantía de la unidad de mercado[6]. Por lo que cabe preguntarse una serie de cuestiones: ¿es posible regular?, ¿se puede limitar el alquiler turístico?, ¿qué vulnera exactamente la regulación del alquiler turístico?, o ¿en qué atenta contra la libertad dicha regulación?

El sector turístico vive instalado desde hace una década (con la interrupción del periodo relativo a la pandemia por el COVID) en una especie de luna de miel en algunos destinos, que le ha llevado a aumentar la rentabilidad en todos los ámbitos (caso de Baleares, Canarias, o las ciudades de Barcelona, Madrid, Valencia, Málaga, Sevilla, San Francisco, Berlín, París, Lisboa, Ámsterdam o Venecia, por destacar algunos destinos importantes pese a la generalización de este fenómeno a nivel mundial)[7]. La llegada de más turistas a pueblos y ciudades ha provocado un incremento del gasto de los visitantes y del empleo, lo que repercute en que el turismo se haya convertido en el uno de los únicos ramos capaz no solo de no destruir empleo, sino de crear nuevos puestos de trabajo incluso durante etapas de recesión. Las cifras demuestran que la actividad turística contribuye de manera notable al crecimiento económico. Pero una buena estrategia de responsabilidad social en el turismo ha de generar una política de orgullo y pertenencia a ese destino turístico, no solo desde el punto de vista económico, sino también desde el ambiental y social. Y lo cierto es que no siempre los récords turísticos revierten en una mejora de las condiciones de vida de la mayoría de la gente que habita en los destinos turísticos urbanos (el precio de las viviendas aumenta[8], los alquileres y muchos productos básicos suben, mientras que los salarios y la condiciones en las que los empleados desempeñan su trabajo no gozan de igual subida). Se intensifica la mercantilización de la vivienda y se encarece el precio de la vida, provocando lo que se conoce como gentrificación: la sustitución por parte de las clases con más poder

---

6. Véanse Marzal Raga (2014) y Nogueira López (2011).
7. Sobre el derecho comparado, véase el interesante trabajo de Guillén Navarro (2023: 126). El citado autor afirma: "Durante los últimos años, sobre todo tras la eclosión de las plataformas de reservas online, el fenómeno del alquiler turístico ha vivido una auténtica revolución más cuando en sus inicios había un vacío legal al respecto ante la imposibilidad de que el arrendamiento de temporada pudiera comprender estas nuevas situaciones".
8. Sobre la relación entre el incremento de precio de la vivienda y el alquiler turístico, destacar el reciente trabajo: De la Encarnación (2023), prepublicado en el momento de redactar estas líneas.

Viviendas de uso turístico
Análisis de la situación actual y propuestas
para la mejora de su marco regulatorio

Fundación Democracia y Gobierno Local
Serie Claves del Gobierno Local. 39
ISBN: 978-84-125912-5-5

63

económico de los sectores sociales que antes habitaban la ciudad. Todo ello está generando problemas de convivencia en los destinos entre residentes y turistas, y se percibe un cierto descontento de la población residente debido a la saturación turística, que acaba viendo al turista como alguien con quien competir por los recursos. Los destinos urbanos ganan en visitas, pero los barrios pierden habitantes en favor de visitantes, produciéndose lo que se conoce como la urbanalización (en la que el ciudadano acaba dimitiendo de su ciudad debido al turismo masivo y a la banalización del viajar)[9], la brandificación del paisaje local (desaparición del comercio tradicional, del patrimonio cultural y dominio de lo empresarial)[10] o la fetichización de los territorios (para convertirlos en destinos museificados en los que se propagan falsas costumbres y tradiciones).

Tres factores han contribuido fundamentalmente a generar esta situación. En primer lugar, que en algunas ciudades se ha ultrapasado la capacidad de acogida o de carga, con crecimientos turísticos que afectan a equilibrios ambientales y que saturan los recursos disponibles (como el suelo, el agua o el aire), generándose la angustia residencial o emergencia climática[11]. En segundo lugar, que la crisis y la proliferación de plataformas comercializadoras en línea que publicitan el alquiler vacacional[12], unidas al abaratamiento del transporte aéreo, al aumento de las visitas de los cruceros en algunas ciudades y a la hipermovilidad (el motivo del 77 % de los vuelos que se realizan en todo el mundo es hacer turismo), han provocado un incremento de los operadores turísticos y de visitantes. Esto, por un lado, ha revitalizado algunas ciudades y centros urbanos y ha contribuido a activar sectores comerciales, de la restauración y de la construcción (sobre todo, reformas de edificios abandonados o antiguos). Pero por otro lado, en cambio, ha favorecido situaciones de saturación de recursos, de angustia residencial o de emergencia habitacional debido a la turistificación. Destacar que Venecia ha decidido tomar recientemente una serie de medidas para proteger la ciudad, siendo la última de ellas cobrar entrada a los turistas que

---

9. En algunos casos se ha llegado incluso a situaciones de turismofobia. Se trata de un problema muy difícil de resolver, en cuanto que lo que valoran los visitantes por encima de todo es vivir una experiencia agradable al menor precio.

10. Es un concepto que se refiere a la mutación del espacio público, que tiene que ver con la tematización de ciertos enclaves y con la presencia cada vez mayor de las marcas comerciales.

11. Véase Figuerola Palomo (2018: 30), que aporta algunas cifras relativas a la elevada densificación turística de ciudades. Así, Venecia, que es el caso más grave, recibe 35 millones de excursionistas al año, 100 000 personas al día. Barcelona tiene 100 000 viviendas susceptibles de uso turístico. Y por lo que se refiere a Ámsterdam, destaca la pequeña dimensión de la ciudad, limitada a un área de solo 10 x 16 kilómetros de extensión sobre tierra. Sobre la capacidad de carga y la capacidad de acogida, véanse también Salom Parets (2017) y Bauzá Martorell (2019).

12. Sobre el alquiler turístico y las medidas limitativas de acceso a la prestación del servicio, véase Socías Camacho (2018).

Viviendas de uso turístico
Análisis de la situación actual y propuestas
para la mejora de su marco regulatorio

Fundación Democracia y Gobierno Local
Serie: Claves del Gobierno Local, 39
ISBN: 978-84-125912-5-5

vayan a pasar el día (una especie de "contribución de acceso" con un coste de 5 euros por persona). En tercer lugar, que ha habido un aumento considerable de demanda de alojamiento por parte de extranjeros con alto poder adquisitivo. En la actualidad, en destacadas ciudades turísticas se construye vivienda y se abren establecimientos hoteleros *boutique* para personas de alto *standing* y no para la clase media mayoritaria, y la consecuencia más preocupante, más allá de la escasez de vivienda para la población residente, es la transformación de bienes patrimoniales en hoteles de lujo para clases exclusivas, con la pérdida de la idiosincrasia del barrio y con prácticas turísticas que perjudican la convivencia vecinal; y el lugar antes habitado acaba transformándose en un lugar no reconocible ni adecuado para los residentes de toda la vida, produciéndose conflicto o tensión entre la ciudad física o construida (la *ville*) y la ciudad vivida (la *cité*)[13].

3. Las técnicas clásicas de intervención administrativa han de ajustarse en el marco de la unidad de mercado

Un mínimo común denominador de las normativas que regulan las viviendas de uso turístico es que ponen énfasis, en mayor o menor medida, en el principio de desarrollo territorial urbano y sostenible[14] y la conexión entre urbanismo, vivienda y turismo; concretamente, en la necesidad de que los instrumentos de planificación territorial y urbanística controlen la delimitación de las zonas aptas para la comercialización turística en la vivienda vacacional. Es decir, se establece que los instrumentos propios de la función urbanística y sus técnicas clásicas de ordenación del territorio (como la zonificación) sean utilizados en la ordenación del espacio urbano ante la irrupción de la nueva actividad turística. Pero se va más allá y, junto a dichos instrumentos clásicos, en algunas de las normativas se invocan otros instrumentos propios de otras vertientes de la intervención administrativa que se refieren a la política de vivienda o a la intervención general sobre la actividad económica, como son el establecimiento de un techo de plazas, la exigencia de dotaciones de los servicios domésticos (contadores individuales de agua y otros suministros), el preceptivo acuerdo de la junta de propietarios en viviendas en régimen de propiedad horizontal para poder comercializar el alquiler turístico o que este no esté prohibido en los estatutos de la comunidad de propietarios de viviendas en dicho régimen, la prohibición de ofrecer

---

13. Véase Subirats (2018). El autor habla del último libro de Richard Sennett (2018, *Building and Dwelling. Ethics for the City*, Allen Lane Penguin; 2019, *Construir y habitar. Ética para la ciudad*, Anagrama), en el que se "plantea la tensión entre la ciudad física o construida (lo que llama la *ville*) y la ciudad vivida (la *cité*). Por un lado, el conjunto de edificios, calles y plazas; por otro, cómo vive, transita y hace suya la gente esa realidad física".

14. Vaquer Caballería (2017).

Viviendas de uso turístico
Análisis de la situación actual y propuestas
para la mejora de su marco regulatorio

Fundación Democracia y Gobierno Local
Serie: Claves del Gobierno Local, 39
ISBN: 978-84-125912-5-5

65

el alquiler turístico en viviendas de menos de cinco años de antigüedad o en viviendas nuevas, o el veto a formalizar contratos para comercializar habitaciones para este tipo de estancias, entre otros.

Todas estas medidas suponen, en mayor o menor grado, una restricción al acceso a la comercialización turística en viviendas, y pueden implicar una confrontación con el principio de libertad de empresa, el derecho de propiedad, las leyes de la competencia y la garantía de la unidad de mercado[15], como así se ha subrayado por parte de las autoridades de la competencia y del propio Ministerio de Economía y Competitividad, que en varios de sus informes[16] afirman que limitaciones semejantes contienen restricciones no justificadas, poco proporcionadas, contrarias a la Directiva de Servicios y a las leyes de transposición, razón por la que apuestan por la desregulación y la autorregulación. Ahora bien, conviene poner de relieve que no todas las medidas adoptadas por parte de las autoridades competentes tienen el mismo alcance, sino que cabe distinguir dos situaciones diferenciadas, a efectos de la aplicabilidad de la Directiva de Servicios y la normativa de transposición (Ley 17/2009, de 23 de noviembre, sobre el libre acceso a las actividades de servicios y a su ejercicio —en adelante, Ley 17/2009—, y Ley 20/2013, de 9 de diciembre, de garantía de la unidad de mercado —en adelante, LGUM—) a la actividad de alquiler turístico:

i) Una fase, relacionada con el ámbito del urbanismo o la ordenación del territorio, que incide sobre la implantación urbanística de las viviendas que puedan destinarse al alquiler turístico, con el fin de evitar la excesiva y nociva proliferación de turistas en los suelos de uso residencial; o, dicho de otra manera, de evitar lo que se conoce como la gentrificación y conseguir, por el contrario, mantener la habitabilidad del entorno urbano, de la zona turística o de la ciudad. En este supuesto, los instrumentos de planeamiento determinan mediante la zonificación ciertas condiciones previas o colaterales al ejercicio de la comercialización turística de las viviendas, del mismo

---

15. Para más detalle, véase Aguirre i Font (2021: 37-39) y Román Márquez (2018).

16. De la Comisión Nacional de los Mercados y la Competencia (CNMC), véase Estudio sobre los nuevos modelos de prestación de servicios y la economía colaborativa, de marzo de 2016 (resultados preliminares E/CNMV/004/15); Informe económico sobre el Decreto 113/2015, de 22 de mayo, por el que se aprueba el Reglamento de las viviendas vacacionales de la Comunidad de Canarias — CNMV LA/03/15; Estudio sobre la regulación de las viviendas de uso turístico en España, de julio de 2018 — E/CNMC/003/18. De la Autoridad Catalana de la Competencia (ACCO), véase Nota sobre la aprobación inicial del Plan Especial Urbanístico de Alojamientos Turísticos (PEUAT) de Barcelona, ref. núm. OB 26/2016; Transacción entre iguales (p2p). Un paso adelante, mayo de 2016, ref. núm. ES 10/2015. Y véase, del Ministerio de Economía y Competitividad, el Informe sobre el proyecto de modificación de la Ley 8/2012, de 19 de julio, de turismo, relativa a la comercialización de estancias turísticas en viviendas, de las Islas Baleares, de 24 de mayo de 2017.

66

Viviendas de uso turístico
Análisis de la situación actual y propuestas
para la mejora de su marco regulatorio

Fundación Democracia y Gobierno Local
Serie: Claves del Gobierno Local. 39
ISBN: 978-84-125912-5-5

modo que el planeamiento regula otros elementos por la vía de la fijación de estándares u otros procedimientos. En tal caso, deviene de suma importancia la motivación de las medidas (o límites) territoriales adoptadas y su adecuación a los principios de no discriminación, de necesidad por razones imperiosas de interés general y de proporcionalidad.

ii) Y otra fase, relacionada con la concreta actividad y las condiciones de prestación del servicio (sometida de pleno a la directiva y a la legislación de transposición), referida al ámbito del uso o servicio considerado en su estricto sentido, es decir, a la actividad específica a desarrollar y a sus condiciones de funcionamiento posterior. Desde esta perspectiva se regula el ordinario funcionamiento de la comercialización turística de las viviendas, así como su autorización administrativa —en sentido amplio, ya sea con control previo o posterior—[17]. En este caso, el sometimiento a la Directiva de Servicios y a la legislación de transposición está fuera de duda, por lo que se trata de averiguar qué alcance tiene la aplicación de dicha normativa en la concreta actividad de comercialización turística de las viviendas.

Por lo que se refiere a lo que hemos denominado fase de zonificación, es claro que esta puede suponer en algunos casos una efectiva restricción al acceso a la comercialización (por ejemplo, cuando el instrumento de planeamiento prohíbe el alquiler turístico en una determinada zona), por lo que habrá que preguntarse en qué medida pueden adoptarse decisiones de este calado. De entrada, no puede obviarse que estas medidas restrictivas tienen su fundamento, en gran proporción, en los principios constitucionales en materia de suelo y medio ambiente, concretamente en el principio de desarrollo territorial urbano y sostenible. La Carta Magna conecta la calidad de vida con la tutela ambiental y el racional uso de los recursos naturales, en el marco del vínculo entre economía (desarrollo de todos los sectores económicos —art. 130.1 CE—) y protección ambiental (art. 45 CE), y con los ojos puestos en un desarrollo económico equilibrado. Esto lleva a "la necesidad de compaginar, en la forma que en cada caso decida el legislador competente, la protección de ambos bienes constitucionales: el medio ambiente y el desarrollo económico", tal como expresó el alto tribunal hace ya muchos años (STC 102/1995, de 26 de junio). El desarrollo sostenible y la concreta búsqueda del valor superior calidad de vida comprende así la función principal de armonizar el éxito de los sectores económicos (como el turismo, el urbanismo o la vivienda —su explotación turística, por ejemplo—) con la protección del medio ambiente y del territorio.

---

17. Véase Aguado i Cudolà (2012).

Viviendas de uso turístico
Análisis de la situación actual y propuestas
para la mejora de su marco regulatorio

Fundación Democracia y Gobierno Local
Serie: Claves del Gobierno Local, 39
ISBN: 978-84-125912-5-5

67

Turismo, urbanismo o vivienda son ámbitos materiales que tienen una intensa relación con aquellos otros que se refieren al medio ambiente y a la ordenación del territorio, ya que inciden plenamente sobre los recursos naturales más importantes, como es el suelo, que tiene un indiscutible valor ambiental. A la hora de realizar una ponderación global de las necesidades de utilización y explotación del suelo, debe recurrirse a las competencias o concretas funciones públicas especialmente articuladas para ello, que son las de "ordenación del territorio" y "urbanismo". Estas, aun no siendo estrictas funciones ambientales, están al servicio de la utilización racional del suelo a través de procesos de planificación de carácter territorial y urbanístico.

Pero además de dichas competencias o funciones públicas, hay otras que también inciden directamente sobre el suelo y el territorio: se trata de la "ordenación del turismo" y de la "vivienda". Tanto una como otra son funciones públicas que también han de remitirse forzosamente a la técnica de planificación territorial como instrumento de protección de cara a ponderar las necesidades de utilización del territorio, al objeto no solo de equilibrar los valores superiores (desarrollo y preservación), sino también de poder garantizar el derecho a una vivienda digna y adecuada y satisfacer las necesidades residenciales básicas. Y ello de la mano de la política social en materia de vivienda (concretada, entre otras medidas, en la reserva de suelo para vivienda o en los planes estatales de vivienda); de la política urbanística de suelo, sobre todo la de rehabilitación, regeneración y renovación urbana; y de la política turística sostenible y responsable. Esta conexión vino recogida en el preámbulo de la Ley 8/2013, de 26 de junio, de rehabilitación, regeneración y renovación urbanas, y se encuentra en la actualidad en el texto refundido de la Ley de Suelo y Renovación Urbana —Real Decreto Legislativo 7/2015, de 30 de octubre— (TRLS).

El principio de desarrollo territorial urbano y sostenible previsto en el apdo. 2 del art. 3 TRLS establece que la política pública de suelo tiene como fin la utilización racional de este recurso conforme al interés general, y además otorga una especial relevancia a que en ese cometido deben armonizarse la economía, el empleo, la cohesión social, la igualdad de trato y de oportunidades, la salud y seguridad de las personas y la protección del medio ambiente. El apdo. 3 del mismo artículo, más allá de señalar que los poderes públicos deben posibilitar el uso residencial en viviendas constitutivas de domicilio habitual (epígrafe a) o la integración en el tejido urbano de cuantos usos resulten compatibles con la función residencial (epígrafe g), concreta algo muy importante, que es que las autoridades habrán también de valorar, en su caso, la perspectiva turística, permitiéndose y mejorándose el uso turístico responsable (epígrafe j). Y todo ello con el fin último de hacer

68

Viviendas de uso turístico
Análisis de la situación actual y propuestas
para la mejora de su marco regulatorio

Fundación Democracia y Gobierno Local
Serie: Claves del Gobierno Local. 39
ISBN: 978-84-125912-5-5

efectivo el derecho a disfrutar de una vivienda digna y adecuada (apdo. 4, *in fine*, del art. 3). Adquiere, por consiguiente, mucha importancia la cuestión de la convivencia de usos residenciales y usos turísticos, situación que se da cuando la vivienda se somete a un uso distinto de su calificación urbanística, como es el caso de la comercialización turística de una vivienda de uso residencial.

En cuanto a la fase referida a la concreta actividad de alquiler vacacional, se trata de regular el ordinario funcionamiento de la comercialización turística de las viviendas, así como su control. En tal caso, la normativa reguladora del alquiler vacacional somete la actividad a una serie de límites que a su vez están sujetos a la Directiva de Servicios y a la legislación de transposición. Es preciso averiguar, por tanto, qué alcance tiene la aplicación de dicha normativa comunitaria en la actividad de vivienda vacacional.

La mayoría de las regulaciones autonómicas sobre la comercialización turística en viviendas han establecido un régimen de declaración responsable para el acceso a esta actividad o su ejercicio, o para las instalaciones o infraestructuras físicas para el ejercicio de esta actividad, por lo que las autoridades competentes habrán tenido que comprobar, en aplicación del art. 17.2 LGUM, la concurrencia del principio de necesidad y proporcionalidad para poder requerir la declaración responsable, concurrencia que se da "cuando en la normativa se exija el cumplimiento de requisitos justificados por alguna razón imperiosa de interés general y sean proporcionados". Estas razones imperiosas son las que se detallan en el art. 3.11 de la Ley 17/2009: "el orden público, la seguridad pública, la protección civil, la salud pública, la preservación del equilibrio financiero del régimen de seguridad social, la protección de los derechos, la seguridad y la salud de los consumidores, de los destinatarios de servicios y de los trabajadores, las exigencias de la buena fe en las transacciones comerciales, la lucha contra el fraude, la protección del medio ambiente y del entorno urbano, la sanidad animal, la propiedad intelectual e industrial, la conservación del patrimonio histórico y artístico nacional y los objetivos de la política social y cultural".

De la lectura de estas razones, se deduce que algunas de ellas pueden verse afectadas, directa o indirectamente, por la actividad de vivienda vacacional, tales como el orden público, la lucha contra el fraude, la seguridad de los consumidores, la protección del medio ambiente, la protección del entorno urbano y los objetivos de la política social y cultural. Hay que puntualizar además que, entre estos objetivos de la política social y cultural, pueden tener cabida aquellos principios y derechos que son fundamento de tal política, tales como el derecho al domicilio libre de inmisiones, el derecho a una

Viviendas de uso turístico
Análisis de la situación actual y propuestas
para la mejora de su marco regulatorio

Fundación Democracia y Gobierno Local
Serie Claves del Gobierno Local, 39
ISBN: 978-84-125912-5-5

69

vivienda digna, el desarrollo urbano sostenible, la función social de la propiedad o la convivencia armónica entre turistas y residentes. Por tanto, que el legislador autonómico, en ejercicio de sus competencias sobre turismo, exija una declaración responsable para el acceso a la actividad de vivienda vacacional, puede justificarse en alguna de estas razones imperiosas recién mencionadas, siempre que se motive su invocación y sean proporcionadas, incluso cuando estas razones no se encuentran concretamente enumeradas en la lista del artículo 3.11 de la Ley 17/2009, como ha concluido la STC 79/2017, de 22 de junio, que estima parcialmente el recurso presentado por el Parlamento de Cataluña contra varios preceptos de la LGUM.

La Ley de Garantía de la Unidad de Mercado también regula el propio principio de necesidad y proporcionalidad de las actuaciones de las autoridades competentes, requiriéndose que cuando o bien se establezcan límites al acceso o al ejercicio de la actividad de conformidad o bien se exija el cumplimiento de requisitos para el desarrollo de la actividad, dichos límites y requisitos habrán de justificarse (su necesidad) por alguna razón imperiosa de interés general y habrán de ser proporcionados (art. 5). Aplicado a la actividad de vivienda vacacional, esto significa que el legislador, en ejercicio de sus competencias, además de poder exigir una declaración responsable para el acceso a dicha actividad económica, puede también exigir el cumplimiento de requisitos para el desarrollo de la actividad; es decir, "de acuerdo con el art. 5 LGUM, las autoridades competentes podrán imponer requisitos, deberes, prohibiciones, restricciones y limitaciones" a dicha actividad, "siempre que se justifiquen en la salvaguarda de alguna razón imperiosa de interés general y siempre que concurran los principios de necesidad y proporcionalidad", como ha reconocido la STC de 22 de junio de 2017.

Por todo lo anterior, requisitos limitativos como los que han introducido las normativas autonómicas, como por ejemplo la balear, tales como la exigencia de contadores individuales de agua y otros suministros, la necesidad de disponer de licencia de primera ocupación y de cédula de habitabilidad, que no esté prohibida la actividad de vivienda vacacional por los estatutos de la comunidad de propietarios en edificios de régimen de propiedad horizontal, la obligación de ceder la vivienda en su totalidad o la prohibición de alquilar viviendas de nueva creación, son efectivamente medidas restrictivas para el ejercicio y el desarrollo de la actividad, cuya vulneración o no del principio de necesidad y proporcionalidad derivado de la garantía de la unidad de mercado habrá de valorarse en función de su justificación en la salvaguarda de alguna de las razones imperiosas de interés general que puedan invocarse. En nuestra opinión, en estos casos se trata de medidas que mayoritariamente están justificadas en algunas de las razones imperiosas de

70

Viviendas de uso turístico
Análisis de la situación actual y propuestas
para la mejora de su marco regulatorio

Fundación Democracia y Gobierno Local
Serie: Claves del Gobierno Local, 39
ISBN: 978-84-125912-5-5

interés general que se establecen, y, por lo tanto, son restricciones que no contravienen la LGUM: así, por ejemplo, i) la exigencia de contadores individuales de agua y otros suministros se justifica en la "seguridad de los consumidores" o en la "protección del medio ambiente"; ii) que no esté prohibida la actividad de vivienda vacacional por los estatutos de la comunidad de propietarios en edificios de régimen de propiedad horizontal se justifica en el "orden público"; iii) la prohibición de alquilar viviendas de nueva creación se justifica en la "lucha contra el fraude" (la especulación); y iv) la necesidad de disponer de licencia de primera ocupación y de cédula de habitabilidad se justifica en la "seguridad de los consumidores". Y sin perjuicio, además, de que dichas restricciones se justifican, a la vez, en otra razón imperiosa de interés general, como es la relativa a los "objetivos de la política social y cultural". Nadie puede dudar que, entre los "objetivos de la política social y cultural", se encuentra, como ya dijimos, el derecho al domicilio libre de inmisiones, el derecho a una vivienda digna, el desarrollo urbano sostenible, la función social de la propiedad o la convivencia armónica entre turistas y residentes, de modo que las restricciones analizadas encuentran en definitiva su evidente acomodo en la importante razón imperiosa de interés general bautizada como "objetivos de la política social y cultural".

Los jueces se han manifestado en relación con la tensión entre el uso turístico y el uso residencial en las ciudades y sobre la utilización de la técnica de la zonificación para limitar el acceso a la comercialización turística en viviendas en determinados lugares. Destaca la Sentencia del Tribunal Superior de Justicia del País Vasco de 29 de enero de 2018, que analiza la legalidad de la modificación del Plan Especial de Rehabilitación del Casco Viejo de Bilbao, así como también la Sentencia del mismo Tribunal de 10 de julio de 2019, con ocasión de la impugnación por parte de la Comisión Nacional de los Mercados y la Competencia de la modificación del PGOU de Bilbao. En concreto, el TSJ considera que "el planificador se halla legitimado e incluso obligado a promover la ordenación urbanística necesaria que concilie la satisfacción del derecho a la vivienda con el destino de determinadas viviendas al alojamiento turístico, sin que resulte razonable la alternativa de dejar en manos del mercado la decisión de libre albedrío de los propietarios de las viviendas". Según advierte, "ello puede poner en peligro el derecho a la vivienda de los ciudadanos, ya sea por insuficiencia del parque residencial resultante, por el carecimiento de los arrendamientos con una finalidad residencial". Además, el Tribunal también apunta que "otra importante razón para regular la implantación de viviendas de uso turístico es la protección del medio urbano" y evitar el "indeseable efecto de concentración en ámbitos más propicios para la satisfacción del interés de los turistas con desplazamiento de la población". En definitiva, para el Tribunal, el "derecho a la

Viviendas de uso turístico
Análisis de la situación actual y propuestas
para la mejora de su marco regulatorio

Fundación Democracia y Gobierno Local
Serie Claves del Gobierno Local, 39
ISBN: 978-84-125912-5-5

71

vivienda", la "protección del entorno urbano" y "preservar la convivencia" son razones imperiosas de interés general que justifican, en el supuesto analizado, la zonificación, con el fin de permitir una correcta ordenación de los usos residenciales y turísticos en la ciudad. Estos pronunciamientos han sido ratificados en casación por el Tribunal Supremo en la importante y reciente Sentencia de 19 de noviembre de 2020.

La Sentencia del Tribunal Superior de Justicia del País Vasco de 19 de julio de 2019 que acaba de comentarse fundamenta su argumento en la doctrina establecida por el Tribunal de Justicia de la Unión Europea en la importante Sentencia de 30 de enero de 2018. En dicho pronunciamiento el alto tribunal europeo subraya que, en aplicación del art. 15 de la Directiva de Servicios de 2006, los instrumentos de planificación sí pueden establecer requisitos territoriales que impliquen limitar el acceso a la comercialización. En tal caso, las autoridades competentes en la materia han de fundamentar y motivar que los requisitos territoriales que se impongan se ajustan a los principios de no discriminación, de necesidad por razones imperiosas de interés general y de proporcionalidad. Dicho de otra manera, se establece que el planificador puede fijar límites territoriales que supeditan el acceso a una actividad de servicios, siempre que se justifiquen dichos límites en base al triple test referido, con la finalidad última de conseguir la habitabilidad de la ciudad. En concreto, en el caso analizado se estima que las autoridades pueden prohibir que el comercio minorista de ropa y calzado se ubique en las afueras de la ciudad, debiéndose establecer en el centro de la ciudad para así evitar la desocupación estructural de locales en el centro urbano, siendo "la protección del medio del entorno urbano" una razón imperiosa de interés general que justifica el límite territorial impuesto.

El Tribunal de Justicia de la Unión Europea se ha manifestado de nuevo en la destacable Sentencia de 22 de septiembre de 2020, donde se resuelve el caso de unos apartamentos (*Cale Apartments SCI y HXA*) situados en París que habían sido ofrecidos en alquiler por internet sin contar con la autorización previa local, de manera reiterada y durante breves periodos de tiempo. Los dos propietarios de los apartamentos fueron condenados al pago de multas y reversión de los inmuebles a su uso como vivienda por el Tribunal de Primera Instancia de París y, después, por el Tribunal de Apelación de París, en base al Código de la Construcción y de la Vivienda francesa. Este Código establece, en concreto, que en los ayuntamientos de más de 200 000 habitantes, y en los de tres departamentos limítrofes con París, el cambio de uso de los inmuebles destinados a vivienda está sometido a autorización previa. Según el Código, la junta municipal establecerá, mediante acuerdo, las condiciones de concesión de las autorizaciones por barrio y, en su caso,

Viviendas de uso turístico
Análisis de la situación actual y propuestas
para la mejora de su marco regulatorio

Fundación Democracia y Gobierno Local
Serie: Claves del Gobierno Local, 39
ISBN: 978-84-125912-5-5

por distrito, en función de las características de los mercados de la vivienda y de la necesidad de no agravar la escasez de vivienda. Los propietarios de los apartamentos recurrieron en contra ante el Tribunal de Casación de París, que formuló una petición de decisión prejudicial al Tribunal de Justicia de la UE para que se pronunciara sobre la compatibilidad de la normativa nacional francesa en cuestión con la Directiva de Servicios. La Sentencia del TJUE de 22 de septiembre de 2020 establece, en primer lugar, que "la normativa controvertida pretende establecer un mecanismo de lucha contra la escasez de viviendas destinadas al alquiler de larga duración, con el objetivo de dar respuesta al deterioro de las condiciones de acceso a la vivienda y al aumento de las tensiones en los mercados inmobiliarios, lo cual constituye una razón imperiosa de interés general". En segundo lugar, señala que la normativa nacional de que se trata es proporcionada al objetivo perseguido, puesto que resulta materialmente circunscrita a una actividad específica de arrendamiento de inmuebles, excluye de su ámbito de aplicación las viviendas que constituyen la residencia principal del arrendador, y el régimen de autorización que establece tiene un alcance geográfico restringido. Y, en tercer lugar, añade que el objetivo perseguido no puede conseguirse con una medida menos restrictiva, porque un control *a posteriori*, por ejemplo, por medio de un sistema de declaración responsable con inspección posterior, no permitiría frenar inmediatamente y eficazmente el movimiento de transformación rápida generador de una escasez de viviendas destinadas al alquiler de larga duración.

Los tribunales españoles han hecho suyos los argumentos de la Sentencia del TJUE de 22 de septiembre de 2020, como confirma la Sentencia de la Sala de lo Contencioso-Administrativo del Tribunal Superior de Justicia de Illes Balears, de 28 de abril de 2021, dictada en virtud del recurso contencioso-administrativo seguido a instancias de la entidad "Asociación de Apartamentos y Viviendas de Alquiler de Temporada (HABTUR Baleares)" contra el acuerdo del Pleno del Consejo Insular de Mallorca, adoptado en sesión de 27 de julio de 2018, por medio del cual se procede a la aprobación definitiva de la delimitación provisional de las zonas aptas para la comercialización de estancias turísticas en viviendas de uso residencial en Mallorca (excluida Palma). El Tribunal Superior de Justicia de Illes Balears entiende debidamente motivados y proporcionados los supuestos de prohibición o limitación parcial de comercialización de establecimientos turísticos vacacionales en determinadas zonas (zonificación), por razones imperiosas de interés general, en base a criterios como la dificultad de acceso a la vivienda[18].

---

18.   Para más detalle, véase Martínez Nadal (2021): "En concreto, respecto de las limitaciones parciales a la comercialización en determinadas zonas, de entrada el TSJIB remite a la justifi-

Viviendas de uso turístico
Análisis de la situación actual y propuestas
para la mejora de su marco regulatorio

Fundación Democracia y Gobierno Local
Serie: Claves del Gobierno Local. 39
ISBN: 978-84-125912-5-5

73

4. La actividad de comercialización turística en viviendas comporta la saturación del espacio público

Uno de los espacios más importantes de la ciudad es aquel que permite que la ciudad respire, fluya, se airee. Crear ese espacio en la ciudad es como crear espacio entre las vértebras del cuerpo humano. La existencia de ese espacio es fundamental para la buena salud de la ciudad, como lo es evidentemente para la del cuerpo humano. Nos referimos al espacio público. Así lo ha entendido la doctrina especializada en la materia (Borja y Muxí, 2003), cuyas palabras merecen ser resaltadas al referirse a lo que los autores denominan el derecho al espacio público y a la monumentalidad: "El espacio público es, o puede ser lo opuesto, una de las condiciones básicas de justicia urbana, un factor de redistribución social, un ordenador del urbanismo de vocación igualitaria e integradora. Todas las zonas de la ciudad deben estar articuladas por un sistema de espacios públicos y dotadas de elementos de monumentalidad que les den visibilidad e integridad. Ser visto y reconocido por los otros es una condición de ciudadanía: se puede ser plenamente ciudadano cuando los otros te ven y te reconocen, cuando conoces tu lugar y cuando cada uno puede decir con orgullo el lugar donde vive"[19].

Este sentimiento de orgullo, de identificación simbólica y de pertenencia al lugar que se desprende de la existencia de espacios públicos accesibles, multifuncionales y equipados, se desvanece sin embargo cuando no puede garantizarse "el derecho a disfrutar de espacios urbanos caminables y bellos, libres de contaminación visual y ruido excesivo" (Ortiz Flores, 2010: 124). Una ciudad que presenta situaciones de depredación del espacio públi-

---

cación de las limitaciones en la Exposición de Motivos de la Ley balear 6/2017, de 31 de julio [...], en la que señala que, para la delimitación 'debe prestarse especial atención a las repercusiones que esta (comercialización ETV) puede suponer sobre la configuración de los barrios o las zonas donde se concentre la oferta y en la convivencia pacífica en estos; además de la existencia de infraestructuras adecuadas, y, a escala general, en el hecho de evitar una subida de los precios del arrendamiento o de la vivienda, así como en la falta de oferta de ésta para la población residente'; más concretamente, se alude al 'grado de saturación de la actividad turística frente a los recursos disponibles y las posibles dificultades de acceso a la vivienda por parte de los trabajadores del sector turístico'. En efecto, considera el tribunal 'la saturación de la actividad y la presión que supone sobre los escasos recursos disponibles (como el suministro de agua potable), además de las dificultades de acceso a la vivienda por parte de los trabajadores del sector turístico. Argumento este último, de singular relevancia al ser hecho notorio la escasez de viviendas para dichos trabajadores en tales zonas'".

19.   Borja y Muxí (2003: 77) hablan incluso del "Derecho a la belleza: El lujo del espacio público y de los equipamientos no es despilfarro, es justicia. Los programas públicos de vivienda, infraestructuras y servicios deben incorporar la dimensión estética como prueba de calidad urbana y de reconocimiento cívico. Cuanto más contenido social tiene un proyecto urbano, más importante son la forma, el diseño, la calidad de los materiales. La estética del espacio público es ética". Véase también Lora-Tamayo Vallvé (2019: 87-90), que trata del concepto de belleza urbana.

74

Viviendas de uso turístico
Análisis de la situación actual y propuestas
para la mejora de su marco regulatorio

Fundación Democracia y Gobierno Local
Serie: Claves del Gobierno Local, 39
ISBN: 978-84-125912-5-5

co por la saturación turística causada, entre otros factores, por el incremento masivo del alquiler turístico, además de no cumplir la función social de la ciudad (que es que se debe atender al interés general y a la primacía del bien común sobre el interés privado), genera graves problemas de diversa índole, que ya conocemos. Todo ello afecta de pleno al derecho a la ciudad y a la convivencia social y vecinal, y por tanto se impone la recuperación de calles y plazas, la articulación del barrio, su preservación y humanización, así como favorecer la integración ciudadana. En cuanto que el espacio público es el espacio de uso colectivo que "expresa la democracia en su dimensión territorial" (Borja, 2011: 39)[20], es necesaria la configuración de lo que se ha denominado "la geografía física del bienestar" (Blanco et al., 2018: 17-18), para evitar que la ciudad se disuelva y que se ponga en cuestión la posibilidad de ejercer el derecho a la ciudad.

El problema de la degradación del espacio público de algunos entornos urbanos turísticos no puede quedar al margen del régimen jurídico regulador de las formas de utilización de los bienes públicos de uso general. La situación se agudiza fundamentalmente desde el momento en que las calles, aceras, plazas y paseos se convierten en la sede de una explotación comercial; es decir, tal y como ha puesto de relieve Auby (2018), cuando aumenta de forma considerable la competencia para la utilización del espacio público, independientemente de que su uso sea económico o de otro tipo (como el necesario para asegurar los desplazamientos). En tal caso, la utilización intensa del demanio puede explicar y justificar que las actividades empresariales queden sujetas a las limitaciones y condiciones que se puedan establecer (Parada, 2010: 64), de acuerdo con los principios aplicables a los bienes de dominio público establecidos en el artículo 6 de la Ley del Patrimonio de las Administraciones Públicas, como son la adecuación de su utilización al uso general a que están destinados o la dedicación preferente al uso común frente a su uso privado. Esto no significa, obviamente, que el espacio público no pueda ostentar en su caso un aprovechamiento especial o un uso privado, sino que dicha utilización tiene que estar sometida a regulación y limitación por razón de interés general, tal como la preservación del medio ambiente, del entorno urbano, del patrimonio histórico, del orden

---

20.   Véase Borja (2011: 39, 44), que dice: "La ciudad es ante todo es espacio público, el espacio público es la ciudad. Es a la vez condición y expresión de la ciudadanía, de los derechos ciudadanos. La crisis del espacio público se manifiesta en su ausencia o abandono o en su degradación, en su privatización o en su tendencia a la exclusión. Sin espacio público potente, integrador socialmente, articulador física y simbólicamente, la ciudad se disuelve, [...]. La calidad del espacio público es un test fundamental para evaluar la democracia ciudadana. Es en el espacio público donde se expresan los avances y los retrocesos de la democracia tanto en sus dimensiones políticas como sociales y culturales".

Viviendas de uso turístico
Análisis de la situación actual y propuestas
para la mejora de su marco regulatorio

Fundación Democracia y Gobierno Local
Serie Claves del Gobierno Local, 39
ISBN: 978-84-125912-5-5

75

público, o por seguridad. Dicho de otro modo, es necesario que, a causa de la saturación turística y del aumento de la competencia, se deba reconsiderar la intervención administrativa y, en su caso, limitar el acceso al espacio público en los entornos urbanos, siempre que dicha restricción se justifique en los principios importados del derecho comunitario de no discriminación, de necesidad por razón imperiosa de interés general y de proporcionalidad.

En otros términos, la potestad de regulación del espacio público en los entornos urbanos turísticos, y la intensidad de intervención administrativa que de ella pueda derivarse, habrá de concretarse y ajustarse teniendo en cuenta, por un lado, la tradicional libertad de utilización del dominio público de uso general y la protección del derecho de propiedad y de libertad de empresa, y, por otro lado, la vinculación del espacio público con un modelo de ciudad turística, en que el principio de desarrollo sostenible, la protección del medio ambiente, la lucha contra el cambio climático, el acceso a la vivienda, la movilidad responsable, la convivencia social[21] o la salud pública queden garantizados.

5. La sostenibilidad de las ciudades, el poder local y la mejora de la regulación

Las ciudades tienen que implicarse de manera explícita en el cumplimiento de los objetivos de desarrollo sostenible (ODS) establecidos por la ONU en la Agenda 2030 para el Desarrollo Sostenible. En septiembre de 2015, la Asamblea General de las Naciones Unidas aprobó la Agenda 2030 y, con ella, 17 ODS (son objetivos interrelacionados de carácter ambiental, social y económico que se tienen que cumplir antes del año 2030). Una buena gestión pública de calidad se vincula al cumplimiento de dichos objetivos internacionales, y en este proceso no puede dejarse al margen al poder

---

21.   Un ejemplo a destacar es la regulación llevada a cabo en las Islas Baleares mediante el Decreto-ley 1/2020, de 17 de enero, contra el turismo de excesos para la mejora de la calidad en zonas turísticas, que ha adoptado medidas que afectan tanto a establecimientos turísticos y comerciales como al espacio público. Concretamente, tal como dice la exposición de motivos de la referida norma, en aras de preservar el espacio público "como un lugar de encuentro, convivencia y civismo en el cual todas las personas puedan desarrollar en libertad sus actividades de libre circulación, ocio y recreo, con pleno respeto a la dignidad y a los derechos de los otros", el citado Decreto-ley 1/2020 adopta medidas para combatir un turismo basado en el consumo de alcohol causante de la degradación del entorno y de la alteración de la convivencia. Dichas medidas se concretan, entre otras, en prohibiciones con carácter temporal (5 años) de barras libres, *happy hour* o excursiones etílicas en cuatro zonas turísticas delimitadas en la propia norma mediante la zonificación de los ámbitos afectados; y su necesidad y proporcionalidad, tal como explica la exposición de motivos, se ampara en la existencia de razones imperiosas de interés general que justifican su aplicación (orden público, salud pública, protección de los derechos, la seguridad y la salud de los consumidores) y en la afectación a las zonas estrictamente delimitadas y al ámbito temporal de aplicación, respectivamente.

Viviendas de uso turístico
Análisis de la situación actual y propuestas
para la mejora de su marco regulatorio

Fundación Democracia y Gobierno Local
Serie: Claves del Gobierno Local. 39
ISBN: 978-84-125912-5-5

local de las ciudades, cuyo papel es fundamental en la gestión de los intereses de la ciudadanía. En el momento actual, podemos afirmar que unos de los problemas que deben atenderse en las ciudades son aquellos que se derivan de la comercialización de viviendas turísticas, por tratarse de cuestiones que les afectan de manera directa[22]. En concreto, las ciudades tienen la obligación de participar en el cumplimiento de los ODS, y lo tienen que hacer no solo desde el triple ámbito clásico relativo al medio ambiente, al componente social y al vector económico, sino también desde la perspectiva de la gobernanza, la buena administración, la transparencia y la digitalización[23]. Las ciudades han de asumir un claro protagonismo y liderazgo institucional en relación con las competencias e intereses de su responsabilidad para cumplir con los compromisos de la Agenda 2030[24].

---

22.   Véase Font i Llovet (2019: 121-122): "La incorporación de ciertas políticas públicas, por más transversales y universales que sean, como pueden ser los objetivos de desarrollo sostenible, representaría una funcionalización muy innovadora de la autonomía local. En este sentido, no cabe duda de que los objetivos de la Agenda 2030 de las Naciones Unidas para el desarrollo sostenible (ODS) constituyen una referencia inexcusable, que sitúa a la ciudad en el centro de las políticas públicas, tal y como se concreta, por lo demás, en la Nueva Agenda Urbana aprobada en la Conferencia Habitat III en Quito en 2016". En sus orígenes (mediados del siglo XX), "el movimiento municipalista europeo en defensa de la autonomía local concebía ésta como medio instrumental de construcción y preservación de la democracia y de las libertades ciudadanas frente a las tentaciones autoritarias de los Estados". Con los nuevos planteamientos (primer cuarto del siglo XXI), "aquella visión inicial pasa a enriquecerse con una nueva dimensión, la que vendría a vincular la autonomía local no sólo con la democracia y las libertades, sino también con la igualdad social y la solidaridad humana. La transformación conceptual, de continuar, será de gran calado".

23.   Véase Font i Llovet (2019: 131): como dice el autor, la Agenda 2030, pese a que fue acordada y firmada por los Gobiernos nacionales, "reconoce el papel crucial de las ciudades y las autoridades que las gobiernan en alcanzar el desarrollo sostenible". Y en ese proceso los Gobiernos locales han de desarrollar "acciones en sectores vinculados a los objetivos del vector ambiental (relacionadas con los objetivos relativos a agua, energía, movilidad, clima, comunidades sostenibles), despliegan numerosas acciones en el ámbito social (vinculadas con las metas conectadas con pobreza, hambre, bienestar, igualdad), impulsan la actividad económica en sus territorios (objetivos de crecimiento económico, industria, innovación, infraestructuras) y son instrumentales a la hora de promover el buen gobierno, la transparencia y la participación ciudadana (aspiraciones para instituciones sólidas y alianzas)".

24.   Véase Font i Llovet (2019: 118-120): el Congreso de Poderes Locales y Regionales del Consejo de Europa "apela a la intervención tanto del Consejo de Europa como de los Estados miembros y las colectividades territoriales, pero le importa destacar el papel determinante de estas últimas, así como el rol de los alcaldes y electos locales en la recuperación de la confianza democrática". Además, el citado autor destaca el siguiente fragmento del documento aprobado por el Congreso: "28. Estamos convencidos de que el Consejo de Europa y sus Estados miembros deben invertir en comunidades locales y regionales resilientes. La herramienta adecuada para ello es el Congreso, que dispone del marco jurídico de la Carta Europea de Autonomía Local y de la experiencia del seguimiento de su ejecución. A su vez, este marco debe reforzarse, al igual que las capacidades operacionales y presupuestarias del Congreso. Por consiguiente, los miembros del Congreso apelan a una renovación de la Carta Europea de Autonomía Local para adaptarse mejor a los desafíos y posibilidades nuevas que emanan del Programa de desarrollo sostenible (objetivos de desarrollo sostenible) y de la digitalización".

Viviendas de uso turístico
Análisis de la situación actual y propuestas
para la mejora de su marco regulatorio

Fundación Democracia y Gobierno Local
Serie Claves del Gobierno Local. 39
ISBN: 978-84-125912-5-5

77

Así, el alcance de los objetivos de desarrollo sostenible no es solo misión en exclusiva de los niveles estatales con poder legislativo, Estado central y comunidades autónomas, sino que las ciudades y el poder local habrán de compartir con aquellas instancias, en las materias relacionadas con los intereses de la ciudadanía (como son las viviendas de uso turístico por su impacto sobre el acceso a la vivienda o la emergencia climática), la labor destinada a la consecución del referido compromiso internacional. Y más aún, para llevar a cabo dicha tarea, como ha remarcado Font i Llovet, la ciudad debe gozar de potestades que vayan más allá de lo puramente organizativo y normativo en sentido estricto, debiendo contar para ello con una auténtica potestad estatutaria[25] de mayor alcance que permita lograr que la ciudad sea responsable, sostenible, saludable, habitable y digital con y para su ciudadanía. Como bien pone de relieve Guillén Navarro (2023: 126) en relación con la actividad de las viviendas de uso turístico: "Lo que en principio sólo debía ser un problema turístico y competencial, dado su conflicto con otros alojamientos turísticos reglados, ha derivado hacia un conflicto urbanístico y de planeamiento, transitando de ser un quebradero de cabeza autonómico (por sus competencias en materia de turismo) a ser una problemática de la esfera local".

El fortalecimiento de la nueva posición institucional de la ciudad requiere la integración de los principios de mejora de la regulación como un elemento relevante en el ejercicio de la potestad normativa local, cuya configuración se ha ampliado con funciones públicas que van más allá de las reglas propias del procedimiento, como las de planificación, consulta pública previa, evaluación *ex ante* de la memoria de análisis de impacto normativo o evaluación *ex post*. El impacto de la legislación sobre mejora de la regulación ha empezado a ser relevante en el ámbito local, por lo que cobra mucha importancia que se lleven a cabo todas y cada una de las nuevas funciones públicas vinculadas a la mejora regulatoria con el fin de lograr que las normativas que sean de interés local (como la que afecta a las viviendas de uso turístico) sean más participativas y democráticas; pero también con el fin de fortalecer el desarrollo sostenible de las ciudades haciendo frente a la emergencia climática, habitacional y social en que nos encontramos.

---

25.   Véase Font i Llovet (2019: 131-132), que, al respecto, afirma: "Parece claro que las ciudades comparten con los Estados unas misiones derivadas de un compromiso internacional que implican para la ciudad, entre otras muchas novedades, asumir un papel determinante en la garantía de los derechos humanos, civiles y sociales. Cada vez más se tiende a incluir una verdadera declaración de los derechos civiles y sociales de los ciudadanos en el propio ordenamiento de cada ciudad, a la manera que lo hacen ya la Constitución de la Ciudad de México y de otras grandes ciudades. De modo que cuando hablamos de potestad normativa de la ciudad, hay que pensar también en una suerte de potestad 'estatutaria' que vaya más allá de lo organizativo, y que ya está reconocida en muchos ordenamientos".

78

Viviendas de uso turístico
Análisis de la situación actual y propuestas
para la mejora de su marco regulatorio

Fundación Democracia y Gobierno Local
Serie: Claves del Gobierno Local. 39
ISBN: 978-84-125912-5-5

El poder de la ciudad está, en definitiva, en auge, y esto se traduce, entre otras, en su posibilidad de intervención con medidas limitadoras, previo permiso de la ley[26], sobre el derecho de propiedad y la libertad de empresa de los ciudadanos, siguiendo la estela de algunas ciudades europeas[27]. A modo ilustrativo: Palma ha prohibido el alquiler turístico en los edificios plurifamiliares, dando cumplimiento efectivo a los principios fundamentales de buena regulación, necesidad y proporcionalidad (esta limitación ha sido avalada mediante la STS 109/2023, de 31 enero)[28]. Las ciudades españolas podrán declarar zonas de mercado residencial tensionado que estarán sujetas a limitación de los precios del alquiler de vivienda[29] (art. 18 de la Ley 12/2023, de 24 de mayo, por el derecho a la vivienda); asimismo, también podrán aplicar un recargo en el impuesto sobre bienes inmuebles (IBI) en aquellas viviendas que estén vacías durante más de dos años[30] (disposición final tercera de la citada

---

26.   Cano Campos (2019: 34) señala al respecto: "En segundo lugar, también debe exigirse habilitación legal siempre que se pretenda restringir o limitar la libertad genérica de los ciudadanos. Como se ha señalado, junto a las reservas específicas de ley, la CE proclama el principio general de que cualquier limitación de la libertad de los particulares producida por un reglamento tiene que estar prevista en una ley, pues en nuestro ordenamiento la ley constituye precisamente una garantía de esa libertad y cualquier restricción de ésta tiene necesariamente que encontrar un fundamento legal. El TC lo ha señalado en varias sentencias y, hasta donde sé, no ha eliminado, relajado o modulado esta exigencia para las ordenanzas municipales: 'el principio general de libertad que la Constitución (art. 1.1) consagra autoriza a los ciudadanos a llevar a cabo todas aquellas actividades que la ley no prohíba o cuyo ejercicio no subordine a requisitos y condiciones determinadas' (SSTC 83/1984, 101/1998, 93/1992, 196/1997, entre otras). Esta exigencia de ley previa es distinta a la reserva de ley y se satisface con ese apoderamiento o habilitación legal sin exigir, por tanto, que la ley entre a regular la materia. Además, basta con que la ley atribuya potestades limitativas de la libertad, aunque no prevea expresamente reglamentos, pues eso ya, unido a la previsión genérica que se deduce de la propia CE y establece el art. 4.1 LBRL, permite establecer límites por reglamentos u ordenanzas".

27.   Font i Llovet (2019: 129), en relación con la intervención local en el mercado del alquiler de viviendas, señala: "Pues bien, las soluciones son diversas: Berlín, ciudad Estado, aprueba una ley bajo un tripartito de izquierdas, que congela el precio durante 5 años (Ley cuya constitucionalidad ha sido confirmada por el Tribunal Constitucional, al declarar que no vulnera el derecho de propiedad). Paris puede intervenir y así loha hecho, pero en virtud de una ley estatal que ha autorizado a 28 ciudades a hacerlo (y no a todos los municipios)".

28.   El alto tribunal ha estimado el recurso de casación presentado por el Ayuntamiento de Palma contra una sentencia del Tribunal Superior de Justicia de Baleares, de 10 de septiembre de 2021, que anuló el acuerdo adoptado en el pleno consistorial por el que se prohibió la práctica del alquiler vacacional en todas las viviendas plurifamiliares de la ciudad. Los jueces consideran que el dictamen del tribunal balear "vendría a declarar todas las viviendas del municipio de Palma como aptas para desarrollar la actividad turística" y estiman que la propia Ley de Turismo de Baleares "se lo prohíbe expresamente".

29.   En este grupo se encontrarían regiones como Baleares o Málaga, con el 94 % de las casas situadas en zonas tensionadas, así como Madrid (89 %), Cádiz (83 %) y Barcelona (80 %).

30.   A partir de ese momento, la penalización sería de al menos el 50 %, llegando a un máximo del 150 % en función de la duración de la desocupación y del número de viviendas desocupadas que sean del mismo titular.

Viviendas de uso turístico
Análisis de la situación actual y propuestas
para la mejora de su marco regulatorio

Fundación Democracia y Gobierno Local
Serie: Claves del Gobierno Local. 39
ISBN: 978-84-125912-5-5

79

Ley 12/2023)[31]. Y en las Islas Baleares, con el objetivo de incrementar la oferta de viviendas disponibles, los ayuntamientos podrán autorizar el cambio de uso de locales existentes (comerciales, administrativos, etc.), tanto de plantas bajas como de plantas de piso, para su reconversión en viviendas de precio limitado; o la división de viviendas existentes para crear nuevas viviendas de precio limitado, mediante un aumento de las densidades máximas, tanto en edificaciones existentes como en parcelas sin edificar con usos residenciales plurifamiliares permitidos y unifamiliares entre medianeras (art. 2 y disposición adicional primera del Decreto-ley 6/2023, de 2 de octubre, de medidas urgentes en materia de vivienda); y para reforzar la lucha contra la oferta al margen de cauces legales, se prevé que se podrán clausurar los pisos de alquiler turístico ilegal, con el fin de recuperar para el mercado residencial las viviendas que se destinan clandestinamente a un uso turístico (disposición adicional tercera del citado Decreto-ley 6/2023). Destacar, sin embargo, que si bien este Decreto-ley es de eficacia inmediata, contiene una habilitación a los ayuntamientos para acordar la limitación (o no aplicación) de las medidas de forma genérica o específica a un determinado ámbito por las razones que estimen oportunas; de modo que por acuerdo del pleno pueden moderar o excluir la aplicabilidad del Decreto-ley 6/2023, por lo que se les otorga un enorme poder de decisión sobre su aplicación.

6. Conclusión

La regeneración de los centros urbanos realizada al amparo de importantes inversiones públicas y privadas propicia que muchas ciudades turísticas (con la reforma de sus edificios, plazas, calles o zonas peatonales) se hayan convertido en lugares muy atractivos para turistas (y no tan agradables para residentes, que acaban huyendo por el encarecimiento del barrio y la pérdida de su idiosincrasia); ello ha favorecido en los últimos tiempos la transformación del entorno urbano hacia un modelo pensado en exclusiva para el turista, mediante la irrupción de la actividad de vi-

---

31.   Según nota informativa del Tribunal Constitucional de 26 de septiembre de 2023, el Pleno del mismo ha admitido a trámite los recursos de inconstitucionalidad contra diversos preceptos de la Ley 12/2023, de 24 de mayo, por el derecho a la vivienda, presentados por cincuenta diputados del Grupo Parlamentario Popular en el Congreso de los Diputados, por el Parlamento de Cataluña y por los consejos de gobierno de las comunidades autónomas de Andalucía, Illes Balears y Madrid. Los recurrentes impugnan numerosos artículos de la norma, entre otros, el 8 a), el 15.1, el 16, varios apartados de los arts. 18, 19 y 27, así como la disposición adicional tercera, la disposición transitoria primera y varios apartados de la disposición final primera. En las demandas de inconstitucionalidad, se alega que la ley recurrida podría ser contraria al régimen de distribución de competencias autonómicas en materia de ordenación del territorio, urbanismo y vivienda. Por su parte, el recurso de inconstitucionalidad del Grupo Parlamentario Popular también plantea la posible vulneración del derecho de propiedad, del derecho a la tutela judicial efectiva y de la autonomía local.

80

Viviendas de uso turístico
Análisis de la situación actual y propuestas
para la mejora de su marco regulatorio

Fundación Democracia y Gobierno Local
Serie: Claves del Gobierno Local, 39
ISBN: 978-84-125912-5-5

viendas de uso turístico, la implantación abusiva de hoteles *boutique*, de terrazas, de negocios de oferta complementaria (restauración, tipo *souvenir*), o la avalancha de cruceristas que colapsan el entorno urbano. Resulta evidente que el monocultivo turístico, la proliferación desmesurada del alquiler vacacional y la mercantilización del espacio público urbano no favorecen ni ciudades resilientes, es decir, capaces de estar prevenidas y reaccionar ante nuevas situaciones complejas, como pandemias, ni ciudades habitables generadoras de bienestar para los residentes. En la organización del entorno urbano debe adquirir gran liderazgo la emergencia climática, frente a la situación anterior en la que nadie ponía en duda la dirección por parte del sector (tanto público como privado) turístico y, aunque en menor medida, urbanístico. Hoy en día el protagonista no debería ser en exclusiva el turista y las competencias en materia de turismo, sino que tiene que tomarse fundamentalmente en consideración al residente y las competencias en materia de urbanismo y medio ambiente, de modo que las regulaciones de las viviendas de uso turístico que se lleven a cabo no deberían obstaculizar la creación de espacios habitables para el ciudadano de manera permanente[32].

7. Bibliografía

Aguado i Cudolà, V. (2012). Libertad de establecimiento de los prestadores de servicios: autorización, declaración responsable, comunicación previa y silencio positivo. En V. Aguado i Cudolà y B. Noguera de la Muela (dirs.). *El impacto de la Directiva de Servicios en las Administraciones Públicas: aspectos generales y sectoriale*s (pp. 67-89). Barcelona: Atelier.

Aguirre i Font, J. M. (2021). La regulación municipal de las viviendas de uso turístico: soluciones a través del urbanismo. *Revista de Estudios de la Administración Local y Autonómica*, 15, 24—41. Disponible en: https://doi.org/10.24965/reala.i15.10916.

Auby, J.-B. (2017). La ville, nouvelle frontière du droit administratif? *Actualité Juridique Droit Administratif (AJDA)*, 15, 853-858.

— (2018). La ciudad, ¿nueva frontera del derecho administrativo? *TransJus Working Papers Publications*, 3. Disponible en: http://diposit.ub.edu/dspace/bitstream/2445/123327/1/3-2018.pdf.

Bauzá Martorell, F. J. (2019). Limitaciones territoriales y medioambientales al turismo: capacidad de carga y capacidad de acogida. *Revista Internacional de Derecho del Turismo* (RIDETUR), 3 (1), 31-48. Disponible en: https://doi.org/10.21071/ridetur.v3i.

---

32. Véanse las conclusiones finales del trabajo de Hernando Rydings (2022: 117).

Viviendas de uso turístico
Análisis de la situación actual y propuestas
para la mejora de su marco regulatorio

Fundación Democracia y Gobierno Local
Serie: Claves del Gobierno Local, 39
ISBN: 978-84-125912-5-5

81

Blanco, I., Gomà, R. y Subirats, J. (2018). El nuevo municipalismo: derecho a la ciudad y comunes urbanos. *GAAP. Nueva Época*, 20, 14-28.

Borja, J. (2011). Espacio público y derecho a la ciudad. *Viento Sur*, 116, 39-49.

Borja, J. y Muxí, Z. (2003). *El espacio público, ciudad y ciudadanía*. Barcelona: Electa.

Cano Campos, T. (2019). El poder normativo local y la crisis de la ley. *Documentación Administrativa*, 6, 26-42. Disponible en: https://doi.org/10.24965/da.i6.10763.

De la Encarnación, A. M.ª (2016). El alojamiento colaborativo: viviendas de uso turístico y plataformas virtuales. *Revista de Estudios de la Administración Local y Autonómica. Nueva Época*, 5, 30-55. Disponible en: https://doi.org/10.24965/reala.v0i5.10350.

— (2023). Las cicatrices de la vivienda turística: reducción del mercado residencial inmobiliario y encarecimiento de precios. *Revista de Estudios de la Administración Local y Autonómica* [prepublicación]. Disponible en: https://doi.org/10.24965/reala.11218.

Figuerola Palomo, M. (2018). Futuro del turismo, ordenación o masificación. *Estudios Turísticos*, 215, 9-38.

Font i Llovet, T. (2019). De la autonomía local al poder de las ciudades. *Istituzioni del Federalismo*, número especial, 115-134.

Gosálbez Pequeño, H. (2023). Rememorando el *big bang* de las viviendas turísticas y la "moderada administrativización" del contrato de arrendamiento turístico de la vivienda. En H. Gosálbez Pequeño y A. Bueno Armijo (dirs.). *Desregulación y regulación de la economía colaborativa en la actividad turística y las actividades con incidencia turística* (pp. 43-69). Navarra: Thomson Reuters Aranzadi.

Guillén Navarro, N. A. (2023). Las viviendas de uso turístico en el contexto internacional. Visiones regulatorias en las ciudades de San Francisco, Nueva York, Londres, Berlín y Ámsterdam. *Revista Aragonesa de Administración Pública*, 60, 125-159.

Hernando Rydings, M.ª (2022). Zonificación urbanística y viviendas de uso turístico en Madrid. *Revista de Estudios de la Administración Local y Autonómica*, 18, 100-118. Disponible en: https://doi.org/10.24965/reala.11110.

Lora-Tamayo Vallvé, M. (2019). Propuestas para un diálogo integrado e integrador: la Nueva Agenda Urbana a la luz de Lefebvre, Joseph Comblin y Laudatio si. En J. Ponce Solé, W. Migliari y O. Capdeferro Villagrasa (coords.). El derecho, la ciudad y la vivienda en la nueva concepción del desarrollo urbano. Desafíos transnacionales y transdisciplinarios de la gobernanza en la Nueva Agenda Urbana (pp. 67-91). Barcelona: Atelier.

Martínez Nadal. A. (2021). Alquiler turístico y restricciones legales: el derecho a la vivienda como causa justificativa. (A propósito de la STJUE de 22

82

Viviendas de uso turístico
Análisis de la situación actual y propuestas
para la mejora de su marco regulatorio

Fundación Democracia y Gobierno Local
Serie: Claves del Gobierno Local. 39
ISBN: 978-84-125912-5-5

de septiembre de 2020 y su recepción en la jurisprudencia española). *Diario La Ley*, 9873.

Marzal Raga, C. R. (2014). La unidad de mercado en materia turística. En M.ª J. Alonso Mas (dir.). *El nuevo marco jurídico de la unidad de mercado. Comentarios a la Ley de garantía de la unidad de mercado* (pp. 705-743). Madrid: La Ley-Wolters Kluwer.

Nogueira López, A. (2011). La termita Bolkestein. *El Cronista del Estado Social y Democrático de Derecho*, 22, 58-70.

Ortiz Flores, E. (2010). El proceso de construcción por el derecho a la ciudad: avances y desafíos. En A. Sugranyes y C. Mathivet (eds.). *Ciudades para tod@s. Por el derecho a la ciudad, propuestas y experiencias* (pp. 119-126). Santiago de Chile: Habitat International Coalition (HIC).

Parada, R. (2010). *Derecho Administrativo III. Bienes públicos. Derecho urbanístico* (12.ª ed.). Madrid: Marcial Pons.

Rodríguez Font, M. (2017a). Barreras regulatorias a la economía colaborativa y nuevas vías de impugnación de normas: el caso de las viviendas de uso turístico. *Revista Española de Derecho Administrativo*, 182, 409-444.

— (2017b). La regulació de l'allotjament col.laboratiu a Catalunya: análisis de les propostes de l'autoritat de la competencia. *Revista Catalana de Dret Públic*, 53, 163-181.

Román Márquez, A. (2018). Planificación urbanística del turismo: la regulación de las viviendas de uso turístico en Madrid y Barcelona. *Revista de Estudios de la Administración Local y Autonómica*, 10, 22—39. Disponible en: https://doi.org/10.24965/reala.v0i10.10566.

Salom Parets, A. (2017). La capacidad de carga "conditio iuris" en la normativa territorial y turística. *Revista de Derecho Urbanístico y Medio Ambiente*, 313, 39-63.

Socías Camacho, J. M. (2018). Estado regulador y alojamiento colaborativo. El régimen de la intervención pública limitadora de la prestación del servicio. *Revista de Administración Pública*, 205, 131-170. Disponible en: https://doi.org/10.18042/cepc/rap.205.04.

Subirats, J. (2018). Vivir en las ciudades. *El País*, 18-10-2018.

Vaquer Caballería. M. (2017). La consolidación del principio de desarrollo territorial y urbano sostenible en la última década. *Revista de Derecho urbanístico y Medio Ambiente*, 311, 499-525.

Viviendas de uso turístico
Análisis de la situación actual y propuestas
para la mejora de su marco regulatorio

Fundación Democracia y Gobierno Local
Serie: Claves del Gobierno Local, 39
ISBN: 978-84-125912-5-5

83

CAPÍTULO 3

Objeto y régimen de funcionamiento de las viviendas de uso turístico[1]

Mariola Rodríguez Font
Profesora agregada Serra i Húnter.
Universidad de Barcelona

SUMARIO.   1. Contexto y antecedentes normativos de las viviendas de uso turístico (VUT). 1.1. Primeras regulaciones del alojamiento turístico en viviendas. 1.2. Contexto jurídico-político del alojamiento colaborativo. 1.3. Modificación de la Ley de Arrendamientos Urbanos: primer paso hacia la regulación de las VUT. **2. Concepto de VUT en la normativa turística.** 2.1. Criterios normativos comunes en la conceptualización de las VUT. *2.1.1. Habitualidad o cesión reiterada. 2.1.2. Temporalidad. 2.1.3. Canales de oferta turística. 2.1.4. Cesión completa o por habitaciones. 2.1.5. Equipamiento y otros requisitos.* 2.2. Regulación del alojamiento colaborativo a través de las VUT. **3. Régimen de ejercicio de la actividad de VUT.** 3.1. Declaración responsable (DR) como título habilitante. 3.2. Momentos procedimentales. *3.2.1. Momento anterior a la presentación de la DR turística: el control a cargo del titular de la actividad. 3.2.2. Momento de presentación de la DR. 3.2.3. Momento posterior a la presentación de la DR: inscripción en el registro y control ex post.* **4. Bibliografía.**

---

1.   Trabajo realizado en el marco del Grupo de investigación consolidado de la Generalitat de Cataluña: Grupo de Regulación de Riesgos y de Sectores Estratégicos (GRRISE), financiado por AGAUR. Referencia 2021SGR00704. IP: Dr. José Esteve Pardo.

Viviendas de uso turístico
Análisis de la situación actual y propuestas
para la mejora de su marco regulatorio

Fundación Democracia y Gobierno Local
Serie Claves del Gobierno Local, 39
ISBN: 978-84-125912-5-5

85

1. Contexto y antecedentes normativos de las viviendas de uso turístico (VUT)

1.1. Primeras regulaciones del alojamiento turístico en viviendas

El alojamiento turístico en viviendas cuenta con una larga tradición en nuestro país. En los años 60 del siglo XX, la política de regulación y promoción turística, puesta en práctica por el régimen franquista, y el contexto de crecimiento económico y cambio social de Europa occidental, fueron los grandes factores explicativos del auge del turismo extranjero en España. La visión estereotipada de nuestro país —de la que aún hoy se pretende huir— cumplió, en aquel momento, de forma eficaz, su función: proyectó con fuerza la imagen de España fuera de sus fronteras, situándola en el mapa como destino de gran atractivo para los visitantes extranjeros, la mayoría europeos. "Los veraneantes franceses se asombraban al comprobar que los atascos de la carretera de la Costa Brava superaban a los de las autopistas de entrada a París un domingo por la tarde"[2]. A medida que el turismo alcanzó capas más amplias de población, el alquiler de alojamientos extrahoteleros (apartamentos o casas de residentes) sufrió un poderoso incremento. Como en el caso francés tomado de ejemplo, los desplazamientos registrados fueron en gran parte de carácter colectivo, de familias o grupos de amigos que buscaban pasar unas vacaciones, en condiciones económicamente aceptables, en establecimientos distintos a los tradicionales hoteles.

La Orden de 17 de enero de 1967, sobre regulación de apartamentos, "bungalows" y otros alojamientos similares de carácter turístico se dictó, precisamente, para organizar las nuevas modalidades de alojamiento que habían emergido como respuesta a la diversificada demanda turística, y deslindarlas del arrendamiento de vivienda amueblada de la Ley de Arrendamientos Urbanos de 1964[3], con base en la prestación de determinados servicios a los que debían quedar sujetas las primeras[4]. El carácter turístico de las cesiones —y, por lo tanto, la sujeción a la orden y a la previa obtención de una autorización del Ministerio de Información y Turismo para ejercer la actividad— vino dado por el criterio de la "habitualidad", que se presumió que existía cuando se hiciera publicidad de esta, por cualquier medio, o se facilitara alojamiento en dos o más ocasiones dentro del mismo año, por tiempo que en conjunto excediera de un mes[5].

Años después, el aumento cuantitativo de la oferta extrahotelera y la lucha contra la clandestinidad motivaron la promulgación del Real Decreto

---

2. Véase Sánchez Sánchez (2001).
3. Ley 40/1964, de 11 de junio, de Reforma de la de Arrendamientos Urbanos.
4. Véase lo dispuesto en el preámbulo de la Orden de 1967.
5. Art. 1.2 y 1.3.

Viviendas de uso turístico
Análisis de la situación actual y propuestas
para la mejora de su marco regulatorio

Fundación Democracia y Gobierno Local
Serie: Claves del Gobierno Local, 39
ISBN: 978-84-125912-5-5

2877/1982, de 15 de octubre, de ordenación de apartamentos turísticos y de viviendas turísticas vacacionales. Por medio de esta disposición se quisieron regularizar administrativamente numerosos alojamientos que, estando en aquel momento en el mercado, no reunían las características para ser considerados "apartamentos turísticos" según la Orden de 1967. Se definió la figura de la vivienda turística vacacional[6] —distinguiéndola de los apartamentos turísticos—[7], y, con una clara vocación simplificadora, la actividad se supeditó a una mera notificación de dedicación al tráfico turístico, dirigida al organismo competente[8].

La Orden de 1967 y el Real Decreto de 1982 pasaron a tener carácter supletorio en el momento en que las comunidades autónomas asumieron —dentro del marco constitucional y de conformidad con el artículo 148.1.18.ª CE y los respectivos estatutos de autonomía—, de forma paulatina, las competencias exclusivas en materia de ordenación del turismo. El dictado de las leyes turísticas se demoró hasta bien entrada la década de los 90 y, en la mayoría de los casos, no se instauró normativa específica para las estancias turísticas en viviendas. Se aplicó a estas actividades la Ley 29/1994, de 24 de noviembre, de Arrendamientos Urbanos (LAU, en adelante), que contenía una regulación sustantiva del contrato de arrendamiento, sobre la base de una clara diferenciación entre los arrendamientos de vivienda y los destinados a cualquier otro uso distinto del de vivienda (arrendamientos de temporada)[9]. La ley optó, en relación con estos últimos, por una regulación asentada en el libre acuerdo de las partes. El arrendamiento de viviendas turísticas quedó, por lo tanto, durante años, no sometido a intervención por parte de la Ad-

---

6. Las viviendas turísticas vacacionales fueron definidas —en contraposición a los bloques o conjuntos, definitorios de los apartamentos turísticos— como unidades aisladas, también de apartamentos, "bungalows", villas, chalés y similares (y, como novedad también, en general "cualquier vivienda"), que, con independencia de sus condiciones de mobiliario, equipo, instalaciones y servicios, se ofrecieran en régimen de alquiler por motivos vacacionales o turísticos. Ver art. 17.

7. Denominación con la que, genéricamente, el real decreto pasó a referirse a los bloques o conjuntos de apartamentos, villas, chalés y "bungalows". Art. 1: "Se configuran como turísticos y en consecuencia quedan sujetos a lo dispuesto en la presente ordenación, los bloques o conjuntos de apartamentos, y los conjuntos de villas, chalés, "bungalows" y similares que sean ofrecidos empresarialmente en alquiler, de modo habitual, debidamente dotados de mobiliario, instalaciones, servicios y equipo para su inmediata ocupación, por motivos vacacionales o turísticos. Sólo este tipo de alojamientos recibirán la denominación oficial de apartamentos turísticos [...]". La disposición transitoria de este real decreto estableció la vigencia de la Orden de 1967 en lo que a él no se opusiera y en tanto no fuera desarrollado reglamentariamente.

8. Se consideró clandestina la explotación que no contara con un duplicado de la notificación. Ver arts. 18 y 19.

9. Art 3 LAU: "1. Se considera arrendamiento para uso distinto del de vivienda aquel arrendamiento que, recayendo sobre una edificación, tenga como destino primordial uno distinto del establecido en el artículo anterior. 2. En especial, tendrán esta consideración los arrendamientos de fincas urbanas celebrados por temporada, sea ésta de verano o cualquier otra, y los celebrados para ejercerse en la finca una actividad industrial, comercial, artesanal, profesional, recreativa, asistencial, cultural o docente, cualquiera que sean las personas que los celebren".

Viviendas de uso turístico
Análisis de la situación actual y propuestas
para la mejora de su marco regulatorio

Fundación Democracia y Gobierno Local
Serie Claves del Gobierno Local. 39
ISBN: 978-84-125912-5-5

87

ministración pública. Prácticamente hasta que las autonomías empezaron a regular, de forma específica, las llamadas viviendas de uso turístico (VUT).

1.2. Contexto jurídico-político del alojamiento colaborativo

La modalidad de alojamiento que hoy se encauza jurídicamente a través de la figura de las VUT debe ponerse en relación con dos distintos modelos económicos que convergieron en su origen e influyeron, desde distintos puntos de vista, en su definición y regulación actual. Nos referimos, por un lado, al modelo que representa la economía colaborativa, y, por el otro, al modelo de la Directiva 2006/123/CE del Parlamento Europeo y del Consejo, de 12 de diciembre, relativa a los servicios en el mercado interior (en adelante, Directiva de Servicios) y la normativa nacional de trasposición[10].

El modelo de la Directiva de Servicios, impulsado por los poderes públicos, por la Unión Europea, tuvo como objetivo la liberalización y simplificación de la prestación de servicios económicos, eliminando obstáculos y barreras jurídicas en pos de un mercado interior sin restricciones. La Directiva abarcó el ámbito del turismo[11], y, dentro de este, el subsector del alojamiento se vio plenamente afectado por la necesidad de justificar la imposición de requisitos y restricciones en base a una razón imperiosa de interés general[12]. Ello llevó a la reducción sustancial de los procedimientos de autorización y a la transición hacia el uso de declaraciones responsables y comunicaciones; consecuencia de cambiar el enfoque de un control previo a un control posterior de las actividades. Para dar cumplimiento a los propósitos de simplificación administrativa, además, los legisladores y Gobiernos autonómi-

---

10. La Ley 17/2009, de 23 de noviembre, sobre el libre acceso a las actividades de servicios y su ejercicio, conocida como ley paraguas, y la Ley 25/2009, de 22 de diciembre, de modificación de diversas leyes para su adaptación a la Ley sobre libre acceso a las actividades de servicios y su ejercicio, conocida como Ley Ómnibus.
Desde una perspectiva cronológica, tanto el modelo de la economía colaborativa como el de la Directiva de Servicios comienzan a presentar evidencias desde los años 2009-2010. La transposición de la Directiva de 2006 se pospuso no solo en España, sino también en la mayoría de los países miembros, que tardaron en adaptar sus normativas a los nuevos postulados liberalizadores. Por su parte, también en dicho período la economía colaborativa adquirió relevancia a nivel no solo de volumen, sino también organizativo. He tenido la oportunidad de estudiar la evolución y confluencia de uno y otro modelo en Rodríguez Font (2021).
11. Véase, entre otros, Socías Camacho (2018).
12. Por medio del Real Decreto 39/2010, de 15 de enero, por el que se derogan diversas normas estatales sobre acceso a actividades turísticas y su ejercicio, se dejaron sin efecto, expresa y formalmente, entre otras, las disposiciones estatales pre- y postconstitucionales de carácter reglamentario a las que nos hemos referido (que ya solo conservaban una aplicabilidad supletoria), con el objetivo de que fueran las propias autonomías las que acomodaran sus normas de ordenación turística a la Directiva.

Viviendas de uso turístico
Análisis de la situación actual y propuestas
para la mejora de su marco regulatorio

Fundación Democracia y Gobierno Local
Serie: Claves del Gobierno Local, 39
ISBN: 978-84-125912-5-5

cos hubieron de adaptar la normativa turística a las nuevas consignas[13]. Nos referimos, por ejemplo, a la inscripción de oficio en los correspondientes registros, a la tramitación electrónica de procedimientos, o a la creación de ventanillas únicas a través de las que llevar a cabo estos y cualesquiera otros trámites necesarios para el acceso a las actividades[14].

Por otro lado, el modelo de la economía colaborativa surgió como un agente transformador desde la sociedad hacia el derecho. Se erige sobre fundamentos sólidos —que incluyen mecanismos, conceptos y categorías—, y ha demostrado ser capaz de reconfigurar la manera en que los sujetos llevan a cabo sus actividades y se relacionan entre sí.

Aunque la economía colaborativa sea un fenómeno de definición compleja, la abstracción de una serie de características clave permite una aproximación jurídica a su modelo:

a) Se basa en el aprovechamiento o la compartición de bienes y servicios en desuso o infrautilizados.

b) Las partes finales de las transacciones son, en su mayoría, sujetos particulares (pares o consumidores), a menudo a cambio de un beneficio económico. En este sentido, el modelo de mercado colaborativo en su forma pura u original se caracteriza por su estructura horizontal: tanto del lado de la oferta como del de la demanda, los sujetos que intervienen son particulares que participan en la provisión esporádica y no profesional de servicios[15] (intercambios *peer to peer*). Con todo, no debemos pasar por alto que, según la Comisión Europea en su Comunicación sobre una "Agenda europea para la economía colaborativa" del año 2016, también los sujetos que actúan a título profesional deben considerarse prestadores de servicios "dentro" de la economía colaborativa. Esta consideración responde a la imparable presencia de operadores profesionales que ofrecen sus servicios en plataformas de origen colaborativo, pero que representan el modelo económico y legal tradicional de relaciones *business to consumer*.

c) Lo que convierte este tipo de transacciones en algo novedoso es el hecho de que se realizan mediante el uso de las tecnologías de la información y la comunicación; esto es, mediante plataformas digitales o *marketplaces* que proporcionan el escenario virtual necesa-

---

13. Véase, entre otros, Corral Sastre (2017).
14. Arts. 16.2.b), 6 y 8 de la Directiva de Servicios, respectivamente.
15. También llamados ciudadanos productores o prosumidores.

Viviendas de uso turístico
Análisis de la situación actual y propuestas
para la mejora de su marco regulatorio

Fundación Democracia y Gobierno Local
Serie: Claves del Gobierno Local, 39
ISBN: 978-84-125912-5-5

89

rio para que sus usuarios entren en contacto, elevando la economía colaborativa a la categoría de mercado[16].

El alojamiento es uno de los principales ámbitos sobre los que se ha expandido el fenómeno colaborativo, también conocido como "alojamiento colaborativo". Los intercambios de viviendas o habitaciones entre particulares, que originalmente se desarrollaban en un entorno analógico, han experimentado un notable impulso gracias a las nuevas tecnologías. Su exponencial multiplicación les ha terminado otorgando autonomía como categoría de actividad, aunque lleve aparejada una serie de problemáticas difíciles de franquear. La primera afecta al encaje jurídico de la actividad y proviene de lo mal que ensambla la proliferación de la prestación de servicios, de forma no habitual, por personas físicas, en un sistema legal como el nuestro; basado, desde múltiples puntos de vista, en la profesionalidad de las ofertas. La segunda ha disparado a la línea de flotación del fenómeno colaborativo, a su elemento objetivo, al aprovechamiento de viviendas —o partes de ellas— infrautilizadas, por cuanto las ofertas de operadores profesionales en los mercados virtuales han ido en aumento y precedidas de la adquisición de viviendas residenciales con el único objetivo de su comercialización turística. Ello no solo ha distorsionado de forma severa, a nuestro entender, la comprensión de las potencialidades de este modelo por parte del regulador, sino que está generando externalidades negativas, en especial en las grandes ciudades.

1.3. Modificación de la Ley de Arrendamientos Urbanos: primer paso hacia la regulación de las VUT

De todas las consecuencias negativas comúnmente atribuidas al alojamiento colaborativo, aquellas que presentan mayores dificultades de comprobación empírica fueron acicate de importantes reformas legislativas. En junio de 2012, el Consejo de Ministros aprobó el Plan Nacional e Integral de Turismo 2012-2015, en el cual se constató un aumento, cada vez más pronunciado, del uso del alojamiento privado en el turismo, que podía estar dando cobertura a situaciones de intrusismo y competencia desleal contrarias a la calidad y competitividad de los destinos. Para hacerle frente se propuso la modificación de la Ley de Arrendamientos Urbanos, en cuya regulación de los arrendamientos para usos distintos a los de vivienda las comunidades

---

16. Los *marketplaces* o plataformas de alojamiento que todos conocemos —p. ej., Airbnb— en sus orígenes eran colaborativos, en cuanto daban cobertura (solo) a la prestación de servicios esporádicos por ciudadanos no profesionales.

Viviendas de uso turístico
Análisis de la situación actual y propuestas
para la mejora de su marco regulatorio

Fundación Democracia y Gobierno Local
Serie: Claves del Gobierno Local, 39
ISBN: 978-84-125912-5-5

autónomas habían encontrado una salida a su falta de adopción de regulaciones específicas. En el Plan se recaló en el hecho de que la LAU no contemplaba "la variada casuística relacionada con el alquiler de viviendas para uso turístico y/o vacacional", considerando oportuna su modificación, que fue abordada por la Ley 4/2013, de 4 de junio, de medidas de flexibilización y fomento del mercado de alquiler de viviendas.

El objetivo fue retirar el uso del alojamiento privado para el turismo del ámbito de aplicación de la ley y regularlo mediante normativa *ad hoc*. Así, se incorporó una nueva letra al artículo 5 de la LAU, con el propósito de excluir de ella a los alquileres temporales de viviendas amuebladas y equipadas para uso inmediato, turístico y lucrativo, comercializadas o promocionadas por canales de oferta turística, siempre y cuando estuvieran sujetas a un régimen específico derivado de la normativa sectorial.

Con posterioridad, este apartado fue modificado por el artículo 1.2 del Real Decreto-ley 7/2019, de 1 de marzo, de medidas urgentes en materia de vivienda y alquiler, con el fin de realizar ciertas precisiones técnicas: se suprimió la restricción de que estas cesiones tuvieran que ser necesariamente comercializadas a través de canales de oferta "turística", y se especificó que la referencia a la normativa sectorial era a la regulación turística. La redacción final de este precepto es, entonces, la siguiente: "Quedan excluidos del ámbito de aplicación de esta ley: [...] e) La cesión temporal de uso de la totalidad de una vivienda amueblada y equipada en condiciones de uso inmediato, comercializada o promocionada en canales de oferta turística *o por cualquier otro modo de comercialización o promoción*, y realizada con finalidad lucrativa, cuando esté sometida a un régimen específico, derivado de su normativa sectorial *turística*"[17]. La exclusión de este tipo de alquiler quedó, por lo tanto, sujeta a la condición de que el legislador y los Gobiernos autonómicos emitieran la normativa correspondiente; de lo contrario, podría seguir considerándose como arrendamiento con uso distinto al de vivienda (en particular, como arrendamiento de temporada).

Aunque la Ley 4/2013 se limitó a describir estas cesiones excluidas sin asignarles un nombre, fue la primera disposición normativa que definió la actividad de alojamiento conocida como "viviendas de uso turístico". Con posterioridad, el Real Decreto-ley 7/2019 utilizó sin ambages esta denominación, relacionándola directamente con el fenómeno colaborativo y sus efectos sobre el incremento de los precios de las viviendas[18], tal como lo

---

17. La cursiva muestra los cambios.
18. Véase el preámbulo de la disposición.

Viviendas de uso turístico
Análisis de la situación actual y propuestas
para la mejora de su marco regulatorio

Fundación Democracia y Gobierno Local
Serie Claves del Gobierno Local. 39
ISBN: 978-84-125912-5-5

91

habían hecho —y harían después— algunos decretos emitidos en virtud de la competencia sectorial proclamada, y el propio Tribunal Supremo[19].

La norma más destacada al respecto es el Decreto 225/2019, de 28 de noviembre, que regula las viviendas de uso turístico en la comunidad cántabra[20]. En la exposición de motivos define sin rodeos el turismo colaborativo como aquel que se lleva a cabo entre particulares, "pero en el que existe una transacción económica y, por ende, un ánimo de lucro", y como el que "permite extender a los ciudadanos los beneficios económicos que genera el turismo". Identifica como una característica específica suya el hecho de que se desarrolla en viviendas construidas o adquiridas "no específicamente para un ejercicio profesional de la actividad". Y manifiesta sin ambigüedades que "el propietario de estas viviendas no se define como un profesional de la hostelería sino como la persona física propietaria de la vivienda. El motivo, es dar cabida a aquellas personas que, sin ser expertos en la materia, quieren alquilar su vivienda y que no encuentran amparo en la actual normativa".

La exclusión de la LAU surtió efecto y fue el empujón definitivo para que el legislador autonómico tomara las riendas de la regulación de las VUT. Hoy la definición del artículo 5.e) es el punto de partida de las normas autonómicas que ordenan esta actividad y, en mayor o menor medida, las ha condicionado.

Estas disposiciones dictadas desde la competencia autonómica en promoción y ordenación turística, han debido adaptarse a las nuevas formas de prestación de servicios de alojamiento derivadas de la economía colaborativa, e incorporar al ordenamiento sectorial el contenido y las prescripciones de la normativa liberalizadora de las actividades y los servicios económicos[21]. Así es como una actividad que no había estado sujeta a in-

---

19. Por ejemplo, en la STS 1237/2019, de 24 de septiembre (ECLI:ES:TS:2019:2853), siguiendo lo ya expresado en la STS 1766/2018, de 12 de diciembre (ECLI:ES:TS: 2018:4384), a propósito de la delimitación del alcance de las facultades en materia de defensa de la competencia de la Comisión Nacional de los Mercados y la Competencia (en adelante, CNMC), el TS relaciona directamente el fenómeno de la economía colaborativa con las viviendas de uso turístico; y con la exigencia de que las disposiciones reglamentarias respeten los principios de necesidad y proporcionalidad.

20. También el Decreto 256/2019, de 10 de octubre, que regula las viviendas de uso turístico en la Región de Murcia, alude, en su preámbulo, al hecho de que la variedad de alojamiento privado en el turismo facilita la "asignación más eficiente de los recursos habitacionales infrautilizados".

21. La aplicación de la normativa liberalizadora de servicios fue expresamente confirmada en la relevante STJUE, de 22 de septiembre de 2020 (Gran Sala, ECLI:EU:C:2020:743), dictada en los asuntos acumulados C-724/18 y C-727/18 (Cali Apartments SCI y HX y le Procureur général

92

Viviendas de uso turístico
Análisis de la situación actual y propuestas
para la mejora de su marco regulatorio

Fundación Democracia y Gobierno Local
Serie: Claves del Gobierno Local, 39
ISBN: 978-84-125912-5-5

tervención administrativa (en términos de títulos habilitantes o requisitos para su acceso y ejercicio) comienza a regularse mediante leyes y decretos turísticos. Los siguientes apartados se centrarán en analizar los aspectos conceptuales clave y el marco jurídico de funcionamiento de esta actividad.

2. Concepto de VUT en la normativa turística

2.1. Criterios normativos comunes en la conceptualización de las VUT

Como se acaba de mencionar, la preliminar definición del artículo 5.e) de la LAU puede considerarse el punto de arranque de la regulación de las cesiones de viviendas de uso turístico llevada a cabo por las autonomías[22]. Recordemos sus características principales: 1) son temporales, 2) de carácter lucrativo, 3) abarcan la totalidad de la vivienda, 4) con equipación en condiciones para un uso inmediato, y 5) promocionadas por cualquier medio.

---

près la cour d'appel de Paris y la Ville de Paris), al afirmar que "una actividad de arrendamiento de un bien inmueble como la descrita en el apartado 28 de la presente sentencia, ejercida a título individual por una persona jurídica o por una persona física, está comprendida en el concepto de 'servicio', en el sentido del art. 4, punto 1, de la Directiva 2006/123".

22. Las normas autonómicas reguladoras de las viviendas de uso turístico manejadas en este estudio son las siguientes: Decreto 28/2016, de 2 de febrero, de las viviendas con fines turísticos y de modificación del Decreto 194/2010, de 20 de abril, de establecimientos de apartamentos turísticos de Andalucía; Decreto 1/2023, de 11 de enero, del Gobierno de Aragón, por el que se aprueba el Reglamento de las viviendas de uso turístico en Aragón; Decreto 48/2016, de 10 de agosto, de viviendas vacacionales y viviendas de uso turístico de Asturias; Ley 8/2012, de 19 de julio, del Turismo de las Illes Balears; Decreto 113/2015, de 22 de mayo, por el que se aprueba el Reglamento de las viviendas vacacionales de la Comunidad Autónoma de Canarias; Decreto 225/2019, de 28 de noviembre, por el que se regulan las viviendas de uso turístico en el ámbito de la Comunidad Autónoma de Cantabria; Decreto 3/2017, de 16 de febrero, por el que se regulan los establecimientos de alojamiento en la modalidad de vivienda de uso turístico en la Comunidad de Castilla y León; Decreto 36/2018, de 29 de mayo, por el que se establece la ordenación de los apartamentos turísticos y las viviendas de uso turístico en Castilla-La Mancha; Decreto 75/2020, de 4 de agosto, de turismo de Cataluña; Decreto 10/2021, de 22 de enero, del Consell, de aprobación del Reglamento regulador del alojamiento turístico en la Comunidad Valenciana; Decreto 12/2017, de 26 de enero, por el que se establece la ordenación de apartamentos turísticos, viviendas turísticas y viviendas de uso turístico en la Comunidad Autónoma de Galicia; Decreto 79/2014, de 10 de julio, por el que se regulan los apartamentos turísticos y las viviendas de uso turístico de la Comunidad de Madrid; Decreto 256/2019, de 10 de octubre, por el que se regulan las viviendas de uso turístico en la Región de Murcia; Decreto 101/2018, de 3 de julio, de viviendas y habitaciones de viviendas particulares para uso turístico del País Vasco; Decreto 10/2017, de 17 de marzo, por el que se aprueba el Reglamento General de Turismo de La Rioja en desarrollo de la Ley 2/2001, de 31 de mayo, de Turismo de La Rioja; y Ley Foral 7/2003, de 14 de febrero, de turismo de Navarra. La Ley 2/2011, de 31 de enero, de desarrollo y modernización del turismo de Extremadura regula la figura de los apartamentos turísticos. No obstante, no parece que esta figura recoja la casuística asociada al fenómeno de las viviendas de uso turístico, por lo que se ha optado por dejarla al margen de esta investigación.

Viviendas de uso turístico
Análisis de la situación actual y propuestas
para la mejora de su marco regulatorio

Fundación Democracia y Gobierno Local
Serie: Claves del Gobierno Local, 39
ISBN: 978-84-125912-5-5

93

A partir de aquí, las leyes y los decretos turísticos han delineado y establecido unas características definitorias comunes de las VUT. Nos referimos a la naturaleza turística de las cesiones, su onerosidad, la habitualidad de estas y su temporalidad, la publicidad por canales de oferta, la sumisión a requisitos técnicos de calidad y seguridad y la admisión o prohibición de la cesión por estancias. Esta podría ser, a modo de ejemplo, una definición tipo: "Las viviendas de uso turístico son aquellas amuebladas y equipadas para un uso inmediato, comercializadas o promocionadas en canales de oferta, para ser cedidas temporalmente, ya sea en su totalidad o por habitaciones, de manera habitual, con fines de alojamiento turístico y a cambio de contraprestación económica"[23].

Tan importante es delimitar lo que debe considerarse una VUT como aclarar lo que queda fuera de su definición. De ello depende la aplicación de una u otra normativa, cuestión que no es en absoluto menor y afecta de lleno a la seguridad jurídica de los operadores jurídicos, prestadores de servicios y consumidores. La frontera puede ser difusa. Algunas disposiciones tratan de aclarar estas incertidumbres, estableciendo un apartado específico dedicado a las actividades excluidas. En ocasiones, logran clarificar la situación, mientras que en otras no lo hacen del todo. Bien peculiar resulta la previsión de que las cesiones sujetas a la regulación del arrendamiento de temporada de la LAU quedan fuera del ámbito de aplicación de las VUT, como si no fuera este el quid de la cuestión, sobre todo respecto a la actividad de los particulares que de forma ocasional prestan servicios de alojamiento.

Es también común incluir, en este tipo de apartados, las viviendas que se ceden sin recibir una contraprestación económica por motivos vacacionales o turísticos[24], así como la mera tenencia estable de huéspedes. No podemos detenernos en este aspecto más de lo necesario. Se trata de exclusiones obvias y carecen, por lo tanto, de mayor utilidad. Las que

---

23.   En varios casos los decretos han optado por concretar, en el precepto que define las VUT, el tipo de vivienda mediante el que ejercer la actividad; por ejemplo, pisos, casas, estudios, chalés, "bungalows" u otros inmuebles análogos, a modo de enumeración no cerrada (por ejemplo, arts. 2.c Castilla-La Mancha, 3.1 Castilla y León, 2.a) Aragón, y 22.2 Ley de turismo de Navarra). En otros, se ha hecho lo contrario, restringiendo el ejercicio de la actividad a, por ejemplo, "viviendas independientes ubicadas en un edificio de varias plantas sometido a régimen de propiedad horizontal" (art. 12.1 Asturias). En pocas ocasiones, en la misma definición, se ha especificado el tipo de suelo sobre el que pueden ubicarse (por ejemplo, suelo residencial, arts. 2.a) Cantabria y 3.1 Andalucía); y en un solo caso se ha incluido en ella —y no en la regulación de su régimen jurídico, como es habitual— la necesidad de acreditar la compatibilidad urbanística de la actividad por vía de un informe municipal (art. 47.1 de la norma valenciana).

24.   A modo de ejemplo, art. 1.2 Castilla-La Mancha o art. 1.2 Murcia.

Viviendas de uso turístico
Análisis de la situación actual y propuestas
para la mejora de su marco regulatorio

Fundación Democracia y Gobierno Local
Serie: Claves del Gobierno Local, 39
ISBN: 978-84-125912-5-5

sí tienen entidad, aquellas que contribuyen de forma efectiva a delimitar los contornos de lo que es o no una VUT —y, en consecuencia, conocer qué normativa es la aplicable a las actividades—, están, por lo general, relacionadas de forma directa con algunas de las notas definitorias mencionadas. Ha llegado el momento de analizarlas.

2.1.1. Habitualidad o cesión reiterada

El criterio de la habitualidad en el ejercicio de una actividad no es una novedad en la legislación turística. Recordemos que la Orden de 1967, sobre apartamentos, "bungalows" y otros alojamientos similares, ya lo utilizaba. La mayoría de los decretos autonómicos han recurrido a él para definir la actividad y debemos preguntarnos por qué, considerando que no es utilizado por la LAU.

La respuesta más plausible se relaciona con el elemento subjetivo (originario) del alojamiento colaborativo: los particulares que ofrecen servicios en este mercado de manera esporádica y no profesional. Respecto a ellos, las recomendaciones de las instancias europeas y de las propias autoridades nacionales de la competencia han ido siempre en la dirección de evitar imponerles cargas excesivas que puedan desincentivarles. Es posible que con la regla de la habitualidad se tratara de respetar estas directrices, que aconsejaban el uso de umbrales para distinguir las diferentes categorías de proveedores (profesionales y no profesionales) y aplicarles un régimen jurídico diferente.

Lo que constituye una actividad habitual se construye, en muchos casos, con base en presunciones ligadas a uno, dos e incluso tres criterios, cuyo cumplimiento puede exigirse, a su vez, de forma alternativa o acumulativa. Como ejemplo de establecimiento de un solo criterio puede citarse la norma de Andalucía y la de Galicia. En la primera, se presume que existe habitualidad —y finalidad turística— cuando la vivienda es comercializada o promocionada en canales de oferta turística[25], mientras que en la segunda se considera que hay cesión reiterada cuando la vivienda se cede dos o más veces dentro del período de un año[26]. Tanto en Castilla-La Mancha como en Castilla y León, se utilizan dos criterios acumulativos, pero no coincidentes. En la primera hay habitualidad "cuando se facilite alojamiento en dos o más ocasiones por anualidad, publicitándose en

---

25. Art. 3.2.
26. Art. 5.2.

Viviendas de uso turístico
Análisis de la situación actual y propuestas
para la mejora de su marco regulatorio

Fundación Democracia y Gobierno Local
Serie Claves del Gobierno Local, 39
ISBN: 978-84-125912-5-5

95

cualquier tipo de canal de comercialización propio o de tercero"[27]; y en la segunda, "cuando se facilite alojamiento en una o más ocasiones dentro del mismo año natural por tiempo que, en conjunto, exceda de un mes"[28]. El decreto vasco, que también utiliza dos criterios, no los requiere de forma acumulativa, sino alternativa, considerando que habrá habitualidad cuando "se realice publicidad o comercialización de las viviendas a través de un canal de oferta turística", o bien "se facilite alojamiento por un período de tiempo continuo igual o inferior a 31 días, dos o más veces dentro del mismo año"[29]. El caso de la Comunidad Valenciana es singular, pues utiliza una triple presunción para considerar que hay un ejercicio habitual, que será cuando el inmueble: a) se ceda para su uso turístico por empresas gestoras de viviendas turísticas, b) se ponga a disposición de los usuarios turísticos por los propietarios o titulares, con independencia de cuál sea el período de tiempo contratado y siempre que se presten servicios propios de la industria hostelera, o c) se utilicen canales de comercialización turística, incluidos internet u otros sistemas de nuevas tecnologías. La regulación de la Región de Murcia es peculiar, ya que distingue entre la presunción de habitualidad y la "habitualidad efectiva". La primera se da al hacer publicidad, por cualquier medio, de la oferta del servicio de alojamiento. Se considerará que dicha habitualidad es efectiva cuando, incluso sin previa publicidad, se constate que se ha contratado dicho alojamiento dos o más veces dentro del mismo año, o una vez al año, pero en repetidas ocasiones.

El decreto de La Rioja, al igual que los de Aragón, Cataluña y Navarra, son ejemplos de regulaciones que no utilizan la habitualidad como criterio definitorio de las viviendas de uso turístico[30].

---

27. Art. 2.d).

28. Art. 4.c). El TS, en la sentencia 1237/2019, de 24 de septiembre de 2019 (ECLI:ES: TS:2019:2853), se pronunció sobre el concepto de habitualidad del decreto de Castilla y León: "En lo que concierne a la determinación del ámbito de aplicación del régimen jurídico regulador de las viviendas de uso turístico de Castilla y León, que se condiciona, entre otros aspectos, a que la actividad de cesión del alojamiento sea 'de forma habitual', que se corresponde con que el alojamiento se facilite por el operador por tiempo que 'exceda de un mes' computado en el año natural, lo que constituye una presunción de que la vivienda está destinada a fines turísticos, consideramos que, tal como razona la sentencia impugnada, esta exigencia no resulta irrazonable, en cuanto que determina que los arrendamientos ocasionales no quedan sometidos a la citada reglamentación, al no considerarse, propiamente, como actividad turística".

29. Art. 2.4.

30. Art. 66.1 del decreto de La Rioja: "Son viviendas de uso turístico las amuebladas y equipadas en condiciones de uso inmediato, comercializadas o promocionadas con finalidad lucrativa en canales de oferta turística, que sean objeto de una cesión temporal de uso en su totalidad y no formen parte de un establecimiento de apartamentos".

96

Viviendas de uso turístico
Análisis de la situación actual y propuestas
para la mejora de su marco regulatorio

Fundación Democracia y Gobierno Local
Serie: Claves del Gobierno Local, 39
ISBN: 978-84-125912-5-5

Dada la disparidad y, sobre todo, la falta de consistencia en el contenido otorgado a la habitualidad por los decretos, su capacidad para establecer una distinción clara entre el ejercicio profesional u ocasional de las actividades es más que cuestionable[31]. Es irrelevante que un particular haya formalizado dos contratos de arrendamiento de tres días en todo un año. En determinadas circunstancias, la mera promoción de una vivienda en un *Marketplace* colaborativo puede someter al propietario a la regulación turística, aun cuando no haya formalizado ningún contrato. En este caso, la propiedad que se pretende arrendar se considerará una vivienda de uso turístico, y el propietario será considerado un sujeto que ejerce esta actividad de manera habitual, es decir, un profesional[32]. Lo mismo que cuando se considera que existe habitualidad por la publicidad en un canal de oferta junto con la presentación de la declaración responsable, como en el caso de Madrid: "La norma establece una suerte de tautología, en la que, admitida la publicidad por cualquier medio, todo depende de la presentación de la declaración responsable, que es obligatoria si la actividad es habitual, siendo que la actividad es habitual, si se presenta la declaración responsable"[33]. No podemos estar más de acuerdo.

La opción de no utilizar el criterio de la habitualidad cobra fuerza, siempre y cuando se establezca un requisito temporal claro que, como veremos en el caso de La Rioja, podría ser efectivo para el propósito mencionado.

2.1.2. Temporalidad

La mayoría de los decretos —con excepciones como Comunidad Valenciana o Madrid— han optado por definir la temporalidad a la que la LAU alude de manera más concreta. Estas regulaciones presentan, sin embargo, diferentes enfoques[34].

Algunas establecen un límite temporal "clásico" de las estancias, que puede adoptar, a su vez, varias formas. Puede ser de uno, dos o tres meses, como en el caso de Baleares y Cataluña; disponerse, como en Castilla y León

---

31. Véase el exhaustivo estudio y la interesante propuesta de reconfiguración presentados por Botello Hermoso (2020).
32. Rodríguez Font (2021).
33. Art. 2.3 del decreto. El TSJ de Madrid avaló —en la sentencia 992/2021, de 31 de julio— el contenido del requisito de la habitualidad que había sido cuestionado; sin embargo, estamos completamente de acuerdo con la cita transcrita que se ha sacado del voto particular emitido.
34. Curioso es el caso de la norma castellanomanchega que, a pesar de incluir la temporalidad en la definición de las VUT, no llega a concretar, con posterioridad, un contenido específico.

Viviendas de uso turístico
Análisis de la situación actual y propuestas
para la mejora de su marco regulatorio

Fundación Democracia y Gobierno Local
Serie Claves del Gobierno Local, 39
ISBN: 978-84-125912-5-5

97

o Andalucía, que la estancia de una misma persona por más de dos meses seguidos no se considera uso turístico (lo que implica *a contrario sensu* que la estancia en la VUT no puede superarlos); u optar por decir lo mismo, pero al revés: que el período de alojamiento continuado no puede exceder los tres meses, como hace Galicia[35].

Por otro lado, están las disposiciones que se inclinan por vincular la temporalidad de las cesiones a un límite que se imbrica, en nuestra opinión, con ciertas variables que pueden hacer bastante difusa su concreción. Así, el decreto cántabro —y, en los exactos mismos términos, el asturiano o el canario— define la cesión temporal como "toda ocupación de la vivienda por un periodo de tiempo que no implique cambio de residencia por parte de la persona usuaria". El tema está en conocer la norma aplicable que indique el momento en que dicho cambio pueda ocurrir o si la nacionalidad del turista usuario es relevante a efectos de su determinación.

Parece que el criterio de la temporalidad podría ser más exitoso que el de la habitualidad para delimitar qué alquileres han de ajustarse a la normativa turística (y, por lo tanto, a la figura de la VUT) y cuáles pueden considerarse arrendamientos de temporada regulados por la LAU. Esto es de suma importancia para los proveedores ocasionales y sus expectativas sobre las cargas y los requisitos administrativos que deben cumplir. Contar con preceptos que adopten este criterio, con redacciones simples y concisas que fijen límites temporales máximos, aumentaría la seguridad jurídica en el complejo campo del alojamiento colaborativo. La regulación de La Rioja se acerca a la idea que tratamos de transmitir: "No tendrá la consideración de vivienda de uso turístico, aun cuando cumpla con los requisitos del apartado anterior, la vivienda que se destine al alquiler durante un único período consecutivo igual o inferior a tres meses al año, independientemente de la efectiva ocupación en ese período"[36].

2.1.3. Canales de oferta turística

La promoción o comercialización de las viviendas por canales de oferta turística es un criterio multiusos. Posee autonomía en términos conceptuales,

---

35. Sobre la temporalidad de la norma gallega se pronunció el TS en la sentencia 625/2020, de 1 de junio de 2020 (ECLI:ES:TS:2020:1296), remitiéndose a lo ya dispuesto sobre la impugnación de la normativa de Castilla y León (sentencia 1237/2019, de 24 de septiembre de 2019, ECLI:ES:TS:2019:2853), para negar que pudiera considerarse una restricción ilegítima al ejercicio de la actividad, no requiriendo una específica justificación de obedecer a razones imperiosas de interés general, poniendo de relieve que "la superación de dicho límite temporal con una misma persona supondría la no aplicación de la normativa turística objeto de enjuiciamiento".

36. Art. 66.2.

Viviendas de uso turístico
Análisis de la situación actual y propuestas
para la mejora de su marco regulatorio

Fundación Democracia y Gobierno Local
Serie: Claves del Gobierno Local, 39
ISBN: 978-84-125912-5-5

pero a su vez, en algunas normas, se utiliza como referencia principal para determinar el contenido de la habitualidad, que, como sabemos, es otra de las notas definitorias de la actividad[37]. De hecho, algunas disposiciones, como la andaluza, consideran que la presencia de la vivienda en canales de oferta turística es, además, una presunción de su finalidad turística[38].

La disposición asturiana está en línea con lo que parte de la doctrina apuntó —en 2013, tras la modificación de la LAU— sobre la comercialización por estos canales como elemento determinante de la sustracción de las VUT del arrendamiento de temporada: "Se presumirá que la cesión de uso de una vivienda se encuentra sujeta a este decreto cuando su comercialización se efectúe a través de cualquier canal de comunicación con *connotaciones* de oferta turística"[39]. Lo mismo puede decirse del decreto de Castilla y León, que en su exposición de motivos lo considera el elemento definitorio de las VUT, añadiendo que "cuando el propietario comercialice su vivienda por otros medios que no sean los canales de oferta turística, o no lo haga de forma habitual, podrá ser considerado un arrendamiento de temporada y seguir sometido a la Ley de Arrendamientos Urbanos".

La normativa vasca es la que más encumbra a este requisito, puesto que de mera presunción lo eleva a certeza: "Salvo prueba en contrario, se presume que la cesión de las viviendas y habitaciones de viviendas particulares para uso turístico no se encuentra sometida a la legislación sobre arrendamientos urbanos, siendo por tanto de aplicación lo dispuesto en este decreto. No obstante lo dispuesto en el párrafo precedente, cuando medie comercialización o promoción de la cesión a través de canales de oferta turística, el alojamiento se sujetará imperativamente a lo dispuesto por este decreto"[40].

Antes de la modificación de la LAU de 2019, existía cierta duda sobre si las plataformas de alojamiento colaborativo, como Airbnb, se consideraban canales de oferta turística[41]. La reforma, al precisar "o por cualquier otro modo de comercialización o promoción", parece dejar poco margen para la interpretación, y así lo han reconocido también los tribunales[42].

---

37. Se presume que una actividad es habitual cuando se utilizan estos canales para promocionar y comercializar la vivienda.
38. Se presumirá que existe habitualidad y finalidad turística cuando la vivienda sea comercializada o promocionada en canales de oferta turística (art. 3.2).
39. Art. 1.2.
40. Arts. 2.2 y 3.
41. Bauzá Martorell (2018).
42. Véase la STSJ Islas Baleares 158/2020, de 29 de abril.

Viviendas de uso turístico
Análisis de la situación actual y propuestas
para la mejora de su marco regulatorio

Fundación Democracia y Gobierno Local
Serie: Claves del Gobierno Local, 39
ISBN: 978-84-125912-5-5

99

Algunas disposiciones realizan una exhaustiva enumeración de qué cabe entender por estos canales, como es el caso de Baleares o el País Vasco, que además estipulan que lo será "todo sistema mediante el cual las personas físicas o jurídicas, directamente o a través de terceros, comercializan, publicitan o facilitan, mediante enlace o alojamiento de contenidos, la reserva de estancias turísticas en viviendas"[43]. Bastantes son ya las que incluyen mención expresa a canales de intermediación virtuales, páginas web de promoción o alquiler, *marketplaces* o sistemas de información en línea y plataformas de comercialización; teniendo en cuenta, por lo tanto, el impacto de las nuevas tecnologías en el sector del alojamiento[44].

Sea como fuere, consideramos que la tesis de que la promoción o comercialización de viviendas a través de plataformas digitales respalda automáticamente la existencia de una finalidad turística, o que cualquier cesión de uso de una vivienda pueda ser clasificada como una VUT, carece de fundamentos sólidos. No logramos comprender de qué manera la promoción a través de una plataforma en línea de un arrendamiento temporal es suficiente para considerar la cesión, en todos los aspectos y a todos los efectos, como una actividad turística, debiendo aplicar el decreto correspondiente en lugar de la LAU, y considerar al oferente como un profesional que ejerce la actividad de manera habitual y no ocasional.

2.1.4. Cesión completa o por habitaciones

A pesar de que la definición preliminar de las VUT ofrecida por la LAU solo contempla la cesión completa de la vivienda, las disposiciones autonómicas están bastante repartidas entre las que, siguiendo esta línea, no prevén o prohíben el alquiler de habitaciones (por ejemplo, Castilla-La Mancha, La

---

43. Prácticamente idénticos son los preceptos de la norma balear y la vasca: constituyen canales de oferta turística "las personas físicas o jurídicas que, con carácter exclusivo o no, comercialicen o promocionen la reserva o cesión de viviendas y habitaciones de viviendas particulares para uso turístico, incluyendo las siguientes: a) Agencias de viajes. b) Centrales de reserva. c) Otras empresas de mediación y organización de servicios turísticos, incluidos los canales de intermediación a través de internet u otras nuevas tecnologías de información y comunicación, que faciliten su contratación o reserva, o permitan el enlace o inserción de contenidos por medios telemáticos. d) Agencias o empresas intermediarias del mercado inmobiliario. e) Empresas que inserten publicidad de viviendas para uso turístico en medios de comunicación social, cualquiera que sea su tipología o soporte" (arts. 2.3 del decreto vasco y 3 del balear).

44. Arts. 2.c) del decreto cántabro, 3 del decreto asturiano, y preámbulo del decreto de Castilla y León. De Asturias llama la atención la cláusula de cierre de su enumeración, por cuanto alude, de nuevo, a unas supuestas "connotaciones turísticas": "y cualquier canal que permita la posibilidad de reserva de alojamiento o realice publicidad por cualquier medio o soporte de oferta de alojamiento con *connotaciones* turísticas".

Viviendas de uso turístico
Análisis de la situación actual y propuestas
para la mejora de su marco regulatorio

Fundación Democracia y Gobierno Local
Serie: Claves del Gobierno Local, 39
ISBN: 978-84-125912-5-5

Rioja[45], Aragón, Comunidad Valenciana, Madrid, Navarra o Galicia), y las que lo permiten (País Vasco, Murcia, Canarias, Cantabria, Castilla y León, Asturias o Andalucía). En un punto intermedio, por distintos motivos, se encuentran Cataluña y Baleares.

La cesión por habitaciones puede formar parte de la propia definición de las VUT, como sucede en Asturias[46]; describirse de forma separada de ellas como en el País Vasco[47], o ir más allá como en el decreto catalán, que establece una distinción entre las VUT y la figura de las *llars compartides* (hogares compartidos)[48]: alojamientos turísticos que consisten en la vivienda principal y efectiva residencia del titular, la cual se comparte como servicio de alojamiento con terceros a cambio de una contraprestación económica y para una estancia de temporada, debiendo residir en ella mientras dura[49]. Una y otra se consideran modalidades alojativas independientes, puesto que los hogares compartidos no se consideran un tipo de VUT (que solo pueden cederse en su totalidad) y ni siquiera se regulan bajo el mismo título, siendo estos los que la norma asocia, abiertamente, con el desarrollo de la economía colaborativa en Cataluña[50].

En principio, la comercialización turística de la totalidad de una vivienda residencial en Baleares es incompatible con la formalización de contratos por habitaciones, además de con la coincidencia, en la misma vivienda, de personas usuarias que hayan formalizado contratos diferentes[51]. Sin embargo, cuando la comercialización se lleva a cabo por personas físicas exclusivamente en una vivienda de su propiedad —su vivienda principal—, y por un plazo máximo de 60 días al año, se permite el alquiler de estancias o, en palabras de la ley, "la convivencia de las personas residentes en la vivienda con las personas usuarias, siempre que este hecho se indique claramente

---

45. La norma dispone que la cesión por habitaciones se someterá, en su caso, al régimen aplicable a las pensiones; por lo tanto, quedaría desvinculado de las VUT.

46. Otra opción es la seguida por el decreto cántabro, que no las menciona, de entrada, en la definición, pero sí en su régimen jurídico.

47. Por un lado, se definen las VUT (que solo pueden ser cedidas en su totalidad), y por otro la modalidad denominada "alojamiento en habitación de vivienda particular para uso turístico": la que "se ofrezca, comercialice o ceda por habitaciones, de forma temporal, por motivos turísticos, de modo reiterado o habitual, a cambio de contraprestación económica, en condiciones de inmediata disponibilidad" (art. 1).

48. La STSJ Cataluña 2275/2020, de 14 de junio de 2022 (ECLI:ES:TSJCAT:2022:4541), estimó el recurso interpuesto por la *Associació Veïns i Amfitrions de Barcelona*, y anuló el art. 241 del decreto que regula los hogares compartidos, por incumplimiento de los trámites formales de información pública omitidos en la elaboración de la norma. Actualmente se encuentra pendiente la resolución del recurso presentado por el Gobierno de la Generalitat.

49. Art. 241-1.

50. Véase el preámbulo del decreto de Cataluña.

51. Arts. 49 y 50.15 ley balear.

Viviendas de uso turístico
Análisis de la situación actual y propuestas
para la mejora de su marco regulatorio

Fundación Democracia y Gobierno Local
Serie Claves del Gobierno Local, 39
ISBN: 978-84-125912-5-5

101

en toda la publicidad y el número total de personas no supere el número de plazas de la cédula de habitabilidad o título de habitabilidad análogo de la vivienda"[52].

En la práctica totalidad de los casos, el alquiler turístico de habitaciones está condicionado a que el propietario de la vivienda resida en ella durante la estancia y acredite el empadronamiento en el inmueble[53]. La excepción a esta regla general es el decreto asturiano, que permite el alquiler de habitaciones sin que lo primero sea necesario[54].

Es importante tener en cuenta lo manifestado por el Tribunal Supremo a propósito de la inicial prohibición de alquiler por estancias del decreto canario. Reflexionó sobre el hecho de que la exclusión del alquiler de VUT por estancias no derivaba del artículo 5.e) de la LAU. Esta define el arrendamiento de vivienda como el que recae sobre una edificación habitable con la finalidad de satisfacer la necesidad permanente de vivienda del arrendatario. "Ese concepto de habitabilidad no puede predicarse del arrendamiento de vivienda cuyo objeto se ciñe a una dependencia o habitación, por lo que la jurisprudencia del orden civil ha declarado, reiteradamente, que al alquiler de habitación de una vivienda no le es aplicable la legislación especial arrendaticia". Es decir, la exclusión de la aplicación de la LAU dispuesta en su artículo 5.e) se refiere únicamente al alquiler de la vivienda completa, porque el arrendamiento por estancias no está contemplado en la misma, luego ni lo prohíbe ni lo permite. Sencillamente la LAU no se aplica al alquiler por estancias, que se sujeta a lo pactado y, supletoriamente, a lo dispuesto en el Código Civil[55].

La prohibición del alquiler parcial de la vivienda contenida en algunos decretos ha sido objeto de impugnación, y se han dictado resoluciones interesantes y, en apariencia, opuestas[56]. En la última de ellas, el Tribunal Supremo, a propósito del recurso contra el decreto gallego, dictaminó que la cesión por habitaciones no se prohibía de forma general, sino que tan solo se excluía de la normativa sectorial de ordenación del turismo, y validó la opción adoptada[57]. No corrieron la misma suerte los decretos cana-

---

52. Art. 50.20.
53. Algunas disposiciones concretan otros requisitos, la mayoría elementales, como que el inmueble disponga de cédula de habitabilidad o el derecho de uso del baño.
54. Art. 12.
55. Véanse las sentencias del TS 26/2019, de 15 de enero (ECLI:ES:TS:2019:256), y 26/2019, de 15 de enero (ECLI:ES:TS:2019:257), sobre la anulación del precepto del decreto de Canarias que prohibía el alquiler por estancias.
56. STS 1237/2019, de 24 de septiembre (ECLI:ES:TS:2019:2853).
57. En la sentencia 1401/2019, de 21 de octubre (ECLI:ES:TS:2019:3261), estimando parcialmente el recurso del Estado y de la CNMC, el TS anuló los preceptos del decreto gallego que

102 Viviendas de uso turístico
Análisis de la situación actual y propuestas
para la mejora de su marco regulatorio

Fundación Democracia y Gobierno Local
Serie: Claves del Gobierno Local, 39
ISBN: 978-84-125912-5-5

rio y castellanoleonés, cuyos preceptos prohibiendo el alquiler de estancias fueron anulados. La clave en el caso de Galicia estuvo en la existencia de una disposición de rango legal que sirviera de fundamento. En Galicia la había, su propia Ley de turismo, puesto que el Tribunal dictaminó que la LAU no constituía, por lo expuesto, un respaldo adecuado. El argumento en el que sostuvo la anulación de los preceptos impugnados de los decretos de Canarias y Castilla y León[58] fue, aparte de lo ya mencionado, la falta de proporcionalidad y necesidad de la medida, a efectos de protección de los consumidores, pues consideró que no había razón para exigir, a un cliente que solo quería alquilar una habitación, asumir el coste del arrendamiento de toda la vivienda.

2.1.5. Equipamiento y otros requisitos

Con la advertencia de que no se trata de un *numerus clausus* (y de que atienden a necesidades distintas), se presentan algunos de los requisitos más comunes que deben cumplirse para la explotación de una vivienda de uso turístico. Entre ellos se encuentran: a) identificación de la VUT mediante una placa distintiva en el exterior de la vivienda, siempre que los estatutos de la comunidad no lo impidan; b) hojas de reclamaciones, teléfono, registro de viajeros; c) suministro de agua, energía y red WIFI; d) capacidad máxima y número de baños proporcional, con concretas dimensiones de las estancias en algunos casos; e) ventilación y climatización que, en algunas comunidades autónomas con clima extremo, se concretan con detalle[59]; f) seguro de

---

prohibían el alquiler por estancias. No obstante, la Agencia de Turismo de Galicia planteó incidente de nulidad contra la misma, por entender que no había tenido en consideración la Ley 7/2011, de 27 de octubre, de Turismo de Galicia, lo que fue estimado por la Sala por Auto de 19 de diciembre de 2019. Anulada la sentencia 1401/2019, el TS dictó la sentencia 625/2020, de 1 de junio (ECLI:ES:TS:2020:1296). Esta sentencia es interesante, en cuanto llega a conclusiones opuestas (pero justificadas) a las que el propio TS llegó en el caso de la prohibición de alquiler de habitaciones en la normativa canaria. Así, en el caso de Galicia, se entiende que los fines de protección de los usuarios, y la garantía y la sostenibilidad de una actividad turística de calidad, "pueden considerarse una justificación de interés general que ampare determinadas restricciones contenidas en la ordenación del turismo efectuada por esa ley. Y entre ellas, la de que la oferta de viviendas turísticas y de uso turístico hayan de alquilarse en su totalidad, habida cuenta de que la posibilidad de alquilar habitaciones solas existe en la ordenación de Galicia tanto en las modalidades tradicionales de alojamiento (hoteles, pensiones y similares) como –lo que es más relevante en la perspectiva desde la que se realiza este examen– en alquileres particulares fuera de la normativa turística" (FJ 4).

58. Originariamente el decreto de Castilla y León contenía la prohibición de cesión por estancias. El TS, en su sentencia 1237/2019, de 24 de septiembre (ECLI:ES:TS:2019:2853), anuló ese precepto.

59. El TS declaró que lo dispuesto en el decreto andaluz sobre la obligación de contar con instalaciones fijas de refrigeración y calefacción según los periodos de funcionamiento de la actividad, sin distinguir las distintas zonas geográficas y climáticas existentes en la Comunidad

Viviendas de uso turístico
Análisis de la situación actual y propuestas
para la mejora de su marco regulatorio

Fundación Democracia y Gobierno Local
Serie Claves del Gobierno Local. 39
ISBN: 978-84-125912-5-5

103

responsabilidad civil[60]; g) menaje del hogar, que incluye electrodomésticos e instalaciones, textiles, sistemas de iluminación y, en algunos casos, instrucciones de uso; etc. La concreción de todos estos requisitos varía[61], desde luego, en cada decreto[62].

La norma castellanoleonesa es particularmente llamativa, puesto que si bien llega a exigir aspectos tales como un sistema antideslizante en la bañera o ducha, un microondas en la cocina o una cuna cuando sea requerida por el turista[63], en su preámbulo esgrime una interesante reflexión que entra en aparente contradicción con dicho nivel de detalle: "De acuerdo con las características de este tipo de establecimientos de alojamiento turísticos la exigencia de requisitos técnicos es mínima y básica. En ese sentido no se establecen categorías que sirvan de referencia para informarse sobre la calidad de los establecimien-

---

Autónoma, ni prever ningún mecanismo de exoneración, era una exigencia desproporcionada —sentencias 1400/2019, de 21 de octubre (ECLI:ES:TS:2019:3258), y 148/2020, de 6 de febrero (ECLI:ES:TS:2020:354)—.

60.   El seguro de responsabilidad civil se exige sin perjuicio de otros que voluntariamente puedan los sujetos contratar, por ejemplo, los que ofrecen las plataformas digitales donde se comercializan las viviendas, como sucede en Airbnb. Se exige y se considera un requisito muy importante en la práctica totalidad de comunidades autónomas, aunque en algunas, como La Rioja, se ha eliminado, por entender que entra dentro, precisamente, de la órbita de las relaciones privadas contractuales

61.   Una legislación bastante detallada sería, por ejemplo, la de Castilla-La Mancha, que prevé que los dormitorios y el salón dispongan de calefacción y aire acondicionado, o que la vivienda tenga conexión a internet —art. 16.1 e) y k)—. La canaria podría considerarse, en concretos aspectos, excesiva, con previsiones que alcanzan al material de las perchas (no deformable y estilo homogéneo), la iluminación para la lectura junto a cada cama o el protector de colchón —art. 10.2 a), c) y e)—. Cantabria parece la única comunidad autónoma que no entra a detallar los requisitos técnicos, lo cual parece una excelente opción: "l) Prestar el servicio de alojamiento con los muebles y enseres necesarios para su uso inmediato. m) Ofrecer la vivienda en perfectas condiciones de limpieza, higiene y preparación en el momento de ser ocupada por los usuarios, debiendo efectuarse una limpieza general de la vivienda y cambio de lencería siempre que se produzca una nueva estancia. Los desperfectos y averías que se produzcan durante la estancia se repararán de manera inmediata" —art. 6.m)—.

62.   Con base en la legitimación que le otorga el art. 5.4 de la Ley 3/2013, de 4 de junio, de creación, la CNMC se ha mantenido activa en la impugnación de concretos requisitos introducidos por las disposiciones turísticas autonómicas de carácter reglamentario. Tuve la oportunidad de hacer un estudio sobre ello en Rodríguez Font (2017).

63.   Los arts. 7 a 12 del decreto castellanoleonés, dedicados a los requisitos de las VUT, fueron objeto de impugnación. El TS, en su sentencia 1237/2019, de 24 de septiembre (ECLI:ES:TS:2019:2853), compartió el criterio del tribunal de instancia al considerar que la imposición de condiciones como esas (por ejemplo, la cuna) estaba justificada "en la medida que trata de garantizar una determinada calidad del producto turístico en defensa y protección de los derechos de los consumidores". Se reconoció que en materia de equipamiento el decreto era detallado y minucioso, pero que se trataba de "un equipamiento que habitualmente se encuentra en una vivienda, y que está asociado al producto que se ofrece", no siendo obstáculo al ejercicio de la actividad. Con anterioridad tampoco había prosperado la impugnación del equipamiento mínimo del decreto canario, pero el TSJ, confirmado por la sentencia en casación del TS, admitió que, aunque "puntilloso", no suponía una barrera al libre ejercicio de la actividad. Véase la sentencia 41/2017, de 21 de marzo (ECLI:ES:TSJICAN:2017:1481).

Viviendas de uso turístico
Análisis de la situación actual y propuestas
para la mejora de su marco regulatorio

Fundación Democracia y Gobierno Local
Serie: Claves del Gobierno Local, 39
ISBN: 978-84-125912-5-5

tos ya que el turista tiene información suficiente a través de medios tecnológicos para conocer las características de las viviendas de uso turístico"[64]. Siguiendo esta idea, como se ha podido destacar en investigaciones anteriores, y tomando en consideración los mecanismos de reputación presentes en las plataformas de alojamiento colaborativo (y la reducción de la información asimétrica que conllevan), sería factible sustituir varios de los requisitos o condiciones de calidad, que las normativas turísticas pormenorizan en exceso, por una simple referencia a la información que los prestadores de servicios deben comunicar a los usuarios antes de confirmar una reserva.

Por último, es relevante señalar que algunas disposiciones contemplan la posibilidad de eximir del cumplimiento de ciertos requisitos. Resulta interesante, en este sentido, la reflexión realizada en el preámbulo de la ley balear sobre las situaciones "absurdas y sin sentido" a las que puede conducir la rigidez normativa en casos particulares. Incluso algunas normas procedimentalizan la dispensa, como ocurre en el caso castellanoleonés[65]. Valoramos de manera positiva cualquier mecanismo que garantice el ejercicio de los derechos de los interesados, sobre todo si contribuye a limitar la discrecionalidad administrativa en cualquier ámbito. La dispensa puede comprender más de un requisito de la regulación, siempre y cuando se justifiquen las circunstancias que motivan su solicitud. En todo caso, para ser beneficiario de ella, es necesario ofrecer una "compensación" en forma de instalaciones, servicios y mejoras incorporadas por el sujeto. El procedimiento se sustancia ante el órgano competente en materia de turismo (a menudo, una entidad periférica), puede aplicar el silencio administrativo positivo y debe, en todo caso, ser tramitado con anterioridad a la presentación de la DR turística para el inicio de la actividad.

2.2. Regulación del alojamiento colaborativo a través de las VUT

En apartados anteriores hemos visto cómo la LAU o los decretos autonómicos han —directa o indirectamente— identificado las VUT y su regulación como la respuesta jurídica a la expansión de la economía colaborativa. Tras una breve aproximación a este fenómeno, hemos tenido la

---

64. Algunas disposiciones autonómicas clasifican las VUT en función de la calidad, como sucede con otros alojamientos turísticos. En la Comunidad Valenciana, por ejemplo, las viviendas de uso turístico se clasificarán en las categorías superior y estándar, y la determinación de la categoría se condiciona al cumplimiento de las exigencias establecidas en el anexo III del decreto (art. 49).

65. Véanse los arts. 13 y 14 del decreto de Castilla y León. También se prevén dispensas y factores compensatorios en otras normas, como el decreto de la Comunidad Valenciana (art. 28) o el de Madrid, aunque no entre en el detalle de un procedimiento (art. 7).

Viviendas de uso turístico
Análisis de la situación actual y propuestas
para la mejora de su marco regulatorio

Fundación Democracia y Gobierno Local
Serie Claves del Gobierno Local, 39
ISBN: 978-84-125912-5-5

105

oportunidad de adentrarnos en el concepto de vivienda de uso turístico y sus notas definitorias. Llegado este punto hay una pregunta que no podemos ignorar: ¿son las VUT, hoy en día, una figura válida para regular el alojamiento colaborativo? No queremos desviar nuestra atención del análisis de la regulación vigente, que es el objeto del trabajo, pero consideramos que merecen, por lo menos, ser expuestas de forma sucinta algunas ideas que generan dudas.

Aunque el control de las actividades de los operadores profesionales es importante, el verdadero desafío para el regulador y las Administraciones públicas sigue siendo garantizar, según los parámetros de interés público, la presencia en el mercado del alojamiento colaborativo de los llamados ciudadanos productores, que están en su origen. En ello —y en ellos— ponen el acento, como se ha apuntado, algunas autoridades y organismos, y, desde nuestro punto de vista, es su existencia la que justifica la necesidad de contar con regulaciones flexibles. Sin embargo, todo parece indicar que la tendencia es a endurecer las normas, por las problemáticas reales y concretas que tienen que afrontarse (escasez de vivienda, gentrificación, etc.), respecto a las que no hay evidencia de en qué medida las actividades de estos sujetos las agravan.

El principal obstáculo del marco regulador reside en la falta de parámetros claros que permitan distinguir entre el ejercicio profesional de la actividad turística por parte de empresas u operadores turísticos y el ejercicio ocasional. Esto es necesario para determinar a qué requisitos de acceso al mercado deben ser sometidos los oferentes esporádicos, a través de la regulación administrativa, en caso de ser aplicable. La Comisión Europea ha identificado una serie de factores o umbrales para este propósito, siendo los temporales los más utilizados por las autoridades de los Estados miembros, aunque también existen los económicos y los relacionados con el tipo de propiedad.

No puede concluirse que, en general, las notas que definen el concepto de VUT establezcan umbrales adecuados y efectivos para distinguir las categorías de proveedores que pueden operar en el alojamiento colaborativo. Por lo tanto, es difícil considerar que solo a través de las VUT se pueda regular completamente este fenómeno. Si bien parece útil para ordenar el ejercicio profesional de la actividad, en muchos casos no lo es para el que no tiene este carácter[66].

---

66. Sirva de ejemplo paradigmático el decreto de Madrid cuando expresamente prevé que la prestación del servicio de alojamiento en viviendas de uso turístico se ejercerá de forma profesional (art. 3.2).

106

Viviendas de uso turístico
Análisis de la situación actual y propuestas
para la mejora de su marco regulatorio

Fundación Democracia y Gobierno Local
Serie: Claves del Gobierno Local. 39
ISBN: 978-84-125912-5-5

Ello es así, sobre todo, por el contenido que algunas disposiciones dan a la nota de la habitualidad, que acaba convirtiendo a cualquier operador en un prestador habitual y, por lo tanto, profesional y sujeto a la regulación turística. Y por la elección de los canales de comercialización de la oferta —estrictamente turísticos o no, como en el caso de las plataformas digitales— como criterio para, a su vez, presumir dicha habitualidad, la propia finalidad turística de una actividad y, en definitiva, someter a intervención administrativa todas las cesiones de vivienda. Algunas normas generan dudas y resulta complicado determinar qué régimen se aplica a los particulares que prestan servicios de manera ocasional: si se aplica la normativa turística (como parece ser la intención, en muchos casos, de los reguladores autonómicos) o si, por el contrario, quedan excluidos de esta y su actividad continúa sujeta a la legislación civil. En nuestra opinión esto afecta al principio de seguridad jurídica garantizado constitucionalmente.

Hay excepciones, sin duda. Algunas de las más significativas, las de La Rioja y Baleares. La primera capta lo que abarca la economía colaborativa, no solo porque manifiesta de forma explícita que la gestión de las VUT puede realizarse tanto por personas físicas que no se dediquen de manera profesional o habitual a esta actividad como por empresas gestoras, sino también porque a través de dos umbrales de diferente naturaleza, uno temporal y otro relacionado con el tipo de vivienda, deja claro en qué posición se encuentra el proveedor no profesional, ya sea porque no ejerce la actividad de manera habitual o porque lo que comercializa es su propia residencia. Así, ya en el preámbulo del decreto se expresa que quedan fuera de su ámbito de aplicación las viviendas que sean el domicilio habitual del cedente y las que se destinen al alquiler un máximo de 3 meses al año.

La norma balear también comprende el alcance del alojamiento colaborativo al permitir la alternancia entre el uso turístico y residencial de una vivienda[67]. Establece una regulación para el alquiler de vivienda principal, cuando personas físicas deseen comercializar su residencia (independientemente de si es unifamiliar o plurifamiliar) por un período máximo de 60 días al año, entera o por habitaciones, quedando facultadas para el ejercicio de la actividad por 5 años con posibilidad de prórroga.

Estas dos normas son un ejemplo de que un sistema de umbrales combinados es efectivo en orden a la delimitación de la actividad de los prestadores ocasionales: uno de tipo temporal (por ejemplo, dos o tres meses

---

67.   De acuerdo con el art. 49.

Viviendas de uso turístico
Análisis de la situación actual y propuestas
para la mejora de su marco regulatorio

Fundación Democracia y Gobierno Local
Serie: Claves del Gobierno Local, 39
ISBN: 978-84-125912-5-5

107

como máximo de cesión anual podría ser razonable) combinado con otro relacionado con el número máximo de unidades de vivienda ofrecidas por el titular (por ejemplo, una, que podría ser su residencia habitual o una segunda residencia). O bien uno de este tipo juntamente con otro de carácter económico[68].

3. Régimen de ejercicio de la actividad de VUT

3.1. Declaración responsable (DR) como título habilitante

Como mencionamos anteriormente, la regulación de la actividad turística, considerada como una actividad de servicios, se vio afectada por la Directiva 2006/123/CE y el principio de eliminación de cargas y barreras de entrada no justificadas en la protección de razones imperiosas de interés general, especialmente en lo que respecta a los regímenes de autorización. En términos generales, el acceso para ejercer la mayoría de las actividades y la prestación de servicios turísticos implica la presentación de una declaración responsable o comunicación. Es importante recordar que la Ley de procedimiento administrativo[69] califica a ambas figuras de documentos que permiten, desde el día de su presentación, el ejercicio de un derecho o actividad de manera indefinida, y que el particular no está solicitando nada a la Administración, sino simplemente informando o notificando sobre su ejercicio. Ni una ni otra inician un procedimiento, al menos no uno dirigido a obtener un título habilitante.

Tanto la declaración responsable (en adelante, DR) como la comunicación están presentes en la regulación del régimen de funcionamiento de las VUT[70].

Según el artículo 69 LPACAP, en la DR el particular tiene una cuádruple obligación: 1) declarar el cumplimiento de los requisitos exigidos en la normativa vigente; 2) aseverar que dispone de la documentación que acredita ese cumplimiento; 3) ponerla a disposición de la Administración cuando le sea requerida, y 4) expresar el compromiso de mantener el cumplimiento de los requisitos en el futuro, durante el período de tiempo inherente a dicho reconocimiento o ejercicio. Todas las disposiciones estudiadas, con la excepción de La Rioja y Cataluña,

---

68. Esta es una propuesta que se ha hecho ya en otros trabajos y que se inspira en las interesantísimas aportaciones que realizó el Área de Mejora de la Regulación de la Dirección General de Coordinación Interdepartamental de la Generalitat de Cataluña (en orden a diferenciar el ejercicio de actividades a título profesional y ocasional) en el seno de la Comisión Interdepartamental de la Economía Colaborativa de la que forma parte. Véase Rodríguez Font (2018).

69. Ley 39/2015, de 1 de octubre, del Procedimiento Administrativo Común de las Administraciones Públicas. En adelante, LPACAP.

70. Entre otros, Rodríguez González (2019).

Viviendas de uso turístico
Análisis de la situación actual y propuestas
para la mejora de su marco regulatorio

Fundación Democracia y Gobierno Local
Serie: Claves del Gobierno Local, 39
ISBN: 978-84-125912-5-5

utilizan la DR ante la autoridad autonómica competente en materia de turismo, como técnica habilitante del ejercicio de la actividad de VUT.

En la comunicación, por su parte, los interesados ponen en conocimiento de la Administración sus datos identificativos y cualquier otro dato relevante para el inicio de una actividad o el ejercicio de un derecho. Siendo así, en gran parte de los decretos de turismo, la obligación de informar de, por ejemplo, un cambio de titularidad de la actividad de VUT, se vehicula a través de esta técnica.

La coexistencia de ambas figuras en un mismo contexto no contradice lo dispuesto en el artículo 69.6 LPACAP, esto es, la prohibición de exigir acumulativamente una DR y una comunicación para iniciar una misma actividad u obtener el reconocimiento de un mismo derecho o facultad para su ejercicio, porque una y otra sirven a unas finalidades distintas.

El decreto de La Rioja es el único que opta por la "comunicación de inicio de actividad" como técnica habilitante, que se presentará ante al órgano turístico competente y facultará al titular a ejercer la actividad por tiempo indefinido[71]. La ausencia de elementos distintivos claros, en la normativa básica, sobre cuándo procede someter una actividad a comunicación o DR, impide valorar de forma negativa el desmarque de la norma riojana respecto al resto de comunidades. Ambas figuras comparten no solo la eficacia inmediata, sino también el mismo régimen jurídico[72].

La opción de la normativa catalana es de mayor calado. El decreto de 2020 ha prescindido de la declaración responsable de cumplimiento de la normativa sectorial turística, que estaba prevista en la regulación anterior, por considerar que las normas turísticas no pueden sujetar los alojamientos a ningún régimen de habilitación. Por lo tanto, se ha eliminado la intervención de la Administración de la Generalitat en el trámite de inicio de actividades, reconociendo la centralidad y el protagonismo municipal que, ahora sí, exige que se presente una comunicación previa ante el ayuntamiento.

3.2. Momentos procedimentales

Afirmábamos, hace un instante, que la presentación de una DR, por definición, no lleva aparejada la incoación de un procedimiento en sentido es-

---

71. Art. 9.
72. En la sentencia 1312/2022, de 17 de octubre (ECLI:ES:TS:2022:3742), el TS —a propósito de una orden de cese de una VUT en Barcelona— aborda aspectos cruciales del régimen jurídico de estas dos técnicas. He tenido la oportunidad de analizar esta resolución en Rodríguez Font (2023).

Viviendas de uso turístico
Análisis de la situación actual y propuestas
para la mejora de su marco regulatorio

Fundación Democracia y Gobierno Local
Serie Claves del Gobierno Local, 39
ISBN: 978-84-125912-5-5

109

tricto, como sí hace una solicitud de licencia o autorización administrativa. Aun así, y a efectos sobre todo de didáctica expositiva, son identificables tres "momentos procedimentales": el anterior a la presentación de la declaración responsable, el momento de la presentación y el momento posterior.

3.2.1. Momento anterior a la presentación de la DR turística: el control a cargo del titular de la actividad

3.2.1.1. Documentación administrativa: títulos habilitantes sectoriales, informes, certificados

Podemos decir que existe, con carácter previo a la presentación de la DR, la necesidad de cumplimiento —y, sobre todo, de acreditación— de una serie de requisitos que hacen imprescindible que el interesado o declarante se relacione e interactúe de forma satisfactoria con la Administración pública, ya sea la autonómica o la municipal.

La mayoría de los decretos prevén indicaciones análogas que exigen que las VUT cumplan con los requisitos establecidos por la normativa en materia de urbanismo, construcción y edificación, seguridad, prevención de incendios, protección civil, accesibilidad y supresión de barreras físicas y sensoriales, medio ambiente, sanidad y consumo, higiene y salud laboral, prevención de riesgos laborales, y cualquier otra que les pueda ser aplicable[73]. Además de satisfacer estos requisitos, el interesado debe contar con toda una serie de documentos que respalden y acrediten su cumplimiento. Así, deberá acompañar la declaración responsable de ciertos informes (p. ej., urbanísticos), acreditaciones de sumisión a instrumentos de protección (p. ej., ambiental, en materia de incendios), justificaciones de pagos (p. ej., de tasas o seguros de responsabilidad civil) y otros títulos habilitantes (licencias, declaraciones o comunicaciones). Junto con el modelo de DR, conforman la documentación administrativa obligatoria que se debe poseer y poner a disposición del órgano competente cuando sea solicitada. La necesidad de disponer de ella demuestra que la eficacia inmediata de la DR requiere de una adecuada contextualización.

Como ejemplo concreto de trámites que el interesado debe llevar a cabo con la propia Administración turística, antes de presentar la decla-

---

73. Entre otros muchos, art. 17.1 de la ley navarra, art. 11 del decreto vasco, art. 4 del decreto de Castilla-La Mancha, o disposición adicional de la norma castellanoleonesa.

Viviendas de uso turístico
Análisis de la situación actual y propuestas
para la mejora de su marco regulatorio

Fundación Democracia y Gobierno Local
Serie: Claves del Gobierno Local, 39
ISBN: 978-84-125912-5-5

ración responsable, pueden mencionarse los certificados de exención del cumplimiento de requisitos de las VUT, que se encuentran contemplados en varios decretos y que derivan de un procedimiento formal de dispensa que ha de sustanciarse con carácter previo[74].

La relación del interesado con la Administración municipal es, por otro lado, imprescindible para la necesaria obtención de títulos habilitantes o informes que orbitan en torno a tres áreas principales: construcción, medioambiente y urbanismo. De este modo: 1) debe confirmar la compatibilidad de la vivienda con la normativa municipal sobre edificación, mediante la obtención de la cédula de habitabilidad[75], licencia de primera ocupación u autorización o certificación municipal equivalente que acredite el cumplimiento de las condiciones técnicas y de calidad exigidas para dichas viviendas[76]; 2) debe justificar que la actividad cumple con los requisitos medioambientales, presentando una comunicación ambiental[77], o documento equivalente, si es el caso; y 3) ha de demostrar la conformidad de la actividad de alojamiento turístico con el uso urbanístico establecido por la normativa local y las condiciones específicas que le sean aplicables, bien mediante la obtención de licencias, DR o comunicaciones previas, bien a través de la presentación de los correspondientes informes.

---

74. El decreto de Castilla y León establece, como hemos dicho, la posibilidad de dispensar del cumplimiento de alguno o algunos de los requisitos establecidos en los arts. 7 a 12 en la modalidad de VUT. El art. 7.1 (por lo tanto, plenamente incluido) regula la necesidad de que, antes de presentar la declaración responsable turística, se cuente con ciertas habilitaciones municipales previas: la "licencia de primera ocupación, cédula de habitabilidad o autorización municipal correspondiente". La dispensa podría abarcar entonces, al menos formalmente, también este conjunto de requisitos de naturaleza habilitante, y no solo los de carácter técnico relativos a las estancias y los equipamientos.

75. En la STS 625/2020, de 1 junio (ECLI:ES:TS:2020:1296), el TS se pronunció sobre la exigencia en la normativa autonómica de Galicia de una licencia de primera ocupación o cédula de habitabilidad o certificado final de obra, certificado municipal por el que se acredite que la edificación reúne las condiciones técnicas y urbanísticas para su destino a vivienda o informe del órgano municipal o autonómico competente, acreditativo de que no se adoptaron medidas de restauración de la legalidad urbanística o ambiental. El Tribunal negó que esta exigencia fuera desproporcionada: "Debe desecharse también esta alegación, pues no parece que la acreditación de la legalidad urbanística de la vivienda sea una exigencia ajena al ejercicio de una actividad económica consistente en la explotación comercial de dicha vivienda [...] atendiendo a que la finalidad consiste en asegurar que la vivienda está en condiciones de ser dedicada a su uso como alojamiento turístico. lo que constituye una exigencia razonable y no desproporcionada".

76. Véase, por ejemplo, el art. 7.1 del decreto de Castilla y León, o el art. 6 del decreto de Andalucía.

77. Véase la STSJ de la Comunidad Valenciana núm. 760/2018, de 30 noviembre (ECLI:ES: TSJCV:2018:6002). En este caso, el Ayuntamiento de Valencia decretó el cese de la actividad de varias VUT por no haber presentado el instrumento de protección ambiental correspondiente, esto es, una comunicación ambiental. El TSJ da la razón al consistorio al entender que, puesto que la actividad de VUT incide en el medio ambiente en el sentido expuesto por la Ley de 5 de mayo, de prevención de contaminación y calidad ambiental, era preceptiva la presentación de dicha comunicación.

Viviendas de uso turístico
Análisis de la situación actual y propuestas
para la mejora de su marco regulatorio

Fundación Democracia y Gobierno Local
Serie Claves del Gobierno Local, 39
ISBN: 978-84-125912-5-5

111

En síntesis, la actividad objeto de estudio debe desarrollarse con sujeción a la normativa sectorial que le es de aplicación, siendo la urbanística la más relevante y en la que nos detendremos.

Los decretos turísticos, en algunas ocasiones, lo único que hacen es prescribir la necesidad de demostrar que el destino de la VUT no está prohibido por la ordenación urbanística de la zona donde se encuentre[78], sin concretar por medio de qué instrumento. En otras, requieren la previa obtención de un informe urbanístico, certificado acreditativo, declaración responsable[79] o licencia, que debe ponerse a disposición de la Administración turística en cuanto la solicite[80]. Adopte la forma que adopte, lo trascendente a efectos del régimen de funcionamiento de las VUT es comprender que la Administración municipal, a través del ejercicio de sus competencias de planeamiento urbanístico, puede legítimamente establecer límites o requisitos al ejercicio de la actividad[81], como han confirmado los órganos jurisdiccionales a nivel nacional y europeo.

Así lo manifestó el TJUE en su relevante sentencia de 22 de septiembre de 2020[82], en la que avaló el régimen de autorización previa municipal al que el Código Francés de la Construcción y de la Vivienda sometía el ejercicio de la actividad de alquiler turístico de corta duración. En determinados ámbitos geográficos y tipos de morada, la garantía de una oferta suficiente de viviendas destinadas al arrendamiento a largo plazo (a precios asequibles) con el objetivo de dar respuesta al deterioro de las condiciones de acceso a la vivienda y al aumento de las tensiones en los mercados inmobiliarios, se reconoció como una legítima y proporcionada razón imperiosa de interés general para ello. El tribunal llegó a la importante conclusión de que un sistema de declaración acompañado de sanciones no podía alcanzar el objetivo de luchar contra la escasez de viviendas, porque tal control *a posteriori* se produciría tarde para ser eficaz. Ahora bien, excluyó de su aplicación a las viviendas residencia principal de los propietarios. Como apunte relevante, la Gran Sala consideró que estas "carecían de

---

78. Art. 2.b) del decreto de Asturias.

79. Por ejemplo, el informe urbanístico del art. 23.c) de la norma valenciana; el certificado acreditativo del art. 50.22.e) de la norma balear, o la declaración responsable del art. 15 del decreto de Aragón.

80. Véase, por ejemplo, el art. 3 del decreto de La Rioja.

81. El alcance del ejercicio de la competencia urbanística en este contexto es el propósito de otras contribuciones de esta misma obra y de un buen número de aportaciones doctrinales. Véanse, entre otros, Román Márquez (2018); Rebollo Puig (2022), o Bouazza Ariño (2023).

82. STJUE de 22 de septiembre de 2020 (Gran Sala, ECLI:EU:C:2020:743), conocida como "Cali Apartments".

Viviendas de uso turístico
Análisis de la situación actual y propuestas
para la mejora de su marco regulatorio

Fundación Democracia y Gobierno Local
Serie: Claves del Gobierno Local, 39
ISBN: 978-84-125912-5-5

consecuencias en el mercado de alquiler de larga duración, al no necesitar ese arrendador fijar su residencia principal en otra vivienda".

Dos años antes de esta destacada sentencia, el Tribunal Superior de Justicia del País Vasco había desestimado un recurso interpuesto por la CNMC contra el acuerdo del Ayuntamiento de Bilbao de modificación del Plan General de Ordenación Urbana en lo relativo a la regulación del uso del alojamiento turístico. En esa resolución se hicieron interesantes afirmaciones. La primera, que la protección del derecho a la vivienda y el entorno urbano constituyen razones imperiosas de interés general que justifican que se aborde esta materia desde las competencias locales de ordenación urbanística. La segunda, que es correcto someter a licencia urbanística el cambio de uso de una vivienda, puesto que el uso de las VUT es de equipamientos de naturaleza turística y no residencial[83].

El recurso de casación interpuesto después por la CNMC terminó con la importante Sentencia del Tribunal Supremo 1550/2020, de 19 de noviembre de 2020, que confirmó la dictada por el TSJ con la siguiente conclusión[84]: "Se trata de una actuación normativa municipal de transformación, adaptación y modificación de los usos de determinadas ciudades –en el marco sus propias y genuinas políticas de vivienda– con la finalidad de asimilar las nuevas realidades sociales, consecuencia de la mencionada economía colaborativa, articulada a través de las plataformas digitales. Todo ello nos conduce a afirmar que

---

83.   STSJ del País Vasco núm. 292/2019, de 11 de junio (ECLI:ES:TSJPV:2019:2007).

84.   En esta STS 1550/2020, de 19 de noviembre (ECLI:ES:TS:2020:3842), sobre la aprobación definitiva del PGOU de Bilbao en lo relativo a la regulación del uso del alojamiento turístico, la cuestión que se consideró que presentaba interés casacional fue la de determinar el alcance de la potestad de planeamiento de los ayuntamientos en orden a la regulación del uso de viviendas de uso turístico en los planes generales de ordenación urbana, cuando restringe la libertad de empresa y la libre prestación de servicios por parte de los operadores/propietarios de viviendas destinadas a ese uso turístico: "En ese marco, la calificación —desde una perspectiva urbanística— de las VUT como una actividad de equipamiento —impidiendo su consideración urbanística como estrictamente residencial— se nos presenta como razonable y, sobre todo, suficientemente motivado por el Ayuntamiento de Bilbao, que respeta, con su actuación —y con la justificación que ofrece de su norma reglamentaria— los ya más que conocidos criterios de proporcionalidad, claridad, objetividad, antelación, transparencia y accesibilidad, previstos en la Directiva de Servicios [...] Acierta, pues, la Sala de instancia cuando acepta como compatible ambas exigencias; esto es, la declaración responsable, desde una perspectiva autonómica y turística, y el informe de conformidad, desde una perspectiva municipal y urbanística. Es el art. 18.1 ('Libertad de establecimiento y libre ejercicio dela actividad turística') de la norma turística vasca la que expresamente compatibiliza esta doble exigencia, al señalar: 'El ejercicio de la actividad turística es libre, sin más limitaciones que el cumplimiento de la legislación vigente que sea aplicable, de manera que cualquier persona interesada en la prestación de servicios turísticos pueda establecerse en Euskadi, previa presentación de la declaración responsable o de la comunicación y la obtención de la habilitación oportuna, en su caso'".

Viviendas de uso turístico
Análisis de la situación actual y propuestas
para la mejora de su marco regulatorio

Fundación Democracia y Gobierno Local
Serie Claves del Gobierno Local, 39
ISBN: 978-84-125912-5-5

113

la intervención normativa municipal, en uso y ejecución de las competencias urbanísticas que le son propias, no puede ofrecer dudas, pues, en realidad, el problema que en el fondo se suscita –en el que pueden destacarse, sin duda, aspectos positivos, pero, al mismo tiempo, consecuencias negativas– se trata de un problema jurídico de proporcionalidad, en el marco de una muy dispersa y variada normativa estatal y autonómica –en modo alguno armonizada– producida en la ámbito diseñado por las disposiciones europeas [...] Todo ello nos conduce a confirmar la posibilidad –y la necesidad– de intervención municipal en la materia, en uso y ejercicio de la potestad de planeamiento, que cuenta con un claro respaldo y legitimación democrática, y que, además, se nos presenta como realizada por la Administración más cercana al ciudadano, y articulada con un mayor grado de participación y conocimiento de la concreta realidad local"[85].

Como ha tenido ocasión de manifestar también el Tribunal Superior de Justicia de Galicia, en la sentencia núm. 155/2022, de 7 de abril[86]: "no son las competencias de turismo y las municipales en cumplimiento del Planeamiento compartimentos estancos que impidan valoración por una parte de la administración autonómica en sus competencias de turismo y por otra por la entidad local en sus competencias urbanísticas, atienden, por tanto, a diferentes fines, pero desde el respeto de ambos ámbitos, no existe déficit de proporcionalidad más bien al contrario la persona o entidad que inicia una actuación en el ámbito turístico debe conocer la normativa municipal para el uso que pretende, ya que la primera no excluye la segunda sino que se complementan".

Para concluir este epígrafe, es interesante mencionar que además de la común y general remisión a la necesidad de acatamiento del marco normativo local, particularmente urbanístico, al que hemos hecho referencia,

85. La posibilidad de someter la actividad de VUT a un régimen de autorizaciones previas por vía de los planes municipales ha sido, con posterioridad, admitida por el TS en otras sentencias, como por ejemplo la STS 779/2021, de 2 de junio de 2021 (ECLI:ES:TS: 2021:2337). Apoyándose en esta sentencia (STS 1550/2020, de 19 de noviembre) y en la ya comentada STJUE de 22 de septiembre de 2020, ha afirmado que la regulación del destino de VUT mediante una limitación de autorizaciones impuestas en un plan urbanístico municipal no es contraria a la Directiva de Servicios ni a las normas nacionales de transposición. También en similares términos se pronuncia la STS 75/2021, de 26 enero: "la concreta autorización que determina las condiciones para el ejercicio de la actividad de VUT, no puede tomar en consideración más que las determinaciones que previamente haya establecido el planeamiento, en concreto, el Plan Especial que aquí se cuestiona, de tal forma que si el Plan impone que la densidad de dichas viviendas será la que se determina en los preceptos que se tachan de ilegalidad en el presente recurso, las autorizaciones de usos para VUT no pueden tomar en consideración sino esas previsiones del Plan, sin que pueda alterarse dichos condicionantes".

86. STSJ GAL núm. 155/2022, de 7 de abril (ECLI:ES:TSJGAL:2022:2750).

114
Viviendas de uso turístico
Análisis de la situación actual y propuestas
para la mejora de su marco regulatorio

Fundación Democracia y Gobierno Local
Serie: Claves del Gobierno Local, 39
ISBN: 978-84-125912-5-5

en algunas ocasiones podemos encontrar un reconocimiento explícito de la competencia municipal de ordenación de las VUT. La disposición adicional décima de la Ley 13/2002, de 21 de junio, de turismo de Cataluña, por ejemplo, dispone que los ayuntamientos pueden establecer requisitos particulares y fijar limitaciones temporales y períodos máximos de vigencia para ejercer las actividades de VUT y de hogares compartidos, si existen razones imperiosas de interés general que lo justifiquen, en los términos de la Ley 20/2013, de 9 de diciembre, de garantía de la unidad de mercado, y el resto de la normativa aplicable. El decreto gallego prevé, por su parte, que los ayuntamientos puedan establecer limitaciones en lo relativo al número máximo de VUT por edificio o por sector[87].

3.2.1.2. Documentación técnica y otras habilitaciones privadas

Además de la documentación administrativa previamente analizada, es común, por un lado, que las normativas establezcan que la declaración responsable turística debe ir acompañada de una serie de documentos técnicos y certificaciones emitidas por profesionales técnicos o entidades acreditadas. La finalidad de estos documentos es demostrar que la actividad se adecúa a la legalidad, y en ellos se plasma el control previo sobre la misma —o autocontrol— que la instauración de la técnica de la DR, por definición, exige antes de ser presentada. Por lo tanto, existe un control *a priori* de la actividad de VUT, de ámbito multisectorial, pero no lo realiza la Administración, sino que su gestión se traslada al ámbito privado habilitado con el que necesariamente habrá de relacionarse el interesado para su obtención.

En Aragón, por ejemplo, se debe aportar un plano acotado, así como un "certificado de idoneidad para vivienda de uso turístico", firmados ambos por un profesional técnico[88], que verifiquen el cumplimiento de los requi-

---

87. Sobre la habilitación de los ayuntamientos para prohibir o limitar el número de viviendas se ha manifestado el TS a propósito de la previsión de la normativa gallega apuntada, rechazando su impugnación: "no es posible excluir a priori que en un determinado ayuntamiento concurran circunstancias que puedan constituir una razón imperiosa de interés general para limitar el número de viviendas de uso turístico. No procede formular aquí hipótesis o previsiones sobre qué circunstancias pudieran llegar a justificar una medida limitativa como la que se cuestiona, pues basta en el presente litigio con constatar que no se prevé una limitación o restricción concreta a la actividad económica sobre las viviendas de uso turístico". Sentencia núm. 625/2020, de 1 de junio de 2020 (ECLI:ES:TS:2020:1296).

88. En las SSTS 1741/2018, de 10 de diciembre (ECLI:ES:TS:2018:4084), y 1816/2018, de 19 de diciembre (ECLI:ES:TS:2018:4210), se discutió la necesidad de que el propietario de una VUT dispusiera de un plano de la vivienda, previsto en la normativa madrileña. El TS sentenció: "En contra de lo que sostiene la asociación recurrente, tampoco cabe afirmar que aquella exigencia de estar en posesión de un plano de la vivienda infrinja los límites fijados en los artículos 9.2 y 12 de la misma Ley 17/2009, pues se trata de un requisito objetivo, no discriminatorio, establecido en la norma

Viviendas de uso turístico
Análisis de la situación actual y propuestas
para la mejora de su marco regulatorio

Fundación Democracia y Gobierno Local
Serie: Claves del Gobierno Local, 39
ISBN: 978-84-125912-5-5

115

sitos exigidos en materia de habitabilidad y seguridad para el uso residencial como vivienda[89]. En Madrid, desde 2019, es necesario presentar el CIVUT (Certificado de idoneidad para vivienda de uso turístico), que es un "documento emitido por un técnico competente en el que, tras efectuar una comprobación *in situ*, acredita que una vivienda de uso turístico cumple con los requisitos para el uso de la propiedad desde la perspectiva turística (no del urbanismo)"[90]. En Galicia, debe acompañar a la DR, en su caso, un certificado final de obra que avale que la ejecución de las mismas se ha realizado de conformidad con la licencia municipal otorgada[91].

Por otro lado, la presentación de la declaración responsable turística, en función del tipo de propiedad sobre la que se pretenda ejercer la actividad, puede comportar la necesidad de que su titular se relacione con otros sujetos privados, en este caso no profesionales técnicos, sino otros particulares.

Algunos decretos incorporan en su texto la mención explícita a la posibilidad que tienen las comunidades de propietarios de limitar la actividad

---

con antelación y de forma clara e inequívoca, siendo además una exigencia accesible, en tanto que no resulta excesivamente gravosa. Por lo demás, entendemos que se trata de un requisito proporcionado a la razón de interés general a la que responde, consistente, como proclama el Preámbulo del propio Decreto 79/2014, en la protección de los 'legítimos derechos de los usuarios y consumidores turísticos de la Comunidad de Madrid'. Y es que, en efecto, que el titular de la vivienda turística disponga de un plano firmado por técnico competente es un instrumento adecuado para que a lo largo del tiempo en el que se desarrolla la actividad de alojamiento la Administración pueda ejercer su ordinaria labor de inspección y control a fin de asegurar que el servicio se presta en condiciones adecuadas de calidad, seguridad y salubridad, sin menoscabo de los intereses de los usuarios y consumidores". En cambio, la exigencia de que el plano de la vivienda firmado por técnico competente estuviese visado por el colegio profesional sí fue rechazada en cuanto no superaba el test de necesidad y proporcionalidad. En esta misma sentencia se declaró nula la previsión del decreto de Madrid sobre la imposibilidad de contratar una VUT por período inferior a cinco días.

89.   Art. 6.2.

90.   El CIVUT se introdujo por el Decreto 29/2019, de 9 de abril, del Consejo de Gobierno, por el que se modifica el Decreto 79/2014, de 10 de julio, por el que se regulan los Apartamentos Turísticos y las Viviendas de Uso Turístico de la Comunidad de Madrid. Según el art. 17 bis del decreto madrileño, acredita, entre otros: "a) Disponer de calefacción y suministro de agua fría y caliente. b) Disponer al menos de una ventilación directa al exterior o a patio no cubierto. c) Disponer de un extintor manual, en el interior de la vivienda colocado a no más de 15 metros de la puerta de salida de la vivienda. d) Disponer de señalización básica de emergencia indicando la puerta de salida de la vivienda. e) Disponer de un plano de evacuación del edificio y de la vivienda en un lugar visible. El CIVUT estará a disposición de los usuarios de las viviendas de uso turístico". El requisito de contar con el CIVUT fue objeto de impugnación. Sin embargo, el TSJ consideró que no se había expuesto ninguna razón que justificara que su exigencia era innecesaria o desproporcionada. Así, considerando que dicho certificado garantiza al usuario que el alojamiento cumple con los requisitos de seguridad y calidad exigidos por la normativa sectorial turística, rechazó declarar su nulidad. STSJ de Madrid núm. 794/2021, de 10 de junio.

91.   Art. 41.2.4.

Viviendas de uso turístico
Análisis de la situación actual y propuestas
para la mejora de su marco regulatorio

Fundación Democracia y Gobierno Local
Serie: Claves del Gobierno Local, 39
ISBN: 978-84-125912-5-5

alojativa, de conformidad con lo establecido en la Ley 49/1960, de 21 de julio, de propiedad horizontal[92]. Por lo tanto, cuando las viviendas se ubican en inmuebles sometidos al régimen de propiedad horizontal, es imperativo que la DR de inicio de actividad incluya una declaración acerca de que los estatutos o acuerdos adoptados por la comunidad de propietarios no prohíben ni establecen restricciones del uso del inmueble al destino de VUT[93]. Y, lo más importante aquí, en caso de existir esta limitación[94], debe acreditarse la tenencia de autorización expresa, por escrito[95], de la comunidad, permitiendo la comercialización[96].

No podemos detenernos en este extremo más que para contextualizar y para resaltar la idea de que, si bien es cierto que las normas prescriben la eficacia inmediata de la DR, no lo es menos que ella dependerá de que con carácter previo el titular de la VUT se haya relacionado con sujetos públicos y privados —en este estadio que hemos convenido en denominar "momento procedimental anterior a la presentación"—, procurando la obtención de los necesarios títulos habilitantes administrativos, pero también privados.

3.2.1.3. DR de inicio de actividad ante la Administración municipal

Los decretos turísticos, excepto el catalán, prevén que la DR que faculta el inicio de la actividad de VUT se presente ante el órgano turístico competente. Y aquí surge una cuestión práctica importante: ¿Ha dejado de ser obligatoria la DR o comunicación de inicio de actividad económica ante los ayuntamientos? Parece que las DR autonómicas han reemplazado a las

---

92. El Real Decreto-ley 7/2019, de 1 de marzo, de medidas urgentes en materia de vivienda y alquiler, recogió una reforma del régimen de propiedad horizontal que explícitamente establece la mayoría cualificada necesaria para que las comunidades de propietarios puedan limitar o condicionar el ejercicio de la actividad, o establecer cuotas especiales o incremento en la participación de los gastos comunes de la vivienda: "El acuerdo por el que se limite o condicione el ejercicio de la actividad a que se refiere la letra e) del artículo 5 de la Ley 29/1994, de 24 de noviembre, de Arrendamientos Urbanos, en los términos establecidos en la normativa sectorial turística, suponga o no modificación del título constitutivo o de los estatutos, requerirá el voto favorable de las tres quintas partes del total de los propietarios que, a su vez, representen las tres quintas partes de las cuotas de participación. Asimismo, esta misma mayoría se requerirá para el acuerdo por el que se establezcan cuotas especiales de gastos o un incremento en la participación de los gastos comunes de la vivienda donde se realice dicha actividad, siempre que estas modificaciones no supongan un incremento superior al 20%. Estos acuerdos no tendrán efectos retroactivos" (art. 17.12 de la Ley 49/1960, de 21 de julio, sobre propiedad horizontal).
93. Art. 5.2 del decreto vasco o art. 5.1 del cántabro.
94. Por ejemplo, el decreto gallego, art. 41.5, y decreto de La Rioja, art. 67.
95. Art. 27 del decreto de Asturias.
96. Véase el art. 50.22.e) de la ley balear.

Viviendas de uso turístico
Análisis de la situación actual y propuestas
para la mejora de su marco regulatorio

Fundación Democracia y Gobierno Local
Serie: Claves del Gobierno Local, 39
ISBN: 978-84-125912-5-5

117

municipales. Sin embargo, es importante evaluar individualmente si existe una base normativa sólida que respalde esta afirmación.

Una muestra de que comienza a surgir cierta controversia, que ya ha llegado a los órganos judiciales, nos la ofrece la normativa gallega.

En esta comunidad autónoma, por un lado, la Ley 9/2013, de 19 de diciembre, del emprendimiento y de la actividad económica, en su artículo 24.1, establece lo siguiente: "Con carácter previo al inicio de la actividad o de la apertura del establecimiento y, en su caso, para el inicio de la obra o instalación que se destine específicamente a una actividad, los/as interesados/as presentarán ante el ayuntamiento respectivo comunicación previa en la que pondrán en conocimiento de la Administración municipal sus datos identificativos y adjuntarán la siguiente documentación acreditativa de los requisitos exigibles para el ejercicio de la actividad o para el inicio de la obra e instalación"[97]. Reiterándose por el reglamento de desarrollo de la ley lo siguiente: "La instalación, implantación o ejercicio de cualquier actividad económica, empresarial, profesional, industrial o comercial en el territorio de la Comunidad Autónoma de Galicia, así como la apertura de los establecimientos destinados a este tipo de actividades, requiere la presentación por parte de la persona titular de la actividad de una comunicación previa con el contenido previsto en este reglamento ante el ayuntamiento en el que se pretenda desarrollar la actividad o abrir el establecimiento". Por otro lado, el Decreto 12/2017, de 26 de enero, por el que se establece la ordenación de apartamentos turísticos, viviendas turísticas y viviendas de uso turístico en la Comunidad Autónoma de Galicia, prescribe en su artículo 42.1 lo siguiente: "La presentación de la declaración responsable, en las condiciones previstas en este decreto, habilita para el desarrollo de la actividad turística de vivienda de uso turístico, sin perjuicio del cumplimiento de las demás obligaciones exigidas en otras normas que les resulten de aplicación".

La litigiosidad a la que aludíamos ha debutado en Galicia, con varias sentencias de los juzgados de lo contencioso-administrativo que resuelven la legalidad de las órdenes de clausura de VUT dictadas por el Ayuntamiento de Santiago de Compostela y por el de Pontevedra, por ejercer la actividad sin la comunicación previa municipal.

Trasladaremos aquí, a modo de ejemplo, lo dispuesto en la sentencia del Juzgado de lo Contencioso-Administrativo de Santiago de Compostela,

---

97. Art. 9 del Decreto 144/2016, de 22 de septiembre, por el que se aprueba el Reglamento único de regulación integrada de actividades económicas y apertura de establecimientos.

Viviendas de uso turístico
Análisis de la situación actual y propuestas
para la mejora de su marco regulatorio

Fundación Democracia y Gobierno Local
Serie: Claves del Gobierno Local, 39
ISBN: 978-84-125912-5-5

de 10 de julio de 2023: "TERCERO.— *Sobre la necesidad de la obtención de título municipal habilitante para el ejercicio de la actividad turística, distinto e independiente de la autorización autonómica sectorial. La parte actora cuestiona la necesidad de título habilitante para el ejercicio de la actividad de VUT.* Como presupuesto de partida, se ha de precisar que una cosa es el título habilitante municipal, —comunicación previa de los artículos 24 de la Ley 9/2013, de 19 de diciembre, del emprendimiento y de la competitividad económica de Galicia, y 142.3 de la LSG— con la habilitación autonómica sectorial —declaración responsable— que en el ámbito de la competencia autonómica en materia de turismo, prevé el Decreto 12/2017, de 26 de enero, por el que se establece la ordenación de apartamentos turísticos, viviendas turísticas y viviendas de uso turístico en la Comunidad Autónoma de Galicia en su artículo 41. El propio artículo 42 del Decreto en su apartado segundo al regular los efectos de la presentación de la declaración responsable dispone: '... *Esta habilitación para o desenvolvemento da actividade turística non exime o/a propietario/a ou persoa ou empresa que comercialice a vivenda da obriga de obter as autorizacións, permisos, licencias e/ou informes que establezan as distintas normativas sectoriais e municipais que lle son de aplicación.*' Así pues, la declaración responsable de inicio de actividad presentada por la parte actora en la Agencia de Turismo de Galicia no puede sustituir a la comunicación previa municipal necesaria para el ejercicio de cualquier actividad, incluida la de VUT que no puede asimilarse a la mera utilización residencial del inmueble"[98].

El juez se remite luego a lo dispuesto en la Sentencia del TSJ de Galicia núm. 169/2022, de 8 de abril (ECLI:ES:TSJGAL:2022:2988), sobre que la "habilitación para el desarrollo de la actividad turística tras la comunicación previa no exime, por tanto, al/a la propietario/a o persona o empresa que comercialice la vivienda de la obligación de obtener las autorizaciones, permisos, licencias y/o informes que establezcan las distintas normativas sectoriales y municipales que le son de aplicación"; para acabar concluyendo lo siguiente: "Son por tanto dos ámbitos diferentes el autonómico en relación al turismo y el local en normativa urbanística en cuanto autorización si es que resulte necesaria. Tales razonamientos relativos tanto a la necesidad de título municipal habilitante como a la tipología del uso VUT, no equiparable al residencial, son perfectamente trasladables al presente caso. [...] la actividad de VUT no puede encuadrarse en un uso residencial sino hotelero o turístico, y la autorización autonómica no excluye a la habilitación municipal,

---

98.   Véanse, entre otras, las sentencias del Juzgado de lo Contencioso-Administrativo de Santiago de Compostela, de 10 de julio de 2023, núms. 99/2023, (ECLI:ES:JCA:2023:4774), 100/2023 (ECLI:ES:JCA:2023:4319) y 101/2023 (ECLI:ES:JCA:2023:4773).

Viviendas de uso turístico
Análisis de la situación actual y propuestas
para la mejora de su marco regulatorio

Fundación Democracia y Gobierno Local
Serie Claves del Gobierno Local. 39
ISBN: 978-84-125912-5-5

119

que resulta exigible como para cualquier tipo de actividad, incluida la turística, por lo que debe ser desestimado el motivo invocado". Según la citada sentencia del TSJ de Galicia: "Una cosa es la inscripción del establecimiento (en este caso, vivienda) en el registro autonómico, regulado en el artículo 41.1 del Decreto 12/2017, de 26 de enero, [...] y otra bien distinta es la autorización municipal para el ejercicio de esta actividad económica, fundamentada en las competencias municipales en materia urbanística, y exigida por el artículo 24.1 de la Ley 9/2013, de 19 de diciembre, de emprendimiento y de la competitividad económica de Galicia".

En todos los casos enjuiciados lo que subyace es una vulneración de la normativa urbanística. Estamos de acuerdo con la medida de cese dirigida a los titulares de las VUT que no habían presentado, antes, la comunicación urbanística, si, como parece, no era posible la legalización por no ser compatible con el planeamiento. Pero consideramos que las sentencias no abordan la necesaria disociación entre título habilitante del inicio de la actividad y título urbanístico. O, por lo menos, no lo hacen de forma clara. La habitual tramitación conjunta de títulos habilitantes municipales, que obedece al principio de simplificación de los procedimientos, es probablemente el motivo de ello.

Llegados a este punto, se nos plantean algunas preguntas: ¿tiene sentido que el título habilitante para iniciar la actividad sea la DR turística? ¿Qué beneficios o cargas reporta? ¿Sería más conveniente presentarla en la Administración municipal correspondiente al lugar de ubicación de la vivienda? Es un tema que debería abordarse, aunque no podamos hacerlo aquí.

Como se ha mencionado, existe un precedente en Cataluña, que ha elegido suprimir la DR turística. Esta medida simplifica el régimen de intervención de la actividad previsto por el anterior Decreto 159/2012, de 20 de noviembre, relativo a los establecimientos de alojamientos turísticos y viviendas de uso turístico: "Esta modificación es coherente con el marco legal vigente mencionado, que establece la obligación de suprimir toda barrera o carga administrativa que no esté justificada en la protección de una razón imperiosa de interés general. La normativa sectorial turística no puede sujetar los alojamientos turísticos a ningún régimen de habilitación, y, en este sentido, la obligación de los prestadores de servicios turísticos de presentar cualquier tipo de declaración responsable o comunicación de inicio o solicitud de autorización tiene esta consideración"[99]. Así, se argumenta que en aras de la mencionada simplificación es necesario eliminar la intervención

---

99. Preámbulo del decreto.

120

Viviendas de uso turístico
Análisis de la situación actual y propuestas
para la mejora de su marco regulatorio

Fundación Democracia y Gobierno Local
Serie: Claves del Gobierno Local. 39
ISBN: 978-84-125912-5-5

de la Administración turística de la Generalitat en el proceso de inicio de las actividades.

En Cataluña es el ayuntamiento el encargado de recibir la comunicación previa, y también tiene la responsabilidad de trasladar a la Dirección General de Turismo las altas y bajas de los establecimientos[100]. Una vez realizada esta comunicación, la Dirección General procede a la inscripción. Queda claro, entonces, que el titular de la VUT no debe presentar ningún documento ni llevar a cabo ningún trámite adicional para obtener la anotación, y que no existe un vínculo directo entre la habilitación de la actividad y su correspondiente registro[101], que pasa a ser consecuencia de una comunicación de datos interadministrativa[102].

En nuestra opinión, resulta razonable enclavar en la Administración local la competencia para recibir la comunicación previa que faculte el inicio de la actividad, y no desdibujar su capacidad de conocimiento y dominio sobre las actividades que se desarrollan en su ámbito territorial. Todo ello sin perjuicio, claro está, de que el interesado deba presentar, como documentación que acompañe la DR municipal, una declaración responsable o comunicación del cumplimiento de los requisitos previstos en los decretos turísticos. Y sin perjuicio de que, por lo tanto, titular y actividad queden sometidos al ejercicio de las potestades de control *ex post*, compartidas por los órganos competentes de los dos niveles territoriales.

Esta opción se antoja más práctica, desde un punto de vista de economía o eficiencia procedimental. Los efectos positivos en términos de simplificación y eliminación de cargas, costes y trámites adicionales tanto para la Administración como para los titulares de la actividad no solo nos llevan a valorar positivamente la opción adoptada por la Administración catalana, sino que también nos conducen a considerarla recomendable. El papel de la Administración local en el régimen de funcionamiento de las VUT debe ser reivindicado, pues la multitud de aspectos sobre los que se deben pronunciar los ayuntamientos lo justifica ampliamente. Recordemos que a través de su potestad de planificación urbanística el municipio puede prohibir la actividad.

Las modificaciones normativas para hacer efectivos cambios como los expuestos son relativamente sencillas. Siguiendo la estela de la comunidad

---

100. Según los arts. 68 c bis) de la Ley de turismo de Cataluña y 131-3 del decreto.

101. El titular de la actividad deja de estar obligado a realizar el trámite de inscripción como preveía la anterior normativa, que era contraria a la Directiva de Servicios por suponer un régimen autorizatorio *de facto*.

102. Arts. 67.1.j) y 68 c) de la Ley de turismo de Cataluña.

Viviendas de uso turístico
Análisis de la situación actual y propuestas
para la mejora de su marco regulatorio

Fundación Democracia y Gobierno Local
Serie: Claves del Gobierno Local, 39
ISBN: 978-84-125912-5-5

121

autónoma catalana bastaría con que en la regulación del régimen jurídico de intervención de las VUT se hiciera remisión a lo dispuesto en la legislación de actividades económicas.

En caso de que la normativa sobre ejercicio de actividades económicas prescriba una declaración responsable o comunicación de inicio de actividad municipal, y la turística una DR, también de inicio, ante la autoridad autonómica competente, nos encontraríamos ante un claro caso de doble imposición de cargas con una misma finalidad, lo cual está prohibido no solo por los principios de necesidad y proporcionalidad antes mencionados, sino también por el artículo 69.6 LPACAP.

3.2.2. Momento de presentación de la DR

3.2.2.1. Importancia de los datos seleccionados por la Administración

De acuerdo con el artículo 69.1 LPACAP, los requisitos establecidos por la normativa, en este caso turística, deben estar recogidos en la correspondiente declaración responsable de manera expresa, clara y precisa. Esta exigencia se dirige a la Administración en el momento de elaborar los modelos de declaración responsable. Es necesario recalcar, en este sentido, que la labor de las autoridades no es únicamente la de proporcionar los modelos, sino, más importante, la de analizar y seleccionar los datos relevantes (que debe proporcionar o acreditar el interesado) para la efectividad del control posterior, con el fin de prevenir daños y perjuicios.

La obligación de contar con los títulos habilitantes previos y el resto de documentación administrativa y técnica que hemos comentado, y el cumplimiento de los requisitos estrictamente turísticos, debe tener el correspondiente reflejo en el conjunto de datos, informaciones o documentos que el interesado ha de manifestar que posee[103]. Es importante tener presente que la correcta cumplimentación de la DR es fundamental para que surta efecto, es decir, para quedar habilitado de forma definitiva para ejercer la actividad. También, que la documentación acreditativa podrá ser requerida por la Administración turística, en cualquier momento, a sus titulares.

Aplicando el régimen general de esta técnica, contenido en la LPACAP, debe entenderse que la DR será eficaz desde el momento en que sea de-

---

103. Dos ejemplos completos del contenido que debe tener la declaración responsable turística los encontramos tanto en el decreto asturiano (art. 30) como en el del País Vasco (art. 5).

122

Viviendas de uso turístico
Análisis de la situación actual y propuestas
para la mejora de su marco regulatorio

Fundación Democracia y Gobierno Local
Serie: Claves del Gobierno Local. 39
ISBN: 978-84-125912-5-5

positada en cualquiera de los lugares que la ley prevé[104]. Algunos decretos, no obstante, especifican que la presentación debe realizarse ante el órgano turístico competente (por ejemplo, el área provincial de la Agencia o el Instituto de Turismo correspondiente), lo cual no contradice lo expuesto, aunque hubiera sido más preciso distinguir entre el lugar de presentación y el órgano al que se dirige. Lo confirma, además, la implementación del sistema de tramitación electrónica del procedimiento[105] y la creación de ventanillas únicas para llevar a cabo los trámites necesarios para acceder a las actividades, incluyendo las VUT.

Baleares, por ejemplo, creó la "Oficina única de la administración turística" en cada uno de los ámbitos insulares, para realizar y formalizar todas las gestiones necesarias ante cualquier Administración turística, brindando acceso telemático a toda la información y facilitando el cumplimiento y la formalización de todos los trámites administrativos para el inicio, el establecimiento y desarrollo de actividades[106]. En Cataluña esto se conoce como *Finestreta Única Empresarial* (FUE). La presentación de la declaración responsable puede realizarse a través del portal electrónico de la FUE con la documentación correspondiente. Gracias al principio de interoperabilidad entre las administraciones y a los medios habilitados por la ventanilla única, se remite la documentación necesaria a los entes locales y a cualquier otro órgano administrativo que la normativa vigente establezca[107].

3.2.2.2. Eficacia de la DR

Una vez depositada la declaración responsable ante el órgano competente, se impone a la Administración la obligación de inscribir la actividad en el registro de turismo, como veremos más adelante. Sin embargo, esto no afecta a la eficacia inmediata e indefinida de la DR, aunque en algunos casos la deficiente configuración de la obligación administrativa de registro haya causado problemas[108].

---

104. Art. 27.1 decreto de Galicia.
105. En algunos casos, de forma prescriptiva como en Castilla-La Mancha: "Considerando el gran desarrollo del mercado turístico 'online' y con el fin de continuar con el impulso y dinamización del sector, mediante el presente decreto se extiende a todos los interesados la obligatoriedad de realizar únicamente por medios electrónicos las declaraciones y comunicaciones que se recogen en el mismo, puesto que la propia naturaleza de su actividad conlleva necesariamente la disposición de unas capacidades técnicas o económicas mínimas".
106. Art. 22 de la ley balear.
107. Art. 121-1.
108. Durante los años de vigencia de la regulación de las VUT, diversas disposiciones han tenido que modificar sus iniciales previsiones sobre los registros turísticos, en cuanto condicio-

Viviendas de uso turístico
Análisis de la situación actual y propuestas
para la mejora de su marco regulatorio

Fundación Democracia y Gobierno Local
Serie Claves del Gobierno Local, 39
ISBN: 978-84-125912-5-5

123

Varias han sido las disposiciones que han querido aclarar el propósito de los registros, que es mantener un censo público actualizado sobre altas, modificaciones y bajas de los alojamientos turísticos en cada territorio y recopilar datos de empresas y actividades para su uso estadístico, informativo, de certificación y, en general, ordenación turística y facilitación del control de actividades. Además, algunas han insistido en lo siguiente: "Los prestadores de servicios no tienen ninguna obligación legal de presentar documentación en el Registro de turismo [...] ni de comunicarle ningún dato, ni antes ni después de su inicio de actividad. La inscripción no tiene carácter habilitante para el inicio de la actividad y no otorga ninguna facultad ni reconoce ningún derecho para el acceso a la actividad"[109].

La eficacia de la declaración responsable no está supeditada a la inscripción en el registro de turismo y la actividad puede iniciarse sin estar inscrita, en caso de que las normas establezcan un plazo de inscripción para la Administración. La Ley de procedimiento y los decretos turísticos disponen que la DR surta efectos desde el momento de su presentación ante el órgano competente, y, a pesar de que deba inscribirse y dotarse de un número de identificación, la actividad puede comenzar sin, técnicamente, disponer de él. Algunas disposiciones prevén el otorgamiento de un número provisional[110] para que se pueda cumplir, de forma transitoria, con la obligación de

naban el acceso a la actividad a la previa obtención de un número de inscripción que debía publicitarse; extremo expresamente prohibido por la Directiva de Servicios por ser interpretado como un sistema autorizatorio encubierto.

En relación con la obligada inscripción en el Registro de Empresas Turísticas como requisito para llevar a cabo cualquier tipo de publicidad, consideró el TS en la sentencia núm. 1741/2018, de 10 de diciembre de 2018 (ECLI:ES:TS:2018:4084), en la que se impugnaba el decreto de Madrid, que era una exigencia que no superaba el test de necesidad y proporcionalidad que impone la Ley 17/2009, sobre el libre acceso a las actividades de servicios y su ejercicio: "Ciertamente, el precepto no establece de manera directa y expresa que sea obligatoria la inscripción en el Registro de Empresas Turísticas; pero bien puede entenderse que alberga ese designio, pues al establecer en su inciso final que debe constar '...en toda forma de publicidad el número de referencia de su inscripción en el citado Registro' fácilmente se colige que la inscripción es considerada como requisito para llevar a cabo cualquier forma de publicidad". Sin embargo, hoy día, varios decretos contienen previsiones como la que fue anulada en el caso de Madrid, postergando su rectificación.

En el caso de la normativa canaria, la STSJ núm. 41/2017, de 21 de marzo (ECLI:ES:TSJICAN:2017:1481), confirmada por el TS, estableció: "El precepto dispone que la entrega a la explotadora de la vivienda de hojas de reclamaciones, placa-distintivo y libro de inspección solo se efectuará transcurridos quince días hábiles, plazo dentro del cual el Cabildo Insular debe inscribir 'la información sobre la actividad de explotación de la vivienda vacacional en el Registro General Turístico de la Comunidad Autónoma de Canarias'. Como el inicio de la actividad sin la referida documentación es motivo de sanción, de facto esta regulación está desnaturalizando los efectos de la declaración responsable y sometiendo el inicio de la actividad a un control administrativo previo".

109.   Véase la exposición de motivos del decreto de Cataluña.

110.   Tal y como establece la norma andaluza, a partir del momento de la formalización de la declaración responsable puede publicitarse la vivienda con fines turísticos, sin perjuicio de

124

Viviendas de uso turístico
Análisis de la situación actual y propuestas
para la mejora de su marco regulatorio

Fundación Democracia y Gobierno Local
Serie: Claves del Gobierno Local. 39
ISBN: 978-84-125912-5-5

exhibición en todo tipo de publicidad que anuncie la actividad[111]. Ello es así en cuanto, en algunos casos, se otorga al órgano autonómico competente un plazo (15 días —p. ej., Canarias— y 3 meses —p. ej., Aragón—) durante el que llevar a cabo las oportunas comprobaciones, que pueden tener consecuencias positivas (número definitivo de inscripción) o negativas (condicionamiento u prohibición) sobre la actividad que —conviene no olvidar— se encuentra en funcionamiento[112].

Además de eficacia inmediata, la DR tiene en la mayoría de las normas también eficacia indefinida, ya que no establecen nada en contra. Una excepción la encontramos en la ley balear, que fija en determinados supuestos un plazo de vigencia de 5 años que puede ser prorrogable[113]. La posibilidad de limitación temporal de la vigencia de la DR está prevista en el artículo 7.1 de la ley paraguas y, por lo tanto, es plenamente válida. Lo es, asimismo, el establecimiento de un plazo máximo para iniciar la actividad (por ejemplo, dos meses desde la presentación de la DR), como prevé la normativa valenciana. En caso de no cumplir con él, la declaración perderá la eficacia[114].

3.2.2.3. Límites a la eficacia derivados de la actuación del interesado y del esquema habilitante público y privado

Hechas estas consideraciones previas, pasamos a destacar los principales límites a la eficacia de la DR provenientes de distintos ámbitos que, con ánimo sistematizador, hemos agrupado en dos: límites derivados de la intervención del interesado y derivados del esquema habilitante público y privado.

---

que, una vez inscrita, el código de inscripción deba indicarse en toda publicidad (art. 9. 1 y 4).

111.   Ver arts. 131-3 y 121-1 del decreto de Cataluña, y 27.3 de Baleares, que dispone que se admitirá, en la publicidad de la comercialización de las VUT, la incorporación del número de registro de entrada otorgado cuando se presentó la declaración responsable en un registro público hasta que se obtenga el número de inscripción turística.

112.   Art. 15 del decreto de Aragón.

113.   Art. 50.3: "En todos los casos, la presentación de la DRIAT que se refiera a estancias turísticas llevadas a cabo en viviendas residenciales sometidas al régimen de propiedad horizontal, o a las de las tipologías que se determinen reglamentariamente, habilita para el ejercicio de la actividad por el plazo que se fije reglamentariamente y que, por defecto, es de cinco años desde la presentación a la administración turística. Pasado el plazo establecido, se puede continuar con la comercialización turística solo si se siguen cumpliendo todos los requisitos determinados legalmente o reglamentariamente, incluido que la zona siga siendo apta, por periodos prorrogables del mismo plazo [...]".

114.   Art. 25.2 del decreto de la Comunidad Valenciana: "Presentada la declaración responsable de inicio de actividad, esta deberá comenzar de forma efectiva en el plazo máximo de dos meses. En caso contrario, aquella quedará sin efecto y se procederá, previa instrucción del oportuno expediente en el que se dará audiencia a la persona interesada, a la baja y cancelación de la inscripción en el Registro".

Viviendas de uso turístico
Análisis de la situación actual y propuestas
para la mejora de su marco regulatorio

Fundación Democracia y Gobierno Local
Serie: Claves del Gobierno Local, 39
ISBN: 978-84-125912-5-5

125

A) Límites derivados de la intervención del interesado.

La mayoría de las disposiciones coinciden en especificar las circunstancias, derivadas de la actuación del responsable de la actividad, susceptibles de incidir en la eficacia de las declaraciones responsables. Siguen, para ello, el esquema de lo dispuesto en el artículo 69.4 LPACAP. Estas circunstancias son las siguientes: 1) la inexactitud, falsedad u omisión, de carácter esencial, en cualquier dato, manifestación o documento que se acompañe o incorpore a la DR de inicio de actividad; 2) su no presentación ante la Administración competente, y 3) la falta de aportación de la documentación acreditativa cuando sea requerida. Si se da cualquiera de estas circunstancias, la consecuencia jurídica es la imposibilidad de continuar con el ejercicio de la actividad. Es decir, su cese.

En el primer supuesto vemos como el vicio en el contenido de la DR puede revestir distintas formas: puede tratarse de una inexactitud, una falsedad o una omisión. Bastantes decretos equiparan estos incumplimientos y no hacen distinciones, tratándolos de manera homogénea y obviando aspectos distintivos, como la intencionalidad. Rehúyen darles un tratamiento jurídico diferenciado, siguiendo el enfoque de la Ley de procedimiento. En ciertos casos se introduce alguna diferenciación, como sucede con la ley balear, que prevé, de manera taxativa, la incoación de un procedimiento sancionador en caso de falsedad, mientras que una inexactitud puede dar lugar a la apertura del mismo de forma potestativa[115].

La clave radica en lo que el regulador turístico considere como un dato u omisión de carácter esencial, y no todos lo especifican. La medida de cese debería tener como objetivo la rápida actuación frente a actividades que puedan generar algún tipo de riesgo. Por ello, es de suma importancia que los decretos concreten, con base en el principio de especificación, qué se considera un vicio esencial, reservándolo para omisiones u errores con esa potencialidad. Si no se hace así, nos podemos encontrar con que la medida de cierre no sea proporcional a la gravedad de las circunstancias concurrentes. Se vulnera la seguridad jurídica cuando se deja a interpretaciones más o menos abiertas el concepto de esencial o accesorio.

Los decretos turísticos del País Vasco y de la Comunidad Valenciana son buenos ejemplos de normas que especifican qué se considera un vicio en un dato esencial, estableciendo que afecta a aspectos como: "a) La acreditación de la personalidad física o jurídica de la persona interesada.

---

115. Art. 23.4 de la Ley de turismo de Baleares.

Viviendas de uso turístico
Análisis de la situación actual y propuestas
para la mejora de su marco regulatorio

Fundación Democracia y Gobierno Local
Serie: Claves del Gobierno Local, 39
ISBN: 978-84-125912-5-5

b) El riesgo para la seguridad de las personas y sus bienes. c) Las garantías de responsabilidad contractual legalmente exigibles. d) La carencia de la documentación acreditativa del cumplimiento de la normativa en materia de prevención y protección contra incendios, o la existencia de deficiencias en la materia. e) La falta de elaboración e implantación, en caso de resultar exigible, de un plan de autoprotección, o plan de emergencia. f) La declaración responsable y, en su caso, el cuestionario de autoevaluación respecto de criterios obligatorios o de libre elección que lleven consigo la disminución, revocación o cancelación de la clasificación registrada o declarada. g) Los títulos que acrediten la disponibilidad del inmueble. h) La disponibilidad de la declaración de interés comunitario o su exención, licencias e informes urbanísticos y ambientales que en su caso procedan"[116].

En el segundo supuesto, el de no presentación de la DR (o la presentación que no cumpla con las exigencias normativas), son muchas las disposiciones que pasan a considerar la actividad de VUT como una prestación clandestina de servicio de alojamiento. La mayor parte apuesta de manera explícita por la previsión de un previo trámite de audiencia del interesado anterior al cese de la actividad[117]. Alguna lo inserta en un procedimiento administrativo con un plazo de resolución de seis meses[118].

Con todo, las normas anudan otras consecuencias jurídicas más allá de la imposibilidad de continuar con la comercialización de la VUT (y, en su caso, cancelación de la inscripción). La principal es la incoación de un expediente sancionador, en cuanto el inicio de la actividad sin presentar la DR, por ejemplo, se tipifica como infracción muy grave en las disposiciones[119]. Otras consecuencias habituales incluyen la obligación de restablecer la situación jurídica al momento previo al inicio de la actividad[120] y, de igual manera, la imposibilidad de iniciar un nuevo procedimiento con el mismo propósito durante un período de tiempo determinado, que

---

116. Art. 25.6 del decreto de la Comunidad Valenciana y art. 9.5 del decreto del País Vasco.

117. Por ejemplo, la ley de Baleares (art. 28), el decreto de Galicia (art. 44) o la norma murciana (art. 29). Por lo que respecta a la jurisprudencia, se han manifestado sobre este tema los tribunales superiores de justicia en relación con el inicio de actividades sin la presentación de la declaración responsable o la comunicación (no explícitamente en el ámbito turístico), calificando la clausura como una medida que ha de adoptarse previa audiencia del interesado y que no tiene naturaleza de sanción.

118. Art. 25.5 del decreto valenciano.

119. Art. 11 de la norma andaluza. En la ley navarra, en cambio, se considera infracción grave.

120. Art. 44 del decreto de Galicia, que establece entre dos y seis meses. La norma de la Comunidad Valenciana, art. 26, hasta 4 años.

Viviendas de uso turístico
Análisis de la situación actual y propuestas
para la mejora de su marco regulatorio

Fundación Democracia y Gobierno Local
Serie Claves del Gobierno Local. 39
ISBN: 978-84-125912-5-5

127

puede oscilar entre un mínimo de dos meses (por ejemplo, en Galicia[121]) y un máximo de 4 años (por ejemplo, en la Comunidad Valenciana).

B) Límites derivados del esquema habilitante público y privado.

De toda la normativa analizada se desprende la existencia de límites a la actividad de las VUT derivados del derecho público —o de la potestad urbanística y de planificación de la Administración municipal[122]— y derivados del derecho privado o de la normativa del régimen de propiedad horizontal. La eficacia de la declaración de inicio de actividad presentada ante el órgano autonómico competente depende, entonces, de la adecuación de la actividad a este previo esquema habilitante que hemos analizado en apartados precedentes.

Este es un tema complejo que se ha abordado de forma tangencial, centrándonos sobre todo en los títulos habilitantes urbanísticos, cuya obtención es preceptiva en el momento procedimental anterior a la presentación de la DR. Puesto que escapa del objeto de este trabajo, es suficiente con apuntar aquí que la utilización de técnicas propias del planeamiento, para la ordenación de las VUT, desde la competencia urbanística de la Administración local —a saber, zonificación[123], incompatibilidades entre los distintos usos, tipos de edificios donde ubicarlas, densidades máximas, suspensión de licencias, etc.[124]— está generando conflictividad.

---

121. El TS, en la sentencia núm. 625/2020, de 1 de junio de 2020 (ECLI:ES:TS:2020:1296), no consideró desproporcionada la prohibición temporal de 2 y 6 meses para presentar una nueva declaración responsable si la primera fuera "denegada".

122. Es reciente la aprobación en Cataluña del Decreto-ley 3/2023, de 7 de noviembre, de medidas urgentes sobre el régimen urbanístico de las viviendas de uso turístico. Esta disposición establece la exigencia de obtención de una licencia urbanística previa para las VUT que se encuentren en determinados municipios, que comparten la característica de tener problemas de vivienda o estar en riesgo de ello por su alta concentración. Esta licencia tendrá una limitación temporal de cinco años prorrogables por periodos de igual duración, siempre que el planeamiento urbanístico lo permita.

123. Sobre la posibilidad de limitación del número máximo de viviendas de uso turístico, véase la STS 1766/2018, de 12 de diciembre (ECLI:ES:TS: 2018:4384), que, a propósito de la impugnación del decreto canario, dijo lo siguiente: "la prohibición de ofertar viviendas vacacionales que se encuentren ubicadas en las zonas turísticas delimitadas en el ámbito territorial de Canarias establecida en el artículo 3.2 del Decreto 113/2015, es contraria al principio de libertad de empresa que garantiza el artículo 38 de la Constitución Española y a la libre prestación de servicios que consagra la Directiva 2006/123/CE, del Parlamento Europeo y del Consejo relativa a los servicios en el mercado interior, en cuanto del análisis del procedimiento de elaboración de la norma reglamentaria se infiere que la única explicación plausible parece ser la de tratar de favorecer la oferta de productos alojativos tradicionales, lo que resulta contrario a los principios de necesidad y proporcionalidad enunciados en el artículo 5 de la Ley 20/2013, de 9 de diciembre, de garantía de la unidad de mercado".

124. Entre otros, Arana García (2018), García Rubio (2019) o Hernando Rydings (2022).

Viviendas de uso turístico
Análisis de la situación actual y propuestas
para la mejora de su marco regulatorio

Fundación Democracia y Gobierno Local
Serie: Claves del Gobierno Local, 39
ISBN: 978-84-125912-5-5

Podríamos decir que el centro de gravedad de las impugnaciones (de la CNMC y de distintas asociaciones relacionadas con el alojamiento colaborativo) se ha desplazado de la normativa turística a la urbanística. Pasados unos años desde el dictado de los decretos reguladores de las VUT —y, sobre todo, pulidos aspectos tales como requisitos de equipamiento, duración de las estancias, etc.—, el terreno resbaladizo se ubica aquí. Lo demuestran las impugnaciones de normativa de naturaleza urbanística municipal de Barcelona[125], Madrid[126], Bilbao[127], San Sebastián[128], Palma[129], Valencia[130] y otras que están por venir en las que el Tribunal Supremo ha valorado, y deberá valorar, si las restricciones impuestas por los ayuntamientos respetan los principios de necesidad y proporcionalidad.

---

125.   En la STS 75/2021, de 26 de enero (ECLI:ES:TS:2021:210), sobre la impugnación del Plan Especial Urbanístico para la regulación de las viviendas de uso turístico en la ciudad de Barcelona, se consideró ajustada a derecho la decisión del Ayuntamiento de establecer un número máximo de VUT en *Ciutat Vella*, "coincidente con la totalidad de las VUT habilitadas existentes en el momento de la aprobación definitiva del plan, de forma que para que pueda instalarse una nueva es necesario que se produzca la baja de alguna de estas VUT habilitadas existentes", en cuanto "debe reconocerse que la Directiva 2006/123/CE no se opone a que el acceso a una actividad de servicios o su ejercicio se supedite al respeto de un límite territorial de esta índole, siempre que se cumplan las condiciones de no discriminación, necesidad y proporcionalidad".

126.   Véase la STSJ de Madrid, núm. 14/2021, de 14 de enero (ECLI:ES:TSJM:2021:2), que desestima el recurso interpuesto contra el acuerdo del Pleno del Ayuntamiento de Madrid, de 27 de marzo de 2019, por el que se aprueba el Plan Especial de regulación del uso de servicios terciarios en la clase de hospedaje, distritos de Centro, Arganzuela, Retiro, Salamanca, Chamartín, Tetuán, Chamberí, Moncloa-Aravaca, Latina, Carabanchel y Usera.

127.   Recordemos la ya mencionada STS 1550/2020, de 19 de noviembre (ECLI:ES:TS:2020:3842).

128.   Véase la STSJ del País Vasco núm. 1/2020, de 9 de enero (ECLI:ES:TSJPV:2020:195), que conoce del recurso contra el acuerdo de 1 de marzo de 2018, del Ayuntamiento de San Sebastián, de aprobación definitiva de la Ordenanza Municipal Reguladora del Uso de Vivienda Turística y de alquiler de habitaciones en vivienda habitual para uso turístico, que declara nula la ordenanza.

Sobre el cuestionamiento jurisprudencial y doctrinal del uso de ordenanzas municipales como instrumentos normativos aptos para contener regulación urbanística, Aguirre Font (2021).

129.   La STS 109/2023, de 31 de enero (ECLI:ES:TS:2023:238), confirma la legalidad de la zonificación de viviendas turísticas aprobada por el Pleno del Ayuntamiento de Palma. La STSJ de Islas Baleares había declarado ilegal la zonificación aprobada por acuerdo del Pleno del Ayuntamiento de Palma en 2018, en la que se limitaba la comercialización en todo el municipio de alojamientos turísticos situados en edificios plurifamiliares, limitándose las nuevas licencias exclusivamente a aquellos ubicados en viviendas unifamiliares.

130.   En sentencia núm. 658/2022, de 11 de noviembre de 2022 (ECLI:ES:TSJCV:2022:5628), el TSJ Comunidad Valenciana anuló ciertas limitaciones a las VUT contenidas en el Plan Especial de Protección de Ciutat Vella: "las condiciones de implantación urbanística que el art. 6.4.3.c) del PEP Ciutat Vella impone para solicitar la compatibilidad urbanística del uso de vivienda turística VI (Tvt-vI), en el apartado 1 del precepto —que la vivienda sea cedida con finalidad turística por una persona física para la que dicha vivienda constituye su domicilio habitual, por lo que deberá estar empadronada en ella—, y en su apartado 2 —que el o los periodos temporales comercializados con finalidad turística no superen cualquiera que sea el número de veces que se cede los 60 días en un año natural—, no se ajustan a los aludidos principios de proporcionalidad y necesidad". La anulación de estas limitaciones ha sido recientemente confirmada por el TS.

Viviendas de uso turístico
Análisis de la situación actual y propuestas
para la mejora de su marco regulatorio

Fundación Democracia y Gobierno Local
Serie: Claves del Gobierno Local, 39
ISBN: 978-84-125912-5-5

129

3.2.3. Momento posterior a la presentación de la DR: inscripción en el registro y control *ex post*

Cuando el titular de la VUT presenta la DR, simplemente informa a la Administración turística que comenzará la actividad, sin pretender de ella una respuesta ni favorable ni desfavorable. No hay obligación de supervisar, ni de vetar, ni de resolver nada con carácter previo, porque la actuación del particular queda legitimada por la ley una vez cumple con los requisitos normativos, no por un título jurídico público. Sin embargo, la recepción de la declaración responsable en sede administrativa inaugura otras potestades públicas como las de "comprobación, control e inspección". Su presentación es el punto de partida de una relación de tracto sucesivo entre particular y Administración pública, por tratarse de actividades y servicios que tienen vocación de permanencia en el tiempo. Solo en este sentido se puede hablar de un procedimiento administrativo.

¿Qué actuaciones administrativas se suceden tras la presentación de la DR? La normativa básica no las ha concretado[131], hecho que ha propiciado gran variedad sistematizadora, de la que son ejemplo los distintos decretos autonómicos y las ordenanzas municipales que regulan la actividad de las VUT. Puede identificarse, con todo, un común denominador.

Tras la presentación de la DR, la Administración turística debe llevar a cabo, fundamentalmente, dos actividades. En primer lugar, después de un control que puede ser más o menos intenso, debe inscribir el inmueble en el Registro de Turismo en la modalidad de vivienda de uso turístico. En segundo lugar, debe ejercer un control material o sustantivo de la actividad durante su vigencia, a través de los servicios técnicos correspondientes, sin perjuicio del ejercicio de la potestad inspectora.

3.2.3.1. Inscripción en el registro turístico

Existe falta de consenso en las disposiciones respecto a la existencia y el alcance de un eventual control administrativo previo a la inscripción en el registro turístico. Algunos decretos no especifican si existe o no, dejando abierta la posibilidad de que la inscripción sea automática tras la presentación de la declaración

---

131.   Así lo ha reconocido recientemente la STS 293/2023, de 8 de marzo (ECLI:ES:TS:2023:884), que, tras reconocer la indeterminación de la Ley de procedimiento, ha concluido que "la potestad de comprobación en una declaración responsable o comunicación previa, conforme a la normativa general en vigor, no está sujeta a plazo alguno y puede realizarse durante todo el tiempo de ejercicio del derecho o de la actividad a que se refieren dichos actos del ciudadano".

Viviendas de uso turístico
Análisis de la situación actual y propuestas
para la mejora de su marco regulatorio

Fundación Democracia y Gobierno Local
Serie: Claves del Gobierno Local. 39
ISBN: 978-84-125912-5-5

responsable[132]. Otros, como el del País Vasco, explicitan que la presentación completa de la DR conlleva su inscripción inmediata en el Registro de Empresas y Actividades Turísticas de Euskadi, igual que dispone la ley balear[133].

En el decreto asturiano, por el contrario, sí se prevé un control de tipo formal o documental. El órgano competente examinará si el titular de la actividad ha cumplido con su deber de proporcionar la información requerida por la legislación, verificando si ha presentado todos los datos y la documentación correspondiente[134]. En este control previo se excluyen los aspectos de fondo, los cuales serán abordados en una intervención posterior.

En aquellos casos en los que la inscripción en el registro turístico no es automática, es común incluir la posibilidad de subsanación de deficiencias. Por ejemplo, el decreto de Galicia contempla que, si la DR o la documentación presentan algún defecto u omisión, se informe al interesado para que la corrija o complete[135].

De mayor intensidad es el control previsto en la normativa de la Región de Murcia, que prescribe que el órgano competente, antes de proceder al registro, compruebe la "veracidad" de los datos y declaraciones contenidos en la DR; más allá, por lo tanto, de ejercer un mero control formal o documental. Para lograr esto, como primer paso, solicitará al titular de la VUT la documentación correspondiente y, como segundo paso, iniciará de oficio el procedimiento de verificación de lo declarado, el cual deberá resolverse y notificarse en un plazo de tres meses[136].

En ocasiones, el control previo a la inscripción va incluso más allá, involucrando formalmente a la Administración local en el procedimiento de comprobación que se instaura. Esto ocurre, por ejemplo, en el decreto aragonés, que sí desarrolla las actuaciones de la Administración luego de la presentación de la DR. Tras esta, el órgano turístico competente tendrá un plazo de tres meses para realizar las "oportunas comprobaciones" (no especificadas) y solicitar un informe al ayuntamiento correspondiente. Se instaura el carácter preceptivo y vinculante de dicho informe, el cual deberá ser emitido en diez días y abordará una serie de aspectos relacionados con la naturaleza residencial de la VUT y su conformidad con las regulacio-

---

132. Véase el art. 5.2 del decreto cántabro.
133. Art. 23.6 de la Ley de turismo de Baleares: "La presentación de la declaración responsable de inicio de actividad tendrá como efecto inmediato la inscripción en el correspondiente registro insular de empresas, actividades y establecimientos turísticos".
134. Art. 31 del decreto de Asturias.
135. Art. 42.2 del decreto de Galicia.
136. Art. 29 del decreto de Murcia.

Viviendas de uso turístico
Análisis de la situación actual y propuestas
para la mejora de su marco regulatorio

Fundación Democracia y Gobierno Local
Serie Claves del Gobierno Local, 39
ISBN: 978-84-125912-5-5

131

nes municipales sobre edificación, con el uso urbanístico previsto, el cumplimiento de las condiciones específicas y las directrices de ordenación territorial aplicables. Con toda la información recabada, el órgano turístico procederá, según corresponda, bien a inscribir la VUT en el Registro de Turismo de Aragón a efectos "meramente informativos"; bien a prohibir la actividad "sin que ello genere derecho a indemnización"; bien, en última instancia, a establecer, de manera motivada, las condiciones bajo las cuales puede llevarse a cabo. En cualquier caso se determina que, si transcurren tres meses sin que se haya prohibido o condicionado la actividad, procederá a la inscripción[137].

Una vez inscritas, las altas y bajas de las VUT deben comunicarse a las corporaciones municipales en donde se ubiquen y, en muchos casos, a las consejerías en materia de vivienda[138], a la Administración tributaria y al Registro de la Propiedad[139]. Además, la inscripción se notifica a la persona interesada en el plazo que cada norma establezca[140]. Esta deberá hacer constar, desde ese momento y en la mayoría de casos, el número de inscripción en toda publicidad o promoción que se efectúe por cualquier medio; incluida la placa-distintivo[141] que las VUT deben exhibir según el formato y las características establecidos por los decretos (excepto —prevén algunos— que conste prohibición expresa por parte de las normas de la comunidad de propietarios)[142].

3.2.3.2. Control posterior a la inscripción

Tras la inscripción, el control de la actividad es obligatorio para la Administración, que debe asegurarse de que se cumplen todos los requisitos prescritos y, en general, de que se desarrolla la actividad de manera adecuada. El modo y los tiempos en que se realiza quedan indeterminados en muchas normas analizadas, aunque la mayoría hacen referencia explícita a la potes-

---

137. Véase el art. 15. En el caso de Murcia, por el contrario, transcurridos los 3 meses y no concluso el procedimiento de verificación comentado, quedará incurso en caducidad (art. 29).

138. Art. 9.3 del decreto de Andalucía.

139. Art. 23.6 Baleares.

140. En Galicia, por ejemplo, se prevé que la inscripción se notifique a la persona interesada en el plazo máximo de 15 días desde que la declaración responsable tenga entrada en el registro del área provincial correspondiente de la Agencia de Turismo de Galicia (art. 32.2).

141. En la STS núm. 1237/2019, de 24 de septiembre (ECLI:ES:TS:2019:2853), se concluye que se trata de "un elemento idóneo para dar seguridad al usuario de que el alojamiento turístico seleccionado cumple con la normativa vigente", y, por lo tanto, no admite la impugnación del artículo del decreto castellanoleonés que contiene dicha obligación.

142. Art. 6 del decreto canario.

132

Viviendas de uso turístico
Análisis de la situación actual y propuestas
para la mejora de su marco regulatorio

Fundación Democracia y Gobierno Local
Serie: Claves del Gobierno Local, 39
ISBN: 978-84-125912-5-5

tad inspectora turística, y algunas a la participación de la Administración municipal.

Un ejemplo de ello puede encontrarse en el decreto vasco, que, como hemos mencionado, prevé la inscripción automática tras la recepción de la DR, y concentra la actividad de control en un momento posterior. El órgano competente dictará resolución de inicio de un procedimiento de comprobación, que será notificada a su titular. Dispondrá de seis meses para resolverlo operando, en su caso, la caducidad. En este procedimiento se da participación al ayuntamiento, al que se solicitará un informe preceptivo y vinculante sobre el cumplimiento de distintos extremos y requisitos que, si pasados 3 meses no emite, se tendrán por cumplidos[143]. Pedido el informe, se requerirá al titular de la VUT para que presente, en diez días, la documentación acreditativa. Si se considera la actividad conforme, se dictará la correspondiente resolución. Si se observa un "defecto o disconformidad", se otorgará un plazo de 15 días para presentar alegaciones y, si procede, subsanar. Y si resultan afectados datos de carácter esencial de la DR o se constatan incumplimientos, se dictará resolución motivada por la que se acuerde bien la modificación de la actividad, bien la imposibilidad de continuar con su ejercicio y la baja en el Registro de Empresas y Actividades Turísticas de Euskadi. El procedimiento de comprobación se distingue del ejercicio de la potestad inspectora, por cuanto el decreto prevé que el primero pueda "completarse con una visita de la inspección a la vivienda, que se desarrollará sin perjuicio de las demás actuaciones de inspección y control que puedan llevarse a cabo cuando se considere necesario".

Los decretos no explicitan qué distingue materialmente el control de la actividad, tras la inscripción en el registro turístico, del control fruto de la potestad inspectora. Ello es así porque, en esencia, se trata de realizar las mismas actividades de verificación del cumplimiento de lo establecido en los respectivos decretos y leyes de turismo. En el decreto de Murcia es palpable esta identidad de hecho[144].

Como apunta el decreto catalán, la actividad inspectora turística abarca todas las actuaciones necesarias para garantizar "el cumplimiento de los

---

143.   Véase el art. 8 del decreto vasco.

144.   Art. 29.3. Prevé que en cualquier momento, posterior al procedimiento de comprobación (que en esa región debe sustanciarse con carácter previo a la inscripción en el registro), si la Inspección comprueba que el establecimiento no reúne las condiciones para ostentar la clasificación reconocida, se tramite de oficio un procedimiento de revisión de la misma, que se regirá por las mismas reglas que el procedimiento de comprobación, y cuya resolución de fondo dará lugar, en su caso, a la correspondiente baja en el Registro de Empresas y Actividades Turísticas.

Viviendas de uso turístico
Análisis de la situación actual y propuestas
para la mejora de su marco regulatorio

Fundación Democracia y Gobierno Local
Serie Claves del Gobierno Local. 39
ISBN: 978-84-125912-5-5

133

requisitos, deberes, prohibiciones y limitaciones que recoge la normativa turística en relación con la actividad y los servicios turísticos, incluso en aquellos servicios que estén relacionados con la sociedad de la información"[145]. Recordemos, en relación con esto último, que algunas normas incluyen la obligación, de los canales de oferta de viviendas, de verificar que disponen de número de inscripción y que lo insertan en todas las actuaciones que llevan a cabo en relación con la actividad alojativa[146]. En otras palabras, instauran la prohibición de realizar intermediación de alojamientos turísticos que no dispongan de la preceptiva habilitación[147].

---

145. Art. 621-1.

146. Por ejemplo, art. 20.2 decreto del País Vasco, o art. 251-2 decreto de Cataluña.

147. Véase la sentencia núm. 158/2020, de 29 de abril, del TSJ de Islas Baleares, que anula la sanción impuesta a Airbnb por realizar publicidad de alojamientos sin incorporar número de inscripción del Registro, en cuanto la exigencia recogida en la ley balear de turismo supone trasladar a la plataforma competencias inspectoras que solo corresponden a la Administración y están vetadas por la Directiva de comercio electrónico (la Directiva 2000/31/CE del Parlamento Europeo y del Consejo, de 8 de junio de 2000) respecto a sujetos que, como Airbnb, quedan amparados por la exención de responsabilidad, como reconoció la STJUE de 19 de diciembre, del *caso Airbnb* (ECLI:EU:C:2019:1112). El Gobierno balear trató de impugnar la STSJ, pero fue inadmitida a trámite por el TS.

A la misma conclusión ha llegado más recientemente la STS núm. 2/2022, de 7 de enero (ECLI:ES:TS:2022:6), anulando la Orden de la Dirección General de Turismo de la Generalitat de Cataluña, de 13 de enero de 2015, que ordenó a la empresa *Howeaway Spain* a proceder al bloqueo, la supresión o suspensión definitiva en su web, en el plazo de 15 días, de todo el contenido relativo a empresas y establecimientos de alojamiento turístico localizados en Cataluña en los que no constara el número de inscripción en el Registro de Turismo. El tribunal arguye que esta entidad es un prestador de servicios de la sociedad de la información de alojamiento de datos, que solo está obligado a suprimir los anuncios —o a vedar el acceso a ellos— que incumplan una obligación legal, cuando la Administración competente haya declarado dicho incumplimiento y se lo comunique al PSSI. La Administración no puede trasladar a este la obligación de vigilancia que le compete.

Como vemos, el mencionado fallo del TJUE no ha tenido todavía el impacto esperado (en términos de modificación de disposiciones) en las regulaciones autonómicas que continúan considerando, de forma expresa, a las plataformas como responsables —desde varios puntos de vista— de alojar VUT sin número de registro. Por otro lado, en sentencia de 27 de abril de 2022 el Tribunal europeo (ECLI:EU:C:2022:303) ha dictaminado que Airbnb no puede ampararse en la Directiva sobre comercio electrónico para evitar la obligación de proporcionar información fiscal en relación con un impuesto turístico nacional: "Una disposición de una normativa fiscal de un Estado miembro que obliga a los intermediarios, por lo que atañe a los establecimientos de alojamiento turístico situados en una región de dicho Estado miembro para los que actúan como intermediarios o realizan actividades de promoción, a comunicar a la Administración tributaria regional, previo requerimiento por escrito de esta última, los datos del operador y las señas de los establecimientos de alojamiento turístico, así como el número de pernoctaciones y de unidades de alojamiento explotadas durante el año anterior, ha de considerarse indisociable, en cuanto a su naturaleza, de la normativa de la que forma parte y, por tanto, está comprendida en la 'materia de fiscalidad', que se encuentra expresamente excluida del ámbito de aplicación de la Directiva 2000/31/CE del Parlamento Europeo y del Consejo, de 8 de junio de 2000, relativa a determinados aspectos jurídicos de los servicios de la sociedad de la información, en particular el comercio electrónico en el mercado interior".

134

Viviendas de uso turístico
Análisis de la situación actual y propuestas
para la mejora de su marco regulatorio

Fundación Democracia y Gobierno Local
Serie: Claves del Gobierno Local. 39
ISBN: 978-84-125912-5-5

Debe entenderse que el ejercicio de la potestad inspectora en el contexto estudiado se ejerce dentro de los parámetros habituales. Esto es, por un lado, puede obedecer a una planificación general, a una específica, o ser activada para dar respuesta a denuncias o reclamaciones formuladas por terceros. Sin olvidar que es una potestad que puede, en cualquier momento, ser ejercitada por el órgano que la tenga atribuida. La Administración debe, en consecuencia, planificar la inspección de las actividades sometidas a DR turística para el ejercicio de las VUT. Es decir, ha de elaborar, aprobar y ejecutar correctamente un plan inspector. Plan que, como no puede ser de otra manera, tendrá que diseñar atendiendo a los recursos que tenga. Si la actuación administrativa de inspección se ajusta con rigor al plan, será difícil poder dictaminar la existencia de responsabilidad patrimonial por los tribunales, en caso de daños producidos por este tipo de actividades.

De la acción inspectora no creemos necesario enfatizar los aspectos que son comunes a todos los ámbitos en los que se desarrolla, como la condición de autoridad de los funcionarios integrantes de los servicios técnicos turísticos de inspección, la presunción de certeza y valor probatorio de los hechos constatados en sus actas, o el deber de colaboración de los sujetos. Ahora bien, el ejercicio de esta potestad en el contexto de las VUT presenta algunas particularidades. La primera son los artículos, presentes en muchas reglamentaciones, que previenen de que la condición de vivienda de uso turístico impide a la persona titular alegar la condición de domicilio a efectos de evitar una inspección[148]. La segunda, ejemplifica de forma clara la adaptación de estas funciones al entorno tecnológico en el que se desenvuelve el alojamiento colaborativo. La ley balear, por ejemplo, entre las facultades de los inspectores de turismo incluye la de efectuar reservas y/o contrataciones en orden al descubrimiento de actividades clandestinas (u obtención de pruebas) sin tener que comunicar con anterioridad que se llevan a cabo ni quedar obligados a identificarse[149]. Existen hoy, además, técnicas novedosas que, mediante el uso de la inteligencia artificial y los algoritmos, están siendo testadas en la detección de VUT ilegales[150].

Debe tenerse presente, en todo caso, que los servicios de inspección de la Administración turística autonómica ejercerán las funciones sin perjuicio de las competencias de inspección y control que tengan atribuidas otras

---

148. Art. 41.4 del decreto gallego, art. 31 del decreto de Asturias, art. 17.7 del decreto de Madrid, o art. 5.3 del de Murcia

149. Arts. 111 y 112 ley balear.

150. Véase la siguiente noticia: https://cadenaser.com/comunitat-valenciana/2023/10/01/innovacion-quiere-que-la-prueba-piloto-de-ia-para-controlar-los-pisos-turisticos-ilegales-funcione-en-junio-de-2024-radio-valencia/.

Viviendas de uso turístico
Análisis de la situación actual y propuestas
para la mejora de su marco regulatorio

Fundación Democracia y Gobierno Local
Serie Claves del Gobierno Local. 39
ISBN: 978-84-125912-5-5

135

Administraciones públicas —u otros departamentos sectorialmente competentes—, en especial, la Administración municipal. Esta previsión adquiere
gran relevancia en un ámbito en el que disponer de personal suficiente, para
una adecuada supervisión y control de las VUT, es un reto casi inalcanzable.
Baleares establece una ratio mínima de un funcionario por cada veinte mil
plazas turísticas, por ejemplo.

Los entes locales y las Administraciones turísticas autonómicas pueden
compartir, según se disponga, la función y la responsabilidad de controlar
e inspeccionar el cumplimiento de los requisitos establecidos para las empresas, los establecimientos y las actividades reguladas por las normas turísticas. Excepto en Cataluña, la participación de los ayuntamientos se desarrollará, previsiblemente, una vez el órgano autonómico competente les
notifique la inscripción de la actividad[151]. Se enfocarán solo en las actividades
turísticas que se lleven a cabo dentro de su término municipal, lo que en la
comunidad catalana incluirá el control de los servicios de comercialización
presencial y telemática de las actividades; quedando legitimados, por la Ley
de turismo, para establecer —en los términos, plazos y condiciones que determinen sus ordenanzas— controles periódicos de las VUT que podrán aca-
rrear la extinción del título habilitante[152].

La colaboración entre las distintas Administraciones en el contexto de
la supervisión de las viviendas de uso turístico es esencial[153]. La complejidad
de los controles e inspecciones no reside en el tipo de requisitos a verificar,
que en su mayoría están relacionados con el equipamiento de las viviendas
y la posesión de habilitaciones requeridas. Más bien radica en la detección
de actividades clandestinas debido a la falta de recursos humanos y tecnológicos, de personal especializado dedicado a estas tareas y de programas
y técnicas avanzadas disponibles para las Administraciones públicas involu-
cradas.

---

151.   Ello no quiere decir que con anterioridad no hayan podido controlar la actividad. Lo
habrán hecho, en cuanto los ayuntamientos son plenamente competentes para supervisar el
cumplimiento de la normativa urbanística, medioambiental, sanitaria, de seguridad, etc. Los
consistorios, a través de sus servicios municipales, comprobarán que el titular de la VUT cuenta
con las habilitaciones necesarias y lleva a cabo sus actividades conforme a la normativa general
y sectorial aplicable, adoptando las medidas que consideren oportunas para asegurar que la
misma se ajusta a la legalidad. No obviemos, además, que art. 84 ter de la Ley 7/1985, de 2 de
abril, Reguladora de las Bases del Régimen Local configura como obligatorios para la Administración local el establecimiento y la planificación de procedimientos de verificación posterior del cumplimiento de los requisitos previstos para el ejercicio de actividades cuando estas,
como sucede ya en la mayor parte de casos, ya no precisan autorización habilitante y previa.

152.   Art. 50 bis.

153.   Véase el art. 121-2 del decreto de turismo de Cataluña.

136

Viviendas de uso turístico
Análisis de la situación actual y propuestas
para la mejora de su marco regulatorio

Fundación Democracia y Gobierno Local
Serie: Claves del Gobierno Local, 39
ISBN: 978-84-125912-5-5

4. Bibliografía

Aguirre Font, J. M. (2021). La regulación municipal de las viviendas de uso turístico: soluciones a través del urbanismo. *Revista de Estudios de la Administración Local y Autonómica*, 15.

Arana García, E. (2018). La intervención local en las viviendas de uso turístico a través de la zonificación urbanística: requisitos y consecuencias. *Revista de Estudios de la Administración Local y Autonómica*, 10.

Bauzá Martorell, F. J. (2018). La intervención administrativa en la vivienda turística vacacional. *Revista Española de Derecho Administrativo*, 189.

Botello Hermoso, J. M.ª (2020). La preponderancia del criterio de habitualidad en la configuración de los alquileres turísticos y su necesaria reconfiguración: una propuesta de solución. *Anuario de Derecho Civil*, 4.

Bouazza Ariño, O. (2023). La ordenación de viviendas de uso turístico: especial referencia a la ciudad de Madrid. *Revista Española de Derecho Administrativo*, 224.

Corral Sastre, A. (2017). *La liberalización del sector turístico. ¿Hacia un modelo de turismo sostenible?* Madrid: Reus.

García Rubio, F. (2019). La intervención administrativa sobre las viviendas vacacionales. Especial referencia a las entidades locales. *Cuadernos de Derecho Local*, 49.

Gosálbez Pequeño, H. (2023). Rememorando el *big bang* de las viviendas turísticas y la "moderada administrativización" del contrato de arrendamiento turístico de la vivienda. En H. Gosálbez Pequeño y A. Bueno Armijo (dirs.). *Desregulación y regulación de la economía colaborativa en la actividad turística y las actividades con incidencia turística*. Navarra: Aranzadi.

Hernando Rydings, M.ª (2022). Zonificación urbanística y viviendas de uso turístico en Madrid. *Revista de Estudios de la Administración Local y Autonómica*, 18.

Rebollo Puig, M. (2022). La batalla de las viviendas turísticas. En E. Carbonell Porras (dir.). *Gobiernos locales y economía colaborativa*. Madrid: Iustel.

Rodríguez Font, M. (2017). Barreras regulatorias a la economía colaborativa y nuevas vías de impugnación de normas. El caso de las viviendas de uso turístico. *Revista Española de Derecho Administrativo*, 182.

— (2018). Avances en el proceso de regulación normativa del alojamiento "colaborativo" en Cataluña. En A. M.ª de la Encarnación (dir.). *La regulación del alojamiento colaborativo. Viviendas de uso turístico y alquiler de corta estancia en el derecho español*. Madrid: Thomson Reuters.

— (2021a). La incidencia de las plataformas digitales en el desarrollo de una regulación jurídica flexible del alojamiento colaborativo. En E. Arro-

Viviendas de uso turístico
Análisis de la situación actual y propuestas
para la mejora de su marco regulatorio

Fundación Democracia y Gobierno Local
Serie: Claves del Gobierno Local, 39
ISBN: 978-84-125912-5-5

137

yo Amayuelas, Y. Martínez Mata, M. Rodríguez Font y M. Tarrés Vives. *Servicios en plataforma: estrategias regulatorias*. Madrid: Marcial Pons.

— (2021b). La actividad de "home sharing" dentro del paradigma de la inclusividad y sostenibilidad urbanas. En J. Esteve Pardo (coord.). *La Agenda 2030: implicaciones y retos para las administraciones locales*. Madrid: Fundación Democracia y Gobierno Local.

— (2023). El régimen autonómico de habilitación de viviendas para uso turístico - Algunas propuestas de mejora regulatoria. Cuadernos Manuel Giménez Abad, 26.

Rodríguez González, M.ª P. (2019). La intervención administrativa en el turismo colaborativo. En H. Gosálbez Pequeño (dir.). *El régimen jurídico del turismo colaborativo*. Madrid: Wolters Kluwer.

Román Márquez, A. (2018). Planificación urbanística del turismo: la regulación de las viviendas de uso turístico en Madrid y Barcelona. *Revista de Estudios de la Administración Local y Autonómica*, 10.

Sánchez Sánchez, E. M.ª (2001). El auge del turismo europeo en la España de los años sesenta. *Arbor CLXX*, 669.

Socías Camacho, J. (2018). Estado regulador y alojamiento colaborativo. En A. M.ª de la Encarnación (dir.). *La regulación del alojamiento colaborativo. Viviendas de uso turístico y alquiler de corta estancia en el derecho español*. Madrid: Thomson Reuters.

138
Viviendas de uso turístico
Análisis de la situación actual y propuestas
para la mejora de su marco regulatorio

Fundación Democracia y Gobierno Local
Serie: Claves del Gobierno Local, 39
ISBN: 978-84-125912-5-5

CAPÍTULO 4

Mecanismos de intervención local en la actividad de alojamiento turístico en viviendas[1]

Alejandro Corral Sastre
Profesor adjunto de Derecho Administrativo.
Universidad CEU-San Pablo de Madrid

SUMARIO. 1. Introducción. 2. La competencia para intervenir el mercado de las viviendas de uso turístico (VUT): control de la información, control urbanístico y control de calidad. Y no nos olvidemos del fomento. **3. Competencias de la Unión Europea con relación a las VUT.** 3.1. La Unión Europea y las VUT. El control sobre la información turística. 3.2. Las ayudas europeas como instrumento para fomentar la creación de VUT en zonas rurales. **4. El Estado y las VUT. 5. Las actuaciones de las comunidades autónomas sobre VUT.** 5.1. Competencia autonómica de ordenación de las VUT: la dificultad de ajustarse a la Directiva de Servicios y a la Ley de garantía de la unidad de mercado. 5.2. Fomento de las VUT desde las comunidades autónomas para paralizar el despoblamiento rural. **6. Mecanismos de intervención local en el mercado de las VUT.** 6.1. La competencia municipal para el control urbanístico de las VUT. 6.2. Especial referencia a la competencia municipal para realizar el control de calidad turístico: hacia un control integrado de las VUT. 6.3. El fomento local de las VUT. **7. Conclusión. 8. Bibliografía.**

1.   Este trabajo de investigación se realiza en el marco del Proyecto de Investigación Identidad Digital, Derechos Fundamentales y Neuroderechos, financiado por el Ministerio de Ciencia e Innovación, PID2020-120373RB-I00, del que es investigador principal el profesor Dr. José Luis Piñar Mañas, y en el que participo como investigador.

Viviendas de uso turístico
Análisis de la situación actual y propuestas
para la mejora de su marco regulatorio

Fundación Democracia y Gobierno Local
Serie Claves del Gobierno Local, 39
ISBN: 978-84-125912-5-5

139

1. Introducción

El presente capítulo pretende analizar los mecanismos de intervención local, en concreto a nivel municipal, para controlar la actividad de vivienda de uso turístico (en adelante VUT) en nuestro ordenamiento jurídico.

La proliferación en los últimos años de este fenómeno de alojamiento turístico ha sido objeto de minuciosa atención por parte de la doctrina. Tanto desde una perspectiva pública, especialmente desde el derecho administrativo, como privada (civilistas y mercantilistas) se han estudiado las razones por las que se ha incrementado tanto la oferta y demanda de este tipo de establecimientos, así como los remedios utilizados por los poderes públicos para atajar las posibles consecuencias negativas.

Se ha hecho hincapié en el análisis de la utilización de plataformas digitales para incrementar la demanda y la oferta de VUT. Asimismo, se han criticado las diferentes normas aprobadas, a nivel estatal y autonómico, por Parlamentos y Gobiernos, para ordenar y evitar el desaforado crecimiento de este tipo de alojamientos.

Por otro lado, desde el punto de vista del control administrativo de la oferta turística, se ha tratado de encontrar el equilibrio entre el necesario control administrativo de esta actividad económica y la liberalización impuesta por normas como la Directiva de Servicios[2] o la Ley de garantía de la unidad de mercado[3].

Si embargo, no se ha puesto el foco de atención en una cuestión que, en mi opinión, resulta muy relevante: la asimetría digital entre el sector privado y el sector público. Es decir, en qué medida puede la Administración pública utilizar las oportunidades que le brindan las tecnologías de la información y del conocimiento para reducir la brecha con el sector privado.

Si el incremento de la oferta y la demanda se produce como consecuencia directa del uso de las TIC, quizás haya que dotar de medios similares a las Administraciones públicas encargadas de controlar el acceso a ese mercado. Y no para impedir la creación de empresas y la llegada de turistas, sino para ordenar adecuadamente el crecimiento. Limitando, sí, si es necesario. Pero también fomentando, cuando se considere adecuado, la demanda y la oferta. Especialmente en determinadas zonas de territorio nacional sometidas a intensos procesos de despoblación.

A ello intentaré dedicar las siguientes páginas.

---

2. Directiva 2006/123/CE del Parlamento Europeo y del Consejo, de 12 de diciembre de 2006, relativa a los servicios en el mercado interior.
3. Ley 20/2013, de 9 de diciembre, de garantía de la unidad de mercado.

140

Viviendas de uso turístico
Análisis de la situación actual y propuestas
para la mejora de su marco regulatorio

Fundación Democracia y Gobierno Local
Serie: Claves del Gobierno Local. 39
ISBN: 978-84-125912-5-5

2. La competencia para intervenir el mercado de las viviendas de uso turístico (VUT): control de la información, control urbanístico y control de calidad. Y no nos olvidemos del fomento

Acabo de señalar que uno de los principales problemas de las VUT ha sido, precisamente, el incremento del número de viviendas ofrecidas que se ha producido en los últimos años como consecuencia, entre otras cosas, de la utilización de plataformas digitales.

No solo en el sector de las VUT, pero especialmente en el mismo, el uso de las TIC ha permitido un incremento excesivo de la demanda y de la oferta en el sector. Todo, además, al margen del control de las Administraciones públicas correspondientes.

Y en sentido opuesto, en aquellas zonas del territorio nacional donde el desarrollo económico ha descendido de manera brusca, produciendo, en ocasiones, una intensa despoblación del territorio, no ha habido una respuesta administrativa para intentar pararlo.

A continuación, analizaré cómo los diferentes niveles de administración pública pueden actuar en el sector turístico, desde sus propias competencias, para atajar o fomentar las posibles externalidades del desarrollo del sector turístico.

3. Competencias de la Unión Europea con relación a las VUT

3.1. La Unión Europea y las VUT. El control sobre la información turística

La Unión Europea no tiene competencia directa sobre turismo. En el Tratado de Funcionamiento de la Unión Europea (en adelante, TFUE) encontramos varias referencias directas al turismo, pero ninguna de ellas es para atribuir una competencia directa a la Unión sobre la materia. Así, el artículo 6 establece que la Unión dispondrá de competencia para llevar a cabo acciones con el fin de apoyar, coordinar o complementar la acción de los Estados miembros sobre el sector turístico.

Por su parte, el artículo 195 del TFUE[4] establece que la Unión podrá complementar la acción de los Estados miembros, particularmente, y es lo que más le interesa, promoviendo la competitividad de las empresas.

---

4. Título XXII. Turismo. Artículo 195:
    "1. La Unión complementará la acción de los Estados miembros en el sector turístico, en particular promoviendo la competitividad de las empresas de la Unión en este sector. Con este fin, la Unión tendrá por objetivo:
    a) fomentar la creación de un entorno favorable al desarrollo de las empresas en este sector;

Viviendas de uso turístico
Análisis de la situación actual y propuestas
para la mejora de su marco regulatorio

Fundación Democracia y Gobierno Local
Serie Claves del Gobierno Local, 39
ISBN: 978-84-125912-5-5

141

Por consiguiente, la Unión Europea solo tiene competencias sobre el sector turístico en la medida en que afecte a la competitividad de las empresas, es decir, a una cuestión puramente económica[5]. Sin embargo, como ya se ha puesto de manifiesto, la Unión ha aprobado normas que han impactado en el punto de flotación de todo el sistema de control administrativo de acceso al mercado turístico. Me refiero, en concreto, a la Directiva de Servicios y las correspondientes normas de transposición en España que, si se me permite la expresión, aún están dando sus coletazos.

Además, existe un especial interés desde la Unión por impulsar la utilización de toda la información generada por el sector. Así, recientemente se ha publicado en el Diario Oficial de la Unión Europea (27 de julio de 2023) una Comunicación procedente de la Comisión Europea titulada "Hacia un espacio común europeo de datos turísticos: impulsar el intercambio de datos y la innovación en todo el ecosistema turístico" (2023/C 263/01).

Lo que se pretende, según el texto de la Comunicación, es generar un espacio de datos al servicio de todos los agentes involucrados en el sector. No solo ayudando a las empresas a ofrecer servicios más definidos a los usuarios, que dispondrán de información más precisa, sino también a las Administraciones públicas, que contarán con datos fiables para la toma de decisiones al servicio del interés público[6]. Este es, en mi opinión, el caldo

---

b) propiciar la cooperación entre Estados miembros, en particular mediante el intercambio de buenas prácticas.

2. El Parlamento Europeo y el Consejo, con arreglo al procedimiento legislativo ordinario, establecerán las medidas específicas destinadas a complementar las acciones llevadas a cabo en los Estados miembros para conseguir los objetivos mencionados en el presente artículo, con exclusión de toda armonización de las disposiciones legales y reglamentarias de los Estados miembros".

5.   Sobre la necesidad de dotar a la Unión Europea de competencias en materia turística, véase Villanueva Cuevas (2012).

6.   Según la Comunicación de la Comisión a la que me estoy refiriendo, p. C 263/6:
"El objetivo del espacio de datos para el turismo es combinar las normas técnicas de interoperabilidad con una estructura de gobernanza que pida y permita a las partes interesadas públicas y privadas aunar esfuerzos para aumentar el intercambio de datos entre ámbitos de datos, así como entre espacios de datos sectoriales, y la utilización de los datos en el sector. Esto, a su vez, puede beneficiar en gran medida al ecosistema turístico y contribuir a la realización de objetivos específicos, como:
— fomentar la innovación en el sector para las empresas y para las OGD a la hora de crear, mejorar y personalizar servicios y ofertas, mediante el acceso a una información de mayor calidad, que no solo se comparte, sino también es más fácil de encontrar;
— apoyar a las autoridades públicas en la toma de decisiones sobre la sostenibilidad de su oferta turística, su comercialización y su gestión sobre la base de una variedad de datos pertinentes;
— ayudar a las empresas especializadas en la prestación de mejores servicios al mercado en lo relativo a análisis de datos, índices y tendencias del mercado;

142

Viviendas de uso turístico
Análisis de la situación actual y propuestas
para la mejora de su marco regulatorio

Fundación Democracia y Gobierno Local
Serie: Claves del Gobierno Local, 39
ISBN: 978-84-125912-5-5

de cultivo idóneo para empezar a implementar, de manera seria, sistemas de inteligencia artificial en la toma de decisiones públicas. Es el momento, estimo, de cambiar los patrones de actuación, de utilizar la información generada por el sector para alcanzar los fines de interés general que la Administración pública tiene constitucionalmente encomendados[7].

Y en concreto, sobre las viviendas de uso turístico, que es uno de los mayores retos regulatorios a los que se han enfrentado los poderes públicos en los últimos años, existe una Propuesta de Reglamento del Parlamento Europeo y del Consejo sobre la recogida y el intercambio de datos relativos a los servicios de alquiler de alojamientos de corta duración y por el que se modifica el Reglamento (UE) 2018/1724 —Bruselas, 7.11.2022, COM(2022) 571 final, 2022/0358 (COD)—. En esta Propuesta de Reglamento la Unión pretende facilitar el intercambio de información entre las distintas plataformas para evitar cargas administrativas innecesarias. También, aunque no parece ser su objetivo principal, pretende facilitar la labor a las Administraciones públicas competentes e incentivar el uso de administración electrónica[8].

— permitir a las pymes o a las pequeñas OGD compartir sus datos e información relacionados con los servicios y ofrecer un marco de intercambio de datos a escala de la UE;
— mejorar la disponibilidad de fuentes de datos para producir información estadística destinada a los responsables políticos, a las empresas o al interés público, fomentando la integración y la mejora de las estadísticas oficiales existentes".

7.   A ello se refiere Socías Camacho (2018: 137-138) cuando señala: "Los poderes públicos están obligados a adoptar un rol distinto frente al impulso auspiciado por el derecho comunitario de la capacidad de emprendimiento de la sociedad, rol que tiene que incorporarse en la regulación y definición del nuevo turismo colaborativo".

8.   Razones y objetivos de la propuesta:
"La presente exposición de motivos acompaña a la propuesta de Reglamento sobre la recogida y el intercambio de datos relativos a los servicios de alquiler de alojamientos de corta duración ('la propuesta').
El alquiler de alojamientos de corta duración es una parte cada vez más importante del sector turístico. Representa casi una cuarta parte de la oferta total de alojamientos turísticos de la UE, lo que se ha visto impulsado por la aparición de plataformas en línea 1. El alquiler de alojamientos de corta duración genera beneficios y oportunidades para los huéspedes, los anfitriones y el ecosistema turístico, pero también supone un motivo de preocupación, en particular para las comunidades locales que lidian con una llegada excesiva de turistas y con la falta de viviendas asequibles a largo plazo. Por lo tanto, el alquiler de alojamientos de corta duración está cada vez más regulado a nivel nacional, regional y local. Las autoridades públicas también han tomado medidas para mejorar la transparencia del alquiler de alojamientos de corta duración, por ejemplo, introduciendo requisitos de registro para los anfitriones (permitiendo así a las autoridades públicas saber qué anfitriones alquilan qué propiedades) y solicitando a las plataformas en línea que intercambien datos sobre los anfitriones y sus actividades.
Las numerosas solicitudes de datos diferentes por parte de las autoridades públicas imponen una pesada carga, en particular a las plataformas que operan de manera transfronteriza. Esto merma su capacidad para ofrecer servicios de alquiler de corta duración en todo el mercado único. Las autoridades públicas también tienen dificultades para obtener datos fiables de manera eficiente, lo que a su vez obstaculiza sus esfuerzos por desarrollar respuestas políticas

Viviendas de uso turístico
Análisis de la situación actual y propuestas
para la mejora de su marco regulatorio

Fundación Democracia y Gobierno Local
Serie: Claves del Gobierno Local, 39
ISBN: 978-84-125912-5-5

143

En esta línea, la Unión Europea parece fomentar la asimetría ya existente entre la utilización de tecnologías por parte del sector público y privado. El objetivo esencial es que las plataformas puedan usar la información que se crea en el sector, el que lo puedan utilizar las Administraciones públicas ya parece menos relevante. Da la impresión de que la Unión desconozca que la mayoría de las Administraciones públicas con competencia en la materia (los municipios) disponen de presupuestos muy inferiores a los de las grandes plataformas digitales, por lo que no pueden desarrollar por sí mismas sistemas capaces de afrontar su misión de protección del interés público con suficiente garantía y eficacia.

Y nos encontramos con uno de los principales problemas en este sector: se liberaliza el acceso a la información, fomentando la utilización de los datos correspondientes por parte de las grandes plataformas digitales que ofrecen servicios de VUT, pero no se hace lo propio con las Administraciones públicas, especialmente las locales, que son las competentes para llevar a cabo el control del acceso al mercado. Esta es la gran asimetría en el uso de las TIC que se produce entre el sector público y el sector privado. No están a la misma altura las grandes empresas que utilizan tecnología de vanguardia y los pequeños municipios que deben controlar y fomentar el acceso a esta actividad económica.

---

adecuadas y proporcionadas al aumento del número de propiedades en régimen de alquiler de corta duración. Las dificultades en el intercambio de datos se deben a:
— sistemas de registro ineficientes y divergentes gestionados por las autoridades públicas (que, por lo tanto, no pueden obtener datos de identificación para los anfitriones y los anuncios);
— la falta de eficacia y de garantía del cumplimiento de los marcos jurídicos, las normas y las herramientas para el intercambio de datos entre plataformas y autoridades públicas;
— la falta de un marco jurídico adecuado que regule la transparencia y el intercambio de datos.
Para abordar estas cuestiones, los principales objetivos de la propuesta son armonizar y mejorar el marco para la generación y el intercambio de datos sobre el alquiler de alojamientos de corta duración en toda la Unión Europea, y aumentar la transparencia en el sector del alquiler de alojamientos de corta duración. Más concretamente, la propuesta ofrece:
— un enfoque armonizado de los sistemas de registro para los anfitriones, con la obligación de que las autoridades públicas mantengan sistemas de registro que hayan sido diseñados adecuadamente si desean obtener datos con fines de elaboración de políticas y de garantía del cumplimiento;
— obligaciones de que las plataformas en línea permitan a los anfitriones mostrar los números de registro (lo que garantizará el cumplimiento de los requisitos de registro por parte de los anfitriones) e intercambien con las autoridades públicas datos específicos sobre las actividades y anuncios de esos anfitriones;
— herramientas y procedimientos específicos para garantizar que el intercambio de datos sea seguro, conforme al Reglamento general de protección de datos y rentable para todas las partes implicadas".

Viviendas de uso turístico
Análisis de la situación actual y propuestas
para la mejora de su marco regulatorio

Fundación Democracia y Gobierno Local
Serie: Claves del Gobierno Local, 39
ISBN: 978-84-125912-5-5

No es suficiente con una adecuada normativa, por muy adaptada a los principios de buena regulación que esté[9]. Según entiendo, lo necesario es una adecuada intervención pública, a niveles territoriales adecuados, a través de sistemas de control administrativo adaptados a los nuevos tiempos, utilizando la información que fluye en el sector, y que desde la Unión Europea se fomenta.

También una adecuada financiación en infraestructura, no solo en las grandes ciudades, donde la rentabilidad de las VUT es muy buena y está generando importantes problemas, sino en pequeños municipios y en zonas rurales, sometidas a un intenso despoblamiento y donde una adecuada política de fomento turístico, con inversión pública, puede tener, según pienso, importantes beneficios a medio y largo plazo.

3.2. Las ayudas europeas como instrumento para fomentar la creación de VUT en zonas rurales

La Unión Europea sí tiene competencia, compartida con los Estados miembros, para intentar alcanzar una adecuada cohesión económica, social y territorial, según lo previsto en el artículo 4.2.c) del Tratado de Funcionamiento de la Unión Europea.

Por su parte, el artículo 174 del Tratado[10] se refiere a la posibilidad de llevar a cabo acciones positivas para reducir las diferencias de desarrollo entre las distintas regiones, en las que han de tener especialmente en cuenta las zonas rurales, por su especial vulnerabilidad.

Esto hace que sea un nivel territorial muy adecuado para financiar las ayudas que posteriormente puedan ser gestionadas por el Estado, las comunidades autónomas y las entidades locales para alcanzar los objetivos de desarrollo turístico y digitalización del sector.

---

9. Bosch Castel (2021: 38-39); plantea el autor la necesidad de afrontar una regulación estatal que unifique los criterios definitorios de las VUT, para asegurar la igualdad entre comunidades autónomas. Pero, si bien es cierto que ello evitaría muchos problemas de dispersión normativa y de desigualdad entre regiones, como se plantea muy bien en el trabajo, no es menos cierto que nos encontramos con el gran obstáculo de la competencia exclusiva autonómica y con la necesidad de adaptar la regulación a la idiosincrasia propia de cada región.

10. Cohesión Económica, Social y Territorial. Artículo 174:

"A fin de promover un desarrollo armonioso del conjunto de la Unión, ésta desarrollará y proseguirá su acción encaminada a reforzar su cohesión económica, social y territorial.

La Unión se propondrá, en particular, reducir las diferencias entre los niveles de desarrollo de las diversas regiones y el retraso de las regiones menos favorecidas.

Entre las regiones afectadas se prestará especial atención a las zonas rurales, a las zonas afectadas por una transición industrial y a las regiones que padecen desventajas naturales o demográficas graves y permanentes como, por ejemplo, las regiones más septentrionales con una escasa densidad de población y las regiones insulares, transfronterizas y de montaña".

Viviendas de uso turístico
Análisis de la situación actual y propuestas
para la mejora de su marco regulatorio

Fundación Democracia y Gobierno Local
Serie: Claves del Gobierno Local, 39
ISBN: 978-84-125912-5-5

145

Este es el nivel territorial adecuado para, en su caso, impulsar las ayudas para la creación de posibles plataformas digitales de VUT en zonas rurales. Que es lo que, en definitiva, se plantea en este trabajo.

En este sentido, juega un papel muy importante el Fondo Europeo de Desarrollo Regional[11]. Así, según información suministrada en la página web de SEGITTUR[12], este fondo europeo puede ayudar a las iniciativas turísticas rurales[13]:

---

11. El artículo 176 del TFUE dispone que el FEDER está destinado a contribuir a la corrección de los principales desequilibrios regionales dentro de la Unión. Puede lograr su objetivo a través del apoyo:
- al desarrollo y el ajuste estructural de las regiones menos desarrolladas;
- a la transformación de las regiones industriales en declive.

Las normas para el FEDER en el período 2021-2027 se establecen en:
- un Reglamento relativo al FEDER y al Fondo de Cohesión, y
- un Reglamento sobre disposiciones específicas para el objetivo de cooperación territorial europea (Interreg).

El FEDER tiene dos objetivos principales, a saber:
- la inversión en crecimiento y empleo, que está orientada a fortalecer el mercado laboral y las economías regionales;
- la cooperación territorial europea, orientada a reforzar la cooperación transfronteriza, transnacional e interregional dentro de la Unión.

Los recursos asignados al primer objetivo se han destinado a tres categorías de regiones distintas:
- las regiones más desarrolladas, con un PIB per cápita superior al 100 % de la media de la Unión;
- las regiones en transición, con un PIB per cápita situado entre el 75 % y el 100 % de la media de la Unión;
- las regiones menos desarrolladas, con un PIB per cápita inferior al 75 % de la media de la Unión.

Los pormenores de la asignación y la utilización futura de los fondos del FEDER se fijan en los acuerdos de asociación, que son documentos estratégicos elaborados por cada Estado miembro con la participación de socios regionales y sociales.

12. La Sociedad Mercantil Estatal para la Gestión de la Innovación y las Tecnologías Turísticas, S.A.M.P. (SEGITTUR), dependiente del Ministerio de Industria, Comercio y Turismo, y adscrita a la Secretaría de Estado de Turismo, es la responsable de impulsar la innovación (I+D+i) en el sector turístico español, tanto en el sector público (nuevos modelos y canales de promoción, gestión y creación de destinos inteligentes, etc.) como en el sector privado (apoyo a emprendedores, nuevos modelos de gestión sostenible y más competitivo, exportación de tecnología española).

SEGITTUR es un potente y eficaz operador capaz de contribuir al desarrollo, modernización y mantenimiento de una industria turística líder, mediante la innovación tecnológica. Genera y gestiona la tecnología, el conocimiento y la innovación necesarios para mejorar la competitividad, calidad y sostenibilidad en los ámbitos medioambiental, económico y social del turismo. Difunde, promociona e implementa en los mercados turísticos nacionales e internacionales las buenas prácticas, los conocimientos y la innovación tecnológica que han convertido a España en un referente mundial en el ámbito del turismo internacional.

SEGITTUR es una sociedad mercantil estatal participada en su totalidad por la Administración General del Estado que, como recoge el artículo 2.º BIS de sus Estatutos Sociales, "tiene la condición de medio propio instrumental y servicio técnico de la Administración del Estado y del Instituto de Turismo de España (TURESPAÑA), así como de los entes, organismos o entidades" que tengan la naturaleza de poderes adjudicadores y se encuentren vinculados o sean dependientes, directa o indirectamente, de aquellos.

13. Los objetivos temáticos y prioridades de inversión del FEDER aplicables a turismo son los siguientes:

146   Viviendas de uso turístico
Análisis de la situación actual y propuestas
para la mejora de su marco regulatorio

Fundación Democracia y Gobierno Local
Serie: Claves del Gobierno Local, 39
ISBN: 978-84-125912-5-5

- investigación relacionada con el turismo, el desarrollo tecnológico y la innovación, incluida la innovación de servicios y agrupaciones (incubadoras de servicios turísticos, *living labs*, proyectos de demostración,...);

- desarrollo de productos TIC relacionadas con el turismo (aplicaciones, minería de datos,...);

- desarrollo de servicios turísticos innovadores, en particular en las regiones menos favorecidas y periféricas y las estructuras industriales subdesarrolladas, dependiendo en gran medida del turismo (nuevos modelos de negocio, la explotación de nuevas ideas,...);

- desarrollo de alto valor añadido de productos y servicios en nichos de mercado (turismo de salud, turismo para la tercera edad, cultura y ecoturismo, turismo gastronómico, turismo deportivo, etc.) mediante la movilización de recursos locales específicos, y por lo tanto contribuyendo a la especialización regional inteligente;

- actividades de agrupamiento entre los diferentes sectores del turismo, así como con las industrias creativas, para diversificar los productos turísticos regionales y ampliar la temporada turística (por ejemplo, en la industria del turismo náutico y la navegación, así como para la industria de cruceros);

- actividades que conectan las regiones costeras al interior para el desarrollo regional más integrado;

- medidas para mejorar la eficiencia energética y el uso de energías renovables en las pymes turísticas;

- protección, promoción y desarrollo de recursos turísticos naturales y culturales y servicios relacionados;

- infraestructura de turismo cultural y sostenible a pequeña escala;

- medidas a favor de la iniciativa empresarial, del autoempleo y de la creación de empresas, así como de la internacionalización de las pymes turísticas y los clústeres;

- formación profesional, perfeccionamiento profesional.

— *Research and innovation* (N.° 1)
— *Information and Communication Technologies* (N.° 2)
— *Competitiveness of Small and Medium-Sized Enterprises* (N.° 3)
— *Shift to a low-carbon economy* (N.° 4)
— *Environmental protection and resource efficiency* (N.° 6)
— *Employment and support for labour mobility* (N.° 8)
— *Education, skills and lifelong learning* (N.° 10)

Viviendas de uso turístico
Análisis de la situación actual y propuestas
para la mejora de su marco regulatorio

Fundación Democracia y Gobierno Local
Serie Claves del Gobierno Local. 39
ISBN: 978-84-125912-5-5

147

Por otro lado, el Plan de Recuperación, Transformación y Resiliencia (PRTR), también conocido como programa de ayudas *Next Generation EU*[14], prevé en su componente 14 un "Plan de modernización y competitividad del sector turístico", para el que se contemplan unas inversiones de 3400 millones de euros y que tiene como objetivo transformar y modernizar este sector desde una perspectiva estratégica e integral, sobre distintos ámbitos de actuación[15]:

1) la transformación del modelo turístico hacia la sostenibilidad medioambiental, socioeconómica y territorial, a través de la Estrategia de Turismo Sostenible España 2030, planes de sostenibilidad turística en destino, y planes de sostenibilidad social;

2) la transformación digital de los destinos y empresas turísticas;

3) la puesta en marcha de planes de resiliencia específicos en territorios extrapeninsulares;

4) el impulso a la competitividad a través del desarrollo del producto turístico, de la eficiencia energética y la economía circular en el sector, de la inversión en mantenimiento y rehabilitación del patrimonio histórico de uso turístico y en la mejora de las zonas comerciales de gran afluencia turística.

A la vista de esto, parece claro que líneas de financiación para la creación de plataformas digitales que ofrezcan VUT en zonas rurales existen. Cuestión distinta es que esas ayudas se canalicen de forma adecuada y que se utilicen para los objetivos adecuados. Al final resulta ser, como siempre, una cuestión de voluntad política y ganas.

---

14.   El Consejo Europeo aprobó el 21 de junio de 2020 la creación del programa *Next Generation EU*, el mayor instrumento de estímulo económico jamás financiado por la Unión Europea, en respuesta a la crisis sin precedentes causada por el coronavirus. *Next Generation EU* tiene como objetivo responder de manera conjunta y coordinada a una de las peores crisis sociales y económicas de nuestra historia, y contribuir a reparar los daños causados por la pandemia. Con estos fondos, la Europa posterior a la COVID-19 debe ser más ecológica, más digital y más resiliente a los cambios y retos del futuro.

15.   Dentro de las inversiones incluidas, se encuentra el "Programa de digitalización e inteligencia para destinos y sector turístico", cuyo objetivo principal es implementar actuaciones de impulso de la digitalización tanto de los destinos como en las empresas turísticas. Entre estas actuaciones, se incluye la dotación de ayudas vinculadas con la digitalización, donde se prevé la participación como entidad colaboradora de la Sociedad Mercantil Estatal para la Gestión de la Innovación y las Tecnologías Turísticas, S.A.M.P. (SEGITTUR), sociedad mercantil estatal dependiente del Ministerio de Industria, Comercio y Turismo, y adscrita a la Secretaría de Estado de Turismo.

148

Viviendas de uso turístico
Análisis de la situación actual y propuestas
para la mejora de su marco regulatorio

Fundación Democracia y Gobierno Local
Serie: Claves del Gobierno Local. 39
ISBN: 978-84-125912-5-5

4. El Estado y las VUT

Bien es cierto que el Estado no tiene competencia directa sobre las VUT, pero no lo es menos que ha influido en gran medida en la configuración de lo que hoy podemos calificar como este tipo especial de alojamiento turístico. Y lo hizo fundamentalmente a través de su competencia en materia de arrendamientos urbanos, en concreto mediante la aprobación de la Ley 4/2013, de 4 de junio, de medidas de flexibilización y fomento del mercado del alquiler de viviendas, por la que se modifica la Ley 29/1994, de 24 de noviembre, de Arrendamientos Urbanos (LAU).

Esta modificación tenía, como objetivo principal, excluir el alquiler de vivienda de uso turístico de la propia LAU. Así, se introduce un nuevo apartado al artículo correspondiente a los arrendamientos excluidos [el apartado e) del art. 5], referido a la "la cesión temporal de uso de la totalidad de una vivienda amueblada y equipada en condiciones de uso inmediato, comercializada o promocionada en canales de oferta turística y realizada con finalidad lucrativa, cuando esté sometida a un régimen específico, derivado de su normativa sectorial", diferenciándolo claramente del arrendamiento para uso distinto del de vivienda.

Así, las competencias para la ordenación de las VUT quedan en manos autonómicas, que tienen competencia exclusiva sobre la materia. Esto, por un lado, permite a cada comunidad autónoma atender las necesidades propias e idiosincrasia de cada territorio, pero por otro genera una gran dispersión normativa y heterogeneidad regulatoria que dificulta, en gran medida, el acceso al mercado y el desarrollo normal del mismo. Con la inseguridad jurídica que ocasiona a posibles inversores privados extranjeros.

No tiene competencia, por tanto, el Estado, para ordenar normativamente el sector. Sí la tiene, sin embargo, según entiendo, para otorgar a las Administraciones públicas competentes, esto es, los municipios, las herramientas normativas y los instrumentos tecnológicos para poder realizar un adecuado control de acceso al mercado de VUT en los términos que ya se han apuntado y se desarrollarán más adelante.

Por tanto, el Estado no debe desaparecer de un sector, el de las VUT, que requiere de su atención. Cierto es que sus competencias no son directas, pero no puede desatender a aquellas Administraciones que, pese a su autonomía política, requieren medios materiales adecuados para desempeñar sus funciones de manera eficaz y eficiente frente a grandes plataformas que disponen, en muchas ocasiones, de tecnología muy avanzada.

Viviendas de uso turístico
Análisis de la situación actual y propuestas
para la mejora de su marco regulatorio

Fundación Democracia y Gobierno Local
Serie Claves del Gobierno Local. 39
ISBN: 978-84-125912-5-5

149

Por otro lado, debe seguir canalizando las posibles ayudas europeas en materia turística a través de los entes ya existentes, como el mencionado SEGITTUR o el Instituto de Turismo de España, entre otros. No olvidemos que tiene competencias sobre la imagen de España en el exterior, lo que resulta esencial para el desarrollo de las políticas turísticas a todos los niveles territoriales.

5. Las actuaciones de las comunidades autónomas sobre VUT

5.1. Competencia autonómica de ordenación de las VUT: la dificultad de ajustarse a la Directiva de Servicios y a la Ley de garantía de la unidad de mercado

Frente al primero de los problemas señalados en el apartado anterior, el que se refiere al crecimiento de las VUT en determinadas ciudades, la respuesta de las Administraciones públicas ha sido, en primer lugar, normativa.

Las comunidades autónomas, que según el artículo 148.1.18.º de la Constitución tienen competencia exclusiva sobre promoción y ordenación del turismo, han desarrollado dicha competencia aprobando normas que regulan el mercado de las viviendas de uso turístico. Como ejercen una competencia exclusiva y no hay una regulación general estatal más allá de la prevista en la Ley 4/2013, de 4 de junio, de medidas de flexibilización y fomento del mercado del alquiler de viviendas[16], la dispersión normativa es enorme.

Los requisitos para acceder al mercado regulado son, por consiguiente, muy diferentes en función de la región, por lo que el mercado está muy fragmentado[17]. Esto es correcto si tenemos en cuenta que las necesidades de cada comunidad autónoma son diferentes, no cabe duda, pero lo cierto es que provoca ciertos problemas de cara, sobre todo, a alcanzar unas cotas adecuadas de seguridad jurídica[18].

---

16. Sobre la Ley 4/2013, de 4 de junio, de medidas de flexibilización y fomento del mercado del alquiler de viviendas, por la que se modifica la Ley 29/1994, de 24 de noviembre, de Arrendamientos Urbanos, véase Guillén Navarro (2015).

17. Para una visión general de la normativa autonómica sobre viviendas de uso turístico se puede ver el trabajo de Bouazza Ariño (2023).

18. Kruithof Ausina (2020: 192):
"En esta misma línea, convendría reflexionar al respecto de si 'se quiere regular la actividad de forma global, como si siempre tuviera los mismos perfiles y planteara idénticos problemas, o por el contrario si se entiende más apropiado diferenciar en-

150

Viviendas de uso turístico
Análisis de la situación actual y propuestas
para la mejora de su marco regulatorio

Fundación Democracia y Gobierno Local
Serie: Claves del Gobierno Local, 39
ISBN: 978-84-125912-5-5

Por otro lado, las normas autonómicas sobre VUT tienen unos límites claros en la normativa sobre liberalización del sector servicios. Así, tanto la Directiva de Servicios como la Ley estatal de unidad de mercado, ya citadas, suponen un contrapeso importante a la libertad de regulación autonómica en la materia.

Sobre todo, en lo que se refiere al control de acceso al mercado, es decir, si es a través de declaración responsable o mediante autorización previa. También respecto de los requisitos exigibles a las viviendas, así como el número mínimo/máximo de noches, mobiliario y servicios.

Los tribunales se han venido pronunciando acerca de la adecuación de la normativa autonómica sobre las VUT al derecho de la Unión Europea y a la legislación sobre unidad de mercado. Esta situación ha dado lugar a una línea jurisprudencial en la materia sobre, precisamente, hasta dónde pueden llegar las Administraciones en el control de acceso a este mercado y los requisitos exigibles. Son numerosas ya las sentencias que indican, por ejemplo, que no es acorde a derecho de la UE exigir la inscripción previa en un registro de VUT (STS 26/2019 o 1741/2018). O aquellas que señalan que algunos requisitos exigidos en las normas no superan la prueba (el test) de necesidad o proporcionalidad (STS 148/2020).

En el mismo sentido, el Tribunal Superior de Justicia de Madrid ha exigido en algunas de sus sentencias la necesidad de motivar la limitación del acceso al mercado de las VUT. Así, de la Sección 8.ª, se pueden mencionar las sentencias 292 y 294, de 31 de mayo de 2016, y la 302 y 303, de 2 de junio del mismo año, que anulaban algunos artículos del Decreto madrileño 79/2014, de 10 de junio, sobre VUT, precisamente por incumplimiento del

---

tre situaciones que puedan tener perfiles suficientemente diferenciados' (Boix, 2018: 276). Así, por ejemplo, la negativa a permitir la cesión por habitaciones de las viviendas, plantea dudas —ya expresadas por los tribunales y por la CNMC— por equipararlo al alquiler de un inmueble en su totalidad, sin contemplar que pueda responder a un modelo diferenciado. Asimismo, también es importante señalar la disparidad de pareceres de los distintos actores en este proceso de definición, con una CNMC especialmente beligerante en su defensa por la libre competencia, frente a los ensayos de regulación autonómica y local.

En cualquier caso, es importante remarcar que la regulación sobre viviendas turísticas se encuentra en un momento de evolución, marcado por las primeras experiencias de éxito y fracaso de la variedad de enfoques, tanto dentro como fuera de España. Por ello, será necesario vislumbrar qué cuestiones reguladas no pasan la prueba de la aplicación práctica, es decir, qué costes de implementación y seguimiento implican y cuál es su nivel de efectividad. Medidas como los umbrales máximos de alquiler turístico ya han sido cuestionadas en estos términos, no obstante, faltan todavía análisis integrales sobre la aplicación de la normativa de viviendas turísticas que permitan avanzar en su mejor regulación, y que merecen atención específica en futuras monografías".

Viviendas de uso turístico
Análisis de la situación actual y propuestas
para la mejora de su marco regulatorio

Fundación Democracia y Gobierno Local
Serie Claves del Gobierno Local. 39
ISBN: 978-84-125912-5-5

151

principio de necesidad, al no justificar la limitación de acceso al mercado de estos alojamientos en una concreta razón imperiosa de interés general.

Del mismo Tribunal y Sección, más recientemente, las sentencias 794 y 795, ambas de 2021, en las que se anulaban algunos preceptos de la norma madrileña, modificada por el Decreto 29/2019, también por incumplimiento del principio de necesidad, al restringir indebidamente y sin justificar el derecho de acceso a este particular mercado, al exigir que el titular de la actividad fuese también propietario de la vivienda.

Se puede observar cómo la jurisprudencia profundiza en la exigencia de cumplir el principio de necesidad en la correspondiente regulación de las VUT. Otro ejemplo similar, más reciente, podemos verlo en la Sentencia del Tribunal Superior de Justicia de Valencia núm. 658, de 11 de noviembre de 2022, en la que se declara nula la limitación subjetiva de la actividad de VUT a las personas físicas, que impide a las personas jurídicas ejercerla. Es importante señalar que el Tribunal no se detiene a valorar si este requisito de personalidad cumple el principio de necesidad, sino, simplemente, que no se ha motivado adecuadamente.

No obstante, también existen sentencias que avalan el sometimiento de las VUT a controles previos siempre y cuando cumplan los requisitos señalados en la Ley de Unidad de Mercado. Así, por mencionar algún ejemplo en esta última línea señalada, cabe indicar la Sentencia del Tribunal Supremo de 26 de enero de 2021 por la que el alto tribunal se refiere a doctrina ya fijada por el Tribunal de Justicia de la Unión Europea en la que, en síntesis, se señala que es acorde al derecho de la UE que una regulación nacional, en concreto un plan urbanístico local, limite el acceso al mercado de VUT cuando lo que se intenta proteger es el precio del alquiler de larga duración en las ciudades para garantizar el derecho a la vivienda (necesidad) y que, además, se haga mediante autorización previa, dado que otro tipo de controles posteriores no serían eficaces (proporcionalidad). Dicha regulación debe ser, además, clara, inequívoca, objetiva, transparente y accesible.

Sin detenerme ahora en la cuestión sobre si la necesidad de garantizar el derecho a la vivienda puede ser considerada, según nuestro ordenamiento interno, una razón imperiosa de interés general, se debe recordar, eso sí, que cualquier intervención administrativa que limite derechos debe venir recogida en una norma con rango de ley (artículo 17.1 de la Ley de Garantía de Unidad de Mercado, en relación con los artículos 38 y 53.1 de la propia Constitución). Se trata del principio de legalidad y del rango normativo adecuado para habilitar las intervenciones administrativas limitativas de derechos.

152

Viviendas de uso turístico
Análisis de la situación actual y propuestas
para la mejora de su marco regulatorio

Fundación Democracia y Gobierno Local
Serie: Claves del Gobierno Local, 39
ISBN: 978-84-125912-5-5

5.2. Fomento de las VUT desde las comunidades autónomas para paralizar el despoblamiento rural

Como he tenido ocasión de señalar más arriba, las VUT han proliferado especialmente en grandes urbes o ciudades con mucha demanda por sus especiales circunstancias para la atracción de turistas (especialmente ciudades de la costa).

Sin embargo, esta oferta de alojamiento turístico no ha tenido el mismo impacto en pequeñas ciudades y pueblos del interior peninsular, donde la oferta no se ha visto incrementada de manera visible.

Lógicamente, esto se debe, fundamentalmente, al escaso atractivo que este tipo de alojamiento tiene en esas zonas, donde la oferta de alojamiento rural tradicional suele colmar el mercado.

No obstante, entiendo que la comercialización de VUT como alojamientos turísticos rurales puede ser una solución para fomentar el desarrollo económico de esas zonas, sometidas a un intenso despoblamiento. En concreto, las viviendas turísticas de alojamiento rural (VTAR).

En la legislación andaluza nos encontramos con la regulación de este tipo de alojamiento, que podría extenderse, con las correspondientes adaptaciones, al resto de comunidades autónomas. Así, el Decreto 20/2002, de 29 de enero, de Turismo en el Medio Rural y Turismo Activo de Andalucía, establece en su artículo 19[19] una regulación bastante asequible de este tipo de oferta alojativa, lo que puede ayudar a los habitantes de pequeños pueblos del interior a ofrecer viviendas que se encuentren deshabitadas como alojamientos de uso turístico rural.

---

19. Artículo 19 del Decreto 20/2002, de 29 de enero, de Turismo en el Medio Rural y Turismo Activo, de Andalucía:

> "1. Son viviendas turísticas de alojamiento rural aquellas que reúnan los siguientes requisitos:
> a) Tratarse de viviendas de carácter independiente, incluidas las edificaciones dependientes de las mismas tales como cuartos de apero, cuadras, cobertizos u otras de similar naturaleza.
> b) Ser ofertadas al público para su utilización temporal o estacional o ser ocupadas ocasionalmente, una o más veces a lo largo del año.
> c) Prestar únicamente el servicio de alojamiento.
> d) No existir, en ningún caso, más de tres viviendas en el mismo edificio.
> e) No superar su capacidad de alojamiento las veinte plazas.
> 2. Deberán estar amuebladas y disponer de los enseres necesarios para su inmediata utilización. Los requisitos mínimos de infraestructura de las viviendas turísticas de alojamiento rural serán los establecidos en el Anexo II; sus prescripciones específicas serán, al menos, las establecidas en el Anexo III para la categoría básica de las casas rurales".

Viviendas de uso turístico
Análisis de la situación actual y propuestas
para la mejora de su marco regulatorio

Fundación Democracia y Gobierno Local
Serie: Claves del Gobierno Local, 39
ISBN: 978-84-125912-5-5

153

Para ello debe realizarse una adecuada labor de promoción y fomento por parte de las Administraciones competentes, en este caso las autonómicas; la utilización de canales y portales adecuados similares, redes sociales, plataformas colaborativas[20], para incrementar el interés de los turistas por este tipo de servicio y, por tanto, la demanda de este.

Si la utilización de las TIC ha servido para facilitar el crecimiento de las VUT en algunas grandes ciudades del interior y de la costa, podría, en buena lógica, funcionar para el incremento de la demanda de este alojamiento en zonas rurales, ayudando, con ello, al desarrollo económico de estas zonas.

Pero dado que el sector privado no parece especialmente interesado en realizar la inversión necesaria para desarrollar este mercado, se entiende que, por las dudas que pueden surgir respecto a la recuperación de la inversión, debe ser el sector público el que, a través de los diferentes instrumentos de fomento administrativo, intervenga coadyuvando al desarrollo del sector[21].

Y lo debe hacer, además, según estimo, utilizando directamente, o fomentando el uso, indirectamente, de las herramientas que tanto éxito han tenido en otros ámbitos; es decir, a través de plataformas como la de Airbnb o similares, que tanto éxito han tenido en otras zonas, bien es cierto que especialmente abonadas para ello.

Entiendo que la utilización de estos instrumentos en zonas rurales, donde se pueden ofrecer recursos turísticos tales como el contacto con la naturaleza, la desconexión digital, agricultura y ganadería, etcétera, puede llevar a un incremento de la oferta y la demanda que sea asumible por los territorios, sin llegar a los extremos que se observan en algunas grandes

---

20. Dot et al. (2023: 35): "*Les plataformes Airbnb i Booking, entre altres que formen part de l'anomenada economia de plataforma, han fet possible l'aparició en pocs anys d'un important volum d'oferta de lloguer d'habitatges d'ús turístic, a redós d'aquestes noves tendències, que ha suposat una forta competència per als empresaris hotelers i d'apartaments turístics. Alhora, han generat importants problemes sobre els models de desenvolupament de moltes destinacions turís-tiques, el mercat immobiliari i la convivència ciutadana, i han comportat pro-cessos d'impacte socioeconòmic com la gentrificació, especialment en àrees urbanes i particularment, en el cas de Catalunya, ben identificats a la ciutat de Barcelona (Makhlouf, 2015; Cócola, 2016; Arias-Sans, 2018; Garcia-Ayllon, 2018; Gómez et al., 2019). En entorns rurals, aquests processos encara no han estat prou estudiats o avaluats i aquest article pretén contribuir precisament a cobrir aquest buit en l'àmbit de la recerca turística*".

21. Bello Paredes (2023: 144): "El principal desafío, para combatir la preocupante situación demográfica, consiste en garantizar la demanda de la población asentada en territorios despoblados de unos servicios públicos de calidad, así como inversiones en infraestructuras" (servicios digitales, educación, asistencia sanitaria y ocio y cultura).

Viviendas de uso turístico
Análisis de la situación actual y propuestas
para la mejora de su marco regulatorio

Fundación Democracia y Gobierno Local
Serie: Claves del Gobierno Local, 39
ISBN: 978-84-125912-5-5

ciudades y que están ocasionando importantes problemas sociales (gentrificación, turismofobia, etc.).

Se trata, en definitiva, de facilitar el desarrollo económico de zonas rurales que están sufriendo un intenso proceso de despoblación que el turismo puede ayudar a revertir, de alguna manera. Siendo conscientes de que también se plantean algunos problemas[22], como es lógico, lo cierto es que se trata de una oportunidad que, en mi opinión, no debemos desdeñar[23].

Frente al uso de diferentes tecnologías por parte del sector privado para incrementar la oferta y la demanda en determinadas zonas del territorio donde la inversión resulta especialmente rentable, lo cierto es que el sector público no ha hecho uso de las mismas herramientas tecnológicas para cumplir su misión de defensa del interés público.

Hay que poner remedio urgente a esta importante asimetría en el uso de las TIC por parte del sector público. Como ya he puesto de manifiesto en otros trabajos[24], no tiene sentido utilizar mecanismos propios del siglo

---

22. López Ramón (2020: 139):
    "Las crisis del turismo son crisis económicas, no culturales y ni mucho menos éticas. Crisis derivadas particularmente del notable incremento de los destinos turísticos, de forma que, al disminuir estos de la mano de la inseguridad generada por los fundamentalismos religiosos y los conflictos nacionalistas y sociales, las crisis del turismo occidental y particularmente del español desaparecen o se atenúan, formando ciclos en constante proceso de transformación.
    En todo caso, haya o no crisis turística, los planteamientos éticos voluntaristamente unidos al turismo en los periodos de las crisis persisten. La idea de que es posible un turismo cultural se ha generalizado, hasta el punto de depositar en esa variante viajera nada menos que esperanzas de equilibrio territorial. 'A la redención del agro por el turismo rural y cultural', parece ser el eslogan de la moderna ideología turística. No podía ser otra la consecuencia de haber puesto en relación un concepto tan amplio como el de turismo con algo tan impreciso como la cultura.
    En la práctica, las manifestaciones del turismo rural son muy diferentes. Agrupan minúsculas actividades de tipo complementario, junto con pequeñas empresas familiares y también ensayos de mayor fuste como la formación de redes en torno a itinerarios culturales. Modernamente, la ruta ha pasado a conformar una nueva especialidad que recupera planteamientos primigenios. Al principio el foro de atención de este sector fueron antiguos trayectos como el canal de Castilla, la Cañada Real, el sendero pirenaico, la Ruta de la Plata y el camino por excelencia, el de Santiago. Ya entonces resultaba difícil encontrar elementos jurídicos comunes a tan variados supuestos: un canal, una vía pecuaria, un camino rural, una línea férrea... Paulatinamente el panorama conceptual se ha complicado notablemente con la aparición de los itinerarios culturales imaginados en la cartografía, que cuentan con amplias manifestaciones internacionales, nacionales, regionales y locales".
23. Rodríguez-Arana Muñoz (2001): "El turismo se constituye, por tanto, en un importante medio de desarrollo económico y social y en un factor más para la cohesión y el crecimiento equilibrado en todo el territorio".
24. Corral Sastre (2023: 291): "Lo que no tiene sentido, sin embargo, es seguir utilizando herramientas propias del siglo XIX para intentar controlar actividades económicas que se sitúan

Viviendas de uso turístico
Análisis de la situación actual y propuestas
para la mejora de su marco regulatorio

Fundación Democracia y Gobierno Local
Serie: Claves del Gobierno Local, 39
ISBN: 978-84-125912-5-5

155

XIX para intervenir en un mercado tan digitalizado como el de las VUT, donde las plataformas digitales han desarrollado el mercado de forma exponencial[25].

6. Mecanismos de intervención local en el mercado de las VUT

6.1. La competencia municipal para el control urbanístico de las VUT

Desde la perspectiva local, debemos señalar que las Administraciones locales, especialmente los municipios, son las más cercanas a los problemas de los ciudadanos, y, por tanto, las que pueden ejercer estas competencias de control de manera más eficaz y eficiente.

Desde el punto de vista de las VUT, hemos de señalar que son los municipios los que tiene competencia para llevar a cabo un control urbanístico de dichos alojamientos, así como, en su caso, el control sanitario o de industria, pero no tienen competencia, sin embargo, en general, para el control de acceso al mercado de las VUT (salvo alguna excepción, como en la legislación canaria), por lo que quien controla el cumplimiento de los requisitos de calidad no es la Administración más cercana al sector, sino la comunidad autónoma u otras entidades locales situadas en niveles intermedios, como las comarcas o similares[26]. Dicho control se produce, además, en su caso,

---

a la vanguardia del uso de tecnologías, como el turismo. Ese desfase temporal, que quizás sea premeditado, favorece discursos tendentes a menospreciar el papel del Estado en el control de la oferta turística, cuando es una de sus labores esenciales, esto es, proteger bienes jurídicos a los que ya se ha hecho referencia más arriba".

25. Gosálbez Pequeño (2023).
26. Villanueva Cuevas (2011: 23-24):
   "Tras el análisis de las facultades que poseen los Entes Locales en materia de turismo se puede extraer la conclusión de que aquellos han avanzado ciertamente poco en relación al sistema que provenía de la etapa preconstitucional. Ciertamente, ha aparecido un nuevo modelo de organización territorial que hacía prever una mayor descentralización de facultades en esta materia —y en otras— hacia la Administración local, en cumplimiento de la garantía institucional que la Constitución y la LRBRL articulan. Sin embargo, se puede apreciar que se ha producido una nueva centralización en la figura de las Comunidades Autónomas. Estas poseen la práctica exclusividad competencial en esta materia, y debían haber sido ellas las encargadas de asignar un mayor volumen competencial a los Entes Locales, pero, en la realidad, y salvo escasas excepciones, ello no se ha producido. La mayoría de normas autonómicas de ordenación del turismo apenas atribuyen a aquellos facultades que excedan de la promoción de su ámbito territorial, siendo ciertamente escasas las que les asignan potestades administrativas más intensas, como el otorgamiento de autorizaciones o licencias específicas en esta materia —no las que les corresponden en aplicación de otra legislación sectorial (urbanismo, sanidad, industria,...), y menos aún, la potestades de inspección y sanción.
   En nuestra opinión, se debe avanzar hacia una mayor descentralización en materia de turismo a favor de las Entidades Locales, sobre todo, en los municipios, que apenas po-

156   Viviendas de uso turístico
Análisis de la situación actual y propuestas
para la mejora de su marco regulatorio

Fundación Democracia y Gobierno Local
Serie: Claves del Gobierno Local. 39
ISBN: 978-84-125912-5-5

con posterioridad al inicio de la actividad económica de que se trate, dado que no se exige autorización previa, sino declaración responsable[27], como consecuencia directa, precisamente, de la Directiva de Servicios y normas de transposición; lo que dificulta, en gran medida, el control eficaz del cumplimiento de los requisitos previstos en la normativa turística.

Y esto, según entiendo, debería cambiar. No es posible mantener controles dispares y dispersos para un mismo interesado, y a diferentes niveles territoriales. No se me ocurren motivos de peso para no defender la existencia de un solo control municipal integrado de toda la actividad. Si lo que se desea es controlar el acceso a una actividad económica como la de VUT, lo adecuado sería, por simplificar, realizar un solo control de todos los sectores en el mismo procedimiento administrativo. Esto hoy ya no es una utopía[28], pues existen los medios adecuados para hacerlo. Instrumentos relacionados con las tecnologías de la información y del conocimiento, sistemas de tratamiento avanzado de la información e inteligencia artificial que permitirían llevar a cabo un control exhaustivo de las actividades[29] de aquellos particulares y profesionales que pretendan promover este tipo de alojamiento.

---

seen facultades específicas de gestión en esta materia (por ejemplo, de autorización, inspección o sanción), y que por su cercanía a los turistas y los agentes turísticos sería la opción más correcta para un adecuado desarrollo de dichas facultades en este sector, reservándose las Comunidades Autónomas las funciones de ordenación, planificación, programación y fomento del territorio y de los recursos turísticos —ésta última de manera conjunta hacia arriba con el Estado y hacia abajo con los Entes Locales-. Esta opción conllevaría, lógicamente, la necesidad de aumentar los recursos financieros destinados a los municipios para el cumplimiento de estas facultades, lo que es francamente difícil de articular en el contexto de crisis económica general en el que nos encontramos".

27. Bosch Castel (2021).

28. Lo cierto es que se trata de una realidad desde hace ya varios años. Así tuve ocasión de ponerlo de manifiesto en Corral Sastre (2020).

29. Mir Puigpelat (2023: 6):

"De particular relevancia resulta la cuestión acerca de si la automatización puede o no comprender el ejercicio de potestades administrativas discrecionales o en que se deban aplicar conceptos jurídicos indeterminados. El punto de referencia lo constituye el artículo 35a de la ley federal alemana de procedimiento administrativo —y sus homólogas a nivel de los *Länder*—, que veta la automatización cuando la Administración disponga de discrecionalidad o de margen de apreciación en la interpretación de conceptos jurídicos indeterminados. Como se explica en el informe respectivo, esta disposición ha sido objeto de críticas por parte de la doctrina alemana, que considera que con ella el legislador peca por exceso (al existir potestades discrecionales con poco impacto en los derechos individuales que cabría automatizar) y por defecto (en la medida en que la jurisprudencia alemana —a diferencia de la española— reconoce escaso margen de apreciación a la Administración en la interpretación de conceptos jurídicos indeterminados, lo que conduciría a una ampliación excesiva de sus posibilidades de automatización). La discusión existe también en los países que no contemplan expresamente esta prohibición, como es el caso de Francia o España.

De especial interés resulta a este respecto la solución incluida en el proyecto de ley estonio, en cuya virtud (solo) podrá automatizarse el ejercicio de potestades discrecionales o

Viviendas de uso turístico
Análisis de la situación actual y propuestas
para la mejora de su marco regulatorio

Fundación Democracia y Gobierno Local
Serie Claves del Gobierno Local, 39
ISBN: 978-84-125912-5-5

157

Por supuesto, con todo tipo de cautelas[30] en cuanto a la defensa del derecho fundamental a la protección de datos[31], la discriminación, dignidad del ser humano, etcétera. Pero creo que es el momento de avanzar en la revisión de algunas categorías administrativas que se han quedado totalmente obsoletas.

La información disponible en esta materia debe poder utilizarse no solo por las grandes plataformas. Es loable intentar reducir las cargas administrativas de estas, incrementar la rentabilidad y fomentar la industria, qué duda cabe. Pero en la misma medida, entiendo, se debe permitir el acceso y tratamiento de esta información por parte de las Administraciones públicas para el cumplimiento de su misión de interés público, e incentivar el uso de sistemas de tratamiento de información adecuados a la importante misión que tienen encomendada.

El control urbanístico local puede ser eficaz, desde luego, pero insuficiente si se quieren mantener unos niveles de calidad homogéneos en todo el territorio autonómico correspondiente[32]. La presión de las gran-

---

que incluyan conceptos jurídicos indeterminados cuando la autoridad competente elabore previamente una directriz interna que concrete cómo se ejercerá dicha potestad en los casos ordinarios. Tales directrices deberán ser objeto de publicación, ser recogidas fielmente por el algoritmo que emplee el sistema automatizado (algoritmo que deberá ser por ello de tipo condicional, y no de aprendizaje automático), y no regirán en los casos distintos de los ordinarios (en los que la decisión deberá ser adoptada necesariamente por un humano).

Los informes nacionales revelan, en general, cómo la discrecionalidad administrativa se asocia a la necesidad de que la Administración tome en consideración las características específicas de cada caso".

30.   Cotino Hueso (2023).

31.   Torregrosa Vázquez (2018).

32.   Una visión contraria a la eficacia de los controles urbanísticos para mantener unos niveles adecuados de oferta y demanda, así como una calidad mínima de los servicios, podemos encontrarla en Román Márquez (2018: 27): "Reemplazar las leyes del mercado para fijar desde las Administraciones públicas la cantidad y localización de las actividades económicas se ha demostrado históricamente no solo ineficaz, sino extremadamente perjudicial para los colectivos que se pretenden beneficiar. Además de los efectos negativos expuestos a lo largo de este trabajo sobre la cantidad y calidad de la oferta turística y, por extensión, sobre los propios consumidores, debe tenerse igualmente presente que la zonificación restrictiva de los usos del suelo aprobada en ambas ciudades puede tener también el efecto de desplazar las viviendas turísticas desde las zonas centrales de las ciudades –en las que las restricciones son más intensas– a la periferia, lo que provocaría un incremento de los precios en estas zonas, con la consiguiente expulsión de los demandantes de vivienda con menos recursos económicos, que cada vez deberán buscarla en áreas más apartadas de los centros urbanos, con los inconvenientes que ello puede tener en materia de movilidad y de cohesión social. Como propone el PERUH, '[...] extender la actividad de alojamiento turístico a otras zonas de la ciudad, redistribuyendo la actividad económica y descargando la concentración del centro histórico [...]' no es una medida inocua, sino que tendrá consecuencias socioeconómicas sobre las zonas en las que se ubiquen las nuevas viviendas de uso turístico".

Viviendas de uso turístico
Análisis de la situación actual y propuestas
para la mejora de su marco regulatorio

Fundación Democracia y Gobierno Local
Serie: Claves del Gobierno Local. 39
ISBN: 978-84-125912-5-5

des plataformas digitales va más allá de cualquier tipo de control que se pueda hacer desde la Administración local, incluida la perspectiva urbanística[33]. Las compuertas están abiertas, el *big bang* se produjo[34], y ahora, en mi opinión, solo queda adaptarse a las nuevas circunstancias. La Administración municipal debe hacer un esfuerzo por utilizar los sistemas de tratamiento avanzado de la información para realizar un control integrado de acceso al mercado de las VUT, otorgándole para ello también, como es lógico, la competencia adecuada. Un control integrado y también simultáneo. De ahí que, humildemente —incido en la idea—, estimo que se debe empezar a pensar seriamente en revisar determinadas categorías administrativas tales como el procedimiento administrativo, el silencio administrativo o el propio concepto de acto, adaptándolos a los nuevos tiempos[35].

También es necesario indicar que los mecanismos tradicionales de defensa de los consumidores y usuarios turísticos no parecen estar a la altura de lo que realmente se les exige[36]. Los tiempos están cambiando, y las Administraciones deben también hacerlo.

---

33. Socías Camacho (2018: 144):
"[...] lo cierto es que la proliferación del número de viviendas que en los últimos años se comercializan turísticamente en formato de estancia corta a través de *marketplaces* (por tanto, no sometidas a la LAU, pero sí a la normativa autonómica turística) no se ha podido controlar, y ello ha provocado una enorme presión sobre las ciudades y el territorio, manifestada de diversas formas: saturación del espacio urbano, restricciones de acceso al mercado inmobiliario, deterioro del medio ambiente urbano e incremento de las necesidades de dotaciones, infraestructuras y servicios. Como ya se dijo más arriba, la regulación de este nuevo tipo de alojamiento turístico no puede dejar de abordar cuestiones propias del urbanismo, la ordenación del territorio o la política de vivienda; de modo que aspectos como la configuración de las zonas donde se concentre la oferta, la previsión de infraestructuras adecuadas o la oferta suficiente de alquiler o vivienda a precio razonable a la población residente son segmentos que no pueden quedar al margen de la regulación del alojamiento colaborativo, con el fin de asegurar una racional ordenación del espacio urbano, que garantice la adecuada convivencia entre turistas y residentes y minimice los impactos ambientales, y con el objetivo de armonizar el derecho a la vivienda digna con el derecho a la explotación económica de la vivienda".
34. Gosálbez Pequeño (2023).
35. Como ya planteé en su momento, no tiene sentido hablar de largos procedimientos administrativos, sino que se pueden habilitar sistemas de "control simultáneo", con reducción de costes para las empresas y sin merma de la potestad de control por parte de las Administraciones públicas correspondientes. En este sentido, véase Corral Sastre (2017: 211): "En realidad, si existiera una verdadera Administración Electrónica no hubiera sido necesario, en la mayoría de los casos, sustituir las autorizaciones por controles posteriores, ya que, según mi opinión, al estar habilitados todos los sistemas de interoperabilidad e 'intraoperabilidad' entre Administraciones, se podría comprobar el cumplimiento de los requisitos por parte de los interesados en el mismo momento de la presentación de la solicitud. No habría que hablar entonces de control previo o control posterior, sino que estaríamos ante un 'control simultáneo'".
36. Bauzá Martorell (2017).

Viviendas de uso turístico
Análisis de la situación actual y propuestas
para la mejora de su marco regulatorio

Fundación Democracia y Gobierno Local
Serie: Claves del Gobierno Local, 39
ISBN: 978-84-125912-5-5

159

6.2. Especial referencia a la competencia municipal para realizar el control de calidad turístico: hacia un control integrado de las VUT

Como se ha señalado más arriba, no tiene sentido que los municipios sean competentes para comprobar la adecuación a la normativa urbanística por parte de los promotores de la VUT y no lo sean, sin embargo, para comprobar el cumplimiento de la legalidad turística.

Si lo que se plantea es la unificación en un solo momento del cumplimiento de todos los requisitos, urbanísticos, turísticos y de otro tipo, por parte de los municipios, lo primero que se debe analizar es si estos tienen competencia para llevar a cabo dichos controles.

Ya hemos visto que desde el punto de vista urbanístico sí es así. La jurisprudencia, en este sentido, ha sido clara. Así, por ejemplo, el Tribunal Supremo, en su Sentencia núm. 1550/2020, de 19 de noviembre (Sala de lo Contencioso-Administrativo, Sección 1.ª), establece que un ayuntamiento puede, mediante planeamiento urbanístico, ordenar el acceso a las viviendas de uso turístico[37]. Así, en el caso concreto, nuestro más alto tribunal avala la conformidad a derecho del Plan General de Ordenación Urbana de Bilbao, en lo relativo a la regulación del uso de alojamiento turístico (BOB de 13 de febrero de 2018).

Pero ¿qué ocurre con el control turístico?, es decir, ¿quién tiene la competencia para comprobar el cumplimiento de los requisitos de legalidad turística? Como ya dejaba apuntado más arriba, no creo que la realización de ambos controles deba realizarse por Administraciones distintas ni en momentos diferentes. Ello iría en contra de los más básicos principios de simplificación administrativa y atentaría contra el espíritu de la Directiva de Servicios y demás normas de transposición.

Sin embargo, y en contra de lo que acabo de indicar, la misma sentencia que justo arriba se cita es clara en este sentido al declarar la compatibilidad de ambos controles, y por Administraciones diferentes. Transcribo el texto, que resulta meridiano:

"Acierta, pues, la Sala de instancia cuando acepta como compatible ambas exigencias; esto es, la declaración responsable, desde una perspectiva autonómica y turística, y el informe de conformidad, desde una perspecti-

---

37. En el mismo sentido se ha pronunciado la Sentencia del Tribunal Superior de Justicia de Asturias (Sede de Oviedo), de 19 de noviembre de 2018, núm. 911/2018, aunque en este caso para quitar la razón al ayuntamiento, al no cumplir los principios de *favor libertatis* y proporcionalidad. También, en la misma línea, la Sentencia núm. 88/2018, de 5 de febrero, del Tribunal Superior de Justicia de Castilla y León.

160

Viviendas de uso turístico
Análisis de la situación actual y propuestas
para la mejora de su marco regulatorio

Fundación Democracia y Gobierno Local
Serie: Claves del Gobierno Local. 39
ISBN: 978-84-125912-5-5

va municipal y urbanística. Es el artículo 18.1 ('Libertad de establecimiento y libre ejercicio de la actividad turística') de la norma turística vasca la que expresamente compatibiliza esta doble exigencia, al señalar: 'El ejercicio de la actividad turística es libre, sin más limitaciones que el cumplimiento de la legislación vigente que sea aplicable, de manera que cualquier persona interesada en la prestación de servicios turísticos pueda establecerse en Euskadi, previa presentación de la declaración responsable o de la comunicación y la obtención de la habilitación oportuna, en su caso'".

Lo que aquí se plantea, esto es, la unificación de ambos controles, urbanístico y turístico, en uno solo y realizado por la misma Administración, está lejos aún de ser una realidad. La competencia para el control turístico sigue en manos autonómicas o supramunicipales[38], y no hay visos de que esto vaya a cambiar[39]. Seguimos a la espera de una segunda descentralización turística que no llega a producirse por completo. Las comunidades autónomas, salvo alguna excepción, se resisten a ceder las competencias de control turístico a los municipios, que resultan, naturalmente, el nivel territorial adecuado para ejercer las mismas, según opino[40].

Con el control integrado y simultáneo que se ha planteado más arriba se facilitaría en gran medida la labor de control, y se haría de manera eficaz, como exige el texto constitucional en su artículo 103.1. Pero para ello es necesario voluntad: primero, para descentralizar claramente todas las competencias necesarias al nivel municipal (urbanísticas, turísticas, etc.); y segundo, para dotar a las Administraciones municipales de los medios técnicos, materiales y personales para ejercer dichas competencias de manera adecuada, con las tecnologías precisas.

6.3. El fomento local de las VUT

Desde otra perspectiva, si lo que se está defendiendo es, por un lado, la necesidad de otorgar las competencias de control sobre el acceso al mer-

---

38.	El artículo 13.2.a) del Decreto Legislativo 1/2016, de 26 de julio, por el que se aprueba el texto refundido de la Ley del Turismo de Aragón, otorga a las comarcas, entre otras, la competencia turística relativa al ejercicio de las potestades registral, inspectora y disciplinaria sobre las empresas y los establecimientos turísticos de su competencia.

39.	La Ley 7/1995, de 6 de abril, de Ordenación del Turismo de Canarias, supone una interesante excepción al ceder a los municipios, en su artículo 7.2.b), las competencias sobre el "otorgamiento de las licencias que la legislación les atribuye en lo que atañe a las empresas y establecimientos turísticos".

40.	Para una visión general de las competencias locales en materia turística, véase Melgosa Arcos (2011).

Viviendas de uso turístico
Análisis de la situación actual y propuestas
para la mejora de su marco regulatorio

Fundación Democracia y Gobierno Local
Serie: Claves del Gobierno Local. 39
ISBN: 978-84-125912-5-5

161

cado de las VUT a los municipios, también se defiende desde este trabajo la necesidad de concentrar en estas entidades públicas la competencia sobre el fomento de la apertura de este tipo de alojamientos cuando ello sea necesario.

Se vuelve a incidir en esta idea: son los municipios, como Administraciones más cercanas a los ciudadanos, profesionales, empresas y usuarios turísticos, los que deben arbitrar las medidas adecuadas de fomento y ejecutar los instrumentos necesarios para que las ayudas lleguen a su destino y cumplan los correspondientes objetivos.

Pero para ello se necesita financiación, y los municipios, sobre todo los más pequeños, no cuentan con los debidos recursos para ello, de ahí que se necesite una adecuada programación y planificación desde Administraciones territoriales superiores.

Así, las comunidades autónomas, como Administraciones competentes, deberían, según estimo, desarrollar planes y programas de ayuda que puedan ser financiados bien por ellas mismas, por el Estado o por la propia Unión Europea. Esta última, como hemos puesto de manifiesto en los primeros epígrafes de este trabajo, tiene actualmente abiertas unas líneas de ayudas, tanto desde el FEDER como desde el *Next Generation EU*, para llevar a cabo proyectos de digitalización del turismo en zonas rurales, y así evitar los devastadores efectos del despoblamiento.

Como decía, son los ayuntamientos los que mejor conocen los recursos turísticos, el tipo de vivienda que se puede ofrecer, los inmuebles disponibles, su situación jurídica, medios de transporte e infraestructura disponible, y si es preciso mejorarla.

Son los propios municipios los que pueden actuar mediante la utilización de TIC y sistemas de tratamiento de la información y toma de decisiones inteligentes, los que pueden desarrollar estas plataformas y generar un mercado adecuado de VUT en las correspondientes zonas rurales y explotarlo adecuadamente, sin que se vean afectados, como es lógico, otros bienes jurídicos cuya protección también les corresponde, como el medio natural, el patrimonio cultural, etcétera.

Igual que dichas ayudas pueden utilizarse, y se utilizan, para la digitalización de empresas turísticas, también pueden dirigirse a pequeños municipios que requieran una adecuada inversión en TIC, para controlar el turismo en su territorio, y en particular la generación de un mercado de VUT rurales.

162

Viviendas de uso turístico
Análisis de la situación actual y propuestas
para la mejora de su marco regulatorio

Fundación Democracia y Gobierno Local
Serie: Claves del Gobierno Local. 39
ISBN: 978-84-125912-5-5

7. Conclusión

A modo de conclusión, cabe indicar que las competencias sobre VUT están repartidas entre los diferentes niveles territoriales de manera muy difusa. La Unión Europea se ha atribuido las competencias sobre el control de la información que se genera en el sector para ayudar, esencialmente, a las grandes plataformas digitales a desarrollar la actividad, sin excesivas cargas administrativas ni regulación excesivamente heterogénea. Lo que más le preocupa, como siempre, es que exista un marco adecuado de competitividad de las empresas y un desarrollo del mercado interior sin demasiadas trabas.

Sin embargo, no se preocupa en exceso de que las Administraciones públicas competentes para controlar el sector, especialmente regiones y entes locales, tengan las mismas herramientas tecnológicas para desempeñar sus funciones de interés general. Algo que resultaría esencial para que el mercado de las VUT fuese sostenible y evitar externalidades y perjuicios que en la actualidad se están produciendo.

El Estado no tiene competencias directas en materia de VUT, aunque con la reforma de la LAU y la exclusión de la misma de la cesión temporal de uso de la totalidad de una vivienda amueblada y equipada en condiciones de uso inmediato, comercializada o promocionada en canales de oferta turística o por cualquier otro modo de comercialización o promoción, y realizada con finalidad lucrativa, cuando esté sometida a un régimen específico, derivado de su normativa sectorial turística, según su propia definición, ha ayudado a configurar la definición de VUT.

Son las comunidades autónomas las que tienen la competencia exclusiva sobre la ordenación de las VUT. Y ahí se debería quedar la misma, sobre la ordenación, descentralizando el control de acceso a mercado en el nivel territorial más adecuado para ejercerlo, es decir, el municipio.

Y aquí nos encontramos con uno de los principales problemas que se han traído a colación: cómo se va a realizar esa labor de control con instrumentos jurídicos completamente obsoletos si lo que se tiene en frente es un mercado completamente digitalizado y con unas tecnologías muy avanzadas. Ahí reside, estimo, el problema esencial del control de este mercado. No se trata de eliminar autorizaciones, o establecer más o menos cargas administrativas o requisitos materiales. Es una cuestión de cambio de paradigma en el ejercicio de la actividad administrativa de policía. Las Administraciones públicas no pueden hacer frente a estos grandes retos con armas de hace dos siglos. Se requiere una revisión de las grandes categorías administrativas.

Viviendas de uso turístico
Análisis de la situación actual y propuestas
para la mejora de su marco regulatorio

Fundación Democracia y Gobierno Local
Serie: Claves del Gobierno Local. 39
ISBN: 978-84-125912-5-5

163

8. Bibliografía

Ballesteros Arribas, S. (dir.). (2011). *Administración local. Estudios en Homenaje a Ángel Ballesteros*. El Consultor de los Ayuntamientos y de los Juzgados.

Barrero Rodríguez, C. y Socías Camacho, J. M. (coords.). (2020). *La ciudad del siglo XXI: transformaciones y retos*. AEPDA — INAP.

Bauzá Martorell, F. J. (2017). Derechos del usuario de productos turísticos en un entorno digital. *International Journal of Information Systems and Software Engineering for Big Companies (IJISEBC)*, 4 (1), 33-44.

Bello Paredes, S. A. (2023). La despoblación en España: Balance de las políticas públicas implantadas y propuestas de futuro. *Revista de Estudios de la Administración Local y Autonómica (REALA)*, 19, 125-147.

Bosch Castel, J. F. (2021). La regulación de las viviendas de uso turístico, desde la óptica de los principios de buena regulación económica. *Revista General de Derecho de los Sectores Regulados*, 7.

Bouazza Ariño, O. (2023). La ordenación de las viviendas de uso turístico: especial referencia a la ciudad de Madrid. *Revista Española de Derecho Administrativo*, 224, 43-86.

Corral Sastre, A. (2017). *La liberalización del sector turístico: ¿Hacia un modelo de turismo sostenible?* Reus.

—   (2020). El uso de las TIC para un turismo más sostenible. ¿Turismo inteligente? *Derecho Digital e Innovación*, 4.

—   (2023). Marco global de privacidad y turismo inteligente. En J. L. Piñar Mañas (dir.). *Privacidad en un mundo global*. Tirant lo Blanch.

Cotino Hueso, L. (2023). Una regulación legal y de calidad para los análisis automatizados de datos o con inteligencia artificial. Los altos estándares que exigen el Tribunal Constitucional alemán y otros tribunales, que no se cumplen ni de lejos en España. *Revista General de Derecho Administrativo*, 63.

De la Quadra-Salcedo, T. y Piñar Mañas, J. L. (2018). (dirs.). *Sociedad digital y derecho*. BOE.

Doménech Pascual, G. (2018). La regulación autonómica y local de las viviendas de uso turístico. *Anuario de Derecho Municipal*, 11.

Dot Jutglà, E., Romagosa Casals, F. y Noguera Noguera, M. (2023). El rol de les plataformes d'allotjament turístic en entorns rurals: el cas del Priorat. *Documents d'anàlisi geogràfica*, 69 (1).

Gosálbez Pequeño, H. (2023). Rememorando el *big bang* de las viviendas turísticas y la "moderada administrativización" del contrato de arrendamiento turístico de la vivienda. En H. Gosálbez Pequeño y A. Bueno Armijo (dirs.). *Desregulación y regulación de la economía colaborativa en la actividad turística y las actividades con incidencia turística*. Thomson Reuters Aranzadi.

164

Viviendas de uso turístico
Análisis de la situación actual y propuestas
para la mejora de su marco regulatorio

Fundación Democracia y Gobierno Local
Serie: Claves del Gobierno Local, 39
ISBN: 978-84-125912-5-5

Gosálbez Pequeño, H. y Bueno Armijo, A. (dirs.). (2023). *Desregulación y regulación de la economía colaborativa en la actividad turística y las actividades con incidencia turística*. Thomson Reuters Aranzadi.

Guillén Navarro, N. A. (2015). La vivienda de uso turístico y su incidencia en el panorama normativo español. *Revista Aragonesa de Administración Pública*, 45-46.

Kruithof Ausina, A. (2020). Elementos comunes y diferencias de la respuesta regulatoria a los retos del alojamiento colaborativo y el alquiler de corta duración: un análisis de los títulos de intervención y las estrategias comunes en CC.AA y municipios. *Revista de Estudios de la Administración Local y Autonómica (REALA)*, 14.

López Ramón, F. (2020). La lucha contra la despoblación rural. *Anuario del Gobierno Local 2019*.

Martínez Pallarés, P. L. (2005). Las entidades locales en la legislación turística. *QDL*, 9.

Melgosa Arcos, F. J. (2011). Administraciones locales y turismo: el municipio turístico. En S. Ballesteros Arribas (dir.). *Administración local: estudios en homenaje a Ángel Ballesteros*. El Consultor de los Ayuntamientos y de los Juzgados.

Mir Puigpelat, O. (2023). La automatización y el uso de algoritmos e inteligencia artificial en derecho administrativo comparado. *Revista General de Derecho Administrativo*, 63.

Miralles Marugán, P. y Villar Lama, A. (2016). Las viviendas de uso turístico: un análisis del conflicto. *International Journal of World of Tourism*, 3 (6).

Piñar Mañas, J. L. (dir.). (2023). *Privacidad en un mundo global*. Tirant lo Blanch.

Rodríguez-Arana Muñoz, J. (2001). La distribución de competencias en materia de turismo. *Documentación Administrativa*, 259-260.

Román Márquez, A. (2018). Planificación urbanística del turismo: la regulación de las viviendas de uso turístico en Madrid y Barcelona. *Revista de Estudios de la Administración Local y Autonómica (REALA)*, 10.

Socías Camacho, J. M. (2018). Estado regulador y alojamiento colaborativo. El régimen de la intervención pública limitadora de la prestación del servicio. *Revista de Administración Pública*, 205, 131-170.

Torregrosa Vázquez, J. (2018). Privacidad e intercambio de información en el mundo digital. En T. de la Quadra-Salcedo y J. L. Piñar Mañas (dirs.). *Sociedad digital y derecho*. BOE.

Villanueva Cuevas, A. (2011). La limitada posibilidad de intervención de los entes locales en materia de turismo. *SPCS Documento de trabajo 2011/22*.

— (2012). *La política de la Unión Europea en materia de turismo y sus repercusiones en la legislación turística española*. Reus.

Viviendas de uso turístico
Análisis de la situación actual y propuestas
para la mejora de su marco regulatorio

Fundación Democracia y Gobierno Local
Serie Claves del Gobierno Local, 39
ISBN: 978-84-125912-5-5

165

La regulación de las viviendas de uso turístico a través de los instrumentos de planeamiento urbanístico: la zonificación de las viviendas de uso turístico[*]

María Hernando Rydings
Prof. contratada doctora (acr. prof. titular).
Universidad Rey Juan Carlos

SUMARIO. **1. Planteamiento del objeto de estudio. 2. La intervención local en las viviendas de uso turístico a través del urbanismo: precisiones previas respecto de la zonificación urbanística. 3. La intervención municipal en la ciudad de Madrid.** 3.1. ¿Se puede zonificar urbanísticamente la ciudad para limitar la proliferación de las viviendas de uso turístico a través de un plan especial? 3.2. ¿Vulnera las normas de competencia la restricción de alojamientos turísticos en determinadas zonas de la ciudad? 3.3. ¿Constituye la actividad municipal de zonificación una invasión competencial de la "promoción y ordenación del turismo" que corresponde a la comunidad autónoma? **4. La intervención administrativa en Islas Baleares. 5. La intervención administrativa en Barcelona. 6. La intervención administrativa en San Sebastián y Bilbao. 7. Reflexiones finales. 8. Bibliografía.**

1. Planteamiento del objeto de estudio

En los últimos años estamos asistiendo a una proliferación considerable de formas de alojamiento turístico que tienen lugar en viviendas particulares,

[*] Este trabajo se enmarca en el proyecto "Contratación pública y competencia: nuevos retos ante el plan de recuperación, transformación y resiliencia (CONRESI), Ref. V-1157", en el marco de la convocatoria pública para la concesión de ayudas para la realización de proyectos de I+D para jóvenes doctores de la URJC, financiada por la Comunidad de Madrid, y en el grupo de excelencia GEDYPE de la Universidad Rey Juan Carlos.

Viviendas de uso turístico
Análisis de la situación actual y propuestas
para la mejora de su marco regulatorio

Fundación Democracia y Gobierno Local
Serie: Claves del Gobierno Local, 39
ISBN: 978-84-125912-5-5

167

denominadas, a estos efectos, viviendas de uso turístico (en adelante VUT)[1]. En este sentido, y a pesar de que el número de viviendas turísticas constituye un pequeño porcentaje respecto del total de viviendas construidas, aproximadamente un 1,3 % del total, también es cierto que su incremento en el mercado de alojamientos turísticos (1,9 millones), prácticamente se equipara al total de las plazas hoteleras ofertadas (1,9 millones)[2]. En el último año, aumentaron un 16,4 %, con 306 136 viviendas, según los datos publicados por el Instituto Nacional de Estadística[3].

Por comunidades autónomas, Andalucía lidera el número de apartamentos turísticos, con 70 194, seguida por la Comunidad Valenciana y Cataluña, con 49 950 y 45 709, respectivamente. Les siguen Canarias (42 651), Baleares (25 393), Madrid (16 351) y Galicia (14 775)[4]. Estos datos son menores que los que se pueden obtener de otras plataformas, como, por ejemplo, Airbnb, según la cual, en Madrid, en el primer trimestre de 2023, había 21 239 VUT, y en Barcelona, 15 655[5].

El crecimiento de este tipo de alojamiento turístico determina, a su vez, la consecución de una cascada de efectos negativos, como el incremento del precio del alquiler tradicional, la degradación de los entornos urbanos como consecuencia de las repercusiones que vienen dándose en materia

---

1. Esta forma de alojamiento turístico tiene lugar en viviendas particulares, y ello plantea la duda de si pueden quedar enmarcadas en lo que ha venido denominándose economía colaborativa, al ser habitual que en la citada actividad intervenga una empresa responsable de la contratación del alojamiento. Se ha ocupado del estudio de la economía colaborativa, entre otros, Carbonell Porras (2019, 2020). Por su parte, Guillén Navarro (2018) sostiene que "el intercambio por dinero altera la finalidad colaborativa propiamente dicha, al derivarse hacia un alquiler de vivienda o de habitación con un intermediario que en la mayoría de los casos se lleva una comisión por la prestación del servicio". Vid., también, De la Encarnación (2018); Gosálbez Pequeño (2019); Alfonso y Valero (2017).

2. Estos datos se recogen en el documento elaborado por Exceltur, Alojamiento turístico en viviendas de alquiler: impacto y retos asociados, de 2015. Debido a los años transcurridos desde su elaboración y a la recuperación del turismo tras la pandemia de COVID-19, es posible que los mismos hayan determinado un aumento aún mayor del número de viviendas de uso turístico. Asimismo, y como señala Aguirre i Font (2021: 25), la distribución de este tipo de viviendas no es homogénea, ya que el 76,8 % se encuentran en la franja costera, y solo el 23 % están situadas en zonas interiores. Tampoco por comunidades la distribución es igual, ya que Andalucía, Cataluña y la Comunidad Valenciana acaparan las tres quintas partes del total de viviendas turísticas, y la concentración de estas es especialmente importante en las ciudades de Madrid y Barcelona, que aglutinan el 10,6 % del total —más de 120 000 plazas entre las dos—, particularmente en determinados barrios del centro.

3. Estadística experimental. Tablas: Medición del número de viviendas turísticas en España y su capacidad (ine.es).

4. Los pisos turísticos en España aumentaron un 16,4 % en el último año, con 306 136 viviendas (europapress.es), noticia publicada el 9 de mayo de 2023.

5. No obstante, la cifra de 21 239 VUT en Madrid incluye un buen número que no han sido alquiladas en el último año. Si se efectúa esa corrección, el número total queda en 13 862 VUT.

Viviendas de uso turístico
Análisis de la situación actual y propuestas
para la mejora de su marco regulatorio

Fundación Democracia y Gobierno Local
Serie: Claves del Gobierno Local, 39
ISBN: 978-84-125912-5-5

ambiental o de conservación del patrimonio histórico de las ciudades, la desaparición de actividades de proximidad, así como la turistificación[6].

De este modo, la actuación de las Administraciones públicas con competencias directas o indirectas en el ámbito de las VUT se revela crucial.

Así, por un lado, la competencia en materia de turismo corresponde a las comunidades autónomas (artículo 148.1.18 de la Constitución Española). En este sentido, las VUT se han ido regulando a través de reglamentos ejecutivos, con el objetivo de limitar su proliferación y controlar la forma en que se desarrolla la actividad turística de alojamiento. A tal efecto, es habitual que las normas autonómicas exijan, para poder llevar a cabo la citada actividad, la presentación de una declaración responsable y la inscripción de esta en el correspondiente Registro autonómico de Turismo, o, incluso, algún documento adicional que acredite la idoneidad del alojamiento para este fin, como en el caso de Madrid, con el certificado de idoneidad de vivienda de uso turístico (en adelante, CIVUT). A pesar de ello, menos de la mitad de los alojamientos de uso turístico han iniciado su actividad de conformidad con el marco jurídico aplicable, siendo, por tanto ilegales, lo que determina además que los escasos servicios de inspección turística, de carácter autonómico, se enfrenten a una actividad hercúlea.

Asimismo, y ante este panorama, las Administraciones autonómicas y locales también han procedido a desplegar iniciativas dirigidas al control y limitación de las viviendas turísticas mediante el ejercicio de sus competencias en materia de urbanismo, procediendo a zonificar las ciudades, mediante la técnica de la calificación urbanística y la modificación de los usos del planeamiento urbanístico. Así viene ocurriendo en los casos de Palma de Mallorca, Barcelona, Madrid, San Sebastián y Bilbao.

2. La intervención local en las viviendas de uso turístico a través del urbanismo: precisiones previas respecto de la zonificación urbanística

A pesar de que el municipio no cuenta con competencias directas en materia de turismo, existen diversos ayuntamientos, entre los que se encuentra Madrid, Palma, o Bilbao, que han emprendido iniciativas para abordar la

---

6. En este sentido, Gurran y Phibbs (2017) critican que si bien plataformas digitales como Airbnb se autodefinen como un servicio para "compartir hogares", ello ha facilitado que el hospedaje turístico se instale en zonas residenciales, a través de la cooptación de inmuebles cuyo uso previsto inicial no era el turístico, pero que, sin embargo, resulta mucho más rentable para los propietarios, agudizando, en consecuencia, problemas relativos al acceso a la vivienda —especialmente para grupos vulnerables— y a la turistificación de las ciudades. Asimismo, Nogueira López (2018: 246) y Bauzá Martorell (2018: 368-369).

Viviendas de uso turístico
Análisis de la situación actual y propuestas
para la mejora de su marco regulatorio

Fundación Democracia y Gobierno Local
Serie Claves del Gobierno Local, 39
ISBN: 978-84-125912-5-5

169

problemática derivada del crecimiento desmedido de las VUT, mediante el ejercicio de sus competencias en materia de urbanismo.

En este sentido, y como es sabido, las técnicas que sirven para fijar el estatuto jurídico del derecho de propiedad del suelo son las de la clasificación y calificación del mismo, con las que se define su destino previsto, tal y como dispone el artículo 12.1 del vigente Texto Refundido de la Ley del Suelo (en adelante, TRLS)[7]. Así, por un lado, nuestra legislación urbanística ha optado por venir exigiendo al planeamiento general (es decir, al plan general cuya aprobación es competencia municipal) la clasificación de todo el suelo del correspondiente municipio en distintas clases o situaciones, determinando esta ordenación de los tipos básicos de suelo el modelo de ciudad que ha de seguirse y el correspondiente régimen jurídico de los terrenos afectados[8].

Actualmente, las situaciones básicas de suelo son las de urbanizado y rural (artículo 21 TRLS), y a través de ellas se determinan los terrenos susceptibles de ser edificados (los clasificados en suelo urbanizado); los ámbitos de nueva urbanización (suelo rural urbanizable) y las zonas protegidas de la urbanización (suelo rural preservado)[9]. Por su parte, la calificación del suelo hace referencia al establecimiento por el planeamiento de los usos

---

7. Al respecto, el artículo 12.1 del Real Decreto legislativo 7/2015, de 30 de octubre, por el que se aprueba el Texto Refundido de la Ley del Suelo, dispone: "El derecho de propiedad del suelo comprende las facultades de uso, disfrute y explotación del mismo conforme al estado, clasificación, características objetivas y destino que tenga en cada momento, de acuerdo con la legislación en materia de ordenación territorial y urbanística aplicable por razón de las características y situación del bien".

8. De esta forma, y como recuerda Arana García (2018: 10), la asignación de destinos urbanísticos al suelo forma parte integrante de las funciones del urbanismo, y esta trascendental tarea, tras la habilitación legal estatal y autonómica, corresponde al planificador urbanístico local, que es que el que tiene la última y más importante palabra a la hora de distribuir los diferentes usos del suelo en un término municipal. En este sentido, Fernández (2019) recuerda, respecto de los planes generales de ordenación urbana, que estos se comportan de distinto modo en cada clase de suelo. En el clasificado como urbano, que es el que ahora nos importa, la regulación que incorporan los planes generales es agotadora, y llega a la fijación detallada del uso pormenorizado de los terrenos y de la edificación, a la determinación precisa de las operaciones de renovación o reforma interior a realizar, y al señalamiento de los programas y medidas concretas de actuación a adoptar para su ejecución. De este modo, y como señala el citado profesor, el plan general en suelo urbano se comporta como un verdadero y auténtico plan parcial o plan de detalle.

9. Así, López Ramón (2013: 92 y ss.) recuerda cómo estas situaciones del suelo no resultan muy diferentes de las anteriores y tradicionales clases de suelo (urbano, urbanizable y rústico), pues el actual suelo urbanizado, que clasifica el suelo susceptible de ser edificado, sería equivalente al suelo urbano consolidado; los ámbitos de nueva urbanización actualmente se prevén en el denominado suelo rural urbanizable, siendo este equivalente al suelo urbano no consolidado y al suelo urbanizable; y por último, el suelo que ha de ser protegido de su urbanización recibe la denominación de suelo rural preservado, y resulta idéntico al anterior suelo no urbanizable.

Viviendas de uso turístico
Análisis de la situación actual y propuestas
para la mejora de su marco regulatorio

Fundación Democracia y Gobierno Local
Serie: Claves del Gobierno Local. 39
ISBN: 978-84-125912-5-5

pormenorizados que corresponderán a los diferentes tipos de suelo, lo que condicionará el destino y valor de cada propiedad inmobiliaria. Además, el planificador municipal puede crear los que considere necesarios.

Por tanto, la clasificación determina la clase de suelo a que pertenece cada porción concreta de suelo planificado, y mediante la calificación el correspondiente plan urbanístico decide el posible destino urbanístico del territorio a través de la fijación concreta de la clase de suelo y destino que corresponde a cada porción del suelo. Con la calificación (a la que también se denomina zonificación) se ordena definitivamente el terreno, ya que se le atribuye un uso específico determinado (residencial, terciario, dotacional, etc.)[10] y se fijan, por tanto, las actividades que se pueden desarrollar en cada ámbito del suelo, las que están prohibidas y las que se consideran complementarias y se permiten bajo ciertas condiciones. En este sentido, la fijación de usos complementarios es habitualmente utilizada por el planificador urbanístico "con el fin de evitar la excesiva especialización de uso y la segregación funcional de la ciudad"[11].

Pues bien, las viviendas se sitúan en las partes del suelo en las que el plan general ha previsto el uso residencial. Por otro lado, el uso terciario es aquel que tiene por objeto la prestación de servicios al público, pudiendo incluirse las VUT en este tipo de uso. Es cierto que la distinción entre la vivienda dedicada al uso residencial y la dedicada al uso turístico es compleja y ha estado fundamentalmente anudada al criterio de la temporalidad[12]. En

---

10. Arana García (2018: 10) considera asimismo que el principio básico que subyace a la implantación de usos complementarios es el de evitar zonas estancas monofuncionales en la ciudad, buscando la mezcla o interrelación de destinos urbanísticos que se desarrollen en la misma. En cualquier caso, y como también recuerda el autor, a pesar de que la técnica de la calificación urbanística procede de las primeras leyes que configuran el derecho urbanístico moderno, en la actualidad se cuestiona desde diversos ámbitos, como en el caso de la Comisión Nacional de la Competencia en su informe *Problemas de competencia en el mercado del suelo en España* (2011), en el que se considera que la técnica de la zonificación conlleva una gran rigidez para el mercado del suelo.

En muy parecidos términos se pronuncia la Comisión Nacional de los Mercados y la Competencia en su *Estudio sobre la regulación de las viviendas de uso turístico en España*, de 19 de julio de 2018 (p. 62), en el que se critican de manera ciertamente contundente las distintas iniciativas que se han llevado a cabo tanto a nivel autonómico como local restrictivas de las viviendas de uso turístico, y ello por considerar que este tipo de iniciativas son restrictivas de la competencia, debiendo estar motivadas por la existencia de un fallo de mercado o razón imperiosa de interés general que requiera de la intervención pública. De modo que dicha intervención debe satisfacer el principio de necesidad y, además, ser proporcionada.

11. *Vid.* Arana García (2018: 10).

12. Al respecto, Arana García (2018: 12) precisa que "el elemento que más claramente trata de diferenciar uno y otro tipo es la temporalidad, tal y como además ha señalado la STSJM de 17 de abril de 2013: el residencial se caracteriza por la estabilidad y permanencia y el uso turístico se caracteriza por la transitoriedad y ocasionalidad (por días), por eso, es un uso terciario".

Viviendas de uso turístico
Análisis de la situación actual y propuestas
para la mejora de su marco regulatorio

Fundación Democracia y Gobierno Local
Serie Claves del Gobierno Local, 39
ISBN: 978-84-125912-5-5

171

cualquier caso, y ante las distorsiones que genera la convivencia de ambos tipos de usos en un mismo edificio, actualmente lo que tratan de lograr los ayuntamientos, a través de las medidas de intervención urbanística que están desplegando, consiste precisamente en impedir que coexistan, tratando de que las VUT se ubiquen en las zonas que precisamente están destinadas a un uso terciario. Para lograr este objetivo, se han ido articulando distintas iniciativas locales, en las Islas Baleares, Barcelona, Madrid, San Sebastián y Bilbao, entre otras.

Así, por ejemplo, en Madrid se aprobó con fecha 27 de marzo de 2019, por Acuerdo Plenario del Ayuntamiento, el Plan Especial de Hospedaje de Madrid. En su virtud, se limita la implantación de todo establecimiento turístico, incluidas las viviendas de uso turístico, en gran parte de la ciudad de Madrid, y, en particular, en la zona Centro, en los términos que veremos más adelante. Ello ha determinado la aparición de diversos problemas jurídicos que han derivado en litigios judiciales ante distintas instancias, en las que parece que, de momento, se ha dado un espaldarazo a la viabilidad de la intervención local. Por otro lado, en las Islas Baleares es la propia Ley 8/2012, de Turismo, la que contempla diversas medidas que pueden llevarse a cabo a través de los planes de intervención en el ámbito turístico y en los planes territoriales insulares (artículos 5.3 y 75.2). También Barcelona ha llevado a cabo una intensa actividad de intervención administrativa en relación con las viviendas de uso turístico, y así, en 2021, aprobó una segunda versión del Plan Especial de Alojamientos Turísticos de Barcelona.

3. La intervención municipal en la ciudad de Madrid

El Plan Especial de regulación del uso de servicios terciarios en la clase de hospedaje, distritos de Centro, Arganzuela, Retiro, Salamanca, Chamartín, Moncloa-Aravaca, Latina, Carabanchel y Usera de Madrid (en adelante, el PEH), se aprobó, con fecha 27 de marzo de 2019, por Acuerdo Plenario del Ayuntamiento de Madrid. En este sentido, conviene recordar que, a diferencia del plan general en el que se ordena integralmente un determinado ámbito espacial en todos sus aspectos, el objetivo de un plan especial consiste en la ordenación de uno solo de estos, como puede serlo la ordenación de recintos y conjuntos artísticos, la protección del paisaje o la reforma interior[13]. De este modo, un plan especial, de conformidad con las previsiones

---

13. Fernández (2019) recuerda que los planes especiales se encuentran insertos en el planeamiento territorial, lo que determina que no se puede producir un plan especial sin un plan territorial previo, del que se presentan como instrumento de desarrollo, teniendo por tanto una naturaleza subordinada respecto a aquel. Por otro lado, también señala el citado autor que siendo como son instrumentos de desarrollo del planeamiento territorial, municipal o supra-

172

Viviendas de uso turístico
Análisis de la situación actual y propuestas
para la mejora de su marco regulatorio

Fundación Democracia y Gobierno Local
Serie: Claves del Gobierno Local, 39
ISBN: 978-84-125912-5-5

del artículo 50 de la LSCM, debe dar cumplimiento a alguna de las funciones previstas en la norma, pudiendo, además, modificar o mejorar la ordenación pormenorizada previamente establecida por cualquier otra figura de planeamiento urbanístico, debiendo justificar suficientemente en cualquier caso su coherencia con la ordenación estructurante[14].

Y el objetivo del PEH consiste, precisamente, en establecer una nueva regulación de coexistencia del uso terciario de hospedaje cuando entra en interrelación con el uso cualificado residencial de los inmuebles, teniendo por objeto la preservación del uso residencial y su entorno urbano en aquellas áreas centrales de la ciudad en que se ve amenazado por el uso de hospedaje, ante la progresiva terciarización del centro urbano de Madrid[15].

A este respecto, el PEH supone una actuación de carácter integral sobre el planeamiento de la ciudad, al dividirla en tres anillos que abarcan cincuenta y tres barrios con el fin de regular y limitar en dichas áreas la explotación de las viviendas turísticas. También se precisa que el PEH no resultará de aplicación a las parcelas que tengan aprobado definitivamente un plan especial exigido por el vigente Plan General de Ordenación Urbana (PGOUM 97) para la implantación del uso de servicios terciarios en la clase de hospedaje y no hayan implantado la actividad, pudiendo solicitar licencia urbanística a su amparo (artículo 2.4.).

Además, el PEH precisa que "incorpora normas urbanísticas específicas y particulares para el ámbito de aplicación definido en ellas. Estas ordenanzas serán de aplicación con carácter preferente en dicho ámbito sobre la norma zonal u ordenanza particular del área de planteamiento correspondiente. Las normas urbanísticas del PGOU de Madrid serán aplicables con

---

municipal, su nivel operativo concreto tiende a asemejarse al de los planes parciales, por lo que la formulación de un plan especial no requiere la previa aprobación de un plan parcial.

14. El artículo 50.1 de la Ley 9/2001, de 17 de julio, del Suelo de la Comunidad de Madrid (en adelante, LSCM), prevé que los planes especiales tienen cualquiera de las siguientes funciones: "la definición, ampliación o protección de cualesquiera elementos integrantes de las redes públicas de infraestructuras, equipamientos y servicios, así como la complementación de sus condiciones de ordenación con carácter previo para legitimar su ejecución; la conservación, protección y rehabilitación del patrimonio histórico artístico, cultural, urbanístico y arquitectónico, de conformidad, en su caso, con la legislación de patrimonio histórico; la conservación, la protección, la rehabilitación o la mejora del medio urbano y del medio rural; la protección de ambientes, espacios, perspectivas y paisajes urbanos y naturales; otras que se determinen reglamentariamente".

15. En este sentido, dispone el PEH que, "con el objetivo de preservar el uso residencial en las áreas centrales de la ciudad, se establece una nueva regulación de usos compatibles y autorizables, limitando al máximo la expulsión del uso residencial de carácter permanente y su sustitución por el uso de servicios terciarios en la clase de hospedaje destinado a proporcionar alojamiento temporal" (artículo 1.1).

Viviendas de uso turístico
Análisis de la situación actual y propuestas
para la mejora de su marco regulatorio

Fundación Democracia y Gobierno Local
Serie: Claves del Gobierno Local, 39
ISBN: 978-84-125912-5-5

173

carácter subsidiario para todas aquellas consideraciones no contempladas expresamente en las presentes ordenanzas particulares. En caso de existir contenidos contradictorios entre las determinaciones de las normas urbanísticas del Plan General de 1997 y las especificaciones de las presentes ordenanzas, prevalecerán las de estas últimas sobre las primeras".

Pues bien, una vez concretado su ámbito de aplicación, el PEH fija el régimen de uso terciario en la clase de hospedaje, en su artículo 6, diferenciando en función de si se implanta en la totalidad de la edificación o en parte de ella, y, en ambos casos, distinguiendo en función del Anillo en el que se ubique la edificación en cuestión[16].

Por un lado, si la implantación va a tener lugar en la totalidad de la edificación, se distingue en función del uso cualificado que tenga la parcela. En parcelas con uso cualificado no residencial se mantienen las condiciones de implantación del PGOUM 97. En parcelas con uso cualificado residencial, el PEH no permite su implantación en las zonas residenciales más puras como son los niveles de usos A, B y E, en el Anillo 1, o los niveles de usos A y E, en el Anillo 2. No obstante, se podrá implantar el uso de hospedaje como alternativo a través de licencia urbanística en situaciones concretas. En el resto de casos, el uso de hospedaje pasa a poder implantarse como uso autorizable, y necesita la redacción de un Plan Especial de Control Urbanístico Ambiental del Usos (PECUAU). Este plan ha de incluir medidas referentes al aislamiento acústico, de limitación del consumo energético, la demanda energética y el rendimiento de las instalaciones térmicas e iluminación[17].

Por otro lado, si la implantación va a tener lugar en parte de una edificación, se mantiene la regulación en régimen de uso complementario en parcelas con uso cualificado no residencial en los tres anillos, mientras que en parcelas con uso cualificado residencial se establecen en los tres anillos condiciones de situación (planta del edificio donde se puede implantar el

---

16.   Román Márquez (2018: 25) precisa que el citado plan subordina la posibilidad de explotación de viviendas particulares como alojamiento turístico a tres condicionantes: a) la profesionalidad de la actividad; b) su ubicación, y c) la preexistencia de uso terciario. Como indica Román Márquez, en relación con el primer condicionante se señala un umbral de tres meses relativos a la oferta de alojamiento turístico en aquellas viviendas que constituyan residencia permanente, por debajo del cual quedan excepcionadas de la aplicación del plan, al no ser considerada aquella como actividad empresarial de hospedaje turístico por la normativa autonómica madrileña. En relación con el segundo de los condicionantes, el plan delimita tres sectores en forma de anillos concéntricos, establecidos en función del estado de saturación de alojamientos turísticos que soportan cada uno de los barrios madrileños. Y, en relación con el tercero, se flexibiliza el acceso a la actividad de alojamiento turístico para aquellas viviendas ubicadas en edificios pertenecientes al tercer anillo en los que se admitan otros usos terciarios, como oficinas o comercios.

17.   En este sentido, *vid.* Ardura *et al.* (2020).

Viviendas de uso turístico
Análisis de la situación actual y propuestas
para la mejora de su marco regulatorio

Fundación Democracia y Gobierno Local
Serie: Claves del Gobierno Local. 39
ISBN: 978-84-125912-5-5

uso), condiciones de acceso o ambas. En edificios de uso residencial en los anillos 1 y 2 se contempla la imposición de la obligación de garantizar acceso independiente a las viviendas desde la vía pública, y ello aun habiendo obtenido autorización por el organismo competente de la Comunidad de Madrid[18]. En el Anillo 3, en edificios de uso existente residencial, se mantiene la regulación vigente, pero imponiendo la exigencia de acceso independiente en las situaciones del edificio donde no se admita la implantación de otras clases del uso de servicios terciarios[19].

Por tanto, y a modo de resumen, podríamos decir que cuando se prevé la implantación en la totalidad del edificio en parcelas residenciales ubicadas en el Anillo 1 se establece, en términos generales, su no viabilidad; y en los anillos 2 y 3, la necesidad de redacción de un plan de control ambiental y de control de las obras en edificios protegidos. Si la implantación es en parte de edificios residenciales, cabe la posibilidad de implantación según la posición de la vivienda en el edificio y exclusividad del acceso para el uso de hospedaje, y se exige por el Plan la posesión de una licencia de uso de hospedaje para explotar turísticamente la vivienda, prescindiéndose solo de esta exigencia respecto de edificios localizados en el tercer anillo, en los que ya se admiten otras clases de uso terciario del suelo, como oficinas o comercios[20].

---

18. También exige el PEH la implantación en la planta inferior a la baja, baja y primera cuando el nivel de usos sea A y B. Cuando el nivel de usos sea C y D se podrá implantar en cualquier situación del edificio.

19. Por su parte, la STSJM 2/2021 resume las limitaciones impuestas en el PEH, del siguiente modo: "por lo que respecta a las parcelas con uso cualificado No Residencial, se mantienen las condiciones de implantación del uso de hospedaje del PGOUM 97, pero se introducen cambios sustanciales cuando se trata de parcelas con uso cualificado Residencial. La implantación del uso de hospedaje en la totalidad de la edificación no se permite en las zonas residenciales con niveles de usos A, B y E en el Anillo 1 o los niveles de usos A y E en el Anillo 2. Se podría implantar como uso alternativo a través de licencia urbanística únicamente en el nivel D (ejes terciarios dentro del APE 00.01) en los anillos 1 y 2, y en los ejes terciarios definidos en la norma zonal 10 del Anillo 3. En el resto de situaciones, se podría implantar como uso autorizable, es decir, mediante la redacción de un Plan Especial de Control Urbanístico Ambiental del Usos (PECUAU) regulado en el Título 5 de las NN. UU. Respecto a los edificios protegidos con Nivel 1 ó 2, se mantiene el régimen de implantación como uso autorizable con un Plan Especial de Protección regulado en el artículo 4.10.6 de las NNUU, pero se introducen determinaciones complementarias en defensa del uso residencial existente, como que se acredite la imposibilidad de compatibilizar las condiciones de protección con las condiciones higiénicas y de vivienda exterior, contempladas en el Título 6 de las Normas Urbanísticas del PGOUM 97. La implantación del uso de hospedaje en parte de la edificación como uso complementario exige en los tres anillos condiciones de situación (planta del edificio donde se puede implantar el uso), condiciones de acceso o ambas. En edificios de uso residencial en los Anillos 1 y 2, se generaliza la exigencia de acceso independiente, y en el Anillo 3, se impone también la exigencia de acceso independiente en las situaciones del edificio donde no se admita la implantación de otras clases del uso de servicios terciarios".

20. Román Márquez (2018: 36). En parecidos términos, la STSJM 2/2021 dispone que "el Plan Especial de Uso de Hospedaje altera el régimen de usos del suelo previsto en el PGOUM, restringiendo el uso terciario en su clase de hospedaje, de modo que la implantación por licencia directa se prohíbe donde, de acuerdo con el PGOUM, el uso de hospedaje era compatible con

Viviendas de uso turístico
Análisis de la situación actual y propuestas
para la mejora de su marco regulatorio

Fundación Democracia y Gobierno Local
Serie: Claves del Gobierno Local. 39
ISBN: 978-84-125912-5-5

175

Resulta evidente que, con estas previsiones, la inmensa mayoría de las VUT que existen en Madrid centro no cumplen con el requisito de contar con acceso independiente desde la vía pública, calculándose, por tanto, que el 98 % de las VUT de las 14 000 VUT que existen en el municipio de Madrid son ilegales. En este sentido, la aprobación del PEH causó una gran controversia; de hecho, fue impugnado por cuestionarse la idoneidad de un plan especial para llevar a cabo la zonificación urbanística en él contenida.

3.1. ¿Se puede zonificar urbanísticamente la ciudad para limitar la proliferación de las viviendas de uso turístico a través de un plan especial?

La posibilidad de que la zonificación urbanística señalada se llevara a cabo a través de un plan especial fue uno de los principales argumentos que sustentó la impugnación del acuerdo, de 27 de marzo de 2019, del Pleno del Ayuntamiento de Madrid por el que se aprobó el Plan Especial de Hospedaje que nos ocupa[21]. Al respecto, el Tribunal Superior de Justicia de Madrid dictó la Sentencia 14/2021, con fecha de 14 de enero de 2021, en la que además de establecer la idoneidad del plan especial para acometer la regulación señalada, se pronuncia también respecto de la posible desviación de poder en que hubiera incurrido el Ayuntamiento de Madrid en caso de que se considerase la inidoneidad del plan especial para llevar a cabo la citada actuación. Asimismo, la sentencia también trata los efectos de la posible omisión del estudio económico-financiero y la hipotética vulneración de las normas de competencia, por cuanto el plan restringe la implantación de alojamientos turísticos. A continuación, nos referiremos a los tres primeros motivos de impugnación y dedicaremos el epígrafe siguiente, dada su especial enjundia, al problema de la posible vulneración de las normas de competencia, en la medida en que el PEH limita claramente la implantación de alojamientos turísticos.

En este sentido, la alegación principal de la recurrente cuestiona la aptitud de un plan especial para incluir la regulación propuesta y consolidar

---

el característico residencial". Y señala: "De modo que para ejercer la actividad de apartamentos o viviendas de uso turístico es necesario no solo cumplir los requisitos marcados por la legislación sectorial de la Comunidad de Madrid en materia urbanística y turística, sino también los requisitos establecidos por la legislación urbanística municipal que exigen una licencia de actividad y una licencia de funcionamiento, citando en su apoyo varias sentencias de esta Sala".

21. El citado PEH fue objeto de impugnación por la mercantil LikeHomeMadrid Renting Apartments in Center S.L., y actuó como codemandado el Ayuntamiento de Madrid.

Viviendas de uso turístico
Análisis de la situación actual y propuestas
para la mejora de su marco regulatorio

Fundación Democracia y Gobierno Local
Serie: Claves del Gobierno Local, 39
ISBN: 978-84-125912-5-5

una ordenación integral mediante un instrumento propio de una ordenación especial y aislada.

Para aclarar esta cuestión, la Sala procede, en primer lugar, a definir la relación entre los planes especiales y los planes generales, mediante el análisis de la correspondiente jurisprudencia, que ha señalado de forma reiterada que la relación entre ambos instrumentos no debe ser entendida desde la exclusiva óptica de una relación de jerarquía, ya que está dotada de una mayor flexibilidad[22].

Ahora bien, esta mayor flexibilidad tiene su limitación en la imposibilidad de que a través de un plan especial se alteren aspectos sustanciales del planteamiento superior, ya que tales determinaciones de carácter general o elementos fundamentales de la estructura general y orgánica de la ordenación del territorio constituyen ámbitos monopolizados por el plan general[23]. De este modo, el plan especial no podría clasificar suelo, pero sí calificarlo y también establecer asignaciones de usos o limitaciones a los mismos, sea de conformidad con lo previsto en el plan general o sin sujeción a él. Así, y como señala la Sala, "cabe predicar libertad de los planes especiales en su ámbito de actuación, afirmar que pueden modificar determinaciones no es-

---

22. Así, se recuerda que en esto se distinguen de los planes parciales, los cuales constituyen "un simple desarrollo y concreción del general", mientras que al especial "le está permitido un margen mayor de apreciación de determinados objetivos singulares que no se concede al otro", como se puso de manifiesto en la STS de 23 de septiembre de 1987 (RJ 1987, 8334), rec. 1043/1985.

23. Señala el TSJM, en la Sentencia 14/2021 que venimos comentando: "La fijación de las líneas maestras de la configuración de un concreto modelo urbanístico o el establecimiento de determinaciones de ordenación estructurante constituyen un terreno vedado al plan especial y, con ello, la definición de sistemas generales o, en lo que aquí interesa —como a continuación se verá—, la definición y asignación de usos globales y su intensidad". En este sentido, la STS de 3 de julio de 2014 (RJ 2014, 3652), rec. 4801/2011, señala: "Los planes especiales, a diferencia de los demás instrumentos de planeamiento, no ordenan el territorio desde una perspectiva integral y global, sino que su punto de vista es más limitado y singular porque atiende a un sector concreto y determinado, como sucede en este caso con el recinto ferial. Esta diferencia tiene su lógica consecuencia en las relaciones con el plan general, pues si su subordinación fuera puramente jerárquica quedaría el plan especial sin ámbito propio sobre el que proyectarse, toda vez que no puede limitarse a reproducir lo ya ordenado en el plan general. Téngase en cuenta que el plan especial precisa un campo concreto de actuación en función de los valores que persiga y de los objetivos que se haya propuesto. Ahora bien, su relación no es explicable exclusivamente por el principio de jerarquía, sino que introduce en sus relaciones normativas con el plan general el principio de especialidad, lo que no quiere decir que la jerarquía no tenga aplicación en tal relación y que la autonomía o independencia del plan especial sea plena, que no lo es. En efecto, el ámbito sectorial que regula el plan especial no puede alcanzar hasta sustituir el planeamiento general en la función que le es propia, como acontece en el supuesto enjuiciado con la alteración de las determinaciones estructurantes, cuyo establecimiento se encuentra vedado al plan especial en virtud de la legislación autonómica aplicable, según la interpretación que de la misma efectúa la Sala de instancia".

Viviendas de uso turístico
Análisis de la situación actual y propuestas
para la mejora de su marco regulatorio

Fundación Democracia y Gobierno Local
Serie Claves del Gobierno Local, 39
ISBN: 978-84-125912-5-5

177

tructurantes del planeamiento general y, en particular, asignar usos al suelo o limitarlos". En definitiva, como el uso terciario de hospedaje constituye una determinación pormenorizada, la Sala entiende que el plan controvertido se ajusta a lo establecido en el artículo 50 LSCM.

En segundo lugar, el Tribunal se pronuncia, también, respecto de la posible desviación de poder en la que hubiera incurrido el Ayuntamiento de Madrid por regular el uso terciario de hospedaje mediante un plan especial, en lugar de optarse por la modificación puntual del PGOUM, y la descarta, al haber justificado previamente la idoneidad del plan especial para llevar a cabo la citada actuación. De este modo, entiende la Sala que no cabe estimar acreditado que se actuara con la voluntad de ejercer las potestades urbanísticas para fines distintos de los establecidos por el ordenamiento jurídico, con un fin subjetivo instrumental manifiestamente dispar del fin objetivo propio del legítimo ejercicio de tales potestades urbanísticas.

En tercer lugar, se analizan los efectos de la omisión del estudio económico-financiero y de la memoria de sostenibilidad económica, concluyendo el Tribunal su innecesaridad como consecuencia del objeto del PEH. En este sentido, afirma el Tribunal que "el concreto objeto del PEH y la regulación de usos compatibles y autorizables que contiene, no precisaba la realización de un estudio económico-financiero (artículos 22.5 TRLSRU y 77.2 g) RP[24]) y la emisión de un informe o memoria de sostenibilidad económica (artículo 22.4 TRLSRU), dada su manifiesta y notoria innecesaridad, por lo que ningún efecto anulatorio cabe anudar a su ausencia"[25].

---

24. Las normas citadas como TRLSRU y RP son: el Real Decreto Legislativo 7/2015, de 30 de octubre, por el que se aprueba el Texto Refundido de la Ley del Suelo y Rehabilitación Urbana (TRLSRU), y el Real Decreto 2159/1978, de 23 de junio, por el que se aprueba el Reglamento de Planeamiento para el desarrollo y aplicación de la Ley sobre Régimen del Suelo y Ordenación Urbana (RP).

25. El Tribunal argumenta que, pese a que la doctrina legal no ha devaluado o reducido su exigencia (sino que habría ratificado, como regla general, su necesidad), tal análisis no puede desconocer el objeto y la finalidad a los que el plan especial se adscribe. Afirma: "su objeto se circunscribe a establecer una nueva regulación de usos compatibles y autorizables; la finalidad, tratar de limitar la 'expulsión del uso residencial de carácter permanente y su sustitución por el uso de servicios terciarios en la clase de hospedaje destinado a proporcionar alojamiento temporal' (artículo 1.1). Sobre la premisa del objeto al que atiende el PEH tales premisas, teniendo en cuenta el propósito al que el estudio económico-financiero responde, así como el objeto y razón de ser del PEH, debe concluirse en este caso su innecesaridad. A tal conclusión conducen no solo los términos en los que se expresa la normativa autonómica concernida (artículo 43 b) LSCM) sino la propia legislación estatal, en el artículo 42 RP. Y es que al referirse el estudio en cuestión a la evaluación económica de la ejecución de obras de urbanización y a la implantación de los servicios, no cabe duda que con el PEH ninguna obra de urbanización se contempla como tampoco implantación de nuevos servicios. Sigue en tal sentido esta Sala el criterio expresado por el Tribunal Supremo en Sentencia (Sección 5ª) de 8 de marzo de 2012 (rec. 6162/2008) y de la que se desprende que el que en la aprobación de un instrumento de

178

Viviendas de uso turístico
Análisis de la situación actual y propuestas
para la mejora de su marco regulatorio

Fundación Democracia y Gobierno Local
Serie: Claves del Gobierno Local. 39
ISBN: 978-84-125912-5-5

A mayor abundamiento, se precisa que el Ayuntamiento razonó que, en atención al contenido de la propuesta, lo que debía elaborarse era el "Informe de impacto socioeconómico" que incorporó al expediente, y ello como consecuencia de la interpretación que efectuaba de la legislación autonómica (artículo 43.b LSCM) y estatal (artículos 42 y 73 RP y 22.4 TRLSRU). Y argumentó que se trataba con ello de justificar la "sostenibilidad del modelo de utilización del territorio y desarrollo urbano adoptado", con base en el PGOUM y preservando en el ámbito del PEH el uso residencial en las áreas centrales de la ciudad mediante una nueva regulación de usos compatibles y autorizables.

3.2. ¿Vulnera las normas de competencia la restricción de alojamientos turísticos en determinadas zonas de la ciudad?

La posible contravención de los principios del artículo 5 y del artículo 9 de la Ley 17/2009, de 23 de noviembre, de Garantía de Unidad de Mercado (en adelante, LGUM), por una utilización indebida del PEH que restringe la implantación de alojamientos turísticos y blinda determinadas zonas de la ciudad, fue objeto de análisis en el Estudio E/CNMC/003/18, de la Comisión Nacional de los Mercados y la Competencia. En este sentido, la CNMC entendió que se incluían medidas desproporcionadas y ajenas a toda razón imperiosa de interés general, no estando justificada, además, la elección de otro medio menos restrictivo o distorsionador para la actividad económica[26].

---

planeamiento (en aquel caso se trataba de una Modificación Puntual) se haya prescindido del estudio económico-financiero carece de trascendencia anulatoria si, analizadas las circunstancias del caso —y como aquí sucede—, el mismo no resultaba preceptivo".

26.   La CNMC, tras analizar la regulación de las VUT en España, concluye que existen numerosas restricciones a la competencia que, en su opinión, no son el mejor medio para resolver los posibles problemas que podrían derivarse de las VUT, y que introducen barreras a la actividad que a su vez resultan perjudiciales para ciudadanos y usuarios. Asimismo, formula tres recomendaciones dirigidas a las Administraciones competentes, a nivel nacional, autonómico y local, con el objeto de promover la adaptación de la normativa a los principios de regulación económica eficiente y la eliminación de aquellas restricciones innecesarias y desproporcionadas. En primer lugar, invita a las Administraciones señaladas a revisar la regulación actual de los alojamientos turísticos para asegurar que sea necesaria y proporcionada y reducir su disparidad. En este sentido, entiende que debe intervenirse cuando sea necesario para paliar un fallo de mercado que ponga en peligro una razón de imperioso interés general, de manera proporcionada. En segundo lugar, expone las restricciones que deberían evitarse en la regulación de las VUT, señalando las siguientes: la limitación de la duración de la estancia en las VUT; el establecimiento de un mínimo de noches de estancia en las VUT; la prohibición del alquiler de VUT por estancias; las moratorias en la concesión de licencias; la prohibición de que las VUT se instalen en edificios residenciales; la obligación de que las VUT deban ubicarse en determinadas plantas de los edificios; el establecimiento de un número máximo de VUT por barrio, distrito o edificio; el establecimiento de dimensiones mínimas de las VUT y de sus estancias que sean más exigentes que las requeridas para asegurar la habitabilidad de las viviendas; la regulación

Viviendas de uso turístico
Análisis de la situación actual y propuestas
para la mejora de su marco regulatorio

Fundación Democracia y Gobierno Local
Serie Claves del Gobierno Local, 39
ISBN: 978-84-125912-5-5

179

El análisis de este posible vicio del PEH también fue objeto de estudio en la STSJ de Madrid 14/2021, junto con la posible vulneración del artículo 14 de la Directiva de Servicios, al limitar o condicionar el acceso a una actividad de servicios solo por considerar que en una determinada zona existe en exceso. Para ello, la Sala procede a analizar la jurisprudencia vertida al efecto por el Tribunal de Justicia de la Unión Europea (en adelante, TJUE), y, en concreto, si la protección del medio ambiente y el entorno urbano es una razón de interés general de las recogidas en el artículo 3.11 de la LGUM y que, por tanto, habilita para limitar el acceso o ejercicio de una actividad económica o para justificar la aplicación de regímenes de autorización y otras restricciones. En este sentido, el Tribunal recuerda que en la jurisprudencia de Luxemburgo se ha admitido que "una normativa nacional restringiera la libre circulación de capitales para luchar contra la presión inmobiliaria o para mantener una población permanente en el medio rural a fines de ordenación del territorio" (STJUE de 1 de octubre de 2009), y también que "las exigencias de la política de vivienda de protección oficial y su régimen de financiación en un Estado miembro pueden constituir igualmente razones imperiosas de interés general" (STJUE de 1 de junio de 1999), o que "las exigencias de la política de vivienda de protección oficial y su régimen de financiación en un Estado miembro pueden constituir igualmente razones imperiosas de interés general" (STJUE de 8 de mayo de 2013).

No obstante, es la STJUE de 22 de diciembre de 2020 (Cali Apartments SCI y HX, asuntos acumulados C-724/18 y C-727/18), (TJCE 2020, 224), la que parece dar un paso más, tal y como se apunta en la STSJM 14/2021, en la medida en que concreta las exigencias de política de vivienda de protección oficial, o de lucha contra la presión inmobiliaria, que pueden constituir razones imperiosas de interés general cuando un mercado experimenta escasez estructural de viviendas y una densidad de población especialmente alta[27]. Procedemos, a continuación, a realizar una serie de precisiones respecto de

---

de precios de las VUT y la publicación por la Administración de precios comunicados por las VUT. Por último, la CNMC procede a concretar qué requisitos y obligaciones suponen una carga para los titulares de viviendas, que desincentiva su participación en el mercado e incrementa los costes para los usuarios, estando justificados únicamente cuando resulten indispensables y proporcionados para proteger una razón imperiosa de interés general. A tal efecto, apunta a los siguientes: todos aquellos requisitos que conviertan, *de facto*, las declaraciones responsables en verdaderas autorizaciones previas, como la obligación de que el titular de la vivienda la deba inscribir en un registro; el establecimiento de obligaciones diferentes para titulares particulares y profesionales de VUT; las exigencias de equipamientos concretos en las VUT como ventilación o climatización, cuando no se exijan en la normativa de viviendas residenciales; los criterios de equipamiento vagos y subjetivos (tales como "suficientemente amuebladas", "enseres necesarios", "servicio de alojamiento correcto", etc.), y las obligaciones de asistencia telefónica o presencial.

27.   *Vid.*, entre otros, Macho Carro (2022) y Padrós Reig (2020).

180

Viviendas de uso turístico
Análisis de la situación actual y propuestas
para la mejora de su marco regulatorio

Fundación Democracia y Gobierno Local
Serie: Claves del Gobierno Local. 39
ISBN: 978-84-125912-5-5

la STJUE de 22 de diciembre de 2020, antes de continuar con el análisis de la STSJM 14/2021, por la decisiva importancia que plantea en la resolución del interrogante que planteamos en este apartado.

La STJUE de 22 de diciembre de 2020 da respuesta a sendas peticiones de decisión prejudicial planteadas por la *Cour de cassation* (Tribunal de Casación de Francia) en los litigios seguidos entre las entidades Cali Apartments SCI y HX, de una parte, y el fiscal general, ante el Tribunal de Apelación de París y la ciudad de París, por otro lado. Ello a raíz de la condena a las mercantiles al pago de sendas multas y la reversión de los inmuebles de los que eran titulares en París a su uso como vivienda, al haber arrendado los mismos sin autorización previa de las autoridades locales a clientes de paso, de forma reiterada y durante breves períodos de tiempo. Y es que las dos empresas fueron multadas por el arrendamiento de dos viviendas turísticas a través de la plataforma *Airbnb* sin haber recabado la autorización previa, que se exige con carácter preceptivo, de conformidad con las estipulaciones contenidas en el Código de la construcción y de la vivienda francés[28]. En este sentido, las empresas multadas recurrieron sus sanciones alegando que el régimen de autorización impuesto por la normativa francesa vulneraba su derecho a la libre prestación de servicios tal y como este se ha configurado por el derecho europeo. El problema se plantea porque, como es sabido, en el ámbito de la Unión Europea rige el principio de libre prestación de servicios, y, por tanto, la prestación de una determinada actividad económica de servicios solo excepcionalmente podrá estar sujeta a un régimen de autorización previa, la cual habrá de estar justificada y resultar

---

28. Los supuestos regulados en el citado Código de la construcción y de la vivienda francés han sido estudiados en detalle por Macho Carro (2022: 670-672), estableciéndose que, en los municipios de más de 200 000 habitantes, el cambio de uso de los inmuebles destinados a vivienda estará sujeto a autorización previa por parte de la autoridad municipal, y, en este caso, constituye un cambio de uso el arrendamiento de un inmueble amueblado destinado a vivienda de forma reiterada y durante breves períodos de tiempo a clientes de paso que no fijan en él su domicilio. También se prevé que la autorización pueda estar supeditada a una compensación consistente en la transformación simultánea en vivienda de un inmueble que tenga otro uso, y que serán las respectivas juntas municipales quienes establecerán las condiciones de concesión de las autorizaciones y de determinación de las compensaciones por barrio y, en su caso, por distrito, a la luz de los objetivos de diversidad social, en función, en particular, de las características de los mercados de la vivienda y de la necesidad de no agravar la escasez de vivienda. Al respecto, en desarrollo de esta normativa nacional, la Junta Municipal de París aprobó un reglamento que, efectivamente, prevé que la expedición de una autorización de cambio de uso esté condicionada a una compensación. En principio, esta compensación consistirá en la conversión en viviendas de inmuebles que estén situados en el mismo distrito y que reúnan las mismas condiciones de calidad y superficie que aquellos cuyo alquiler turístico se pretende. Sin embargo, en áreas especialmente tensionadas la compensación resultará aún más exigente, requiriéndose la conversión en vivienda de inmuebles con el doble de superficie que aquellos objeto del cambio de uso.

Viviendas de uso turístico
Análisis de la situación actual y propuestas
para la mejora de su marco regulatorio

Fundación Democracia y Gobierno Local
Serie: Claves del Gobierno Local, 39
ISBN: 978-84-125912-5-5

181

conforme con los requisitos establecidos por el artículo 10.1 de la Directiva de Servicios. Pues bien, en el curso del procedimiento, el Tribunal de Casación francés planteó una cuestión prejudicial ante el TJUE para que este pudiera determinar si la lucha contra la escasez de viviendas en alquiler puede constituir una "razón imperiosa de interés general", que permita justificar la imposición de un régimen de autorización al arrendamiento de viviendas de uso turístico en determinadas zonas geográficas; y, de ser así, si esta medida resulta proporcionada en relación con el objetivo perseguido. Además, se pregunta también si el artículo 10.2 de la Directiva de Servicios se opone a un sistema de autorización como el previsto por la normativa nacional francesa, que deja en manos de las autoridades locales la facultad de precisar las condiciones de concesión de las autorizaciones a la luz de los objetivos de diversidad social, en función de las características de los mercados de la vivienda y de la necesidad de no agravar la escasez de oferta.

Al respecto, señala el TJUE en la Sentencia de 22 de diciembre de 2020 que la Directiva 2006/123/CE es aplicable a la actividad de alquiler de viviendas turísticas efectuada de forma reiterada por períodos breves de tiempo, con independencia de su carácter profesional o no[29].

Asimismo, explica que la autorización previa para el alquiler de viviendas turísticas constituye un régimen de autorización que es conforme con la Directiva de Servicios y que, por ello, debe cumplir con las condiciones previstas en sus artículos 9.1 y 10.2. A este respecto, la STJUE dice lo siguiente:

"[...] el artículo 9.1 b) y c) de la Directiva de servicios debe interpretarse en el sentido de que una normativa nacional que, en aras de garantizar una oferta suficiente de viviendas destinadas al arrendamiento de larga duración a precios asequibles, somete determinadas actividades de arrendamiento a cambio de una remuneración de inmuebles amueblados destinados a vivienda a clientes de paso que no fijan en ellos su domicilio, efectuadas de forma reiterada y durante breves períodos de tiempo, a un régimen de autorización previa aplicable en determinados municipios en los que la tensión sobre los arrendamientos es particularmente acusada está justificada por una razón imperiosa de

---

29. En este sentido, Aguirre i Font (2021: 28) añade que la citada STJUE de 22 de diciembre de 2020 también prevé que la regulación de las viviendas turísticas no constituye una normativa aplicable a cualquier persona, sino solamente a los arrendadores de viviendas turísticas, y en consecuencia quedan fuera de las exclusiones previstas para las normativas generales en materia de ordenación del territorio o urbanismo. El autor precisa que el pronunciamiento es clave, ya que se había cuestionado recurrentemente por la jurisprudencia española, que entendía, en muchos casos, que la planificación urbanística de las viviendas turísticas se mantenía fuera del ámbito de aplicación de la Directiva de Servicios.

Viviendas de uso turístico
Análisis de la situación actual y propuestas
para la mejora de su marco regulatorio

Fundación Democracia y Gobierno Local
Serie: Claves del Gobierno Local, 39
ISBN: 978-84-125912-5-5

interés general como la lucha contra la escasez de viviendas destinadas al arrendamiento y es proporcionada al objetivo perseguido, dado que este no puede alcanzarse con una medida menos restrictiva, en particular porque un control a posteriori se produciría demasiado tarde para ser realmente eficaz".

Por otro lado, esta STJUE de 22 de diciembre de 2020 también analiza si el objetivo que pretende la exigencia de autorización puede conseguirse con otra medida menos restrictiva, y concluye que la adoptada es proporcionada al fin perseguido[30]. El TJUE, como señala Aguirre i Font, "considera justificados y proporcionados los criterios de la normativa francesa de que se arriende de forma reiterada y durante breves períodos de tiempo a clientes de paso que no fijan en él su domicilio o la posibilidad de fijar condiciones a la vista de objetivos de diversidad social en función de las características de los mercados locales de la vivienda y de la necesidad de no agravar la escasez de viviendas, acompañándolas, si fuera necesario, de una obligación de compensación en forma de transformación accesoria y concomitante en viviendas de inmuebles con otro uso, con la salvedad de que tales condiciones de concesión sean conformes con los requisitos establecidos por el propio artículo 10.2 y que tal obligación pueda satisfacerse en condiciones transparentes y accesibles"[31].

Partiendo de la argumentación propuesta por el Tribunal de Luxemburgo, el TSJM, en la Sentencia 14/2021, concluye sosteniendo que no aprecia ninguna discriminación en la regulación contenida en el PEH, y entiende que las medidas son proporcionadas y necesarias a la hora de defender el derecho a la vivienda y el entorno urbano.

Para ello, además de basarse en la Sentencia del Tribunal de Justicia a la que nos venimos refiriendo, recuerda también que el propio Tribunal Supremo, en la Sentencia de 19 de noviembre de 2020 (RJ 2020, 5293) (rec. 5958/2019), desestima el recurso de casación interpuesto por la Comisión

---

30.   Aguirre i Font (2021: 28) hace referencia a que el TJUE aprecia que la normativa resulta circunscrita solamente al arrendamiento turístico, que se excluye la que constituye residencia principal del arrendador, y que tiene un alcance geográfico restringido a unos pocos municipios densamente poblados que experimentan tensiones del mercado de alquiler de inmuebles como consecuencia del alquiler vacacional. Descarta también el TJUE que los controles *a posteriori* permitan frenar de modo inmediato y eficaz la rápida transformación de viviendas turísticas que tienen importantes impactos en el mercado de alquiler tradicional.

31.   Aguirre i Font (2021: 29) precisa que todo ello da un importante margen de discrecionalidad a las autoridades locales francesas y, en consecuencia, al resto de Estados miembros para entrar a regular las actividades de alquiler de turismo vacacional dentro de los límites de la propia Directiva, de conformidad con la interpretación de la Gran Sala.

Viviendas de uso turístico
Análisis de la situación actual y propuestas
para la mejora de su marco regulatorio

Fundación Democracia y Gobierno Local
Serie Claves del Gobierno Local, 39
ISBN: 978-84-125912-5-5

183

Nacional de los Mercados y la Competencia contra la Sentencia de la Sala de lo Contencioso-Administrativo del Tribunal Superior de Justicia del País Vasco (Sección 2.ª) núm. 292/2019, de 11 de junio de 2019 (rec. 565/2018), por la que se desestimó el recurso interpuesto contra el Acuerdo del Ayuntamiento de Bilbao de fecha 25/1/18, que aprobaba definitivamente la modificación pormenorizada del Plan General de Ordenación Urbana de Bilbao en lo relativo a la regulación del uso de alojamiento turístico.

En este sentido, el Tribunal Supremo entiende que el Ayuntamiento limita la actividad del hospedaje a fin de salvaguardar el uso residencial en aquellos distritos en los que está siendo desplazado por el uso terciario, y ello, como señala el alto tribunal, "para hacer frente a la transformación —de hecho— de un uso tradicional residencial, en otro, pujante y turístico, con todas la consecuencias que de ello se derivan, pues, es evidente que cuando más auténtico es un lugar, a más gente atrae, pero, cuanta más gente atrae, más se diluye su auténtica identidad, y con ello la vida de los residentes habituales del mismo lugar".

Y como decimos, todo ello sirve de argumentación al TSJM, en la Sentencia 14/2021, para sostener que no aprecia ninguna discriminación en la regulación contenida en el PEH, y que entiende que las medidas son proporcionadas y necesarias a la hora de defender el derecho a la vivienda y el entorno urbano.

Pero es que también hay que tener en cuenta que con posterioridad a la STSJM 14/2021, a la que nos venimos refiriendo, el Tribunal Supremo ha tenido ocasión de pronunciarse nuevamente en relación con la zonificación llevada a cabo por medio de un plan especial. En este caso, la Sentencia del Tribunal Supremo de 26 de enero de 2021, rec. 210/2021, resuelve el recurso de casación núm. 8090/2019, interpuesto por particulares, contra la sentencia dictada por la Sección 3.ª de la Sala de lo Contencioso-Administrativo del Tribunal Superior de Justicia de Cataluña, de 15 de julio de 2019, estimatoria en parte del recurso núm. 105/2016, contra el acuerdo del Pleno del Consejo Municipal del Ayuntamiento de Barcelona, de 1 de abril de 2016, por el que se aprobó definitivamente el Plan especial urbanístico para la regulación de las viviendas de uso turístico en la ciudad de Barcelona. La impugnación del plan se basa también en las limitaciones que incluye y que no se ajustan al régimen de autorización que con carácter excepcional se contempla en la Directiva de servicios del mercado interior. El Tribunal Supremo desestima el recurso, apoyándose de forma expresa tanto en la STJUE de 22 de septiembre de 2020 como en la STS de 19 de noviembre de 2020 relativa a la impugnación del PGOU de Bilbao y a la que nos hemos referido anteriormente.

Viviendas de uso turístico
Análisis de la situación actual y propuestas
para la mejora de su marco regulatorio

Fundación Democracia y Gobierno Local
Serie: Claves del Gobierno Local, 39
ISBN: 978-84-125912-5-5

3.3. ¿Constituye la actividad municipal de zonificación una invasión competencial de la "promoción y ordenación del turismo" que corresponde a la comunidad autónoma?

Otra de las cuestiones clave que también plantea la zonificación emprendida en la ciudad de Madrid para limitar la proliferación de las viviendas de uso turístico es la posible invasión del título competencial autonómico de la promoción y ordenación del turismo, que corresponde, como decimos, a la Comunidad de Madrid, *ex* artículo 148.1.8 CE y artículo 26.1.21 del Estatuto de Autonomía de la Comunidad de Madrid.

En este sentido, se señala por el TSJM, en su Sentencia 14/2021, que para ello resulta preciso distinguir entre las competencias municipales en materia de ordenación urbana y las de promoción y ordenación turísticas. En este sentido, es la comunidad autónoma la que, al amparo de sus competencias, establece las distintas modalidades de alojamiento turístico. Cada una de ellas se rige, a su vez, por su normativa específica, siendo la de Madrid el Decreto de Apartamentos Turísticos y Viviendas de Uso Turístico.

Por otro lado, es al Ayuntamiento de Madrid, como señala la STSJM 14/2021, "al que compete, en el ejercicio de su potestad del planeamiento regular la tipología de usos (artículo 7.2.2 de las NN.UU.) o el régimen de interrelación de los mismos (artículo 7.2.3). Incluso, cabe que para ello se articulen instrumentos adicionales que ya figuran en el PGOUM tales como la condición de planta o posición del uso terciario en el edificio (artículo 7.1.4.4) o el acceso independiente (artículo 6.9.3.3)"[32].

Como consecuencia de lo anterior —apunta el TSJM—, resulta evidente que ambos tipos de usos (el residencial y el terciario) recaen sobre una misma realidad física, viviendas y edificios, pero también "lo es que la incidencia negativa que el uso terciario puede tener en el disfrute del residencial justifica las limitaciones a su emplazamiento". También en este caso el TSJM trae a colación la argumentación vertida por el Tribunal Supremo en la Sentencia de 19 de noviembre de 2020 (RJ 2020, 5293) (rec. 5958/2019) que citábamos anteriormente, en relación con la impugnación del PGOU de Bilbao. En este

---

32. El TSJM, en la Sentencia 14/2021, también señala que "es en el marco urbanístico actual —de regeneración y transformación de las ciudades—, en el que deben analizarse las políticas municipales sobre las VUT y que ahí que la intervención normativa municipal, en uso y ejecución de las competencias urbanísticas que le son propias, no puede ofrecer dudas. Todo ello de cara a desarrollar una actuación normativa municipal de transformación, adaptación y modificación de los usos de determinadas ciudades —en el marco sus propias y genuinas políticas de viviendas— con la finalidad de asimilar las nuevas realidades sociales, consecuencia de la mencionada economía colaborativa, articulada a través de las plataformas digitales".

Viviendas de uso turístico
Análisis de la situación actual y propuestas
para la mejora de su marco regulatorio

Fundación Democracia y Gobierno Local
Serie Claves del Gobierno Local, 39
ISBN: 978-84-125912-5-5

185

sentido, recuerda el TSJM en la Sentencia 14/2021 que el alto tribunal ya ha afirmado que se trata "de que las 'Administraciones públicas que cuentan con competencia en el ámbito material del urbanismo' eviten en las grandes ciudades su 'desertización (gentrificación), en determinados lugares, al alterarse la forma de vida de los residentes habituales'. De esta forma, es en el 'marco urbanístico actual —de regeneración y transformación de las ciudades—' en el que deben 'analizarse las políticas municipales sobre las VUT' y que ahí que la 'intervención normativa municipal, en uso y ejecución de las competencias urbanísticas que le son propias, no puede ofrecer dudas'. Todo ello de cara a desarrollar una 'actuación normativa municipal de transformación, adaptación y modificación de los usos de determinadas ciudades —en el marco sus propias y genuinas políticas de viviendas— con la finalidad de asimilar las nuevas realidades sociales, consecuencia de la mencionada economía colaborativa, articulada a través de las plataformas digitales'".

De este modo, el TSJM entiende que nos encontramos ante una decisión adoptada por la Administración que mejor conoce la ciudad, debidamente justificada en la Memoria que precede al PEH y sustentada en informes que describen los ámbitos especialmente afectados, la tipología de alojamientos que se están imponiendo en cada uno de ellos o las perniciosas consecuencias para el uso residencial que todo ello viene deparando. Es por ello por lo que desestima el motivo de impugnación señalado, al entender que aun siendo evidente que ambos recaen sobre una misma realidad física, viviendas y edificios, también lo es que la incidencia negativa que el uso terciario puede tener en el disfrute del residencial justifica las limitaciones a su emplazamiento.

Por último, el pasado 17 de julio de 2023, el Pleno del Ayuntamiento de Madrid aprobó provisionalmente la modificación del Plan General de Ordenación Urbana de Madrid de 1997. A partir de ese momento, el Consejo de Gobierno de la Comunidad de Madrid tiene un plazo máximo de cuatro meses para ratificarlo.

No obstante, no se prevén modificaciones relevantes a corto plazo respecto del régimen urbanístico aplicable a las VUT en la ciudad de Madrid, y ello a pesar de que, desde que se aprobara el PEH, distintos grupos políticos anunciaran su modificación y la propuesta para eliminar el requisito del acceso independiente y la fijación de un límite de días de uso al año a partir del cual se exigía licencia como actividad terciaria de hospedaje.

Y decimos que no se prevén modificaciones por cuanto, en la actual modificación, ha quedado integrado el Plan Especial de Hospedaje, inclui-

186

Viviendas de uso turístico
Análisis de la situación actual y propuestas
para la mejora de su marco regulatorio

Fundación Democracia y Gobierno Local
Serie: Claves del Gobierno Local, 39
ISBN: 978-84-125912-5-5

dos sus anillos, en su versión original, por lo que las viviendas de uso turístico no experimentan cambio alguno y continuarán sometiéndose a las exigencias analizadas anteriormente.

4. La intervención administrativa en Islas Baleares

En las Islas Baleares, la Ley 8/2012, de 19 de julio, del turismo de las Illes Balears, modificada por la Ley 6/2017, relativa a la comercialización de estancias turísticas en viviendas, contiene previsiones respecto de estas en su artículo 5 con la finalidad de que los planes de intervención en ámbitos turísticos y los planes territoriales insulares puedan determinar, entre otros extremos, la densidad global máxima de población, delimitar zonas y ámbitos turísticos y de protección.

También resulta relevante el artículo 75, el cual establece que tiene la consideración de zona apta para la comercialización de estancias turísticas en viviendas de uso residencial aquella en que, motivadamente, con las medidas correctoras que se puedan establecer y cumpliendo las previsiones establecidas legalmente o reglamentariamente en materia de vivienda, la Administración competente para llevar a cabo la zonificación considere que esta utilización extraordinaria de las viviendas residenciales resulta compatible con el uso ordinario de vivienda que las caracteriza.

Pero Baleares también cuenta con la Ley 12/2017, de 29 de diciembre, de Urbanismo de las Illes Balears, que, *ex* artículo 54, atribuye al Ayuntamiento de Palma la aprobación inicial y definitiva de sus instrumentos de planeamiento urbanístico. La disposición final segunda de esta ley declara expresamente vigente el Reglamento general de la Ley 2/2014, de 25 de marzo, de ordenación y uso del suelo, para la isla de Mallorca, cuyo artículo 59, que versa sobre la regulación de los usos del suelo y del subsuelo, señala que los instrumentos de planeamiento urbanístico deberán considerar la clasificación de acuerdo con sus características materiales, su utilización y su titularidad, y su definición a efectos funcionales, de acuerdo con unas reglas entre las que se incluye la clasificación de usos de acuerdo con sus características materiales, señalando, en primer lugar, el uso global, que se corresponde con las actividades y los sectores económicos básicos, entre los que se refieren expresamente, por lo que ahora interesa y de forma diferenciada, el uso residencial y el uso turístico.

Pues bien, sobre la base de lo anterior, el Pleno del Ayuntamiento de Palma procedió a adoptar acuerdos para delimitar las zonas aptas para la comercialización de las estancias turísticas en viviendas de uso residencial

Viviendas de uso turístico
Análisis de la situación actual y propuestas
para la mejora de su marco regulatorio

Fundación Democracia y Gobierno Local
Serie Claves del Gobierno Local. 39
ISBN: 978-84-125912-5-5

187

en el municipio de Palma, con fecha de 26 de julio de 2018. Estos fueron objeto de impugnación por parte de la Asociación de Apartamentos y Viviendas de Alquiler de Temporada (Habtur Baleares), y a tal efecto el Tribunal Superior de Justicia de Baleares dictó Sentencia núm. 486/2021, con fecha de 10 de septiembre de 2021, procediendo a anular el acuerdo del Pleno impugnado. Pocos días después, se dicta por la misma Sala auto aclaratorio de la anterior sentencia, señalándose que "la declaración de nulidad se ciñe a la zonificación provisional adoptada por el Ayuntamiento de Palma, no en su totalidad, sino solo en cuanto se refiere a la prohibición de comercializar estancias turísticas en viviendas sitas en edificios plurifamiliares [...]".

En este sentido, el TSJ de Baleares argumenta, en síntesis, que el acuerdo recurrido vulnera los principios de proporcionalidad y necesariedad ínsitos a las "imperiosas razones de interés general" (conforme a la Directiva 2006/123/CE del Parlamento Europeo y del Consejo, de 12 de diciembre de 2006, relativa a los servicios en el mercado interior) que permiten modular la libre prestación de los servicios turísticos, en cuanto prohíbe la comercialización de estancias turísticas en viviendas de uso residencial (ETH) en edificios plurifamiliares.

La STSJ de Baleares fue objeto de impugnación en casación ante el Tribunal Supremo, el cual dictó la reciente Sentencia 109/2023, de 31 de enero de 2023, con el objeto de determinar si el Acuerdo del Pleno del Ayuntamiento de Palma, en cuanto puede suponer una limitación o restricción a la comercialización de estancias turísticas en viviendas de uso residencial (ETH), resulta conforme o no a los principios de proporcionalidad y necesariedad ínsitos a las "imperiosas razones de interés general" definidas en la Directiva 2006/123/CE del Parlamento Europeo y del Consejo, de 12 de diciembre de 2006, relativa a los servicios de mercado interior.

A tal efecto, recuerda el Tribunal Supremo la importante Sentencia del Tribunal de Justicia de la Unión Europea de 22 de septiembre de 2020 (C-724/18 y C-727/18) y su apartado 4, conforme al cual dispuso el TJUE lo siguiente: "El artículo 9, apartado 1, letras b) y c), de la Directiva 2006/123 debe interpretarse en el sentido de que una normativa nacional que, en aras de garantizar una oferta suficiente de viviendas destinadas al arrendamiento de larga duración a precios asequibles, somete determinadas actividades de arrendamiento a cambio de una remuneración de inmuebles amueblados destinados a vivienda a clientes de paso que no fijan en ellos su domicilio, efectuadas de forma reiterada y durante breves períodos de tiempo, a un régimen de autorización previa aplicable en determinados municipios en los que la tensión sobre los arrendamientos es particularmente acusada está justificada por una razón imperiosa de interés general como la lucha contra la escasez de viviendas destinadas al arrendamiento y es proporcio-

Viviendas de uso turístico
Análisis de la situación actual y propuestas
para la mejora de su marco regulatorio

Fundación Democracia y Gobierno Local
Serie: Claves del Gobierno Local, 39
ISBN: 978-84-125912-5-5

nada al objetivo perseguido, dado que este no puede alcanzarse con una medida menos restrictiva, en particular porque un control a posteriori se produciría demasiado tarde para ser realmente eficaz".

También recuerda el alto tribunal sus anteriores pronunciamientos respecto de esta materia dados en la sentencia 75/2021, de 26 de enero (la cual sigue la anterior STS 1550/2020, de 19 de noviembre), en la que se señala lo siguiente:

"Como ya dijimos en nuestra Sentencia de 19 de noviembre de 2020, de reiterada cita, también aquí debemos sostener que 'es evidente que nos encontramos ante un supuesto en el que la intervención normativa municipal estaba más que legitimada por cuanto tal intervención [...] iba claramente, y sin duda, dirigida a la protección del *derecho a la vivienda*, digna y adecuada, en los términos requeridos por la Constitución española así como al control —evitando el deterioro— del denominado, por la Directiva de Servicios, *entorno urbano*. Se trata, sin duda, de dos conceptos que habilitan la citada intervención municipal, en uso de la potestad de planeamiento, incluso en el marco de la citada Directiva de Servicios y de la normativa interna española que se ha considerado con infringida, pues tales conceptos permiten, sin duda, entender que nos encontramos —en supuestos como el de autos— ante *una razón imperiosa de interés general* que habilitaba, a la Administración local, para someter a las VUT de referencia, a una calificación o régimen de usos urbanística' como la contenida en el Plan impugnado que no se encamina a la exclusión de la normativa europea y la española que la traspone sobre libre prestación de servicios, sino 'a posibilitar la efectiva conciliación, de la citada y lícita actividad económica del alquiler vacacional, con la organización del régimen interno de la ciudad, posibilitando la convivencia residencial estable y habitual con una actividad caracterizada por su transitoriedad y falta de permanencia, al responder a circunstanciales necesidades alojativas'".

A tal fin, el Tribunal Supremo concluye estimando el recurso de casación del Ayuntamiento de Palma, casa la sentencia del TSJ y rechaza el recurso contencioso-administrativo de Habtur Baleares, y ello al entender que, aunque la sentencia de instancia pueda tener argumentos acertados, no puede mantenerse, al eludir las consideraciones de la normativa autonómica.

5. La intervención administrativa en Barcelona

En Barcelona se aprobó recientemente la segunda versión del Plan Especial de Alojamientos Turísticos de Barcelona (2021)[33]. Este sucede al primer

---

33. Se publicó en el Boletín Oficial de la Provincia de Barcelona el 26 de enero de 2022 y fue aprobado definitivamente el pasado 23 de diciembre de 2021 por el Plenario del Consejo

Viviendas de uso turístico
Análisis de la situación actual y propuestas
para la mejora de su marco regulatorio

Fundación Democracia y Gobierno Local
Serie Claves del Gobierno Local, 39
ISBN: 978-84-125912-5-5

189

texto, aprobado en 2017 como Plan Especial urbanístico para la ordenación de los establecimientos de alojamiento turístico, albergues de juventud, residencias colectivas de alojamiento temporal y viviendas de uso turístico (PEUAT)[34], y que fue anulado por la sentencia del TSJ de Cataluña de 27 de mayo de 2019[35].

El actual PEUAT de 2021, tal y como ha puntualizado la doctrina, elimina lo declarado contrario a derecho, pero mantiene casi idénticas previsiones respecto a la zonificación desde un punto de vista restrictivo[36].

Se trata de un instrumento urbanístico para ordenar y controlar la implantación de alojamientos turísticos en la ciudad y garantizar los derechos fundamentales de la ciudadanía, explicándose su finalidad última por cuatro grandes objetivos: en primer lugar, aliviar aquellas áreas o zonas de la ciudad con una fuerte presión turística; en segundo lugar, dar respuesta a la preocupación y al malestar de la ciudadanía hacia los fenómenos derivados del turismo, teniendo en cuenta el incremento desmesurado y sin orden ni control de las plazas de alojamiento turístico en la ciudad; en tercer lugar, buscar un equilibrio urbano y una diversificación que aseguren un encaje sostenible de la actividad turística y, específicamente, de los alojamientos turísticos con el resto de actividades; y, por último, garantizar el derecho a la vivienda (ningún tipo de alojamiento turístico puede sustituir una vivienda, o a la inversa, ninguna vivienda puede destinarse a un uso turístico) y al descanso, la intimidad y el bienestar del vecindario[37].

Municipal del Ayuntamiento de Barcelona.

34. Otero Oitavén (2020: 17) concreta que el PEUAT establecía que las VUT solo podían situarse en edificios en los que ninguna de sus entidades estuviera destinada al uso de vivienda en fecha de 1 de julio de 2015, y que el edificio entero debería estar destinado a la actividad que se pretendía implantar, con la única excepción de la planta baja, que se podría destinar a otros usos admitidos, siempre que no fueran el de vivienda. Asimismo, se incluye el crecimiento cero de las viviendas de uso turístico en la ciudad. Para ello el PEUAT establece cuatro zonas específicas que se delimitan en función de su sensibilidad para poder acoger nuevos establecimientos, teniendo cada una de ellas previsiones especiales respecto de la distribución del alojamiento, proporción entre el número de plazas que ofrecen y la población residente y las condiciones en que se dan determinados usos.

35. Padrós Reig (2022: 2) analiza detenidamente la citada Sentencia, que además de las tres nulidades parciales que contempla se remata por una nulidad íntegra del conjunto del Plan, al apreciar la Sala que el Plan no contiene un informe de evaluación y sostenibilidad económica de su aplicación. Al respecto puntualiza el autor: "Es cierto que no se trata de un instrumento de planeamiento que requiera de obras y urbanización o implantación de servicios (solamente refiere a los usos), pero según el Tribunal, debería haberse contemplado el estudio de los costes de las indemnizaciones para los actuales operadores que se vieran afectados".

36. Padrós Reig (2022: 12).

37. Padrós Reig (2022: 13).

Viviendas de uso turístico
Análisis de la situación actual y propuestas
para la mejora de su marco regulatorio

Fundación Democracia y Gobierno Local
Serie: Claves del Gobierno Local, 39
ISBN: 978-84-125912-5-5

El PEUAT 2021, al igual que hacía el Plan de 2017, establece una serie de zonas específicas, áreas de tratamiento específico y ejes principales en los que se limita con mayor o menor intensidad la implantación, modificación y ampliación de las actividades turísticas objeto del Plan, e incorpora algunas novedades respecto del Plan de 2017. Así, prevé la prohibición de viviendas turísticas en las viviendas unifamiliares, así como la prohibición general de implantación en viviendas compartidas[38].

Pero quizá lo más destacable y, posiblemente, problemático del PEUAT de 2021 consiste en que se refuerza la exigencia de informe previo, y de carácter vinculante, para la apertura de una nueva vivienda turística. Este es el medio a través del cual la Administración comprueba si el censo de viviendas turísticas la ampara y que además permite, en caso de ser favorable, una reserva de plazas en el emplazamiento concreto. De este modo, el PEUAT de 2021 prevé un mecanismo que desborda la declaración responsable que prevé la normativa turística catalana, y que a pesar de su denominación incluye una auténtica autorización urbanística que además implica una reserva de plaza frente a otros operadores. Ello no ha estado exento de críticas y ha determinado múltiples impugnaciones que aparentemente aún no han sido objeto de fallo judicial[39].

6. La intervención administrativa en San Sebastián y Bilbao

En el caso de San Sebastián, se procedió a limitar la vivienda turística por medio de la Ordenanza municipal reguladora del uso de vivienda turística y de alquiler de habitaciones en vivienda habitual para uso turístico, apro-

---

38. Aguirre i Font (2021: 35-36). El citado autor recuerda también que en el PEUAT de 2021 desaparece uno de los elementos "que habían caracterizado la normativa reguladora de las viviendas turísticas en Barcelona desde 2010 y que es la exigencia de que las viviendas se ubicaran en edificios enteros sin viviendas principales o secundarias. Por otro lado, la normativa mantiene dos elementos que de facto imposibilitan el desarrollo de nuevas viviendas turísticas: la prohibición de situar viviendas turísticas en edificios que tuvieran viviendas principales o secundarias a 1 de julio de 2015 y, sobre todo, las reglas de densidad, que impiden nuevos títulos habilitantes en la zona centro de la ciudad, y únicamente permiten abrir nuevas viviendas turísticas en otras zonas de la ciudad si previamente se da una baja de un título habilitante existente".

39. Aguirre i Font (2021: 35-36) recuerda que "la regulación propuesta, a pesar de encajar desde la perspectiva urbanística de limitación de usos, tiene un mal encaje 1) en la normativa turística catalana, que solamente exige una declaración responsable para iniciar la actividad; 2) en la Directiva 2006/123/CE y su normativa de desarrollo, al incorporar obstáculos injustificados y no prever mecanismos que garanticen el acceso en términos de igualdad a las autorizaciones existentes; 3) en la prohibición absoluta de alquiler de habitaciones prohibida por la jurisprudencia del Tribunal Supremo, y también 4) en la jurisprudencia del TSJC, que anuló el mecanismo de reducción de la densidad como consecuencia de las actividades que causen baja por incumplimiento de la normativa, que ahora se reitera".

Viviendas de uso turístico
Análisis de la situación actual y propuestas
para la mejora de su marco regulatorio

Fundación Democracia y Gobierno Local
Serie Claves del Gobierno Local, 39
ISBN: 978-84-125912-5-5

191

bada por el Pleno del Ayuntamiento el 1 de marzo de 2018. Esta se justificó por la existencia de valores superiores, como lo son la protección del medio ambiente, el derecho al descanso de la vecindad, la necesidad de preservar el uso urbanístico residencial de vivienda en los términos establecidos en la ordenación urbanística, o el interés en la dinamización económica y social del conjunto de la ciudad, con el fin de evitar procesos de gentrificación en determinadas áreas[40].

La Ordenanza suponía un desarrollo del Plan General de Ordenación Urbana (PGOU) de conformidad con la previsión de su artículo 8.4, que permitía reajustar y complementar la sistematización de usos del PGOU y abría la posibilidad de que el Ayuntamiento, mediante ordenanza, tipificara y regulara los usos no incluidos en el PGOU por la analogía de sus efectos urbanísticos con los de otros usos. Y sobre la base de ello, la Ordenanza procedió a concretar el concepto y los requisitos del uso de vivienda turística, las condiciones del inmueble, y definía una zonificación de la ciudad en que prohibía totalmente el uso en las zonas saturadas (Parte Vieja) y lo circunscribía a las otras zonas, por las condiciones mencionadas[41].

No obstante, la citada Ordenanza —así como el artículo 8.4 del PGOU— fue anulada por la Sentencia 1/2020, de 9 de enero, del TSJ del País Vasco, y ello porque la legislación urbanística del País Vasco no prevé las ordenanzas como instrumentos normativos para regular, modificar, complementar, desarrollar o reajustar los usos urbanísticos. De este modo, como señaló Aguirre i Font, "no es posible modificar la regulación de usos urbanísticos sin modificar el planeamiento urbanístico, pues las ordenanzas son meramente complementarias de la ordenación urbanística"[42].

Por otro lado, en Bilbao se recurrió a la modificación del Plan General de Ordenación Urbana para establecer requisitos de ubicación de la vivienda en el edificio, así como limitaciones en determinadas zonas, y solo se permiten viviendas turísticas en la primera planta de los edificios residenciales, o en plantas inferiores si disponen de acceso independiente. Asimismo, y desde el punto de vista turístico, se precisa la presentación de una declara-

---

40. Se ocupa del estudio detallado de las distintas experiencias locales emprendidas para controlar las VUT, Otero Oitavén (2020).

41. Aguirre i Font (2021: 36).

42. Aguirre i Font (2021: 36) señala asimismo que "esta conclusión, a nuestro entender, es perfectamente extrapolable al conjunto del Estado, pues la definición del uso del territorio y del suelo de acuerdo con el interés general es un monopolio de la ordenación territorial y urbanística, de conformidad con lo que dispone el artículo 4, de carácter básico, del TRLSRU. Por lo tanto, no es posible, fuera de sus instrumentos normativos —los planes— entrar a regular usos del suelo".

192

Viviendas de uso turístico
Análisis de la situación actual y propuestas
para la mejora de su marco regulatorio

Fundación Democracia y Gobierno Local
Serie: Claves del Gobierno Local, 39
ISBN: 978-84-125912-5-5

ción responsable ante la Administración autonómica con competencias en materia de turismo, y la inscripción en el Registro de Empresas y Actividades Turísticas de Euskadi. También se deben cumplimentar determinadas exigencias urbanísticas, como la licencia de ocupación, y cumplir los requisitos en materia de urbanismo, construcción o edificación, para lo que se precisa la obtención de un informe urbanístico previo al inicio de la actividad.

La citada regulación, aunque fue objeto de diversas impugnaciones, ha sido confirmada íntegramente. Al respecto, ya se apuntó más arriba que la norma urbanística ha recibido el espaldarazo del Tribunal Supremo, el cual la confirmó íntegramente en la Sentencia de 19 de noviembre de 2020, desestimando el recurso de casación interpuesto por la Comisión Nacional de los Mercados y la Competencia contra la Sentencia de la Sala de lo Contencioso-Administrativo del Tribunal Superior de Justicia del País Vasco, de 11 de junio de 2019, por la que se desestimó el recurso interpuesto contra el Acuerdo del Ayuntamiento de Bilbao de fecha 25/1/18 que aprobaba definitivamente la modificación pormenorizada del Plan General de Ordenación Urbana de Bilbao en lo relativo a la regulación del uso de alojamiento turístico.

En este sentido, el Tribunal Supremo entiende que el Ayuntamiento limita la actividad del hospedaje a fin de salvaguardar el uso residencial en aquellos distritos en los que está siendo desplazado por el uso terciario, y ello, como señala el alto tribunal, para hacer frente a la transformación —de hecho— de un uso tradicional residencial en otro, pujante y turístico, con todas la consecuencias que de ello se derivan, pues es evidente que cuanto más auténtico es un lugar a más gente atrae, pero cuanta más gente atrae más se diluye su auténtica identidad, y con ello la vida de los residentes habituales del mismo lugar. De este modo, se trata de que las Administraciones públicas que cuentan con competencia en el ámbito material del urbanismo eviten en las grandes ciudades su desertización (gentrificación) en determinados lugares, al alterarse la forma de vida de los residentes habituales. De esta forma, es en el marco urbanístico actual —de regeneración y transformación de las ciudades— en el que deben analizarse las políticas municipales sobre las VUT, y de ahí que la intervención normativa municipal, en uso y ejecución de las competencias urbanísticas que le son propias, no puede ofrecer dudas. Todo ello de cara a desarrollar "una actuación normativa municipal de transformación, adaptación y modificación de los usos de determinadas ciudades —en el marco sus propias y genuinas políticas de vivienda— con la finalidad de asimilar las nuevas realidades sociales, consecuencia de la mencionada economía colaborativa, articulada a través de las plataformas digitales".

Viviendas de uso turístico
Análisis de la situación actual y propuestas
para la mejora de su marco regulatorio

Fundación Democracia y Gobierno Local
Serie Claves del Gobierno Local, 39
ISBN: 978-84-125912-5-5

193

En conclusión, el Tribunal Supremo avala las restricciones al uso de vivienda turística mediante la técnica de la calificación de esta como equipamiento, y defiende la necesidad de establecer limitaciones para proteger el derecho constitucional a la vivienda.

7. Reflexiones finales

La proliferación de las viviendas de uso turístico, como fenómeno propio del llamado alojamiento o turismo colaborativo, y dentro de los nuevos usos, descritos a través del calificativo genérico e indeterminado de economía colaborativa[43], que la explosión de la economía digital ha producido en los últimos tiempos, ha hallado como respuesta la aprobación de distintos instrumentos jurídicos tendentes a su control. Los mismos han tenido un origen autonómico y local, pues es el poder regional, a través de las competencias en materia de turismo, o municipal, a través de las competencias en materia de urbanismo, el que cuenta con las herramientas precisas para el abordaje de los múltiples problemas que dicha proliferación ha producido. No han faltado voces, sin embargo, que han reclamado incluso una respuesta general y uniforme a través de la aprobación de legislación estatal, en el pensamiento de que es el Estado quien cuenta con los instrumentos más agresivos para frenar el crecimiento descontrolado de las viviendas turísticas.

El contenido de la regulación descrita ha sido sometido a discusión, y tras un periodo de incertidumbre, el mismo ha ido decantándose progresivamente por el empleo de técnicas urbanísticas que entren al detalle de las soluciones propuestas. En esa época de incertidumbre, no solo la respuesta normativa, sino el mismo fenómeno del alquiler turístico ha ido definiéndose, al igual que el resto de manifestaciones de la economía colaborativa. En efecto, lo que inicialmente se expresaba como una ampliación de las posibilidades de la economía productiva a través de la puesta en circulación en el mercado de bienes o actividades infrautilizados o no utilizados, y la prestación de servicios de manera informal y discontinua por particulares, ha ido adquiriendo un perfil más complejo y problemático, incluyendo la presencia de agentes económicos poderosos que buscan en la ausencia de regulación un espacio para la obtención de beneficios extraordinarios.

Así, el debate respecto de la conformidad con las reglas de la competencia que las primeras regulaciones sobre las viviendas de uso turístico planteaban, y la existencia o no de "razones imperiosas de interés general" que permitieran excepcionar la liberalización de servicios impuesta por ins-

---

43. *Vid.* Carbonell Porras (2019).

194

Viviendas de uso turístico
Análisis de la situación actual y propuestas
para la mejora de su marco regulatorio

Fundación Democracia y Gobierno Local
Serie: Claves del Gobierno Local. 39
ISBN: 978-84-125912-5-5

tancias comunitarias, se decantaba, a través de pronunciamientos por parte de las autoridades de defensa de la competencia, por negar tales razones y primar la realización de la actividad, aun cuando la misma careciera de regulación adecuada. Sin embargo, y en el contexto de la evolución mencionada, el empleo de la técnica de la zonificación urbanística, e incluso el desplazamiento de la figura de la comunicación previa o de la declaración responsable en beneficio de la reinstauración de las tradicionales técnicas autorizatorias, han recibido un respaldo positivo por las instancias jurisdiccionales nacionales y europeas, produciendo un cambio en el discurso a través de la afirmación de que tales "razones imperiosas de interés general" sí que concurren en el presente sector del turismo colaborativo. En conclusión, el debate jurídico que suscita la proliferación de las viviendas de uso turístico en las ciudades más densamente pobladas, y, sobre todo, el modo en que deban ser limitadas, está en buena medida resuelto.

Todo ello implica la confirmación de la posibilidad de que los consistorios puedan limitar las viviendas de uso turístico por medio de las zonificaciones urbanísticas que se están llevando a cabo en los correspondientes planes especiales, en los que se somete la viabilidad de la VUT al cumplimiento de una serie variada de requisitos, que implican por lo general la fijación en una serie de zonas, áreas o anillos, en espacios reconocidos por la normativa urbanística como residenciales, de condiciones y requisitos para el empleo de las viviendas como de alquiler turístico, desde la prohibición de dicho empleo en algunas de esas áreas, a su sujeción a mayores o menores condicionantes.

El supuesto analizado de Madrid es un buen ejemplo del proceso descrito. Al igual que, por ejemplo, en Bilbao, Barcelona o San Sebastián, en esta ciudad también se ha utilizado la técnica de la zonificación, en concreto en virtud del Plan Especial de regulación del uso de servicios terciarios en la clase de hospedaje, distritos de Centro, Arganzuela, Retiro, Salamanca, Chamartín, Moncloa-Aravaca, Latina, Carabanchel y Usera de Madrid (en adelante, el PEH), que se aprobó con fecha 27 de marzo de 2019. El mismo sigue la práctica de otros planes, estableciendo tres anillos y una diferente regulación para cada uno, llegando a exigir la posesión de una licencia de uso de hospedaje para explotar turísticamente la vivienda, prescindiéndose solo de esta exigencia respecto de edificios localizados en el tercer anillo, o cumplir con distintas exigencias como puede ser la de contar con una salida directa a la vía pública y estar ubicada en las plantas inferiores de los edificios.

Viviendas de uso turístico
Análisis de la situación actual y propuestas
para la mejora de su marco regulatorio

Fundación Democracia y Gobierno Local
Serie Claves del Gobierno Local, 39
ISBN: 978-84-125912-5-5

195

También en este caso, la intervención local ha recibido el beneplácito del TSJM, que, en su sentencia 14/2021, desestima los distintos argumentos que sirvieron a su impugnación. Además, hace pocos días, el Pleno del Ayuntamiento ha procedido a aprobar el avance de la modificación de las Normas Urbanísticas del Plan General de Ordenación Urbana de Madrid, que integra el Plan Especial de Hospedaje en los mismos términos en que fue aprobado en 2019. En conclusión, al menos en el plano regulatorio, las exigencias y los requisitos que han de cumplir las VUT están claros.

Cabe, sin embargo, interrogarse sobre si los instrumentos jurídicos descritos han servido como elemento de contención y ordenación a la mentada proliferación de viviendas de uso turístico. Y lo cierto es que seguramente dicha cuestión deba recibir una respuesta matizada, pero globalmente negativa. Más allá de que se trata de un fenómeno complejo y multifactorial, que se inscribe en los problemas más generales que está sufriendo el centro de las grandes ciudades en el mundo occidental, es legítimo interrogarnos sobre el eventual fracaso de los instrumentos regulatorios descritos para contener el incremento de tales viviendas. El caso de Madrid no es una excepción, y es posible que constituya incluso un ejemplo del limitado alcance que los referidos instrumentos jurídicos de carácter urbanístico están teniendo.

Lo cierto es que tales problemas se refieren precisamente al elevado número de viviendas que, dedicándose efectivamente a los usos que las normas describen como turísticos, no cumplen los requisitos que exigen las mismas, encontrándose en consecuencia fuera de ordenación, o dicho más claramente, en situación irregular o ilegal. El problema parece estar, entonces, no tanto en promover un cambio regulatorio que dé mejor solución al conflicto planteado, sino en encontrar los medios para lograr que la regulación vigente sea realmente efectiva, lo cual traslada el foco de atención a un ámbito distinto del hasta ahora tratado: el de la potestad de inspección y el de la obligatoriedad del ejercicio de las potestades de las que es titular una Administración.

Así, en primer lugar, ya se ha repetido de manera suficientemente insistente por la doctrina que la liberalización de actividades y servicios que ha tenido lugar en nuestro ordenamiento, desde la aprobación de la llamada Directiva Bolkestein en 2006, exige de modo paralelo un esfuerzo equivalente en el fortalecimiento de los servicios de inspección de las respectivas Administraciones. Ello se hace especialmente evidente en aquellos casos en los que la actividad de inspección corresponde a los poderes locales, a menudo sin suficiente personal ni medios para realizar la misma de mane-

Viviendas de uso turístico
Análisis de la situación actual y propuestas
para la mejora de su marco regulatorio

Fundación Democracia y Gobierno Local
Serie: Claves del Gobierno Local, 39
ISBN: 978-84-125912-5-5

ra efectiva. La necesidad de fortalecimiento de los servicios de inspección por parte de los mismos, en cuanto ostentan la facultad de vigilancia del cumplimiento de la normativa correspondiente en el sector de la vivienda turística, resulta un elemento clave para la real efectividad de la regulación que rige en el mismo. En segundo lugar, en algunos casos se observa no ya la falta de medios, sino incluso el desinterés en el ejercicio de dichos poderes de vigilancia, de manera que, en ocasiones, las denuncias reiteradas por parte de los ciudadanos no surten ningún efecto ante la inactividad de la Administración. Este es un problema que desde el plano jurídico tiene un remedio difícil[44], pero ello no puede servir para eximir a la Administración del cumplimiento de la ley y a los ciudadanos de exigirlo. Las potestades públicas, como es sabido, son poderes atribuidos por la ley a la Administración no en interés propio, sino en atención a los intereses de aquellos sobre los que se ejercen, y que por ello son de ejercicio obligatorio, en el sentido de que obligan a sus titulares, las Administraciones, a ejercerlas cuando concurren las circunstancias para ello. Lo contrario, en el ámbito que tratamos, es consolidar una situación de ilegalidad patente ante la quizá buscada parálisis de las Administraciones autonómica y local.

No cabe, pues, reconocer las virtudes de una normativa como la que en este texto se analiza y, al mismo tiempo, admitir que la misma tiene un muy limitado alcance ante su desconocimiento habitual por los agentes a los que va dirigida. Así, en aquellos casos en que las medidas de zonificación, aprobadas a través de los instrumentos urbanísticos en manos de los poderes locales, se muestren como ineficientes, es dable promover la implementación de medidas más agresivas, dentro de los márgenes que la jurisprudencia comentada otorga a quien tiene poderes regulatorios sobre la materia. Especialmente efectiva en este sentido puede ser la medida, ya incluida en los planes especiales aprobados en Madrid y también en otras ciudades, de someter a licencia previa la apertura al público de las viviendas que busquen un uso turístico conforme son descritas en la normativa. La concurrencia de "razones imperiosas de interés general", admitidas como ya se ha comentado por el TJUE respecto de la normativa francesa en este ámbito, legitima el empleo de estas técnicas, aunque cabría plantearse la oportunidad y la legalidad de un retorno generalizado en este sector a tales técnicas. Ello solventaría los problemas en el ejercicio de la labor de inspección que se ha comentado, aunque se enfrentaría a problemas de gran calado respecto del régimen jurídico de las viviendas ya existentes, tanto las que se encuentran dentro de la normativa como las que no, limitando la efectividad general de una medida de este tipo. En cualquier caso, no es esta la sede en la que analizar la viabilidad y las

---

44. *Vid.* por ejemplo, y respecto a la potestad sancionadora, Huergo Lora (1995).

Viviendas de uso turístico
Análisis de la situación actual y propuestas
para la mejora de su marco regulatorio

Fundación Democracia y Gobierno Local
Serie Claves del Gobierno Local. 39
ISBN: 978-84-125912-5-5

197

consecuencias de la adopción de soluciones de esta clase, pero sí la de reclamar el recurso a nuevos instrumentos cuando los ordinarios de regulación del sector fallan. El trasfondo de todo ello es el de lograr, por fin, que los intereses lucrativos de los gestores y propietarios de las VUT resulten equilibrados con los de los propios ciudadanos que viven en los espacios sobre los que dichas viviendas se asientan, permitiendo el desarrollo de las legítimas aspiraciones de ambos, sin que unas tengan que ser sacrificadas en aras del interés de los otros por la simple fuerza de los hechos.

8. Bibliografía

Aguirre i Font, J. M. (2021). La regulación municipal de las viviendas de uso turístico: soluciones a través del urbanismo. *Revista de Estudios de la Administración Local y Autonómica (REALA)*, 15, 24-41.

Alfonso Sánchez, R. y Valero Torrijos, J. (dirs.). (2017). *Retos jurídicos de la economía colaborativa en el contexto digital*. Thomson Reuters Aranzadi.

Arana García, E. (2018). La intervención local en las viviendas de uso turístico a través de la zonificación urbanística: requisitos y consecuencias. *REALA*, 10, 6-21.

Ardura Urquiaga, Á., Lorente Riverola, Í., Mohino Sanz, I. y Ruiz Sánchez, J. (2020). "No estamos tan mal como Barcelona": análisis de la proliferación y regulación de las viviendas de uso turístico en Madrid y Barcelona. *Boletín de la Asociación de Geógrafos Españoles*, 83, 1-47.

Bauzá Martorell, F. J. (2018). La zonificación del alquiler turístico de viviendas. La experiencia de Baleares. En A. M.ª de la Encarnación (dir.). *La regulación del alojamiento colaborativo* (pp. 365-382). Thomson Reuters Aranzadi.

Bosch Castel, J. (2021). La regulación de las viviendas de uso turístico desde la óptica de los principios de buena regulación económica. *Revista General de Derecho de los Sectores Regulados*, 7.

Carbonell Porras, E. (2019). Economía colaborativa: aproximación a una noción confusa. En J. Guillén Caramés y J. J. Lavilla Rubira (dirs.). *Los nuevos desafíos del derecho público económico. Homenaje al Profesor José Manuel Sala Arquer* (pp. 273-318). Congreso de los Diputados.

— (2020). Movilidad colaborativa y servicios de transporte de personas: un análisis desde el Derecho Administrativo. En H. Gosálbez Pequeño (dir.). *Régimen jurídico del consumo colaborativo* (pp. 405-458). Thomson Reuters Aranzadi.

De la Encarnación, A. M.ª (dir.). (2018), *La regulación del alojamiento colaborativo*. Thomson Reuters Aranzadi.

Fernández, T. R. (2019). *Manual de Derecho Urbanístico* (26.ª ed.). Civitas.

Viviendas de uso turístico
Análisis de la situación actual y propuestas
para la mejora de su marco regulatorio

Fundación Democracia y Gobierno Local
Serie: Claves del Gobierno Local, 39
ISBN: 978-84-125912-5-5

Gosálbez Pequeño, H. (2019). *El régimen jurídico del turismo colaborativo*. Wolters Kluwer.

Guillén Navarro, N. A. (2018). Ámbito objetivo del contrato de alojamiento turístico: ¿qué viviendas se pueden arrendar? En G. Cerdeira Bravo de Mansilla (dir.). *Viviendas de uso turístico: régimen civil, administrativo y fiscal* (pp. 231-268). Reus.

Gurran, N. y Phibbs, P. (2017). When tourists move in: how should urban planners respond to Airbnb. *Journal of the American Planning Association*, 83 (1), 80-92.

Huergo Lora (1995). La desigualdad en la aplicación de potestades administrativas de gravamen: remedios jurídicos. *Revista de Administración Pública*, 137, 189-238.

Kruithof Ausina, A. (2020). Elementos comunes y diferencias de la respuesta regulatoria a los retos del alojamiento colaborativo y el alquiler de corta duración: un análisis de los títulos de intervención y las estrategias comunes en CC.AA y municipios. *REALA*, 14, 180-200.

López Ramón, F. (2013). *Introducción al Derecho urbanístico* (4.ª ed.).

Macho Carro, A. (2022). Derecho a la vivienda y ordenación del mercado del alquiler turístico en la Unión Europea: comentarios a raíz de la Sentencia Cali apartments y su recepción en España. *Revista de Estudios Europeos*, 79, 668-686.

Nogueira López, A. (2018). Las competencias sobre el alojamiento "colaborativo". Entre el derecho a la ciudad, la garantía de la vivienda y la dura *lex* económica. En A. M.ª de la Encarnación (dir.). *La regulación del alojamiento colaborativo* (pp. 231-260). Thomson Reuters Aranzadi.

Otero Oitavén, M. M.ª (2020). La intervención administrativa en la planificación urbana como respuesta a la problemática social derivada de los procesos de gentrificación turística en las ciudades. *Revista Xurídica da Universidade de Santiago de Compostela*, 29, 7-23.

Padrós Reig, C. (2020). Examen por el TJUE de las condiciones de concesión de autorización municipal para alojamientos turísticos. La STJUE de 22 de septiembre de 2020 Cali Apartments o la versatilidad de los conceptos jurídicos indeterminados de la DSMI. *Revista General de Derecho del Turismo*, 2.

—   (2022). El Plan Especial urbanístico de Alojamientos Turísticos de Barcelona (PEUAT). Breve reflexión acerca de los límites del derecho urbanístico como modo de intervención en el desarrollo de actividades económicas. *Revista General de Derecho del Turismo*, 5.

Román Márquez, A. (2018). Planificación urbanística del turismo: la regulación de las viviendas de uso turístico en Madrid y Barcelona. *REALA*, 10, 22-39.

Viviendas de uso turístico
Análisis de la situación actual y propuestas
para la mejora de su marco regulatorio

Fundación Democracia y Gobierno Local
Serie Claves del Gobierno Local, 39
ISBN: 978-84-125912-5-5

199

La regulación de las viviendas de uso turístico desde la perspectiva de los principios de buena regulación económica. Principales barreras regulatorias

Alejandro Román Márquez
Universidad de Sevilla.
Instituto Clavero Arévalo/Instituto Andaluz de Investigación e
Innovación en Turismo (IATUR)

SUMARIO. **1. Objeto de estudio. 2. Principales restricciones a la actividad de las viviendas de uso turístico.** 2.1. Requisitos de acceso al mercado: declaración responsable, comunicación e inscripción en registros públicos. 2.2. Limitaciones a la explotación parcial de las viviendas y a su uso mixto turístico-residencial. 2.3. Restricciones temporales: periodos mínimos y máximos por usuario. 2.4. Restricciones relativas a la tipología de la vivienda y al número de plazas turísticas por vivienda. 2.5. Algunas restricciones de naturaleza urbanística. *2.5.1. Documentos relativos a la realidad física de la vivienda: licencia de primera ocupación, cédula de habitabilidad y plano de la vivienda. 2.5.2. Restricciones vinculadas a la calificación del suelo: confinamiento al suelo terciario y exclusión en suelo turístico.* 2.6. Equipamiento y servicios. **3. A modo de conclusión. 4. Bibliografía.**

1. Objeto de estudio

El objetivo de este capítulo es exponer las principales restricciones establecidas por la normativa autonómica sobre la actividad realizada por las viviendas de uso turístico (en adelante, VUT), entendiéndose por restricciones todas aquellas medidas que prohíben el ejercicio de las libertades garantizadas por los artículos 49 y 56 del Tratado de Funcionamiento de la Unión Europea —libertad de establecimiento y libre prestación de ser-

Viviendas de uso turístico
Análisis de la situación actual y propuestas
para la mejora de su marco regulatorio

Fundación Democracia y Gobierno Local
Serie: Claves del Gobierno Local, 39
ISBN: 978-84-125912-5-5

201

vicios—, lo obstaculizan o le restan interés[1]. De este modo, en el concepto de restricción tienen cabida las medidas limitativas de la actividad de las VUT, pero también cualquier requisito u obligación que recaiga sobre estas, pues implican el establecimiento de cargas económicas o burocráticas para sus titulares, en detrimento de su derecho a la libertad económica. Junto con el análisis de la normativa turística autonómica también se dará cuenta de la opinión de las entidades públicas encargadas de la defensa de la competencia, en especial de la Comisión Nacional de los Mercados y la Competencia (en adelante, CNMC), así como de la jurisprudencia más relevante. Razones de espacio aconsejan prescindir de las restricciones de menor entidad, como las relativas a la habitualidad/profesionalidad de la actividad[2], las obligaciones de recolección y envío de determinados datos a la Administración[3], la obligación de publicitar la referencia catastral de la vivienda[4], la disponibilidad de hojas de quejas-reclamaciones[5] o la exhibición de placas distintivas en el exterior de la vivienda[6], entre otras. Tampoco van a ser objeto de estudio aquellas restricciones establecidas por los municipios, generalmente a través de sus instrumentos de planificación urbanística —como las moratorias a la actividad de las VUT y la zonificación del espacio urbano—, pues han sido analizadas en el capítulo precedente de esta obra.

Como actividad económica que es, la explotación de las VUT está sometida a la normativa europea y nacional relativa a las actividades de servicios, esto es, a la Directiva 2006/123/CE, de 12 de diciembre de 2006, *relativa a los servicios en el mercado interior* —Directiva de servicios—, y a las leyes 17/2009, de 23 de noviembre, *sobre el libre acceso a las actividades de ser-*

---

1. Entre otras, las sentencias del Tribunal de Justicia de la Unión Europea de 22 de enero de 2015 (*Stanley International Betting Ltd*, asunto C-463/13, apartado 45), de 7 de septiembre de 2022 (*Cilevičs y otros*, asunto C-391/20, apartado 61), o de 6 de junio de 2023 (*Prestige & Limousine*, asunto C-50/21, apartado 61).

2. Sobre esta cuestión *vid*. Román Márquez (2021) y la bibliografía en él citada.

3. Aceptada, entre otros, por el Tribunal Superior de Justicia de Galicia (sentencia n.º 64/2018, de 14 de febrero, fundamento de derecho decimocuarto).

4. Aceptada por el Tribunal Superior de Justicia de Andalucía (sentencias de 29 de junio de 2018, recurso n.º 364/2016, fundamento de derecho quinto, y n.º 1162/2018, de 5 de diciembre, fundamento de derecho segundo).

5. Admitido por el Tribunal Superior de Justicia de Galicia (sentencia n.º 64/2018, de 14 de febrero, fundamento de derecho decimocuarto).

6. Aceptada por el Tribunal Superior de Justicia de Canarias (sentencias n.º 41/2017, de 21 de marzo, fundamento de derecho cuarto, y n.º 179/2017, de 5 de julio). En relación con sendos pronunciamientos se han dictado las sentencias del Tribunal Supremo n.º 25 y 26/2019, de 15 de enero, que no se pronunciaron sobre esta cuestión. La legalidad de este requisito también fue aceptada por el Tribunal Superior de Justicia de Castilla y León (sentencia n.º 86/2018, de 2 de febrero, fundamento de derecho séptimo) y por el Tribunal Superior de Justicia de Galicia (sentencia n.º 84/2018, de 14 de febrero, fundamento de derecho decimotercero).

Viviendas de uso turístico
Análisis de la situación actual y propuestas
para la mejora de su marco regulatorio

Fundación Democracia y Gobierno Local
Serie: Claves del Gobierno Local, 39
ISBN: 978-84-125912-5-5

vicios y su ejercicio, y 20/2013, de 9 de diciembre, *de garantía de la unidad de mercado*. Este corpus normativo instituye el denominado *principio de regulación económica eficiente* (también llamado *principio de buena regulación económica*), que se materializa en la exigencia de que cualquier restricción a una actividad económica, tanto si afecta a su inicio como a una actividad ya en curso[7], supere un *triple test*[8] conformado por los principios de necesidad, proporcionalidad y no discriminación. El principio de necesidad exige que cualquier limitación relativa al acceso o ejercicio de una actividad económica esté justificada por la protección de alguna *razón imperiosa de interés general* reconocida por la jurisprudencia del Tribunal de Justicia de la Unión Europea[9]. El principio de proporcionalidad obliga a que las medidas resulten idóneas para el logro de los objetivos perseguidos, que no vayan más allá de lo necesario para su consecución y que no puedan ser sustituidas por otras medidas menos restrictivas que permitan obtener el mismo resultado. Por último, el principio de no discriminación proscribe tanto la diferencia de trato basada en motivos de nacionalidad como la basada en otros criterios que puedan conducir, de hecho, al mismo resultado. La legalidad de cualquier restricción impuesta sobre la actividad de las VUT va a depender, por tanto, de su compatibilidad con estos tres principios. A este respecto, resulta pertinente traer a colación las palabras del Tribunal Supremo en relación con la necesidad de someter las limitaciones impuestas sobre las VUT a los principios de regulación económica eficiente, en las que recuerda la necesidad de "[...] ponderar equitativamente todos los intereses públicos concurrentes, [siendo] particularmente aplicable en el ámbito de los servicios que se prestan en la denominada 'economía colaborativa', que se desarrolla a través de plataformas digitales, que se caracterizan por la interacción directa entre operadores y usuarios sobre productos y servicios, que determina que las regulaciones de los distintos sectores de la actividad económica deban ser acordes y respetuosos con las normas de competencia, así como con los principios de regulación económica eficiente, a fin de no introducir requisitos que supongan limitaciones innecesarias, excesivas o desproporcionadas al acceso o al ejercicio de la actividad, que restrinjan injustificadamente la entrada de otros operadores, o distorsionan u obstaculicen el mantenimiento de una competencia efectiva en los mercados afectados. Concretamente, respecto de la reglamentación de las viviendas

---

7. El Tribunal Supremo ha igualado el canon de legalidad relativo a las restricciones sobre las actividades económicas en ambos supuestos, actualizando la jurisprudencia constitucional existente hasta el momento (sentencia n.º 164/2023, de 13 de febrero, fundamento de derecho cuarto).

8. Salvador y Villarejo (2007: 56).

9. Un listado de estas está recogido en los artículos 4.8 de la Directiva 2006/123/CE y 3.11 de la Ley 17/2009.

Viviendas de uso turístico
Análisis de la situación actual y propuestas
para la mejora de su marco regulatorio

Fundación Democracia y Gobierno Local
Serie Claves del Gobierno Local, 39
ISBN: 978-84-125912-5-5

203

de uso turístico, cabe señalar que la ilegalidad de una disposición reglamentaria reguladora de la actividad económica que desarrollan los operadores de este sector turístico debe ser declarada cuando la regulación impugnada no respete los principios de necesidad y proporcionalidad, a la luz de la aplicación de las normas que conforman el Derecho de la Competencia, o menoscabe la libre prestación de servicios, así como cuando se aprecie que los requisitos carecen de justificación, desde la perspectiva del Derecho sectorial que resulte aplicable, que trate de salvaguardar intereses públicos referidos, específicamente, a la ordenación urbanística y territorial en relación con el estatuto jurídico dela propiedad urbana, la protección del medio ambiente, la convivencia vecinal y la seguridad pública, y la defensa de los consumidores y usuarios"[10].

2. Principales restricciones a la actividad de las viviendas de uso turístico

2.1. Requisitos de acceso al mercado: declaración responsable, comunicación e inscripción en registros públicos

Todas las comunidades autónomas han instaurado un sistema de control *a posteriori* de los requisitos exigidos por la normativa autonómica para la explotación turística de viviendas, optando la mayoría de estas por el mecanismo de la declaración responsable como instrumento habilitante del inicio de esta actividad económica. Si bien la propia configuración de este instrumento posibilita el comienzo de la actividad desde el mismo día de su presentación ante la Administración pública competente[11], no todas las normas autonómicas han recogido expresamente el momento exacto en el que las VUT pueden comenzar a operar legalmente. Solo algunas de ellas señalan expresamente el momento en el que la declaración responsable comienza a desplegar sus efectos[12]. Entre ellas figuran los decretos murciano[13],

---

10. Sentencia n.º 1237/2019, de 24 de septiembre (fundamento de derecho tercero).

11. Recuérdese que el artículo 69.3 de la Ley 39/2015, de 1 de octubre, *del Procedimiento Administrativo Común de las Administraciones Públicas*, señala claramente que "[l]as declaraciones responsables y las comunicaciones permitirán, el reconocimiento o ejercicio de un derecho o bien el inicio de una actividad, desde el día de su presentación, sin perjuicio de las facultades de comprobación, control e inspección que tengan atribuidas las Administraciones Públicas".

12. Por su parte, el reglamento riojano hace lo propio respecto de la comunicación, señalando que "[l]a comunicación de inicio de actividad permitirá ejercer la actividad por tiempo indefinido desde el día de su presentación. [...]" (art. 9.3 del Decreto 10/2017, de 17 de marzo, *por el que se aprueba el Reglamento General de Turismo de La Rioja en desarrollo de la Ley 2/2001, de 31 de mayo, de Turismo de La Rioja*).

13. Así lo hacía el Decreto 75/2005, de 24 de junio, *por el que se regulan los apartamentos turísticos y alojamientos vacacionales* (art. 34.1), y lo hace el actual Decreto 256/2019, de 10 de

Viviendas de uso turístico
Análisis de la situación actual y propuestas
para la mejora de su marco regulatorio

Fundación Democracia y Gobierno Local
Serie: Claves del Gobierno Local, 39
ISBN: 978-84-125912-5-5

castellanoleonés[14] y vasco[15]. La Rioja es la única comunidad autónoma que ha optado por exigir una comunicación para que sus VUT puedan comenzar con su actividad de comercialización turística[16]. Cataluña también exigía, en su anterior regulación, la presentación de una comunicación que bien podría calificarse de *tramposa*, puesto que entre el contenido de este documento figuraban, además de datos, sendas declaraciones responsables relativas a la posesión de cédula de habitabilidad y de título suficiente del propietario de la vivienda a favor de su gestor[17]. Por esta razón, la norma catalana no debería haber denominado "comunicación" a un instrumento que exigía manifestaciones del interesado en los que este declaraba responsablemente que cumplía con el ordenamiento jurídico, pues la naturaleza de tal instrumento es la propia de una declaración responsable, por lo que el régimen jurídico aplicable debería haber sido el correspondiente a esta. Además, no debe olvidarse que la ley de procedimiento administrativo común (art. 69.6) advierte de que "[u]nicamente será exigible, bien una declaración responsable, bien una comunicación para iniciar una misma actividad u obtener el reconocimiento de un mismo derecho o facultad para su ejercicio, sin que sea posible la exigencia de ambas acumulativamente", recordatorio necesario para evitar cualquier tentación de considerar la anterior regulación catalana como un *original* sistema de doble instrumento de policía administrativa. La crítica realizada al anterior decreto catalán también podía hacerse extensiva a la anterior norma valenciana[18], si bien el actual Decre-

---

octubre, *por el que se regulan las viviendas de uso turístico en la Región de Murcia* (art. 28.3).

14.   Señala el artículo 16 (*actuación administrativa de comprobación*) del Decreto 3/2017, de 16 de febrero, *por el que se regulan los establecimientos de alojamiento en la modalidad de vivienda de uso turístico en la Comunidad de Castilla y León*, que "[c]orresponde al órgano periférico competente, en ejercicio de las facultades de control e inspección, comprobar el cumplimiento de los requisitos previstos en la Ley 14/2010, de 9 de diciembre, y en este decreto, con posterioridad a la presentación de la correspondiente declaración responsable que faculta al titular para ejercer su actividad turística, y sin perjuicio de las inspecciones que puedan realizarse posteriormente durante el ejercicio de la actividad de alojamiento en la modalidad de vivienda de uso turístico".

15.   Como dispone el artículo 7.1 del Decreto 101/2018, de 3 de julio, *de viviendas y habitaciones de viviendas particulares para uso turístico*, "[l]a presentación completa de la declaración responsable de inicio de actividad habilita desde ese momento para el desarrollo de la actividad y tiene como efecto inmediato su inscripción en el Registro de Empresas y Actividades Turísticas de Euskadi, en el que se le asignará un número de registro a cada vivienda, que será notificado a la persona titular de la actividad".

16.   Artículo 9.1 del Decreto 10/2017, de 17 de marzo, *por el que se aprueba el Reglamento General de Turismo de La Rioja en desarrollo de la Ley 2/2001, de 31 de mayo, de Turismo de La Rioja*.

17.   Artículo 68 del Decreto 159/2012, de 20 de noviembre, *de establecimientos de alojamiento turístico y de viviendas de uso turístico*.

18.   Artículo 6.1.b) del Reglamento regulador de las viviendas turísticas denominadas apartamentos, villas, chalés, bungalows y similares, y de las empresas gestoras, personas jurídicas o físicas, dedicadas a la cesión de su uso y disfrute en el ámbito territorial de la Comunitat Valenciana, aprobado por el Decreto 92/2009, de 3 de julio.

Viviendas de uso turístico
Análisis de la situación actual y propuestas
para la mejora de su marco regulatorio

Fundación Democracia y Gobierno Local
Serie: Claves del Gobierno Local, 39
ISBN: 978-84-125912-5-5

205

to 10/2021, de 22 de enero, *de aprobación del Reglamento regulador del alojamiento turístico en la Comunitat Valenciana*, ha optado por requerir una declaración responsable para el inicio de la actividad de las VUT de este territorio (art. 23). En el resto de comunidades autónomas el mecanismo de la comunicación se ha reservado para informar a la Administración competente de cuestiones de menor relevancia como pueden ser modificaciones[19] y reformas relevantes, cambios de titularidad, de denominación, cese de la actividad o, en general, cualquier otra circunstancia que afecte a los datos comunicados a la Administración pública en el momento de iniciar la actividad[20]. Así lo hacen, por ejemplo, Castilla-La Mancha[21], Asturias[22], Castilla y León[23], Canarias[24], Madrid[25] o Murcia[26].

Algunas comunidades autónomas presentan ciertas particularidades en lo que se refiere al régimen de habilitación del inicio de la actividad de las VUT. Castilla-La Mancha establece un régimen de presentación exclusivamente electrónica[27] de las declaraciones responsables y comunicaciones[28], haciendo un uso incorrecto —a mi entender— de la posibilidad

---

19. La regulación vasca es original en este aspecto, al distinguir entre *modificaciones esenciales de la actividad* —concretamente, el cambio en la capacidad del alojamiento y el cese de la actividad—, que requieren de declaración responsable, y el resto de modificaciones, que se consideran *no esenciales*, y que se declaran mediante comunicación *previa* (art. 10, n.os 2 y 3, del Decreto 101/2018, de 3 de julio, *de viviendas y habitaciones de viviendas particulares para uso turístico*).

20. No lo hace así Aragón, que también exige la presentación de una declaración responsable con ocasión de la modificación o reforma sustancial de la VUT (art. 15.1 del Decreto 1/2023, de 11 de enero, *por el que se aprueba el Reglamento de las viviendas de uso turístico en Aragón*).

21. Artículo 6, n.os 2 y 3, del Decreto 36/2018, de 29 de mayo, *por el que se establece la ordenación de los apartamentos turísticos y las viviendas de uso turístico en Castilla-La Mancha*.

22. Artículo 32 del Decreto 48/2016, de 10 de agosto, *de viviendas vacacionales y viviendas de uso turístico*.

23. Artículo 17 del Decreto 3/2017, de 16 de febrero, *por el que se regulan los establecimientos de alojamiento en la modalidad de vivienda de uso turístico en la Comunidad de Castilla y León*.

24. Artículos 14 y 15 del Decreto 113/2015, de 22 de mayo, *por el que se aprueba el Reglamento de las viviendas vacacionales de la Comunidad Autónoma de Canarias*.

25. Artículo 17.4 del Decreto 79/2014, de 10 de julio, *por el que se regulan los apartamentos turísticos y las viviendas de uso turístico de la Comunidad de Madrid*.

26. Artículo 30 del Decreto 256/2019, de 10 de octubre, *por el que se regulan las viviendas de uso turístico en la Región de Murcia*.

27. Artículo 6.4 del Decreto 3/2017, de 16 de febrero, *por el que se regulan los establecimientos de alojamiento en la modalidad de vivienda de uso turístico en la Comunidad de Castilla y León*. El uso de la firma electrónica por los particulares en sus relaciones con las Administraciones públicas está regulado en los artículos 10 y 11 de la Ley 39/2015, de 1 de octubre, *del Procedimiento Administrativo Común de las Administraciones Públicas*; en la Ley 59/2003, de 19 de diciembre, *de firma electrónica*, y normativa de desarrollo.

28. La mayoría de regulaciones autonómicas guarda silencio sobre el modo de presentación de estos documentos, por lo que debe acudirse al régimen general previsto en la Ley 39/2015, de 1 de octubre, *del Procedimiento Administrativo Común de las Administraciones Públicas*. La comunidad autónoma vasca, por su parte, prevé expresamente la posibilidad de que la persona que vaya a desarrollar la actividad turística en viviendas de uso turístico elija entre la presentación por medios telemáticos o en formato papel, ante las oficinas o delegaciones

Viviendas de uso turístico
Análisis de la situación actual y propuestas
para la mejora de su marco regulatorio

Fundación Democracia y Gobierno Local
Serie: Claves del Gobierno Local, 39
ISBN: 978-84-125912-5-5

contenida en el artículo 14.3 de la Ley 39/2015, de 1 de octubre, *del Proce-dimiento Administrativo Común de las Administraciones Públicas*[29]. La norma gallega, por su parte, prevé la posibilidad de que los interesados en la apertura, construcción o modificación de viviendas turísticas pue-dan solicitar, antes de iniciar cualquier tipo de actuación o trámite ante el ayuntamiento correspondiente, un informe relativo al cumplimiento de los requisitos mínimos de infraestructuras y servicios requeridos, denominado *informe potestativo previo*[30], cuya emisión corresponde a la Agencia Tu-rismo de Galicia. Al tratarse de un informe cuya solicitud es voluntaria por parte del interesado no cabe considerar que la norma gallega imponga la evaluación del ajuste del proyecto a la legalidad como requisito previo para el inicio de la actividad, lo que habría de calificarse, sin género de du-das, como una autorización encubierta.

Otro de los requisitos exigidos con carácter general para el inicio de la actividad de las VUT es su inscripción en un registro público. El procedi-miento es el siguiente: tras la presentación de los documentos que habilitan el inicio de la actividad la Administración pública inscribe de oficio la vivien-da en un registro específico, que puede ser compartido o no con el resto de establecimientos de alojamiento turístico de cada territorio. En algunas comunidades autónomas la inscripción se produce tras un lapso de tiempo en el que la Administración actuante comprueba su ajuste al ordenamiento

territoriales del departamento del Gobierno Vasco competente en materia de turismo, además de en los demás lugares previstos en el artículo 16.4 de la ley de procedimiento administrativo común (art. 5.3 del Decreto 101/2018, de 3 de julio, *de viviendas y habitaciones de viviendas particulares para uso turístico*). El decreto gallego (arts. 27 y 28 del Decreto 12/2017, de 26 de enero, *por el que se establece la ordenación de apartamentos turísticos, viviendas turísticas y viviendas de uso turístico en la Comunidad Autónoma de Galicia*) se limita a reproducir el contenido de la ley de procedimiento administrativo común, mostrando su *preferencia* por el uso de la vía electrónica, pero sin utilizar la posibilidad prevista en su artículo 14.3. Además, parafrasea el contenido de preceptos de la ley de procedimiento administrativo común como el 68.4 (subsanación de documentos que deben ser presentados electrónicamente) o el 28.5 (cotejo de copias aportadas por el interesado), entre otros. Se trata, a todas luces, de previsiones totalmente innecesarias, al estar contenidas ya en la regulación legal del procedimiento ad-ministrativo común. Lo mismo puede decirse en relación con el precepto del decreto gallego dedicado a las notificaciones (art. 28), reproducción parcial del contenido de los artículos 14 y 40 a 45 de la ley de procedimiento administrativo común.

29. La norma castellanomanchega justifica esta exigencia en que "[...] la propia naturaleza de su actividad conlleva necesariamente la disposición de unas capacidades técnicas o económicas míni-mas" (preámbulo, § 13). Parece que esta norma considera que, habida cuenta de que la mayoría de estancias en VUT se comercializan a través de canales online, sus titulares están familiarizados con el uso de internet. Sin embargo, el decreto castellanomanchego no exige que los *canales de oferta tu-rística* a través de los que se comercializan estas estancias deban operar necesariamente *online*, por lo que no siempre se pueden presuponer tales capacidades técnicas a los titulares de VUT.

30. Artículo 29.1 del Decreto 12/2017, de 26 de enero, *por el que se establece la ordenación de apartamentos turísticos, viviendas turísticas y viviendas de uso turístico en la Comunidad Autónoma de Galicia*.

Viviendas de uso turístico
Análisis de la situación actual y propuestas
para la mejora de su marco regulatorio

Fundación Democracia y Gobierno Local
Serie Claves del Gobierno Local, 39
ISBN: 978-84-125912-5-5

207

turístico[31]. En otras, la inscripción en el registro se apareja automáticamente a la presentación del documento que habilita el inicio de la actividad de alojamiento, posponiendo las labores de comprobación a un momento posterior[32]. Además, algunas normas autonómicas vinculan la inscripción en el registro oficial con la publicidad de las VUT, exigiendo que en cualquier actividad de promoción, difusión o comercialización de las viviendas figure una referencia al número o código que identifica su inscripción registral[33]. Esto tiene como inconveniente que durante un tiempo —comprendido entre la presentación de la documentación requerida y la efectiva inscripción de la vivienda en el registro correspondiente— la vivienda no podrá publicitarse, lo que equivale, en la práctica, a la suspensión de su actividad hasta que se produzca la inscripción efectiva de la vivienda, puesto que la gran mayoría de VUT se comercializan a través de canales de oferta turística.

Las normas autonómicas justifican la exigencia de inscribir a las VUT en un registro público en la lucha contra la oferta clandestina, que compite

---

31. Como es el caso, *v. gr.*, de Aragón, cuyo decreto establece un plazo máximo de tres meses para que el órgano competente, tras las oportunas comprobaciones, inscriba la vivienda "a efectos meramente informativos" en el Registro de Turismo de Aragón (art. 15.4 del Decreto 1/2023, de 11 de enero, *por el que se aprueba el Reglamento de las viviendas de uso turístico en Aragón*). En el mismo sentido, el artículo 31.1 del Decreto asturiano 48/2016, de 10 de agosto, *de viviendas vacacionales y viviendas de uso turístico*; o el artículo 6.4 del derogado Reglamento regulador de las viviendas turísticas denominadas apartamentos, villas, chalés, bungalows y similares, y de las empresas gestoras, personas jurídicas o físicas, dedicadas a la cesión de su uso y disfrute en el ámbito territorial de la Comunitat Valenciana, aprobado por el Decreto 92/2009, de 3 de julio.

32. Artículos 7 del Decreto vasco 101/2018, de 3 de julio, *de viviendas y habitaciones de viviendas particulares para uso turístico*; 23.6 de la Ley 8/2012, de 19 de julio, *del Turismo de las Illes Balears*; o 14.4 de la Ley Foral 7/2003, de 14 de febrero, *de Turismo de Navarra*.

33. *V. gr.*, el artículo 17.2 del Decreto 1/2023, de 11 de enero, *por el que se aprueba el Reglamento de las viviendas de uso turístico en Aragón*; o el artículo 16.4 del Decreto 36/2018, de 29 de mayo, *por el que se establece la ordenación de los apartamentos turísticos y las viviendas de uso turístico en Castilla-La Mancha*. En el mismo sentido, los artículos 14.3 del Decreto asturiano 48/2016, de 10 de agosto, *de viviendas vacacionales y viviendas de uso turístico*; 13.1 del Decreto 12/2017, de 26 de enero, *por el que se establece la ordenación de apartamentos turísticos, viviendas turísticas y viviendas de uso turístico en la Comunidad Autónoma de Galicia*; 69.3 del Decreto 10/2017, de 17 de marzo, *por el que se aprueba el Reglamento General de Turismo de La Rioja en desarrollo de la Ley 2/2001, de 31 de mayo, de Turismo de La Rioja*; 33.2 del Decreto 10/2021, de 22 de enero, *de aprobación del Reglamento regulador del alojamiento turístico en la Comunitat Valenciana*; o 13.7 de la Ley Foral 7/2003, de 14 de febrero, *de Turismo de Navarra*. En las Islas Baleares se configura, incluso, como un derecho de los usuarios de servicios turísticos, los cuales deben poder "[c]onocer el número de inscripción turística en el caso de publicidad de comercialización de estancias turísticas en viviendas" (art. 15.k de la Ley 8/2012, de 19 de julio, *del Turismo de las Illes Balears*). El decreto gallego va más allá, exigiendo que esta referencia figure incluso en las facturas emitidas por el titular de la vivienda y *demás documentación* que pueda generarse (art. 13.1 del Decreto 12/2017, de 26 de enero, *por el que se establece la ordenación de apartamentos turísticos, viviendas turísticas y viviendas de uso turístico en la Comunidad Autónoma de Galicia*).

Viviendas de uso turístico
Análisis de la situación actual y propuestas
para la mejora de su marco regulatorio

Fundación Democracia y Gobierno Local
Serie: Claves del Gobierno Local. 39
ISBN: 978-84-125912-5-5

deslealmente con la oferta turística legal[34]. La inscripción de las VUT en un registro público tiene como objetivo facilitar el trabajo a las Administraciones públicas encargadas del control de la oferta turística ilegal, pues este sistema permite visualizar fácilmente aquellos alojamientos que no han sido inscritos en los registros autonómicos, con independencia de cuál sea el medio empleado para publicitarlos[35]. La eficacia de esta medida se potencia, además, cuando los obligados no son únicamente los titulares de las viviendas, sino los canales de intermediación turística[36], y muy especialmente aquellos que están alojados en internet, tanto por la preeminencia cuantitativa de este medio en la comercialización de las VUT como por la facilidad para comprobar el cumplimiento de esta exigencia por parte de los órganos públicos de control, llegando, incluso, a hacer corresponsables a los propios canales por el incumplimiento de esta obligación[37].

En relación con ambas exigencias, la CNMC (2016: 82 y ss.) valora positivamente que el acceso a esta actividad no esté condicionado a la previa obtención de una autorización administrativa. La exigencia de declaraciones responsables o de comunicaciones supone la eliminación de una barrera de entrada al mercado —la autorización—, además de reducir los costes administrativos y de tiempo para los nuevos operadores, pues no tienen que esperar un pronunciamiento *ex ante* de la Administración pública para comenzar a operar en el mercado[38]. Sin embargo, la CNMC (2015a: 9; 2018: 41 y ss.) advirtió

---

34. Así lo señala la Orden Foral 80/2014, de 25 de septiembre, del Consejero de Cultura, Turismo y Relaciones Institucionales del Gobierno Navarro (preámbulo, § 3). En el mismo sentido, el artículo 27.d) del Decreto asturiano 48/2016, de 10 de agosto, *de viviendas vacacionales y viviendas de uso turístico*

35. *V. gr.*, el artículo 14.3 del Decreto asturiano 48/2016, de 10 de agosto, *de viviendas vacacionales y viviendas de uso turístico*.

36. *V. gr.*, el artículo 20.2 de Decreto vasco 101/2018, de 3 de julio, *de viviendas y habitaciones de viviendas particulares para uso turístico*, dispone que "[l]os canales de oferta de viviendas o habitaciones para uso turístico deberán verificar que éstas disponen del correspondiente número de inscripción en el Registro de Empresas y Actividades Turísticas de Euskadi e insertarlo en todas las actuaciones que lleven a cabo en relación con la actividad alojativa". En el mismo sentido, el artículo 14.3 del Decreto asturiano 48/2016, de 10 de agosto, *de viviendas vacacionales y viviendas de uso turístico*.

37. El artículo 33.3 del Decreto 10/2021, de 22 de enero, *de aprobación del Reglamento regulador del alojamiento turístico en la Comunitat Valenciana*, dispone que "[e]l cumplimiento de lo dispuesto en los anteriores apartados [veracidad, objetividad y buena fe en la publicidad de la oferta alojativa e inclusión del número de registro de las viviendas publicitadas] será objeto de especial vigilancia en el supuesto de que la publicidad se efectúe a través de los servicios de la sociedad de la información, siendo responsables solidarias de la inclusión del número de registro las personas titulares de los canales de publicidad o comercialización".

38. La posibilidad de que los titulares de las VUT inicien su explotación inmediatamente después de haber presentado la declaración responsable o la comunicación es confirmada, entre otros, por el Tribunal Superior de Justicia de Galicia en su sentencia n.º 555/2017, de 15 de noviembre (fundamento de derecho décimo).

Viviendas de uso turístico
Análisis de la situación actual y propuestas
para la mejora de su marco regulatorio

Fundación Democracia y Gobierno Local
Serie Claves del Gobierno Local, 39
ISBN: 978-84-125912-5-5

209

que la exigencia conjunta de presentar una declaración responsable o una comunicación y de realizar la inscripción en un registro público, condicionando el inicio de la actividad a la confirmación, por parte de la Administración, de la citada inscripción de la vivienda, equivale *de facto* a la exigencia de una autorización habilitante de inicio de la actividad, pues no sería posible comenzar la explotación de la vivienda hasta haber obtenido la conformidad expresa de la Administración[39]. Para la CNMC, la imposición de un régimen de autorización sin respetar los principios de regulación económica eficiente contraviene tanto la Directiva de Servicios como las leyes 17/2009 y 20/2013. Así lo han entendido varios tribunales superiores de justicia, además del propio Tribunal Supremo[40].

Algunas comunidades autónomas han sido conscientes de este problema y han articulado soluciones al respecto. Así lo hace Andalucía, que pospone la obligación de publicitar la referencia del registro público al momento en el que la vivienda se inscriba, pudiendo publicitarse esta desde el mismo momento en el que se formalice la declaración responsable ante la Administración correspondiente[41]; o la Comunidad de Madrid, que directa-

---

39. Recuérdese que el artículo 4.6 de la Directiva de Servicios define el régimen de autorización como "[...] cualquier procedimiento en virtud del cual el prestador o el destinatario están obligados a hacer un trámite ante la autoridad competente para obtener un documento oficial o una decisión implícita sobre el acceso a una actividad de servicios o su ejercicio".

40. El Tribunal Superior de Justicia de Asturias anuló la posibilidad de que el planeamiento urbanístico pudiese contemplar la exigencia de autorización previa como requisito para el inicio de la actividad de las VUT por faltar la necesaria justificación del cumplimiento de los principios de necesidad, proporcionalidad y no discriminación (sentencia n.º 911/2018, de 19 de noviembre, fundamento de derecho tercero). También han sido anulados preceptos que retrasaban el inicio de la actividad, bajo amenaza de sanción, a su efectiva inscripción en el registro administrativo correspondiente (sentencia n.º 41/2017, de 21 de marzo, del Tribunal Superior de Justicia de Canarias). Por el contrario, se ha admitido la legalidad de la exigencia de que las VUT exhiban una copia de la declaración responsable de inicio de actividad en la que conste su número de registro de entrada (sentencia n.º 555/2017, de 15 de noviembre, del Tribunal Superior de Justicia de Galicia, fundamento de derecho décimo; reiterado en la sentencia n.º 64/2018, de 14 de febrero, fundamento de derecho décimo). El Tribunal Superior de Justicia de Madrid salvó en un primer momento la legalidad de la norma madrileña, que exigía que en toda forma de publicidad de las VUT constase el número de referencia de su inscripción en el correspondiente registro público (art. 17.5), interpretando que dicha exigencia no se refiere a cualquier publicidad, sino únicamente a la publicidad *oficial* o *institucional* —esto es, la que realiza la Administración pública en sus canales de promoción turística—, por lo que las VUT pueden ser publicitadas en plataformas privadas desde el mismo momento de la presentación de la declaración responsable, necesitando el número de referencia de su inscripción en el registro correspondiente únicamente para la publicidad "oficial", (sentencia n.º 292/2016, de 31 de mayo, fundamento de derecho segundo). Sin embargo, el Tribunal Supremo no respalda la pretendida distinción entre publicidad *oficial* y *no oficial*, anulando el precepto controvertido (sentencia n.º 1741/2018, de 10 de diciembre, fundamento de derecho cuarto).

41. El artículo 9 del Decreto 28/2016, de 2 de febrero, *de las viviendas con fines turísticos y de modificación del Decreto 194/2010, de 20 de abril, de establecimientos de apartamentos turísticos*, establece que "1. Para el inicio de la prestación del servicio de alojamiento en la vivienda con fines turísticos, la persona o entidad que explota este servicio, tendrá que formalizar la correspondiente declaración responsable ante la Consejería competente en materia de turis-

210

Viviendas de uso turístico
Análisis de la situación actual y propuestas
para la mejora de su marco regulatorio

Fundación Democracia y Gobierno Local
Serie: Claves del Gobierno Local, 39
ISBN: 978-84-125912-5-5

mente suprimió tal exigencia[42]. Otras han optado por una solución que podría calificarse como *intermedia*, pues admiten que las viviendas indiquen al publicitarse, en sustitución del número de registro de la vivienda, el número de registro de entrada obtenido al presentar la declaración responsable ante la Administración correspondiente. Así lo hacen las Islas Baleares[43] y Cataluña[44]. Llama la atención que la norma aragonesa, cuya aprobación es posterior a estas normas, no contenga ninguna solución a este inconveniente, limitándose a recoger la obligación tradicional de mostrar el *número de signatura* correspondiente en cualquier publicidad de la vivienda, a pesar de establecer un plazo de hasta tres meses para que el órgano competente la inscriba en el Registro de Turismo de Aragón[45].

2.2. Limitaciones a la explotación parcial de las viviendas y a su uso mixto turístico-residencial

La práctica totalidad de normas autonómicas han prohibido la cesión parcial de las VUT, esto es, el alquiler de algunas de sus habitaciones o estancias[46], de forma que el usuario turístico comparta la vivienda con otros turis-

---

mo, en la que manifieste el cumplimiento de los requisitos establecidos en el presente Decreto, pudiendo publicitarse a partir de este momento como vivienda con fines turísticos. [...] 4. Una vez inscrita la vivienda con fines turísticos, el código de inscripción en el Registro de Turismo de Andalucía habrá de indicarse en toda publicidad o promoción realizada por cualquier medio".

42. Artículo 17.5 de la redacción original del Decreto 79/2014, de 10 de julio, *por el que se regulan los apartamentos turísticos y las viviendas de uso turístico de la Comunidad de Madrid*, modificado por el Decreto 29/2019, de 9 de abril.

43. El artículo 23.7 de la Ley 8/2012, de 19 de julio, *del Turismo de las Illes Balears*, establece que, [p]or lo que se refiere a la incorporación del número de inscripción turística a la publicidad de comercializaciones turísticas en viviendas y en tanto no se disponga de este número, se admitirá la incorporación del número de registro de entrada otorgado cuando se presentó la DRIAT [declaración responsable de inicio de actividad turística] en un registro público".

44. Artículo 221.2-6 del Decreto 75/2020, de 4 de agosto, *de turismo de Cataluña*. Igualmente, aclara que la inscripción en el registro no posee carácter habilitante para el inicio de la actividad ni otorga ninguna facultad ni concede ningún derecho para el acceso a la actividad (art. 131.1-4).

45. Artículos 15.4 y 17.2 del Decreto 1/2023, de 11 de enero, *por el que se aprueba el Reglamento de las viviendas de uso turístico en Aragón*.

46. Así lo han hecho Aragón (art. 40.2 del Decreto Legislativo 1/2016, de 26 de julio, *por el que se aprueba el texto refundido de la Ley del Turismo de Aragón*), Canarias (art. 2.a del Decreto 113/2015, de 22 de mayo, *por el que se aprueba el Reglamento de las viviendas vacacionales de la Comunidad Autónoma de Canarias*), Castilla-La Mancha (art. 1.2.c del Decreto 36/2018, de 29 de mayo, *por el que se establece la ordenación de los apartamentos turísticos y las viviendas de uso turístico en Castilla-La Mancha*), Castilla y León (art. 3.2 del Decreto 3/2017, de 16 de febrero, *por el que se regulan los establecimientos de alojamiento en la modalidad de vivienda de uso turístico en la Comunidad de Castilla y León*), Cataluña (art. 221.1-3 del Decreto 75/2020, de 4 de agosto, *de turismo de Cataluña*), Galicia (arts. 4.2 y 5.1 del Decreto 12/2017, de 26 de enero, *por el que se establece la ordenación de apartamentos turísticos, viviendas turísticas y viviendas de uso turístico en la Comunidad Autónoma de Galicia*), Islas Baleares (art. 50.15 de la Ley 8/2012, de 19 de julio, *del Turismo de las Illes Balears*), La Rioja (art. 66.1 del Decreto 10/2017,

Viviendas de uso turístico
Análisis de la situación actual y propuestas
para la mejora de su marco regulatorio

Fundación Democracia y Gobierno Local
Serie: Claves del Gobierno Local, 39
ISBN: 978-84-125912-5-5

211

tas con los que no tiene ningún tipo de relación familiar o de amistad, y/o con su propietario o sus residentes habituales. Algunas normas autonómicas no ponen el acento en el fraccionamiento *físico* del disfrute de la vivienda —tónica general en la normativa autonómica—, sino en la eventual multiplicidad de relaciones jurídicas simultáneas entre el titular de la vivienda y los diferentes usuarios turísticos. Así lo hacen las normas canaria, balear y murciana[47], que prohíben la presencia simultánea de usuarios turísticos en un mismo alojamiento y periodo temporal como consecuencia de la celebración de diferentes contratos, incluso cuando ocupen habitaciones distintas. En algún caso, la cesión por habitaciones se reenvía al régimen jurídico de otra modalidad de establecimiento de alojamiento turístico, concretamente al previsto para las pensiones[48]. En otro caso, si bien se prohíbe la cesión parcial en este momento, no se cierra la puerta a permitirlo en el futuro. Así lo hace la Ley balear, la cual advierte que "[l]as estancias turísticas reguladas en este capítulo son incompatibles con la formalización de contratos por habitaciones o con la coincidencia en la misma vivienda de personas usuarias que hayan formalizado contratos diferentes, sin perjuicio de la regulación de estancias turísticas en habitaciones que se pueda establecer"[49].

Solo dos comunidades autónomas permiten la cesión por habitaciones: Andalucía y País Vasco[50]. Ambas condicionan esta posibilidad a que

---

de 17 de marzo, *por el que se aprueba el Reglamento General de Turismo de La Rioja en desarrollo de la Ley 2/2001, de 31 de mayo, de Turismo de La Rioja*), Madrid (art. 2.2 del Decreto 79/2014, de 10 de julio, *por el que se regulan los apartamentos turísticos y las viviendas de uso turístico de la Comunidad de Madrid*) y Valencia (art. 47.2 del Decreto 10/2021, de 22 de enero, *de aprobación del Reglamento regulador del alojamiento turístico en la Comunitat Valenciana*). La comunidad autónoma catalana incluyó la figura de los *hogares compartidos* en su Decreto 75/2020, de 4 de agosto, *de turismo de Cataluña*. Como su propio nombre indica, esta figura implicaba la cesión parcial de la vivienda a usuarios turísticos de forma temporal. Sin embargo, el Tribunal Superior de Justicia de Cataluña anuló parte de los preceptos reglamentarios que contenían su régimen jurídico por razones formales (sentencia n.º 2275/2022, de 14 de junio).

47. Decreto 113/2015, de 22 de mayo, *por el que se aprueba el Reglamento de las viviendas vacacionales de la Comunidad Autónoma de Canarias* (art. 12.1); Ley 8/2012, de 19 de julio, *del Turismo de las Illes Balears* (art. 22.b, que señala que "[n]o se permite la coincidencia en el inmueble de personas usuarias que hayan formalizado contratos diferentes"), o Decreto 256/2019, de 10 de octubre, *por el que se regulan las viviendas de uso turístico en la Región de Murcia* (art. 5.1). Anteriormente, también lo hacía la norma valenciana (art. 18.2 del derogado Decreto 92/2009, de 3 julio, *que aprueba el reglamento regulador de las viviendas turísticas denominadas apartamentos, villas, chalés, bungalows y similares, y de las empresas gestoras, personas jurídicas o físicas, dedicadas a la cesión de su uso y disfrute en el ámbito territorial de la Comunitat Valenciana*).

48. Artículo 66.3 de Decreto 10/2017, de 17 de marzo, *por el que se aprueba el Reglamento General de Turismo de La Rioja en desarrollo de la Ley 2/2001, de 31 de mayo, de Turismo de La Rioja*.

49. Artículo 50.15 de la 8/2012, de 19 de julio, *del Turismo de las Illes Balears*.

50. La Ley Foral 7/2003, de 14 de febrero, *de Turismo de Navarra*, ni permite expresamente la cesión parcial de la VUT ni tampoco exige que dicha cesión se haga de la *totalidad* de la vivienda (art. 22).

212

Viviendas de uso turístico
Análisis de la situación actual y propuestas
para la mejora de su marco regulatorio

Fundación Democracia y Gobierno Local
Serie: Claves del Gobierno Local. 39
ISBN: 978-84-125912-5-5

los titulares de las viviendas estén empadronados y residan efectivamente en ellas[51], añadiendo el decreto vasco que "[d]icho requisito ha de mantenerse durante todo el tiempo de desarrollo de la actividad, hasta que comunique formalmente su cese". Esta obligación implica que la vivienda deber contar con una estructura que permita la utilización simultánea por turistas y residentes[52]. Así lo exige la norma vasca, la cual establece que "[e]n el caso de ofrecerse el alojamiento por habitaciones, las viviendas, además de cocina y cuarto de baño, contarán, al menos, con un dormitorio destinado al alojamiento turístico, distinto de los reservados a las personas que tengan en ella su residencia efectiva. A estos efectos, no se podrán destinar a dormitorio las salas de estar"[53]. La norma vasca crea dos modalidades de alojamiento turístico en función de si la VUT se cede al completo o solo parcialmente: *viviendas de uso turístico* para las viviendas cedidas en su totalidad y *alojamiento en habitación de vivienda particular* para la cesión parcial[54]. La norma vasca añade un requisito más a la cesión de viviendas por habitaciones: solamente puede realizarse por personas físicas, prohibiéndose, por tanto, que personas jurídicas sean los titulares de esta modalidad alojativa[55], considerándose esta conducta como una infracción grave[56]. El caso asturiano es particular, pues prohíbe la cesión por habitaciones en una de las modalidades de alojamiento en vivienda particular, las *viviendas vacacionales*[57], y la admite en la otra, las *viviendas de uso turístico*, señalando expresamente, en relación con estas últimas, que no es necesario que el propietario de la vivienda resida en ella[58], al contrario de lo que sucede en Andalucía y País Vasco. La principal diferencia entre ambas modalidades reside en que, mientras que las viviendas vacaciona-

---

51. Artículos 5.1.b del Decreto andaluz 28/2016, de 2 de febrero, *de las viviendas con fines turísticos y de modificación del Decreto 194/2010, de 20 de abril, de establecimientos de apartamentos turísticos,* y 3.2 § 2 del Decreto vasco 101/2018, de 3 de julio, *de viviendas y habitaciones de viviendas particulares para uso turístico.*

52. Sobre esta exigencia *vid.* Román Márquez (2018: 594-595).

53. Artículos 12.3 del Decreto 101/2018, de 3 de julio, *de viviendas y habitaciones de viviendas particulares para uso turístico.* Además, "[l]as viviendas, bien se cedan en su totalidad, bien por habitaciones, dispondrán de un cuarto de baño por cada cuatro personas, con lavabo, inodoro y plato de ducha o bañera. En caso de estar incorporado en una habitación, se entenderá que es de uso exclusivo de las personas alojadas en ella, por lo que deberá contarse con otro a disposición del resto de personas usuarias, respetando la proporción señalada" (art. 12.5).

54. Artículos 1, n.os 2 y 3, y 2.1 del Decreto 101/2018, de 3 de julio, *de viviendas y habitaciones de viviendas particulares para uso turístico.*

55. Artículo 3.2 del Decreto 101/2018, de 3 de julio, *de viviendas y habitaciones de viviendas particulares para uso turístico.*

56. *Vid.* Ley 13/2016, de 28 de julio, *de Turismo.*

57. Artículo 4 § 2 del Decreto 48/2016, de 10 de agosto, *de viviendas vacacionales y viviendas de uso turístico.*

58. Artículo 12.1 § 2 del Decreto 48/2016, de 10 de agosto, *de viviendas vacacionales y viviendas de uso turístico.*

Viviendas de uso turístico
Análisis de la situación actual y propuestas
para la mejora de su marco regulatorio

Fundación Democracia y Gobierno Local
Serie Claves del Gobierno Local, 39
ISBN: 978-84-125912-5-5

213

les son viviendas unifamiliares aisladas, las viviendas de uso turístico son inmuebles ubicados en edificios de varias plantas sujetos a régimen de propiedad horizontal. Sin embargo, la norma asturiana no ofrece ninguna razón que permita comprender por qué esta circunstancia justificaría tal diferencia de trato entre ambas modalidades alojativas[59]. Lo mismo ocurre en la norma murciana, que establece dos tipos de VUT: las cedidas en su totalidad y las cedidas por habitaciones destinadas a dormitorio, restringiendo la explotación de esta segunda modalidad a las personas físicas que tengan su residencia efectiva en la vivienda[60].

Algunas comunidades autónomas prohíben el uso mixto, residencial y turístico, de los inmuebles. Así lo hace la Comunidad de Madrid al disponer que "[l]os apartamentos turísticos y las viviendas de uso turístico, en cuanto modalidades de alojamiento turístico, no podrán utilizarse por los usuarios como residencia permanente, ni con cualquier otra finalidad distinta del uso turístico"[61]. Otras normas consideran, por el contrario, que el uso mixto es consustancial a la propia naturaleza de las VUT. Así lo hace la ley de turismo balear, que al definir las empresas comercializadoras de estancias en viviendas turísticas señala que son "[aquel]las personas físicas o jurídicas que comercializan turísticamente la totalidad de una vivienda residencial, por periodos de corta duración, en condiciones de uso inmediato y con finalidad lucrativa, comercialización que se puede alternar con el uso propiamente de vivienda que las caracteriza"[62].

---

59. Otra diferencia entre ambas modalidades estriba en que, en el supuesto de cesión por habitaciones de las viviendas de uso turístico, resulta obligatorio que se informe "[...] a las personas usuarias de las normas internas relativas al uso de las instalaciones, dependencias y equipos de la vivienda, la existencia o no de mascotas en la vivienda, restricciones para fumadores y zonas de uso restringido". Por el contrario, cuando se cede la totalidad de la vivienda únicamente se exige que las normas de uso o de régimen interior estén a "disposición inmediata" de los huéspedes. El decreto asturiano no explica las razones de este trato dispar entre modalidades de cesión de la vivienda, y tampoco es posible deducirlo del contenido de la norma, máxime cuando dichas normas internas relativas al uso de la vivienda se exigen a todas las viviendas reguladas en la norma —sin diferenciar entre cesiones completas y parciales—, y no existe ninguna diferencia sustancial en cuanto a su régimen de uso, puesto que, como se ha señalado, en ningún caso se exige que el titular de la vivienda resida en ella durante el periodo de cesión, ni siquiera cuando el alojamiento se hace por habitaciones, como sucede en Andalucía (arts. 15.5 y 16 del Decreto 48/2016, de 10 de agosto, *de viviendas vacacionales y viviendas de uso turístico*).

60. Artículos 2 y 5.2 del Decreto 256/2019, de 10 de octubre, *por el que se regulan las viviendas de uso turístico en la Región de Murcia*.

61. Artículo 6 del Decreto 79/2014, de 10 de julio, *por el que se regulan los apartamentos turísticos y las viviendas de uso turístico de la Comunidad de Madrid*, en la redacción dada por el Decreto 29/2019, de 9 de abril, *por el que se modifica el Decreto 79/2014, de 10 de julio, por el que se regulan los Apartamentos Turísticos y las Viviendas de Uso Turístico de la Comunidad de Madrid*.

62. Artículo 49 de Ley 8/2012, de 19 de julio, *del Turismo de las Illes Balears*, en la redacción dada por el Decreto-ley 3/2017, de 4 de agosto, *de modificación de la Ley 8/2012, de 19 de julio,*

214   Viviendas de uso turístico
Análisis de la situación actual y propuestas
para la mejora de su marco regulatorio

Fundación Democracia y Gobierno Local
Serie: Claves del Gobierno Local. 39
ISBN: 978-84-125912-5-5

La CNMC (2016: 91 y ss.; 2019: 8 y ss.) se ha mostrado contraria a proscribir la cesión parcial de las VUT, por varias razones. En primer lugar, porque impide que el titular de la vivienda pueda explotar económicamente habitaciones que no están siendo utilizadas, lo cual supondría una asignación más eficiente de recursos infrautilizados. En segundo lugar, porque elimina la posibilidad de acceder a un alojamiento a un precio inferior al de una vivienda completa, privando a los usuarios de una oferta alojativa más variada y, si así lo desean, a menor precio. Tampoco considera respetuosa con los principios de regulación económica eficiente la exigencia de que el propietario que cede habitaciones de su vivienda a diferentes huéspedes deba residir obligatoriamente en ella. Por lo que se refiere a la prohibición de utilizar el lugar de residencia habitual como VUT (o viceversa), la CNMC entiende que ello supone una *clara barrera* de acceso al mercado que atenta contra la libre disposición de la propiedad, pues "[...] las condiciones necesarias para la habitualidad de una vivienda deben exigirse bien sea para su residencia permanente o temporal, por lo que, si las características son similares, no existen razones para evitar ex ante que la residencia permanente pueda destinarse a alquiler temporal de la misma". La prohibición de ceder parcialmente las VUT ha sido objeto de pronunciamientos contradictorios por parte de los tribunales superiores de justicia[63], siendo finalmente anulada por el Tribunal Supremo[64].

---

del turismo de las Illes Balears, y de medidas para afrontar la emergencia en materia de vivienda en las Illes Balears. La redacción original del artículo 49 era aún más expresiva de la naturaleza mixta de las VUT, pues se refería a ellas como aquellas "[...] viviendas que, teniendo la disposición y la configuración de una vivienda unifamiliar aislada o pareada, en principio ideada para uso residencial, prestan servicios de alojamiento turístico que se alterna con el uso propio y residencial que tiene la vivienda en las condiciones establecidas en la presente ley y en sus disposiciones de desarrollo".

63.   El Tribunal Superior de Justicia de Canarias (sentencia n.° 41/2017, de 21 de marzo, fundamento de derecho sexto) anuló la prohibición de cesión parcial de las VUT (art. 12.1 del Reglamento de las viviendas vacacionales de la Comunidad Autónoma de Canarias, aprobado por el Decreto 113/2015, de 22 de mayo) por entender que no existen razones para exigir que un cliente, que solo desea contratar una habitación para alojarse, asuma el coste del arrendamiento de la totalidad de la vivienda, si el propietario desea ofrecerle este servicio, más allá de evitar que se ponga en el mercado un producto que, por su precio reducido, compita con la oferta de alojamiento hotelero. El Tribunal Superior de Justicia de Castilla y León tampoco considera la prohibición de la cesión parcial de las VUT ajustada a derecho por, entre otras razones, no quedar suficientemente justificadas ni la necesidad ni la proporcionalidad de tal medida (sentencia n.° 66/2018, de 2 de febrero, en relación con el art. 3.2 del Decreto 3/2017, de 16 de febrero, *por el que se regulan los establecimientos de alojamiento en la modalidad de vivienda de uso turístico en la Comunidad de Castilla y León*). Por el contrario, el Tribunal Superior de Justicia de Galicia sí consideró esta prohibición amparada por el artículo 5.e) de la Ley 29/1994, de 24 de noviembre, *de arrendamientos urbanos*, en sus sentencias n.° 555/2017, de 15 de noviembre (fundamento de derecho cuarto), y n.° 64/2018, de 14 de febrero (fundamento de derecho tercero).

64.   El Tribunal Supremo estableció la ilegalidad de prohibir el uso compartido de las VUT en sus sentencias n.os 25 y 26/2019, ambas de 15 de enero (fundamentos de derecho quintos).

Viviendas de uso turístico
Análisis de la situación actual y propuestas
para la mejora de su marco regulatorio

Fundación Democracia y Gobierno Local
Serie Claves del Gobierno Local, 39
ISBN: 978-84-125912-5-5

215

2.3. Restricciones temporales: periodos mínimos y máximos por usuario

Varias normas autonómicas han previsto ciertas limitaciones temporales relativas al uso de las VUT por parte de sus usuarios, tanto en lo que respecta al tiempo mínimo de ocupación de las viviendas como al máximo. En cuanto a la primera de las restricciones temporales, la redacción original del artículo 17.3 del Decreto 79/2014, de 10 de julio, *por el que se regulan los apartamentos turísticos y las viviendas de uso turístico de la Comunidad de Madrid*, establecía que las VUT no podían contratarse por un periodo inferior a cinco días. La norma madrileña no ofrecía una justificación concreta de esta limitación más allá de sus objetivos generales, que eran: a) paliar los efectos de la sobreoferta descontrolada de VUT y proteger los derechos de consumidores y usuarios turísticos; b) acabar con las situaciones de intrusismo y competencia desleal "constantemente denunciadas por las asociaciones del alojamiento madrileño"; y c) frenar una oferta que podría estar ejerciendo una actividad opaca a las obligaciones fiscales que son exigibles al resto de establecimientos de alojamiento turístico. La CNMC (2016: 87; 2018: 38) entendió que la obligación de que las VUT debiesen cederse por periodos iguales o superiores a cinco días equivalía, *de facto*, a su expulsión del mercado, puesto que la media de pernoctaciones en los establecimientos hoteleros de este territorio oscilaba entre los 1,6 y los 3,2 días, dependiendo de la categoría del establecimiento y de la época del año (INE, 2013). Para este organismo, este tipo de restricciones temporales restringen la capacidad de elección del consumidor y elevan los costes de operación, lo que incrementa el precio que los consumidores deben pagar por el alojamiento. Así lo ha entendido la jurisprudencia[65].

Entre otras cuestiones, el Tribunal Supremo rechaza que la prohibición de la cesión parcial de las VUT pueda encontrar amparo en razones de interés público vinculadas con la amenaza a la convivencia pacífica entre las poblaciones residente y visitante. En primer lugar, porque no se explica si tales razones de orden público concurren únicamente en el supuesto de alquiler por habitaciones o si afectan también a la cesión de la totalidad de la vivienda. En segundo lugar, porque no se justifica si la hipotética perturbación de la convivencia excede de las meras incomodidades que, de forma natural, implica la vida compartida en el marco de una comunidad de vecinos. Y, en tercer y último lugar, porque tampoco se explica por qué la prohibición controvertida debe considerarse la única solución posible para evitar incomodidades en la convivencia vecinal (esto es, por no justificar el necesario respeto al principio de proporcionalidad en relación con el principio de mínima intervención sobre los derechos afectados).

65. El Tribunal Superior de Justicia de Madrid anuló esta limitación (sentencia n.º 291/2016, de 31 de mayo, fundamentos de derecho primero a séptimo) por entenderla innecesaria y desproporcionada. Este órgano jurisdiccional considera que, de las diferentes finalidades perseguidas por la norma madrileña, solamente podrían considerarse razones imperiosas de interés general la protección de los consumidores y usuarios turísticos, así como la eventual opacidad fiscal. No así los fines u objetivos relativos al control de una oferta *descontrolada* o a las situaciones de competencia desleal, pues, además de que estas circunstancias son combatidas a través de diversos mecanismos específicos

216

Viviendas de uso turístico
Análisis de la situación actual y propuestas
para la mejora de su marco regulatorio

Fundación Democracia y Gobierno Local
Serie: Claves del Gobierno Local. 39
ISBN: 978-84-125912-5-5

Por lo que se refiere al tiempo máximo de ocupación, la práctica totalidad de las normas autonómicas limitan el tiempo que un mismo usuario puede alojarse en una VUT de forma ininterrumpida. Este tipo de límites es común al resto de establecimientos de alojamiento turístico[66], pues la permanencia indefinida del usuario los transformaría en su residencia habitual, lo cual resulta incompatible con su naturaleza turística, que implica una continua alternancia de huéspedes. Sin embargo, la fórmula elegida por cada comunidad autónoma para prohibir el uso residencial de las viviendas turísticas es diversa. Existe un primer grupo de normas autonómicas que se limitan a calificar la actividad de las viviendas de uso turístico como "cesión temporal", pero sin fijar el plazo máximo de uso por un mismo usuario. En este primer grupo estarían las normas castellanomanchega[67], navarra[68] y riojana[69]. Otro grupo de normas prohíbe expresamente el uso residencial de las viviendas turísticas por parte de sus usuarios, pero sin establecer tampoco un límite concreto a sus estancias. Así lo hacen las normas asturiana, canaria[70], madrileña y castellanomanchega. El decreto asturiano prohíbe, por ejemplo, cualquier tipo de uso residencial de la vivienda por parte de sus usuarios, ni siquiera como residencia "secundaria": "[l]os establecimientos de alojamiento turístico regulados en esta norma no se pueden convertir en residencia principal ni secundaria de las personas usuarias turísticas, en nin-

---

de la legislación sectorial, no pueden ser considerados objetivos legítimos por encubrir fines de naturaleza económica, como sería, por ejemplo, supeditar el acceso o ejercicio de una actividad de servicios a la evaluación de sus efectos sobre el mercado (prohibido por los artículos 14 de la Directiva de Servicios y 10.e de la Ley 17/2009, de 23 de noviembre, *sobre el libre acceso a las actividades de servicios y su ejercicio*). En cuanto al resto de objetivos, el Tribunal Superior de Justicia de Madrid entiende que imponer un periodo de estancia mínimo no tiene ninguna repercusión positiva ni sobre la supuesta opacidad de las obligaciones fiscales ni sobre la protección de los consumidores y usuarios. Tampoco se justifica la proporcionalidad de la medida, pues no se demuestra que sea la menos gravosa para el sector de entre todas las disponibles para la consecución de los fines propuestos. Esta interpretación es confirmada por la sentencia del Tribunal Supremo n.º 1741/2018, de 10 de diciembre.

66. Así lo hace, por ejemplo, el Decreto andaluz 26/2018, de 23 de enero, *de ordenación de los campamentos de turismo y de modificación del Decreto 20/2002, de 29 de enero, de turismo en el medio rural y turismo activo*, que establece que, respecto de estos establecimientos, "[e]n ningún caso, el periodo de ocupación, en conjunto, será superior a once meses al año" (art. 24.3).

67. Esta norma añade los "fines de alojamiento turístico" de esta actividad, lo que en sí mismo implica un uso temporal (art. 2.c del Decreto 36/2018, de 29 de mayo, *por el que se establece la ordenación de los apartamentos turísticos y las viviendas de uso turístico en Castilla-La Mancha*).

68. Artículo 22.1 de la Ley Foral 7/2003, de 14 de febrero, *de Turismo de Navarra*.

69. Artículo 66.1 del Decreto 10/2017, de 17 de marzo, *por el que se aprueba el Reglamento General de Turismo de La Rioja en desarrollo de la Ley 2/2001, de 31 de mayo, de Turismo de La Rioja*.

70. Artículo 2.d del Reglamento de las viviendas vacacionales de la Comunidad Autónoma de Canarias, aprobado por el Decreto 113/2015, de 22 de mayo.

Viviendas de uso turístico
Análisis de la situación actual y propuestas
para la mejora de su marco regulatorio

Fundación Democracia y Gobierno Local
Serie Claves del Gobierno Local, 39
ISBN: 978-84-125912-5-5

217

gún caso"[71]. En la Comunidad de Madrid[72] y en Castilla-La Mancha[73] la prohibición se extiende a cualquier otra finalidad distinta al uso turístico, como podría ser el uso profesional. En La Rioja se prohíbe el uso residencial de la vivienda, pero aclarando que esta prohibición no se aplica "[...] a las viviendas que sean el domicilio habitual del cedente"[74]. El tercer grupo lo conforman aquellas comunidades autónomas que establecen un plazo máximo para la cesión de la vivienda a un mismo usuario turístico. Aquí los plazos van desde los 31 días —Cataluña[75] y el País Vasco[76]— y el mes —Aragón[77] e Islas Baleares[78]— hasta los tres meses —Galicia[79]—, pasando por aquellas comunidades autónomas que fijan el plazo máximo de cesión en dos meses —Andalucía[80] y Castilla y León[81]—.

---

71. Artículo 17.3 del Decreto 48/2016, de 10 de agosto, *de viviendas vacacionales y viviendas de uso turístico*.

72. Artículo 6 del Decreto 79/2014, de 10 de julio, *por el que se regulan los apartamentos turísticos y las viviendas de uso turístico de la Comunidad de Madrid* (en el mismo sentido, su art. 3.2). Dispone este precepto que "[l]os apartamentos turísticos y las viviendas de uso turístico, en cuanto modalidades de alojamiento turístico, no podrán utilizarse por los usuarios como residencia permanente, ni con cualquier otra finalidad distinta del uso turístico".

73. Artículo 3 del Decreto 36/2018, de 29 de mayo, *por el que se establece la ordenación de los apartamentos turísticos y las viviendas de uso turístico en Castilla-La Mancha*.

74. Preámbulo (apartado II, § 7) del Decreto 10/2017, de 17 de marzo, *por el que se aprueba el Reglamento General de Turismo de La Rioja en desarrollo de la Ley 2/2001, de 31 de mayo, de Turismo de La Rioja*.

75. Artículo 221.1-2 del Decreto 75/2020, de 4 de agosto, *de turismo de Cataluña*.

76. Conforme al número 4 del artículo 2 del Decreto 101/2018, de 3 de julio, *de viviendas y habitaciones de viviendas particulares para uso turístico*, "[s]e presume que la actividad alojativa es habitual y, por tanto, se encuentra sometida a las prescripciones del presente Decreto, cuando concurra una de las siguientes condiciones: [...] b) Que se facilite alojamiento por un período de tiempo continuo igual o inferior a 31 días, dos o más veces dentro del mismo año". Esta norma añade, del mismo modo que hace la norma castellanomanchega, los "motivos turísticos" a la cesión "temporal" de la vivienda, lo que excluye en todo caso su uso como residencia permanente (art. 1, n.os 2 y 3).

77. Artículo 4.3 del Decreto 1/2023, de 11 de enero, *por el que se aprueba el Reglamento de las viviendas de uso turístico de Aragón*.

78. Artículo 50.3 de la Ley 8/2012, de 19 de julio, *del Turismo de las Illes Balears*: "[l]as estancias que se comercialicen turísticamente tienen que consistir en la cesión temporal del derecho de disfrute de la totalidad de la vivienda por periodos de corta duración, entendidos como estancias por días o semanas, sin que una estancia pueda ser superior a un mes".

79. El artículo 9.1 del Decreto 12/2017, de 26 de enero, *por el que se establece la ordenación de apartamentos turísticos, viviendas turísticas y viviendas de uso turístico en la Comunidad Autónoma de Galicia*, dispone que, si bien "[e]l plazo de duración de la estancia será el que libremente se acuerde entre las partes en el momento de la contratación [...] [e]l período de alojamiento continuado no podrá exceder de tres meses, circunstancia que se reflejará en el documento de admisión".

80. El artículo 1.2.b) del Decreto 28/2016, de 2 de febrero, *de las viviendas con fines turísticos y de modificación del Decreto 194/2010, de 20 de abril, de establecimientos de apartamentos turísticos*, excluye de su ámbito de aplicación a "[l]as viviendas contratadas por tiempo superior a dos meses computados de forma continuada por una misma persona usuaria".

81. El artículo 4.d) del Decreto 3/2017, de 16 de febrero, *por el que se regulan los establecimientos de alojamiento en la modalidad de vivienda de uso turístico en la Comunidad de*

Viviendas de uso turístico
Análisis de la situación actual y propuestas
para la mejora de su marco regulatorio

Fundación Democracia y Gobierno Local
Serie: Claves del Gobierno Local. 39
ISBN: 978-84-125912-5-5

La CNMC (2016: 86; 2019: 11) considera que cualquier limitación que afecte al tiempo que los consumidores pueden alojarse en una VUT supone una restricción injustificada a la competencia, además de resultar discriminatoria en comparación con aquellas modalidades de alojamiento turístico sobre las que no recaiga una limitación análoga. Este organismo considera que esta limitación no responde a la existencia de ningún fallo de mercado, sino a la protección de los intereses de los operadores incumbentes frente a los nuevos competidores en este segmento del mercado. El establecimiento de esta clase de límites reduce, *ceteris paribus*, la oferta alojativa del mercado, elevando los precios y desincentivando la innovación. Sin embargo, la jurisprudencia de los tribunales superiores de justicia ha avalado la legalidad del establecimiento de periodos máximos de permanencia de los usuarios en una misma VUT[82].

2.4. Restricciones relativas a la tipología de la vivienda y al número de plazas turísticas por vivienda

Algunas clases de vivienda han sido vetadas para su uso como alojamiento turístico. Aunque se trata de una prohibición en la que los municipios han ostentado el mayor protagonismo, generalmente haciendo uso de su potestad de planificación urbanística, también la normativa autonómica ha recogido alguna prohibición de esta naturaleza. Así lo hicieron, por ejemplo, las leyes baleares 2/1999, de 24 de marzo, *general turística*; 2/2005, de 22 de marzo, *de comercialización de estancias turísticas en viviendas*; y 8/2012, de 19 de julio, *del turismo de las Illes Balears*, que excluían, con carácter general, la posibilidad de explotar como VUT los inmuebles sometidos al régimen de propiedad horizontal[83]. Idéntica prohibición contiene el

---

Castilla y León, define el servicio de alojamiento en la modalidad de vivienda de uso turístico como la "prestación de hospedaje con carácter temporal", esto es, aquel que no supere "un plazo máximo de dos meses seguidos a un mismo turista".

82. El Tribunal Superior de Justicia de Galicia ha avalado la legalidad de un límite máximo a la permanencia de los huéspedes en las VUT (sentencias n.º 555/2017, de 15 de noviembre, fundamento de derecho quinto, y n.º 64/2018, de 14 de febrero, fundamento de derecho cuarto). Así lo hace, igualmente, el Tribunal Superior de Justicia de Castilla y León (sentencia n.º 86/2018, de 2 de febrero, fundamento de derecho noveno). Este tribunal entiende que el elemento definitorio del alojamiento turístico es, precisamente, su temporalidad, por lo que "[...] la fijación de un límite de dos meses de alquiler al mismo turista, a fin de que se sujete a las normas del Decreto, no viene sino a dar seguridad en la interpretación de la norma".

83. Las dos primeras normas solo permitían la comercialización turística de viviendas unifamiliares aisladas, si bien la Ley 8/2012 admitió también las viviendas pareadas sometidas al régimen de propiedad horizontal y las viviendas unifamiliares entre medianeras siempre que fuesen las únicas existentes en cada parcela. La Ley 6/2017, de 31 de julio, *de modificación de la Ley 8/2012, de 19 de julio, del turismo de las Illes Balears, relativa a la comercialización de estancias turísticas en viviendas*, ha terminado con esta prohibición.

Viviendas de uso turístico
Análisis de la situación actual y propuestas
para la mejora de su marco regulatorio

Fundación Democracia y Gobierno Local
Serie Claves del Gobierno Local, 39
ISBN: 978-84-125912-5-5

219

Decreto Foral 230/2011, de 26 de octubre, *por el que se aprueba el reglamento de ordenación de los apartamentos turísticos en la comunidad foral de navarra*, que restringe los inmuebles susceptibles de explotación como VUT a las siguientes modalidades: casa, villa, chalet, cueva, construcciones prefabricadas o similares de carácter fijo, así como los adosados o las partes independientes de un edificio que cuenten con una superficie útil mínima de 90 m², acceso independiente y segregación vertical (art. 3). El Tribunal Supremo ha tenido ocasión de pronunciarse recientemente sobre la prohibición de explotar turísticamente determinados tipos de viviendas. Así lo ha hecho en su sentencia n.º 109/2023, de 31 de enero, que analiza la prohibición de explotar como VUT las viviendas ubicadas en edificios plurifamiliares —esto es, sometidos al régimen de propiedad horizontal— contenida en el planeamiento urbanístico de Palma de Mallorca. En este caso se admite tal prohibición por estar amparada expresamente por una norma de rango legal —concretamente, por la disposición transitoria quinta de la Ley 8/2012, de 19 de julio, *del turismo de las Illes Balears*—, sin que el Tribunal Supremo entre a analizar la necesidad y proporcionalidad de la medida[84]. Sin embargo, el tribunal se remite en su argumentación a la sentencia del Tribunal de Justicia de la Unión Europea de 22 de septiembre de 2020 (*Cali Apartments*, asuntos C-724/18 y C-727/18) y a sus propias sentencias n.º 1550/2020, de 19 de noviembre, y n.º 75/2021, de 26 de enero. En estas sentencias se reconocen como razones imperiosas de interés general, en relación con las VUT, la lucha contra la escasez de viviendas[85], y la protección del derecho a una vivienda digna y del entorno urbano. Además, las dos últimas sentencias consideran proporcionada la prohibición, establecida respectivamente por los ayuntamientos de Bilbao y Barcelona, de que determinadas tipologías edificatorias sean explotadas como VUT[86]. Pero,

---

84. Si bien, y a pesar de ello, el Tribunal Supremo advierte de que "[n]o podemos dejar de reconocer, en principio, el correcto examen que hace la Sala 'a quo', desde la perspectiva de la vulneración de los principios de proporcionalidad y necesariedad conforme a las imperiosas razones de interés general conforme a la Directiva 2006/123/CE, de 12 de diciembre, relativa a los servicios en el mercado interior (antes se transcribieron los fundamentos de derecho séptimo y octavo de la sentencia) y la conclusión a la que llega: "la prohibición absoluta de la comercialización de [VUT] en edificios plurifamiliares no aparece como ponderada con las finalidades alegadas por el Ayuntamiento" (fundamento de derecho cuarto, apartado D).

85. En determinados municipios en los que la tensión sobre los arrendamientos sea particularmente acusada, como ocurre con ciertas zonas de París (sentencia del Tribunal de Justicia de la Unión Europea de 22 de septiembre de 2020, apartado n.º 75).

86. En el caso de Bilbao, su *Modificación pormenorizada del Plan General de Ordenación Urbana* limita la implantación de VUT en viviendas colectivas, cuando estas compartan acceso y núcleo de comunicación con las viviendas de uso residencial, únicamente en una planta, que será la más baja de las destinadas a vivienda (art. 6.3.24.2), de forma que cabe su implantación en planta baja sin acceso independiente (art. 6.3.37.3.e), en planta primera sin acceso independiente (art. 6.3.37.3.b), y en plantas altas si tienen acceso independiente y se sitúan por debajo de las plantas destinadas a uso de vivienda (art. 6.3.37.3.d). Además, se permite la explotación

220

Viviendas de uso turístico
Análisis de la situación actual y propuestas
para la mejora de su marco regulatorio

Fundación Democracia y Gobierno Local
Serie: Claves del Gobierno Local, 39
ISBN: 978-84-125912-5-5

a pesar de que el Tribunal Supremo haya admitido la legalidad de determinadas restricciones relativas a la tipología de viviendas susceptibles de ser explotadas como VUT, esta doctrina jurisprudencial no puede extrapolarse automáticamente a estas mismas restricciones contenidas en normas autonómicas, pues el Tribunal Supremo las ha admitido porque tales prohibiciones están circunscritas a espacios muy concretos de determinadas ciudades en los que sus ayuntamientos han acreditado la existencia de factores como una gran presión turística, ciertos problemas de convivencia entre la población residente y visitante, elevación del precio de la vivienda en propiedad y alquiler, disminución del parque de vivienda en alquiler, etc.[87]. Todas estas circunstancias han persuadido al Tribunal Supremo de la necesidad y proporcionalidad de tales limitaciones. Sin embargo, no puede considerarse que una prohibición general, en todo el territorio de una comunidad autónoma, de determinadas tipologías edificatorias, pueda ser calificada como una medida necesaria ni, mucho menos, proporcionada, pues se aplicaría a lugares en los que no concurre ninguno de los factores considerados por el Tribunal Supremo para amparar la legalidad de tales limitaciones. Una cosa es, por tanto, reconocer la legalidad de determinadas medidas que se aplican sobre espacios muy concretos de la ciudad en los que concurren circunstancias que justifican su necesidad y proporcionalidad, y otra muy distinta, admitir tales medidas, con carácter general, para todo el territorio de una comunidad autónoma.

La CNMC (2016: 88) advierte que la exclusión de tipologías específicas de vivienda, como los inmuebles en régimen de propiedad horizontal, supone que en determinadas áreas (por ejemplo, en los centros urbanos) se reduzcan significativamente tanto las posibilidades de acceder al mercado como las de que los usuarios disfruten de una mayor y más variada oferta. Generalmente las VUT ubicadas en inmuebles en régimen de propiedad horizontal tienen un precio inferior a las viviendas unifamiliares o pareadas, por lo que este tipo de prohibiciones excluyen del mercado a aquellos usuarios cuyas preferencias se basan en menores precios o en

---

de VUT ubicadas en planta primera que cuenten con acceso independiente o cuando la planta baja esté comunicada con la primera (art. 6.3.37.3.a), y en planta primera de los edificios anteriores a la entrada en vigor del Plan General de Ordenación Urbana (1995) que no tengan acceso independiente o que no estén comunicadas con la planta baja. En Barcelona, su *Plan especial urbanístico para la regulación de las viviendas de uso turístico* exige, respecto del distrito de Ciutat Vella, que las VUT se ubiquen en edificios enteros, y establece un número máximo de VUT coincidente con el número de VUT existentes en el momento de la aprobación definitiva del plan, de forma que para que pueda instalarse una nueva VUT resulta imprescindible que se produzca previamente la baja de alguna de las VUT preexistentes.

87.   En relación con estas circunstancias *vid.* el fundamento de derecho sexto, apartado D, de la sentencia del Tribunal Supremo n.° 75/2021, de 26 de enero.

Viviendas de uso turístico
Análisis de la situación actual y propuestas
para la mejora de su marco regulatorio

Fundación Democracia y Gobierno Local
Serie Claves del Gobierno Local, 39
ISBN: 978-84-125912-5-5

221

una oferta distinta a la ofrecida por los establecimientos tradicionales. Además, la exclusión de determinadas tipologías de viviendas implica un trato discriminatorio en favor de aquellas tipologías que pueden ser explotadas como VUT, las cuales pueden obtener mayores rentas en el mercado como consecuencia de la reducción de la competencia. Para la CNMC, los eventuales problemas de exceso de oferta o de congestión en determinadas áreas no justifican prohibiciones de esta naturaleza, pues las externalidades negativas derivadas de la actividad turística deben ser compensadas por todos los operadores del sector, todos los cuales contribuyen al problema, por lo que las eventuales restricciones a la actividad deben afectar a todos los establecimientos de alojamiento turístico, y no solamente a las VUT.

Por lo que se refiere a la otra restricción anunciada en el título de este epígrafe, la mayoría de normas autonómicas fijan un número máximo de plazas alojativas por VUT[88]. Si bien alguna de ellas instaura un límite cuantitativo general, estableciendo un número máximo de plazas por vivienda, con independencia de su tamaño o equipamiento[89], lo habitual es que la normativa autonómica determine la capacidad alojativa de las viviendas de uso turístico conforme a ciertas características físicas del inmueble o bien por remisión a determinados documentos o a la normativa sectorial. En cualquier caso, es frecuente que se recurra a una técnica mixta, que aúne varios de los métodos anteriores[90]. En el grupo de las comunidades autónomas que hacen depender la capacidad alojativa de las viviendas de uso turístico de algunas de sus características físicas están Aragón y Madrid, que determinan el número máximo de plazas en función del número de habitaciones y de las dimensiones de estas o

---

88.   Algunas comunidades autónomas, como Navarra o Valencia, no establecen un límite máximo de plazas por VUT.

89.   Así lo hace el Principado de Asturias, que fija la capacidad máxima de sus *viviendas vacacionales* en 14 plazas, pudiendo estas distribuirse en un máximo de 7 habitaciones (art. 10 del Decreto 48/2016, de 10 de agosto, *de viviendas vacacionales y viviendas de uso turístico*). Sin embargo, este límite únicamente se aplica a esta modalidad de vivienda turística. Para las *viviendas de uso turístico* la norma asturiana se remite, como se verá, a las normas sobre habitabilidad y seguridad en las viviendas (art. 13.f). También lo hace la normativa catalana, fijando un máximo de 15 plazas por VUT (art. 221.2-1 del Decreto 75/2020, de 4 de agosto, *de turismo de Cataluña*).

90.   El decreto canario, por ejemplo, fija la capacidad máxima de las *viviendas vacacionales* al prohibir a sus titulares "[...] alojar un mayor número de personas de las que correspondan a la capacidad de la vivienda establecida por el número de dormitorios y ocupación, según los datos incluidos en la declaración responsable de ocupación de inmuebles o instalaciones, o en su caso, la cédula de habitabilidad o licencia de primera ocupación" (art. 5.1 del Decreto 113/2015, de 22 de mayo, *por el que se aprueba el Reglamento de las viviendas vacacionales de la Comunidad Autónoma de Canarias*).

Viviendas de uso turístico
Análisis de la situación actual y propuestas
para la mejora de su marco regulatorio

Fundación Democracia y Gobierno Local
Serie: Claves del Gobierno Local, 39
ISBN: 978-84-125912-5-5

de la propia vivienda[91]. También forman parte de este grupo las normas gallega —que toma en consideración el número de camas disponibles en la vivienda y la superficie de las habitaciones[92]—, la riojana —que tiene en cuenta el número de habitaciones y de camas[93]— y la castellanoleonesa —que únicamente atiende a las camas (en todas sus variantes) existentes en la vivienda[94]—. Los documentos a los que suelen remitirse las normas autonómicas para limitar la capacidad alojativa de las VUT son la licencia de primera ocupación y, en menor medida, la cédula de habitabilidad. Al primero de ellos se remiten en Canarias[95], Andalucía[96], Castilla-La

---

91. El artículo 9 del Decreto 1/2023, de 11 de enero, *por el que se aprueba el Reglamento de las viviendas de uso turístico en Aragón*, dispone que "[l]a capacidad máxima alojativa de las viviendas de uso turístico vendrá determinada por la aplicación de los siguientes parámetros: 1 persona por habitación > 6 m², 2 personas por habitación > 10 m², 3 personas por habitación > 14 m²". Por su parte, el artículo 18.4 de la redacción actual del Decreto 79/2014, de 10 de julio, *por el que se regulan los apartamentos turísticos y las viviendas de uso turístico de la Comunidad de Madrid*, establece que "[l]os titulares de viviendas de uso turístico deberán respetar las siguientes capacidades máximas de alojamiento: a) Para viviendas inferiores a 25 m 2 útiles, hasta dos personas, en al menos una pieza habitable; b) Para viviendas entre 25 m 2 y 40 m 2 útiles, hasta cuatro personas, en al menos dos piezas habitables; y c) Por cada 10 m 2 útiles adicionales en, al menos una pieza habitable más independiente, se permitirán dos personas más".

92. "La capacidad de la vivienda turística, que en ningún caso podrá superar las 10 plazas, vendrá determinada por el número de camas existentes en los dormitorios y por el de plazas convertibles disponibles en la sala de estar-comedor y en los dormitorios. La superficie mínima requerida será de 6 metros cuadrados en dormitorios de una plaza y de 10 metros cuadrados en los de dos plazas" (art. 23.1 del Decreto 12/2017, de 26 de enero, *por el que se establece la ordenación de apartamentos turísticos, viviendas turísticas y viviendas de uso turístico en la Comunidad Autónoma de Galicia*).

93. Redacción actual del artículo 66.6 del Decreto 10/2017, de 17 de marzo, *por el que se aprueba el Reglamento General de Turismo de La Rioja en desarrollo de la Ley 2/2001, de 31 de mayo, de Turismo de La Rioja* (introducido por el Decreto 40/2018, de 23 de noviembre): "La capacidad máxima de plazas de alojamiento será el doble del número de habitaciones de la vivienda, incluido el salón, y hasta un máximo de 8 plazas, incluidas las posibles camas convertibles y supletorias. La capacidad vendrá determinada por el número total de camas de las habitaciones computándose como dos plazas de alojamiento las camas con una anchura superior a 1,35 metros".

94. Artículo 5 del Decreto 3/2017, de 16 de febrero, *por el que se regulan los establecimientos de alojamiento en la modalidad de vivienda de uso turístico en la Comunidad de Castilla y León*: "1. La capacidad en plazas de la unidad de alojamiento vendrá determinada por el número de camas existentes en los dormitorios, incluidas las posibles literas, y por el de camas convertibles o muebles-cama instaladas en el salón-comedor, incluidas las camas supletorias. 2. Las camas dobles se computarán como dos plazas y las cunas no computarán como plazas".

95. Artículo 5.1 del Decreto 113/2015, de 22 de mayo, *por el que se aprueba el Reglamento de las viviendas vacacionales de la Comunidad Autónoma de Canarias*. También se remite a la cédula de habitabilidad el decreto canario, siendo la única norma que se refiere indistintamente a la licencia de primera ocupación y a la cédula de habitabilidad.

96. Artículo 5.2 del Decreto 28/2016, de 2 de febrero, *de las viviendas con fines turísticos y de modificación del Decreto 194/2010, de 20 de abril, de establecimientos de apartamentos turísticos*.

Viviendas de uso turístico
Análisis de la situación actual y propuestas
para la mejora de su marco regulatorio

Fundación Democracia y Gobierno Local
Serie Claves del Gobierno Local, 39
ISBN: 978-84-125912-5-5

223

Mancha[97] y Murcia[98]. Por su parte, las normas catalana y balear se remiten a la cédula de habitabilidad del inmueble para conocer su número máximo de plazas[99]. En ninguna de estas dos comunidades autónomas se fija un número máximo que restrinja lo establecido por la cédula de habitabilidad o supla una posible laguna por parte de este documento, como sí hacen los decretos andaluz[100] y castellanomanchego en el caso de las licencias de ocupación de las viviendas. Finalmente, las comunidades autónomas que se remiten a la normativa sectorial para determinar el número de plazas de las viviendas de uso turístico, absteniéndose de fijar un límite general o en función de otros parámetros, son el Principado de Asturias[101] y el País Vasco[102]. Sin embargo, la regulación vasca resulta reveladora en este punto, puesto que entre los datos que la dirección del Gobierno Vasco competente en materia de turismo solicitará a los ayuntamientos, durante la fase de comprobación posterior a la presentación de la declaración responsable por el titular de la vivienda, figura expresamente la obligación de que tales ayuntamientos manifiesten "[s]i consta

---

97.   La regulación aprobada por esta última resulta única en este concreto aspecto al prever la recategorización de la vivienda en otra modalidad de establecimiento de alojamiento turístico cuando se supere el máximo de plazas fijado para las viviendas de uso turístico en esta comunidad autónoma. En este sentido, el decreto castellanomanchego dispone que "[e]n ningún caso la capacidad de la vivienda de uso turístico podrá ser superior a la capacidad máxima establecida en la licencia de primera ocupación o documento análogo, o en caso de que ésta no lo estableciera, a un máximo de 12 plazas, siendo a partir de esa cantidad regulado por el régimen jurídico de alojamiento hotelero o extrahotelero que le fuera de aplicación en base a las instalaciones y servicios del inmueble" (art. 16.3.b del Decreto 36/2018, de 29 de mayo, *por el que se establece la ordenación de los apartamentos turísticos y las viviendas de uso turístico en Castilla-La Mancha*).

98.   El artículo 14.1 del Decreto 256/2019, de 10 de octubre, *por el que se regulan las viviendas de uso turístico en la Región de Murcia*, dispone que "[l]a capacidad máxima de las viviendas de uso turístico será el establecido en la licencia de ocupación o equivalente. En todo caso, la capacidad máxima será de 10 plazas, incluyendo, en el supuesto de cesión por habitaciones, a las personas que tengan su residencia efectiva en ella".

99.   El artículo 221.2-1 del Decreto 75/2020, de 4 de agosto, *de turismo de Cataluña*, señala que "[l]as viviendas no pueden estar ocupadas con más plazas de las indicadas en la cédula de habitabilidad y, en cualquier caso, su capacidad máxima no puede exceder de 15 plazas". En el mismo sentido, el artículo 52.1 de la Ley 8/2012, de 19 de julio, *del Turismo de las Illes Balears*, establece que "[l]as viviendas de uso residencial pueden comercializar estancias turísticas por el número máximo de plazas que permita la cédula de habitabilidad o el título de habitabilidad análogo mencionado en el artículo 50 anterior".

100.   Dispone el artículo 5.2 del Decreto 28/2016, de 2 de febrero, *de las viviendas con fines turísticos y de modificación del Decreto 194/2010, de 20 de abril, de establecimientos de apartamentos turísticos*, que "[l]a capacidad máxima de éstas, vendrá limitada a lo dispuesto en la licencia de ocupación. En todo caso, cuando el uso de la vivienda sea completo no podrá ser superior a quince plazas y cuando el uso sea por habitaciones, no podrá superar las seis plazas, no pudiendo exceder en ambos tipos de cuatro plazas por habitación".

101.   Artículo 13.f) del Decreto 48/2016, de 10 de agosto, *de viviendas vacacionales y viviendas de uso turístico*.

102.   Artículo 13.1 del Decreto 101/2018, de 3 de julio, *de viviendas y habitaciones de viviendas particulares para uso turístico*.

224

Viviendas de uso turístico
Análisis de la situación actual y propuestas
para la mejora de su marco regulatorio

Fundación Democracia y Gobierno Local
Serie: Claves del Gobierno Local, 39
ISBN: 978-84-125912-5-5

en la documentación municipal, ocupación máxima de la vivienda"[103]. En la práctica, por tanto, la capacidad de cada VUT será determinada por su licencia de primera ocupación o documento equivalente, pues la normativa sectorial atribuye con carácter general a estos documentos la fijación de la capacidad alojativa de cada vivienda.

Las autoridades de defensa de la competencia no han mostrado reparos a la fijación de umbrales máximos relativos al número de plazas de alojamiento que puede comercializar cada VUT. Sin embargo, la jurisprudencia sí que ha examinado esta cuestión en supuestos concretos. Por un lado, el Tribunal Superior de Justicia de Galicia aceptó el límite de diez plazas por VUT establecido por el Decreto 12/2017, de 26 de enero, *por el que se establece la ordenación de apartamentos turísticos, viviendas turísticas y viviendas de uso turístico en la Comunidad Autónoma de Galicia*, alegando que se trataba de una previsión contenida en la Ley 7/2011, de 27 de octubre, *del Turismo de Galicia* (sentencia n.º 555/2017, de 15 de noviembre, fundamento de derecho noveno). El Tribunal Superior de Justicia de Andalucía (sentencia n.º 1162/2018, de 5 de diciembre, fundamento de derecho tercero) examinó la legalidad del artículo 5.2 del Decreto 28/2016, de 2 de febrero, *de las viviendas con fines turísticos y de modificación del Decreto 194/2010, de 20 de abril, de establecimientos de apartamentos turísticos*, el cual establece que la capacidad máxima de las VUT andaluzas se fija, en primer lugar, por referencia a lo establecido en su licencia de primera ocupación, y, en todo caso, se fija en quince plazas cuando el uso de la vivienda sea completo, y en seis cuando lo sea por habitaciones, sin que en ninguna de las dos modalidades pueda excederse de las cuatro plazas por habitación. La entidad recurrente alegó que el precepto andaluz vulneraba el principio de interdicción de la arbitrariedad de los poderes públicos y de proporcionalidad, al establecerse normativamente una limitación al número de plazas de las VUT aun cuando estas pudiesen tener una capacidad superior en virtud de su licencia de primera ocupación. Sin embargo, el Tribunal Superior de Justicia de Andalucía entiende que, si bien es cierto que el propio decreto andaluz exige a las VUT estar en posesión de una licencia de primera ocupación (art. 6), cuya finalidad es comprobar la conformidad de la vivienda con la licencia de obras concedida, en su momento, para su construcción, siendo su contenido de naturaleza exclusivamente urbanística, también lo es que la finalidad de la limitación relativa al número de plazas alojativas es diferente, que atiende a su destino como alojamiento turístico, y que pretende congeniar tanto la adecuada convivencia entre los diferentes huéspedes de

---

103.   Artículo 8.2.c) del Decreto 101/2018, de 3 de julio, *de viviendas y habitaciones de viviendas particulares para uso turístico*.

Viviendas de uso turístico
Análisis de la situación actual y propuestas
para la mejora de su marco regulatorio

Fundación Democracia y Gobierno Local
Serie Claves del Gobierno Local, 39
ISBN: 978-84-125912-5-5

225

la VUT como entre estos y el resto del vecindario, además de fijar un umbral de uso *conveniente* del inmueble cuando este se halle completo, así como con respecto a cada una de sus habitaciones.

2.5. Algunas restricciones de naturaleza urbanística

2.5.1. Documentos relativos a la realidad física de la vivienda: licencia de primera ocupación, cédula de habitabilidad y plano de la vivienda

Las normas autonómicas exigen que las VUT, como viviendas que son, cumplan con la normativa aplicable a estas. Este ajuste a la legalidad se hace a través de dos mecanismos, los cuales permiten, a su vez, clasificar las normas autonómicas en dos grandes grupos: aquellas que exigen, de forma más o menos genérica, que las VUT cumplan con las normas sectoriales que rigen cada tipología de vivienda, y aquellas que requieren la presentación de documentos concretos, como cédulas de habitabilidad, licencias de primera ocupación o planos de la vivienda. En el primer grupo estarían, por ejemplo, el Reglamento de las viviendas de uso turístico de Aragón[104], el cual dispone que "[l]as viviendas de uso turístico deberán cumplir con lo dispuesto en la normativa vigente en materia de habitabilidad y seguridad para su uso residencial como vivienda, así como permanecer en un adecuado estado de conservación de sus estructuras e instalaciones" (art. 6.1), o el Reglamento de las viviendas vacacionales de la Comunidad Autónoma de Canarias[105], que incluye en su ámbito de aplicación "[...] las viviendas ubicadas en el ámbito territorial de la Comunidad Autónoma de Canarias que, edificadas de acuerdo a la normativa urbanística y a las determinaciones del planeamiento sobre usos del suelo y la edificación, cuenten con las preceptivas licencias y autorizaciones exigibles" (art. 3.1)[106]. En el segundo grupo estarían las normas andaluza y valenciana —licencia de primera ocupación[107]—, vasca —licencia de primera ocupación o cédula de habitabilidad[108]—, gallega —licencia de primera ocupación, cédula de habitabilidad, certificado final de obra, certifi-

---

104. Aprobado por el Decreto 1/2023, de 11 de enero.

105. Aprobado por el Decreto 113/2015, de 22 de mayo.

106. En el mismo sentido, el Decreto 36/2018, de 29 de mayo, *por el que se establece la ordenación de los apartamentos turísticos y las viviendas de uso turístico en Castilla-La Mancha* (art. 16.1.a).

107. Artículos 6.a) del Decreto 28/2016, de 2 de febrero, *de las viviendas con fines turísticos y de modificación del Decreto 194/2010, de 20 de abril, de establecimientos de apartamentos turísticos,* y 23.d) del Decreto 10/2021, de 22 de enero, *de aprobación del Reglamento regulador del alojamiento turístico en la Comunitat Valenciana.*

108. Artículo 8.2.a) del Decreto 101/2018, de 3 de julio, *de viviendas y habitaciones de viviendas particulares para uso turístico.*

226

Viviendas de uso turístico
Análisis de la situación actual y propuestas
para la mejora de su marco regulatorio

Fundación Democracia y Gobierno Local
Serie: Claves del Gobierno Local. 39
ISBN: 978-84-125912-5-5

cado municipal o informe municipal o autonómico[109]—, madrileña —cédula de habitabilidad o licencia de primera ocupación[110]— o balear —cédula de habitabilidad en vigor o título de habitabilidad análogo[111]—.

En cualquier caso, varias comunidades autónomas participan de un régimen jurídico mixto respecto de los dos grupos anteriores, puesto que, junto con el requerimiento de documentos concretos, exigen que las VUT cumplan con la normativa sectorial reguladora de los inmuebles destinados a viviendas. Así lo hace, por ejemplo, el Decreto 48/2016, de 10 de agosto, *de viviendas vacacionales y viviendas de uso turístico*, que exige a las VUT asturianas "[d]isponer de la cédula de habitabilidad y cumplir en todo momento las condiciones técnicas y de calidad exigibles a las viviendas" (art. 13.a)[112], y, a las empresas explotadoras, "[r]espetar las prescripciones contenidas en la Ley 7/2001, de 22 de junio, de Turismo, las reguladas en este decreto, las respectivas ordenanzas municipales y el resto de las normas sectoriales que les sean aplicables, especialmente las de seguridad, salubridad, urbanísticas, técnicas, habitabilidad y accesibilidad" (art. 27.a); o el Decreto 3/2017, de 16 de febrero, *por el que se regulan los establecimientos de alojamiento en la modalidad de vivienda de uso turístico en la Comunidad de Castilla y León*, el cual exige que "[l]as viviendas de uso turístico dispon[g]an de licen-

---

109.   Concretamente, el artículo 41.2.e), apartado 4.°, del Decreto 12/2017, de 26 de enero, *por el que se establece la ordenación de apartamentos turísticos, viviendas turísticas y viviendas de uso turístico en la Comunidad Autónoma de Galicia*, exige a las VUT la posesión de "[l]icencia de primera ocupación o cédula de habitabilidad o certificado final de obra expedido por personal técnico competente en el que se acredite que se ejecutaron las obras de conformidad con la licencia municipal otorgada, o certificado municipal que acredite que la edificación reúne las condiciones técnicas y urbanísticas para su destino a vivienda, o informe del órgano municipal o autonómico competente, acreditativo de que no se adoptaron medidas de restauración de la legalidad urbanística o ambiental".

110.   Artículo 17.6 del Decreto 79/2014, de 10 de julio, *por el que se regulan los apartamentos turísticos y las viviendas de uso turístico de la Comunidad de Madrid*. En cualquier caso, el Decreto 111/2018, de 26 de junio, ha suprimido la cédula de habitabilidad en el ámbito de la Comunidad de Madrid.

111.   Artículo 50.2 de la Ley 8/2012, de 19 de julio, *del Turismo de las Illes Balears*. La ley balear aclara que esta exigencia no va más allá de lo requerido por la propia normativa sectorial, al advertir en este mismo precepto que "[e]stán excluidas de esta exigencia las viviendas respecto de las cuales la normativa misma excepcionó de esta necesidad".

112.   El decreto asturiano no exige expresamente la posesión de cédula de habitabilidad a la modalidad de *vivienda vacacional*, que queda sujeta únicamente a la obligación genérica contenida en el artículo 2 (*normativa aplicable*), la cual también vincula a la modalidad de *vivienda de uso turístico*: "[l]as viviendas objeto de esta regulación deberán cumplir las prescripciones contenidas en la normativa de turismo, las correspondientes ordenanzas municipales y el resto de las normas sectoriales de seguridad, salubridad, urbanísticas, técnicas, habitabilidad y accesibilidad que les sean aplicables". Sin embargo, al regular el contenido de la declaración responsable (art. 30), requerida indistintamente para ambas modalidades de alojamiento turístico (art. 29), el decreto asturiano exige la posesión de cédula de habitabilidad, por lo que puede entenderse que este documento resulta exigible tanto a las *viviendas de uso turístico* como a las *viviendas vacacionales*.

Viviendas de uso turístico
Análisis de la situación actual y propuestas
para la mejora de su marco regulatorio

Fundación Democracia y Gobierno Local
Serie Claves del Gobierno Local. 39
ISBN: 978-84-125912-5-5

227

cia de primera ocupación, cédula de habitabilidad o autorización municipal correspondiente, debiendo cumplir en todo momento las condiciones técnicas y de calidad exigidas a esas viviendas" (art. 7.1)[113]. En algunas ocasiones no se exige simplemente la posesión de determinada documentación vinculada con el uso residencial del inmueble, sino que estos documentos sirven también para acreditar determinadas circunstancias requeridas a las viviendas que pretenden destinarse a alojamiento turístico, como puede ser su antigüedad. Así lo hace la Ley 8/2012, de 19 de julio, *del Turismo de las Illes Balears*, que exige a las VUT de esta comunidad autónoma la antigüedad mínima que se determine reglamentariamente y, en su defecto, de cinco años[114], "[...] acreditable mediante la declaración de obra nueva o la licencia de primera ocupación, o mediante un certificado municipal emitido a este efecto" (art. 50.17). La justificación de esta exigencia sería evitar la saturación, la especulación urbanística y otros perjuicios de interés general, desincentivando la adquisición de suelo o de vivienda nueva para destinarla al alquiler vacacional (Groizard y Nilsson, 2017: 23).

Algunas comunidades autónomas contienen determinadas especialidades respecto de los documentos exigidos, como sucede en el País Vasco, Aragón, Comunidad Valenciana y Galicia. En la norma vasca, y a diferencia de lo que ocurre en la mayoría de regulaciones autonómicas de esta materia, la licencia de primera ocupación o cédula de habitabilidad no se exige como información que deba acompañar a la declaración responsable de inicio de la actividad turística, sino durante el procedimiento de comprobación posterior[115], momento en el cual la dirección del Gobierno Vasco competente en materia de turismo debe solicitar un informe, con carácter preceptivo y vinculante, al ayuntamiento del término municipal en el que radique la VUT. Dicho informe debe pronunciarse, entre otros extremos, sobre si "[l]a vivienda tiene carácter residencial y es conforme con la normativa municipal sobre edificación, con la indicación de si consta licencia de primera utilización o cédula de habitabilidad"[116]. Este mecanismo ha sido copiado

---

113. En el mismo sentido que estas normas, el Decreto 159/2012, de 20 de noviembre, *de establecimientos de alojamiento turístico y de viviendas de uso turístico* (art. 67.1).

114. Periodo durante el cual el uso de la vivienda debe haber sido residencial privado.

115. Conforme al artículo 8.1 del Decreto 101/2018, de 3 de julio, *de viviendas y habitaciones de viviendas particulares para uso turístico*, "[u]na vez presentada la declaración responsable, la dirección del Gobierno Vasco competente en materia de turismo dictará resolución por la que se disponga el inicio de un procedimiento de comprobación del cumplimiento de los requisitos exigibles para el desarrollo de la actividad, que será notificada a la persona titular de la misma".

116. El Tribunal Supremo ha avalado la legalidad de este informe argumentando que "[e]s evidente que la exigencia de tal informe urbanístico, en principio, distorsionaría el esquema procedimental previsto en la técnica de la declaración responsable, de conformidad con lo previsto –en el supuesto de autos– en el artículo 20.1 de la citada Ley autonómica 13/2016 (Ley de

Viviendas de uso turístico
Análisis de la situación actual y propuestas
para la mejora de su marco regulatorio

Fundación Democracia y Gobierno Local
Serie: Claves del Gobierno Local, 39
ISBN: 978-84-125912-5-5

por Aragón[117]. Además, la regulación vasca también es original por prever expresamente una solución para los problemas generados por el paso del tiempo: "[c]uando, por antigüedad del inmueble, falta de localización de los archivos u otras causas análogas, el ayuntamiento no pueda identificar la licencia de primera utilización o la cédula de habitabilidad, bastará con que el informe declare la conformidad del uso residencial con el planeamiento vigente cuando fue autorizada la construcción o reforma de la vivienda"[118]. La

---

Turismo del País Vasco), pero debe, en seguida, repararse, en el diferente ámbito competencial conforme al que actúan ambas Administraciones, en sus respectivas normas, legal y reglamentaria: regulación turística, la autonómica, y urbanística, la local. Es cierto que el párrafo segundo del artículo 20.2, que regula los requisitos que debe contener la declaración responsable de las VUT, señala, en relación con los mismos: 'haciéndose especial hincapié en el conocimiento y cumplimiento de las obligaciones fiscales y urbanísticas, si las hubiere, dada la especial complejidad e importancia de estas materias'. Pero, lo que, realmente, se pretende, con la exigencia del informe urbanístico, es la constancia de que –desde las previsiones normativas establecidas por el planeamiento urbanístico municipal–, resulta posible la puesta en alquiler de una VUT, en un lugar determinado del término municipal y en las condiciones exigidas por el planeamiento; en concreto, y por lo que al supuesto del caso nos ocupa, con el informe urbanístico, en realidad, se pretende determinar si –entre otros extremos– la VUT resulta conforme con el uso turístico de la vivienda previsto en el planeamiento urbanístico. Y si, por otra parte, cumple las condiciones de habitabilidad exigidas, sin perjuicio de que la misma se encuentre inscrita en el Registro de Empresa y Actividades Turísticas del País Vasco, en virtud de una declaración responsable, que es lo exigido por la legislación autonómica (artículo 24 de la Ley 13/2016, de 28 de julio, de Turismo del País Vasco). Acierta, pues, la Sala de instancia cuando acepta como compatible ambas exigencias; esto es, la declaración responsable, desde una perspectiva autonómica y turística, y el informe de conformidad, desde una perspectiva municipal y urbanística. Es el artículo 18.1 ('Libertad de establecimiento y libre ejercicio de la actividad turística') de la norma turística vasca la que expresamente compatibiliza esta doble exigencia, al señalar: 'El ejercicio de la actividad turística es libre, sin más limitaciones que el cumplimiento de la legislación vigente que sea aplicable, de manera que cualquier persona interesada en la prestación de servicios turísticos pueda establecerse en Euskadi, previa presentación de la declaración responsable o de la comunicación y la obtención de la habilitación oportuna, en su caso'. A mayor abundamiento, el artículo 207.1.r) Ley 2/2006, de 30 de junio, del Suelo y Urbanismo del País Vasco, establece la necesidad de licencia urbanística, sin perjuicio de otras autorizaciones impuestas por las normas sectoriales, '[l]a primera utilización de las obras o partes de ellas, así como su modificación y el cambio, total o parcial, de usos de la edificación'. Por tanto, en el supuesto de autos, es la citada norma legal autonómica y no la reglamentaria aquí impugnada la que impone la acreditación de la habitabilidad y conformidad de usos de las VUT cuando en las mismas se inicia dicha actividad; norma que, si bien se observa, minimiza el mandato de la legislación urbanística –al exigir tan sólo un informe de conformidad– en línea con lo previsto en el artículo 17.4 de la Ley 20/2013, de 9 de diciembre, de Garantía de la unidad de mercado. Es, por otra parte, la citada Ley de Turismo –de 2016– la que ratifica tal exigencia, desde la perspectiva urbanística, por cuanto su artículo 19.2 contempla la posibilidad de que, en la tramitación de las preceptivas licencias municipales, el ayuntamiento correspondiente pueda requerir de la Administración turística del País vasco información al respecto, reconociendo, así la exigencia de la licencia urbanística que, como se ha expresado, en el supuesto de autos se limita a un informe de conformidad" (sentencia n.º 1550/2020, de 19 de noviembre, fundamento de derecho décimo).

117.   Artículo 15.3 del Decreto 1/2023, de 11 de enero, *por el que se aprueba el Reglamento de las viviendas de uso turístico en Aragón*.

118.   Artículo 8.2.a), § 2, del Decreto 101/2018, de 3 de julio, *de viviendas y habitaciones de viviendas particulares para uso turístico*.

Viviendas de uso turístico
Análisis de la situación actual y propuestas
para la mejora de su marco regulatorio

Fundación Democracia y Gobierno Local
Serie Claves del Gobierno Local, 39
ISBN: 978-84-125912-5-5

229

norma valenciana se separa del modelo vasco, exigiendo que la declaración responsable de inicio de actividad contenga un pronunciamiento expreso sobre la disponibilidad, por parte del titular de la vivienda, de un informe municipal favorable de compatibilidad urbanística que permita el uso turístico[119].

En la comunidad autónoma gallega las exigencias van a ser diferentes en función de la modalidad de alojamiento turístico de que se trate. Así, la modalidad de *viviendas de uso turístico* debe disponer —alternativamente— de licencia de primera ocupación, cédula de habitabilidad, certificado final de obra o informe municipal o autonómico que acredite la adopción de medidas de restauración de la legalidad urbanística o ambiental[120]. Sin embargo, a la modalidad de *viviendas turísticas* solo se le exige que dispongan de agua potable de consumo humano, tratamiento y evacuación de aguas residuales "en los términos establecidos en la correspondiente normativa estatal", dependencias con determinada altura mínima —en función de lo establecido en el Decreto 29/2010, de 4 de marzo, *por el que se aprueban las normas de habitabilidad de las viviendas de Galicia*—, o servicio de recogida de basuras, entre otras exigencias[121]. Esta diferencia de tratamiento entre ambas modalidades parece justificarse porque la segunda modalidad está integrada por viviendas unifamiliares aisladas, susceptibles de localizarse en áreas rurales, en las que los documentos exigidos a la primera modalidad pueden resultar difíciles de obtener[122].

Finalmente, algunas normas autonómicas exigen que los titulares de las VUT acompañen la declaración responsable de inicio de actividad con un plano de la vivienda. Así lo hacen la norma asturiana, que demanda "[...] proyecto técnico visado, o planos de distribución interior de planta, a escala 1/100, en los que se indicará el destino y superficie de cada dependencia"[123]; la vasca, que exige "[...] plano a escala de la misma, elaborado por personal técnico competente, con indicación de la superficie útil, distribución y nú-

---

119. Artículo 23.c) del Decreto 10/2021, de 22 de enero, *de aprobación del Reglamento regulador del alojamiento turístico en la Comunitat Valenciana*.

120. Artículo 41.2.e), apartado 4.º, del Decreto 12/2017, de 26 de enero, *por el que se establece la ordenación de apartamentos turísticos, viviendas turísticas y viviendas de uso turístico en la Comunidad Autónoma de Galicia*.

121. Artículo 14 (*requisitos comunes*) del Decreto 12/2017, de 26 de enero, *por el que se establece la ordenación de apartamentos turísticos, viviendas turísticas y viviendas de uso turístico en la Comunidad Autónoma de Galicia*.

122. Vid. artículos 4 y 5 del Decreto 12/2017, de 26 de enero, *por el que se establece la ordenación de apartamentos turísticos, viviendas turísticas y viviendas de uso turístico en la Comunidad Autónoma de Galicia*.

123. Artículo 30.2.d) del Decreto 48/2016, de 10 de agosto, *de viviendas vacacionales y viviendas de uso turístico*.

Viviendas de uso turístico
Análisis de la situación actual y propuestas
para la mejora de su marco regulatorio

Fundación Democracia y Gobierno Local
Serie: Claves del Gobierno Local, 39
ISBN: 978-84-125912-5-5

mero máximo de plazas"[124]; o la gallega, que se limita a requerir "[p]lanos del estado final de las obras por lo menos de cotas y superficies"[125]. Se trata de un requisito polémico que ha generado una interesante jurisprudencia relativa a cuestiones como las características del plano, sus autores, o la necesidad de ser visado por el colegio profesional correspondiente[126].

Junto con el cumplimiento de los requisitos vinculados con la naturaleza residencial de las VUT, la normativa autonómica también toma en consideración sus condiciones de accesibilidad para todas las personas. La mayoría de normas autonómicas hace primar la naturaleza residencial de las VUT a la hora de exigir unos determinados requisitos de accesibilidad, exigiendo que el régimen aplicable en esta materia sea el correspondiente a los edificios privados[127]. Sin embargo, algunas comunidades autónomas exigen, con carácter general, el cumplimiento de las normas sobre accesi-

---

124. Artículo 5.4 del Decreto 101/2018, de 3 de julio, *de viviendas y habitaciones de viviendas particulares para uso turístico.*

125. Artículo 33.e) del Decreto 12/2017, de 26 de enero, *por el que se establece la ordenación de apartamentos turísticos, viviendas turísticas y viviendas de uso turístico en la Comunidad Autónoma de Galicia.*

126. El Tribunal Superior de Justicia de Madrid (sentencia n.º 302/2016, de 2 de junio, fundamento jurídico cuarto) admitió la legalidad de exigir que las VUT dispusiesen, en el momento de presentación de la declaración responsable de inicio de actividad, de un plano de la vivienda firmado por técnico competente, visado por el colegio profesional correspondiente (artículo 17.1, segundo inciso, del Decreto 79/2014, de 10 de julio, del Consejo de Gobierno, *por el que se regulan los apartamentos turísticos y las viviendas de uso turístico de la Comunidad de Madrid*). Sin embargo, el Tribunal Supremo acepta la exigencia de un plano de la vivienda firmado por técnico competente, pero no la obligación de su visado colegial (sentencia n.º 1741/2018, de 10 de diciembre, fundamento de derecho segundo). El Tribunal Supremo considera que exigir que el titular de una VUT disponga de un plano de la vivienda no infringe los principios de regulación económica eficiente previstos en la Ley 17/2009 y en la LGUM, pues se trata de un requisito objetivo, no discriminatorio, establecido en la norma con antelación y de forma clara e inequívoca, además de tratarse de una exigencia *accesible*, en cuanto que no resulta excesivamente gravosa. Se trata, por lo tanto, de un requisito proporcionado a la razón imperiosa de interés general a la que responde —la protección de los legítimos derechos de los usuarios y consumidores turísticos—, y adecuado a este fin, pues permite que la Administración pueda ejercer su labor ordinaria de inspección y control durante el ejercicio de la actividad turística, comprobando que el servicio se preste en condiciones adecuadas de calidad, seguridad y salubridad, y sin menoscabo de los intereses de los usuarios y consumidores. Respecto de la firma de técnico competente, el Tribunal Supremo no entiende que constituya una exigencia exorbitante ni que con ella se vulnere el principio de libertad de establecimiento reconocido en el artículo 4.1 de la Ley 17/2009. Sin embargo, respecto del visado colegial, el Tribunal Supremo recuerda que su obligatoriedad aparece contemplada de forma restrictiva en nuestro ordenamiento jurídico, concretamente en el Real Decreto 1000/2010, de 5 de agosto, *sobre visado colegial obligatorio*. El artículo 2 de esta norma enumera los supuestos en que la obtención del visado es obligatoria, sin que entre ellos figure el supuesto controvertido. Además, el Tribunal Supremo entiende que una obligación de tal naturaleza no superaría el test de necesidad y proporcionalidad aplicable a cualquier medida limitativa de la libertad económica.

127. Artículos 7 del Decreto 1/2023, de 11 de enero, *por el que se aprueba el Reglamento de las viviendas de uso turístico de Aragón*; 12.6 del Decreto vasco 101/2018, de 3 de julio, *de viviendas y habitaciones de viviendas particulares para uso turístico*; 6 § 2 de la Ley 8/2012,

Viviendas de uso turístico
Análisis de la situación actual y propuestas
para la mejora de su marco regulatorio

Fundación Democracia y Gobierno Local
Serie: Claves del Gobierno Local. 39
ISBN: 978-84-125912-5-5

231

bilidad, pero sin especificar si se refieren a las normas aplicables a los edificios de uso público o privado[128]. La norma gallega vuelve a diferenciar entre *viviendas turísticas*, a las que se aplica la normativa sobre promoción de la accesibilidad y supresión de barreras arquitectónicas correspondiente a los edificios de uso público[129], y *viviendas de uso turístico*, a las que se aplica la normativa en la materia correspondiente a los edificios de uso privado[130]. Esta diferencia de trato es difícil de justificar, pues se trata de modalidades alojativas que no presentan diferencias esenciales en cuanto a los servicios que ofrecen —de hecho, ninguna de ellas presta ningún servicio típicamente hotelero—, diferenciándose únicamente en la tipología edificativa de cada una de ellas: unifamiliar aislada en el caso de *viviendas turísticas*, integrada en un inmueble en régimen de propiedad horizontal en el caso de *viviendas de uso turístico*.

La jurisprudencia ha admitido con carácter general la legalidad del requisito de que las VUT cuenten con licencia de primera ocupación o documento equivalente. Así lo hizo, por ejemplo, el Tribunal Superior de Justicia de Galicia en sus sentencias n.º 555/2017, de 15 de noviembre (fundamento de derecho décimo), o n.º 64/2018, de 14 de febrero (fundamento de derecho undécimo). En este supuesto concreto, se admite porque el precepto impugnado ofrecía múltiples opciones al titular de la vivienda, de forma que este dispone de varias alternativas para acreditar que la vivienda reúne las condiciones necesarias para destinarla al uso turístico[131], por lo que, "[...] aunque carezca de licencia de primera ocupación o cédula de habitabilidad, siempre sería posible aportar un certifi-

---

de 19 de julio, *del Turismo de las Illes Balears*; u 11 del Decreto 256/2019, de 10 de octubre, *por el que se regulan las viviendas de uso turístico en la Región de Murcia*.

128. Otras son, por ejemplo, el Decreto 79/2014, de 10 de julio, *por el que se regulan los apartamentos turísticos y las viviendas de uso turístico de la Comunidad de Madrid* (art. 5) (sin embargo, solo exige expresamente el cumplimiento de las normas de accesibilidad relativas a los edificios de uso público a los *apartamentos turísticos*, tal y como señala su art. 14), y el Decreto 36/2018, de 29 de mayo, *por el que se establece la ordenación de los apartamentos turísticos y las viviendas de uso turístico en Castilla-La Mancha* (art. 4).

129. Artículo 2 § 2 del Decreto 12/2017, de 26 de enero, *por el que se establece la ordenación de apartamentos turísticos, viviendas turísticas y viviendas de uso turístico en la Comunidad Autónoma de Galicia*.

130. Artículo 5.5 del Decreto 12/2017, de 26 de enero, *por el que se establece la ordenación de apartamentos turísticos, viviendas turísticas y viviendas de uso turístico en la Comunidad Autónoma de Galicia*.

131. Como se ha señalado, el artículo 41.2.e), apartado 4.º, del Decreto 12/2017, de 26 de enero, *por el que se establece la ordenación de apartamentos turísticos, viviendas turísticas y viviendas de uso turístico en la Comunidad Autónoma de Galicia*, exige a las VUT "licencia de primera ocupación o cédula de habitabilidad o certificado final de obra expedido por personal técnico competente en el que se acredite que se ejecutaron las obras de conformidad con la licencia municipal otorgada, o certificado municipal que acredite que la edificación reúne las condiciones técnicas y urbanísticas para su destino a vivienda, o informe del órgano municipal

232

Viviendas de uso turístico
Análisis de la situación actual y propuestas
para la mejora de su marco regulatorio

Fundación Democracia y Gobierno Local
Serie: Claves del Gobierno Local. 39
ISBN: 978-84-125912-5-5

cado municipal sobre que la construcción reúne las condiciones para su utilización como vivienda"[132]. También han aceptado la legalidad de este requisito el Tribunal Superior de Justicia de Castilla y León (sentencias n.º 86/2018, de 2 de febrero, fundamento de derecho sexto, y n.º 88/2018, de 5 de febrero, fundamento de derecho segundo[133]) y el Tribunal Superior de Justicia de Andalucía (sentencias de 29 de junio de 2018, recurso n.º 364/2016, fundamento de derecho tercero, y n.º 1162/2018, de 5 de diciembre, fundamento de derecho tercero). Para este último, la exigencia de licencia de primera ocupación no resulta desproporcionada ni supone vulneración de precepto legal alguno, al entender que se trata de un requisito imprescindible para poder considerar que la vivienda es apta para el uso al que su propietario la desea destinar, tal y como exige, con carácter general, la normativa sectorial[134]. En este sentido, las VUT no dejan de ser viviendas por el hecho de dedicarse a la actividad de alojamiento turístico, por lo que la posesión de la licencia de primera ocupación resulta imprescindible.

2.5.2. Restricciones vinculadas a la calificación del suelo: confinamiento al suelo terciario y exclusión en suelo turístico

La posibilidad de que una VUT pueda ubicarse en un lugar u otro depende, en primera instancia, de su calificación como vivienda o como alojamiento turístico. El planeamiento urbano de cada municipio decide en qué suelos los inmuebles pueden ser dedicados a vivienda y en cuáles otros pueden utilizarse como establecimientos de alojamiento turístico. Incluso —y esto es habitual en diferentes lugares del territorio nacional— se admite la compatibilidad, sobre un mismo suelo, de los usos residencial y turístico[135]. No existe acuerdo entre las diferentes normas autonómicas a la hora de considerar a las VUT como viviendas o como establecimientos de alojamiento turístico. Entre las comunidades autónomas que consideran que las VUT son establecimientos de alojamiento turístico están Aragón[136], Principado de Asturias[137],

---

o autonómico competente, acreditativo de que no se adoptaron medidas de restauración de la legalidad urbanística o ambiental".

132.   Confirmado por la sentencia del Tribunal Supremo n.º 625/2020, de 1 de junio.

133.   Ratificadas por la sentencia del Tribunal Supremo n.º 1237/2019, de 24 de septiembre.

134.   Así lo dispone el artículo 7.d) del Decreto 60/2010, de 16 de marzo, *por el que se aprueba el Reglamento de Disciplina Urbanística de la Comunidad Autónoma de Andalucía*.

135.   Sobre esta posibilidad *vid.* Suay y Santana (2021).

136.   Artículo 35.3 del Decreto Legislativo 1/2016, de 26 de julio, *por el que se aprueba el texto refundido de la Ley del Turismo de Aragón*.

137.   Artículo 17.3 del Decreto 48/2016, de 10 de agosto, *de viviendas vacacionales y viviendas de uso turístico*.

Viviendas de uso turístico
Análisis de la situación actual y propuestas
para la mejora de su marco regulatorio

Fundación Democracia y Gobierno Local
Serie Claves del Gobierno Local, 39
ISBN: 978-84-125912-5-5

233

Castilla y León[138], Canarias[139], Castilla-La Mancha[140], Comunidad de Madrid[141], La Rioja[142] o Comunidad Valenciana[143]. Para la norma canaria, a pesar de la consideración de las VUT como una modalidad más de establecimiento de alojamiento turístico, no se le aplican los requisitos constructivos ni los de equipamientos o servicios aplicables al resto de los establecimientos turísticos de alojamiento a causa de las *características especiales* de esta tipología extrahotelera, pues su actividad se desarrolla en viviendas que ya fueron construidas o rehabilitadas conforme a su normativa específica, por lo que estarán sometidas a unos requisitos específicos diferentes de los del resto de establecimientos de alojamiento turístico[144]. En el grupo de normas autonómicas que rechazan expresamente que las VUT sean establecimientos de alojamiento turístico figuran Andalucía, Galicia, Islas Baleares o País Vasco.

---

138. La naturaleza de establecimiento de alojamiento turístico de las VUT castellanoleonesas se indica en su propia denominación: "[e]l presente decreto tiene por objeto regular los establecimientos de alojamiento en la modalidad de vivienda de uso turístico en la Comunidad de Castilla y León, de conformidad con lo previsto en el artículo 30 f) de la Ley 14/2010, de 9 de diciembre, de Turismo de Castilla y León" (art. 1 del Decreto 3/2017, de 16 de febrero, *por el que se regulan los establecimientos de alojamiento en la modalidad de vivienda de uso turístico en la Comunidad de Castilla y León*). El Tribunal Superior de Justicia de Castilla y León (sentencia n.º 88/2018, de 5 de febrero, fundamento de derecho segundo) entiende que la calificación de las VUT como establecimientos de alojamiento turístico deriva de la propia Ley 14/2010, de 9 de diciembre, *del Turismo de Castilla y León* (art. 29 en relación con el 30.f), por lo que cualquier otra consideración por parte del decreto castellanoleonés vulneraría lo dispuesto en su ley de turismo.

139. En este caso, atribuyéndole expresamente la naturaleza de establecimiento extrahotelero, conformando una nueva modalidad dentro de esta categoría (Decreto 113/2015, de 22 de mayo, *por el que se aprueba el Reglamento de las viviendas vacacionales de la Comunidad Autónoma de Canarias*, preámbulo, § 4).

140. El preámbulo del Decreto 36/2018, de 29 de mayo, *por el que se establece la ordenación de los apartamentos turísticos y las viviendas de uso turístico en Castilla-La Mancha*, refiere que "[e]l Gobierno de Castilla-La Mancha es consciente de que las formas de experiencia turística de alojamiento han evolucionado en los últimos años y que los viajeros buscan nuevos tipos de formas de alojamiento turístico en los destinos, lo cual pone de manifiesto la necesidad de ampliar la oferta más allá de los establecimientos turísticos recogidos expresamente en la Ley 8/1999, de 26 de mayo. En este sentido, el artículo 15 de la citada ley establece una remisión al desarrollo reglamentario, a los efectos de determinar cualesquiera otras figuras que puedan incluirse como alojamientos extrahoteleros" (§ 4).

141. El artículo 5.2 del Decreto 79/2014, de 10 de julio, *por el que se regulan los apartamentos turísticos y las viviendas de uso turístico de la Comunidad de Madrid*, utiliza la expresión "establecimientos de ambas modalidades de alojamiento turístico" para referirse tanto a los apartamentos turísticos como a viviendas de uso turístico madrileñas. También el artículo 7.1 se refiere a los "establecimientos" en general al regular las dispensas aplicables a apartamentos turísticos y viviendas de uso turístico.

142. Artículo 2.2.a) del Decreto 10/2017, de 17 de marzo, *por el que se aprueba el Reglamento General de Turismo de La Rioja en desarrollo de la Ley 2/2001, de 31 de mayo, de Turismo de La Rioja*.

143. Artículo 3.c) del Decreto 10/2021, de 22 de enero, *de aprobación del Reglamento regulador del alojamiento turístico en la Comunitat Valenciana*.

144. Preámbulo (§ 4) del Decreto 113/2015, de 22 de mayo, *por el que se aprueba el Reglamento de las viviendas vacacionales de la Comunidad Autónoma de Canarias*.

234

Viviendas de uso turístico
Análisis de la situación actual y propuestas
para la mejora de su marco regulatorio

Fundación Democracia y Gobierno Local
Serie: Claves del Gobierno Local, 39
ISBN: 978-84-125912-5-5

Para la primera de ellas, la razón de su exclusión está en que, a diferencia de lo que sucede con los establecimientos de alojamiento turístico, la explotación de las viviendas de uso turístico no supone, con carácter general, la actividad principal de su propietario[145]. La regulación gallega diferencia entre *apartamentos turísticos* y *viviendas turísticas*, a las que considera establecimientos de alojamiento turístico, y las *viviendas de uso turístico*, que no considera como tales[146]. En las Islas Baleares, la Ley 8/2012, de 19 de julio, *del Turismo de las Illes Balears*, contrapone en varios de sus preceptos los establecimientos de alojamiento turístico y las viviendas de uso turístico —*viviendas residenciales objeto de comercialización turística*—[147]. Además, no incluye en la clasificación de las empresas de alojamiento a las *empresas comercializadoras de estancias turísticas en viviendas*[148]. En el País Vasco, si bien el Decreto 101/2018, de 3 de julio, *de viviendas y habitaciones de viviendas particulares para uso turístico*, no se pronuncia expresamente al respecto, la Ley 13/2016, de 28 de julio, *de Turismo*, excluye a las viviendas de uso turístico de la categoría de "establecimientos de alojamiento", considerándolas "empresas turísticas de alojamiento"[149].

Con independencia de su consideración como establecimientos de alojamiento turístico o como viviendas, algunas normas autonómicas cali-

---

145.   Preámbulo (§ 4) del Decreto 28/2016, de 2 de febrero, *de las viviendas con fines turísticos y de modificación del Decreto 194/2010, de 20 de abril, de establecimientos de apartamentos turísticos*. Para el hoy derogado Decreto catalán 159/2012, de 20 de noviembre, *de establecimientos de alojamiento turístico y de viviendas de uso turístico*, los establecimientos de alojamiento turístico y las viviendas de uso turístico poseían distinta *naturaleza*, además de regímenes jurídicos y sistemas de habilitación e inscripción también diferentes. Esta era la razón por la que regulaba los establecimientos de alojamiento turístico y las VUT en títulos distintos, "[...] dadas las pocas características que tienen en común" (preámbulo, § 4, de esta norma).

146.   Artículo 1.1 del Decreto 12/2017, de 26 de enero, *por el que se establece la ordenación de apartamentos turísticos, viviendas turísticas y viviendas de uso turístico en la Comunidad Autónoma de Galicia*. Sin embargo, su preámbulo (§ 7) califica de forma contradictoria a estas últimas como una "nueva tipología de alojamientos turísticos", al referir su inclusión en la Ley 7/2011, de 27 de octubre, *del Turismo de Galicia* —nuevo artículo 65 *bis*—, por la Ley 12/2014, de 22 de diciembre, *de medidas fiscales y administrativas* (así las denomina expresamente esta última). La diferencia fundamental, en lo que atiende a sus elementos estructurales, entre las viviendas turísticas y las viviendas de uso turístico gallegas, está en que las primeras son calificadas como "establecimientos unifamiliares aislados" (art. 4.1 del Decreto 12/2017), por lo que, *a contrario sensu*, y a falta de mayor precisión por parte de esta norma, las viviendas de uso turístico responden a la tipología de inmuebles ubicados en edificios sometidos al régimen jurídico de la propiedad horizontal. El diferente tratamiento de ambas figuras respondería, en ausencia de mayor explicación por parte de la normativa gallega, al hecho de que en los edificios en los que se ubican las *viviendas de uso turístico* conviven turistas y residentes habituales, lo que justificaría una regulación específica y diferenciada de la que corresponde a las *viviendas turísticas*, en las que no existe tal convivencia dado su carácter unifamiliar y aislado.

147.   *V. gr.* el artículo 19.m) o el capítulo IV (*Bajas de los establecimientos de alojamiento turístico y de las viviendas objeto de comercialización turística*).

148.   *Vid.* arts. 31.1 y 49 y ss.

149.   Art. 36.1.

Viviendas de uso turístico
Análisis de la situación actual y propuestas
para la mejora de su marco regulatorio

Fundación Democracia y Gobierno Local
Serie Claves del Gobierno Local, 39
ISBN: 978-84-125912-5-5

235

fican expresamente a las VUT como establecimientos *abiertos al público*. Así lo hacen, por ejemplo, el Decreto 3/2017, de 16 de febrero, *por el que se regulan los establecimientos de alojamiento en la modalidad de vivienda de uso turístico en la Comunidad de Castilla y León* (art. 4.d)[150], la Ley 15/2018, de 7 de junio, *de turismo, ocio y hospitalidad de la Comunitat Valenciana* (art. 55.2)[151], o el Decreto 79/2014, de 10 de julio, *por el que se regulan los apartamentos turísticos y las viviendas de uso turístico de la Comunidad de Madrid*[152]. También aquí el decreto gallego distingue entre *apartamentos turísticos* y *viviendas turísticas*, a los que califica como establecimientos abiertos al público, y *viviendas de uso turístico*, excluidas de tal calificación[153]. La consideración o no de las VUT como locales abiertos al público resulta relevante desde la perspectiva de la actividad inspectora de los órganos administrativos encargados de vigilar la legalidad de las actividades turísticas, y su eventual afectación al derecho fundamental a la inviolabilidad del domicilio recogido en el artículo 18.2 de la Constitución Española. Para intentar salvar estos inconvenientes varias normas autonómicas niegan expresamente a las viviendas de uso turístico la condición de domicilio. El decreto asturiano, por ejemplo, dispone que "[l]os servicios de inspección de la Administración turística ejercerán las funciones de verificación y control del cumplimiento de lo establecido en este decreto, de acuerdo con lo previsto en la Ley 7/2001, de 22 de junio, de Turismo, sin perjuicio de las competencias de inspección y control que tengan atribuidas otras Administraciones Públicas. La empresa deberá facilitar a la inspección turística el ejercicio de sus funciones, no pudiendo alegar la condición de domicilio de

---

150.   Este precepto contiene la definición de "servicio de alojamiento en la modalidad de vivienda de uso turístico", el cual "[...] consiste en la prestación de hospedaje de forma habitual y con carácter temporal, esto es por un plazo máximo de dos meses seguidos a un mismo turista, a cambio de contraprestación económica y en un establecimiento abierto al público en general".

151.   Dispone este precepto que "[s]e consideran establecimientos turísticos los locales, instalaciones o infraestructuras estables abiertos al público y acondicionados de conformidad con la normativa en su caso aplicable, en los que las empresas turísticas y demás prestadores realicen o presten alguno de sus servicios".

152.   Artículo 18.4 del Decreto 79/2014, de 10 de julio, *por el que se regulan los apartamentos turísticos y las viviendas de uso turístico de la Comunidad de Madrid* (en la redacción dada por el Decreto 29/2019, de 9 de abril, *por el que se modifica el Decreto 79/2014, de 10 de julio, por el que se regulan los Apartamentos Turísticos y las Viviendas de Uso Turístico de la Comunidad de Madrid*). El Tribunal Superior de Justicia de Madrid (sentencia n.º 302/2016, de 2 de junio, fundamento de derecho quinto) entiende que la consideración de las VUT como establecimientos abiertos al público resulta ajustada a derecho, así como la prohibición de discriminar a los usuarios por razón de su de nacimiento, raza, sexo, religión, opinión u otra circunstancia personal o social. Esta interpretación es confirmada por el Tribunal Supremo (sentencia n.º 1816/2018, de 19 de diciembre, fundamento de derecho cuarto).

153.   Artículo 6 del Decreto 12/2017, de 26 de enero, *por el que se establece la ordenación de apartamentos turísticos, viviendas turísticas y viviendas de uso turístico en la Comunidad Autónoma de Galicia*.

Viviendas de uso turístico
Análisis de la situación actual y propuestas
para la mejora de su marco regulatorio

Fundación Democracia y Gobierno Local
Serie: Claves del Gobierno Local. 39
ISBN: 978-84-125912-5-5

la vivienda inspeccionada para impedir la actuación inspectora"[154]. Las normas canaria[155], gallega[156], madrileña[157] o murciana[158] contienen preceptos similares[159]. Montoya y Fernández (2018: 111-113) advierten de la dudosa constitucionalidad de estos preceptos y mantienen que la aplicación de la doctrina del Tribunal Constitucional sobre el derecho fundamental consagrado en el artículo 18.2 de la Constitución Española[160] supone aplicar a las VUT la garantía de la inviolabilidad del domicilio, por cuanto constituyen espacio de desarrollo de la vida privada, aunque sea temporal o no habitual, incluso en el caso de cesión parcial de la vivienda, con la consiguiente convivencia entre su titular y los huéspedes, pues el elemento definidor del domicilio con relevancia constitucional a efectos del artículo 18.2 de la Constitución Española es, como se ha señalado, constituir un espacio de desarrollo de su vida privada, lo que acontece también en estos casos. Por las razones expuestas, el acceso a las VUT requerirá, en todo caso, del consentimiento de sus residentes o usuarios o, en su defecto, de autorización judicial[161].

---

154. Artículo 31.1 del Decreto 48/2016, de 10 de agosto, *de viviendas vacacionales y viviendas de uso turístico*.

155. Artículo 17.3 del Decreto 113/2015, de 22 de mayo, *por el que se aprueba el Reglamento de las viviendas vacacionales de la Comunidad Autónoma de Canarias*.

156. Artículo 41.4 del Decreto 12/2017, de 26 de enero, *por el que se establece la ordenación de apartamentos turísticos, viviendas turísticas y viviendas de uso turístico en la Comunidad Autónoma de Galicia*.

157. Artículo 17.7 del Decreto 79/2014, de 10 de julio, *por el que se regulan los apartamentos turísticos y las viviendas de uso turístico de la Comunidad de Madrid*.

158. Artículo 5.3 del Decreto 256/2019, de 10 de octubre, *por el que se regulan las viviendas de uso turístico en la Región de Murcia*.

159. Anteriormente, también la norma catalana (art. 68.5 del Decreto 159/2012, de 20 de noviembre, *de establecimientos de alojamiento turístico y de viviendas de uso turístico*).

160. *Vid. ad exemplum* la sentencia n.º 10/2002, de 17 de enero, fundamentos jurídicos séptimo y octavo.

161. Así lo entiende el Tribunal Superior de Justicia de Asturias (sentencia n.º 911/2018, de 19 de noviembre, fundamento de derecho segundo), para quien "[...] resulta evidente que la consideración de alojamiento turístico no excluiría la posible consideración de domicilio a efectos de recabarse autorización judicial para entrar en el mismo". El Tribunal Supremo (sentencia n.º 1816/2018, de 19 de diciembre, fundamento de derecho tercero) recuerda que la consideración de un establecimiento como abierto al público resulta indiferente a los efectos de la protección del derecho a la inviolabilidad del domicilio, pues este protege, como se ha señalado, los ámbitos y espacios en los que se desarrolla la vida personal y familiar de quien en él reside, protegiendo, por lo tanto, a quien resida de hecho en una VUT, con independencia de si se trata de su titular o de un turista, y en tanto se prolongue su uso como vivienda. Lo que regula el artículo 18.4 del decreto madrileño no afecta a tal protección constitucional, "[...] sino que establece una limitación al titular de una vivienda que no es más, en realidad, que una plasmación de una mandato constitucional. En efecto, la previsión reglamentaria impide al titular que pueda rechazar el alquiler o uso vacacional de la vivienda por razones discriminatorias [...], lo que no es sino una explicitación de la prohibición contemplada por el artículo 14 de la propia Constitución, el cual excluye que pueda prevalecer discriminación alguna por tales razones y se impone, en este particular aspecto, a las relaciones entre particulares, según reiterada jurisprudencia constitucional".

Viviendas de uso turístico
Análisis de la situación actual y propuestas
para la mejora de su marco regulatorio

Fundación Democracia y Gobierno Local
Serie Claves del Gobierno Local. 39
ISBN: 978-84-125912-5-5

237

Más allá de su calificación como vivienda o establecimiento turístico, algunas normas autonómicas restringieron expresamente la localización de las VUT a determinadas categorías de suelo establecidas por la normativa urbanística. Así lo hizo, por ejemplo, el Decreto 3/2017, de 16 de febrero, *por el que se regulan los establecimientos de alojamiento en la modalidad de vivienda de uso turístico en la Comunidad de Castilla y León*. Esta norma calificó a las VUT como establecimientos de alojamiento turístico[162], pero además estableció que su localización estaba limitada al suelo terciario, tal y como se exigía al resto de establecimientos de esta naturaleza[163]. A la inversa, otras normas prohibieron que las VUT pudiesen localizarse en suelo turístico o mixto residencial-turístico. Así lo hizo el Reglamento de las viviendas vacacionales de la Comunidad Autónoma de Canarias, aprobado por el Decreto 113/2015, de 22 de mayo, cuyo artículo 3.2 excluye expresamente de su ámbito de aplicación a "[...] las edificaciones ubicadas en suelos turísticos que se encuentren dentro de las zonas turísticas o de las urbanizaciones turísticas, así como las viviendas ubicadas en urbanizaciones turísticas o en urbanizaciones mixtas residenciales turísticas, conforme a las definiciones establecidas en la Ley 2/2013, de 29 de mayo, de renovación y modernización turística de Canarias". Tanto esta como la anterior restricción fueron declaradas no ajustadas a derecho tanto por los tribunales superiores de justicia como por el Tribunal Supremo[164]. Diferente es la consideración de

---

162. Artículos 1, 2.1, 4.a), 4.d), 6, 13, 14.3, 14.4, 15.1, 15.2, 15.4, 17.1.c), 18.b), 26.1.d), 27.1, 33.2, 35.1 y 35.2, disposición adicional y disposición transitoria.

163. El Tribunal Superior de Justicia de Castilla y León considera ajustada a derecho la calificación de las VUT como establecimientos de alojamiento turístico, pero no su necesaria localización en suelo terciario. En su sentencia n.º 88/2018, de 5 de febrero (fundamento de derecho segundo), advierte que "[...] el hecho de que todos los lugares en los que se puede llevar a cabo la actividad de alojamiento se califiquen de establecimientos no implica que todos deban cumplir las mismas condiciones y requisitos [...] es decir no hay, desde el punto de vista de la normativa reguladora de la actividad del turismo, unos requisitos o presupuestos generales a cumplir por los 'establecimientos turísticos de alojamiento', sino que cada modalidad debe cumplir los fijados para su calificación por la normativa turística". Y en relación con la concreta ubicación de cada uno de los establecimientos de alojamiento turístico, señala que la calificación del suelo en el que pueda instalarse cada modalidad no es objeto de la normativa de turismo, tampoco en relación con las VUT, sino que debe ser la legislación sectorial aplicable —en materia de urbanismo, actividades, medio ambiente, etc.— la que regule cada uno de sus ámbitos. En definitiva, este tribunal entiende que el hecho de que la normativa turística califique a las VUT como establecimientos de alojamiento turístico no implica necesariamente que deban localizarse en suelo terciario, siendo la legislación sectorial aplicable la que determine estas cuestiones, esto es, el planeamiento urbanístico municipal.

164. El Tribunal Superior de Justicia de Canarias (sentencias n.º 41/2017, de 21 de marzo, fundamento de derecho tercero; 127/2017, de 25 de mayo, y 179/2017, de 5 de julio, fundamento jurídico primero) entendió que la exclusión del ámbito de aplicación de la norma de las VUT que se ubicasen en suelo turístico equivalía a su prohibición. El Tribunal Superior de Justicia de Canarias advirtió que la ley canaria de turismo no habilita al reglamento para establecer una modalidad de alojamiento turístico que únicamente pueda ser desempeñada fuera de las zonas turísticas, sino que "[...] lo que se contempla es que determinadas ofertas de turismo

238   Viviendas de uso turístico
Análisis de la situación actual y propuestas
para la mejora de su marco regulatorio

Fundación Democracia y Gobierno Local
Serie: Claves del Gobierno Local, 39
ISBN: 978-84-125912-5-5

las VUT como actividad de equipamiento, como hace el planeamiento de la ciudad de Bilbao[165]. Considerar que las VUT realizan actividades de naturaleza equipamental impide su identificación con un uso estrictamente residencial desde la perspectiva urbanística. Para el Tribunal Supremo[166], el uso residencial coincide con el de un lugar destinado a la satisfacción del derecho a la vivienda (dentro de un entorno urbano digno de especial protección), mientras que el uso equipamental implica un entorno también urbano, pero en el que lo esencial es la prestación de otros servicios para la población, donde la residencia se corresponde con necesidades alojativas circunstanciales, que es precisamente el servicio que ofrecen las VUT.

La CNMC (2015b: 11 y ss., 26 y ss.; 2016: 89; 2018: 54) advierte que las restricciones sobre el uso turístico de las viviendas en suelos residenciales suponen para las VUT una barrera de entrada en el mercado que resulta, en muchos casos, insalvable. La CNMC defiende, en línea con los pronunciamientos jurisdiccionales citados, que una VUT es, como su propio nombre indica, una vivienda destinada a un uso residencial, sin perjuicio de que pueda cederse, total o parcialmente, para servir de alojamiento. La propia naturaleza de las VUT hace compatible, por tanto, su uso como alojamiento turístico con su ubicación en suelos residenciales, sin que pueda exigirse su ubicación en suelo terciario para realizar dicha activi-

---

alojativo sean sometidas a estándares menos exigentes por encontrarse fuera de las zonas turísticas", y, por ello, la exclusión de la oferta de VUT de las zonas turísticas o de uso mixto, que es precisamente donde se localizan predominantemente estas, carece de cobertura legal en la Ley 7/1995, de 6 de abril, *de Ordenación del Turismo de Canarias*. Además, el Tribunal Superior de Justicia de Canarias considera que dicha prohibición vulneraba *claramente* el derecho constitucional a la libertad de empresa, así como la libertad de prestación de servicios consagrada por el derecho de la Unión. A juicio del Tribunal, "[...] no tiene sentido alguno que la oferta de viviendas vacacionales se trate de excluir de aquéllos (sic) ámbitos donde debe localizarse preferentemente la actividad turística. La única explicación plausible a esta cortapisa es que con ello se trata de favorecer la oferta de productos alojativos turísticos tradicionales, implantados mayoritariamente en estas zonas turísticas, vulnerando con ello la libre competencia en la prestación de servicios". El Tribunal Supremo (sentencias n.º 1766/2018, de 12 de diciembre; y 25 y 26/2019, ambas de 15 de enero) ratifica la postura del Tribunal de Justicia, señalando que la norma canaria no justifica adecuadamente la necesidad de esta prohibición, sin que pueda inferirse ninguna razón imperiosa de interés general que ampare tal medida.

165. Acuerdo del Pleno del Ayuntamiento de Bilbao de 25 de enero de 2018, por el que se aprueba definitivamente la Modificación pormenorizada del Plan General de Ordenación Urbana de Bilbao en relación con la regulación del uso de alojamiento turístico (BOB de 13 de febrero de 2018).

166. Sentencia n.º 1550/2020, de 19 de noviembre (fundamento de derecho noveno). Para este tribunal, "[...] la calificación –desde una perspectiva urbanística– de las VUT como una actividad de equipamiento –impidiendo su consideración urbanística como estrictamente residencial– se nos presenta como razonable y, sobre todo, suficientemente motivado por el Ayuntamiento de Bilbao, que respeta, con su actuación –y con la justificación que ofrece de su norma reglamentaria– los ya más que conocidos criterios de proporcionalidad, claridad, objetividad, antelación, transparencia y accesibilidad, previstos en la Directiva de Servicios".

Viviendas de uso turístico
Análisis de la situación actual y propuestas
para la mejora de su marco regulatorio

Fundación Democracia y Gobierno Local
Serie: Claves del Gobierno Local. 39
ISBN: 978-84-125912-5-5

239

dad. Para este organismo, existen cauces más adecuados para solucionar las supuestas externalidades negativas vinculadas con la actividad de las VUT. La normativa sobre propiedad horizontal contiene mecanismos adecuados para solucionar los problemas de convivencia que puedan surgir entre la población residente y la visitante, problemas que, por otro lado, no son exclusivos del uso turístico de las viviendas. Y por lo que se refiere a los eventuales problemas de congestión en determinadas zonas de las ciudades, la CNMC apuesta por los instrumentos impositivos —impuestos *pigouvianos*—, los cuales resultan menos restrictivos de los derechos afectados por tales medidas[167].

2.6. Equipamiento y servicios

Las normas autonómicas exigen que las VUT posean determinado equipamiento y ofrezcan unos servicios mínimos para poder ser explotadas turísticamente. El mecanismo utilizado por las diferentes comunidades autónomas para establecer estos requisitos es heterogéneo: mientras que algunas de ellas establecen listados pormenorizados de equipamientos y servicios, otras se limitan a establecer fórmulas genéricas, como aquellas que exigen que las VUT cuenten con los "muebles y enseres" necesarios para su uso inmediato[168]. En el siguiente cuadro se ofrece un resumen del equipamiento común a la mayoría de regulaciones autonómicas, junto con algunos ejemplos de requisitos *originales*, exigidos únicamente por alguna o algunas normas[169]:

---

167. La CNMC (2018: 49-50) mantiene que "[...] para corregir posibles externalidades es más recomendable acudir a mecanismos fiscales. Un tributo es más eficiente y flexible ya que graba las pernoctaciones, teniendo en cuenta el grado de utilización de la vivienda para uso turístico, lo que permite corregir mejor las posibles externalidades negativas generadas por dicha vivienda. La intervención a través de impuestos no elimina la participación de nuevos entrantes y deja al mecanismo de mercado, más eficiente y flexible que la asignación administrativa, la determinación de la cantidad de alojamiento socialmente óptima".

168. Así lo hace, por ejemplo, el Decreto 225/2019, de 28 de noviembre, *por el que se regulan las viviendas de uso turístico en el ámbito de la Comunidad Autónoma de Cantabria* (art. 5.1.a).

169. Para un estudio pormenorizado del equipamiento y servicios exigidos a las VUT por la normativa autonómica, *vid.* Román Márquez (2022: 3 y ss.).

240

Viviendas de uso turístico
Análisis de la situación actual y propuestas
para la mejora de su marco regulatorio

Fundación Democracia y Gobierno Local
Serie: Claves del Gobierno Local, 39
ISBN: 978-84-125912-5-5

EQUIPAMIENTOS COMUNES	EQUIPAMIENTOS INFRECUENTES
Iluminación natural y ventilación	Calefacción fija y automática[170]
Sistema de oscurecimiento de las estancias	Espacio y enseres para la separación de residuos domésticos[171]
Energía eléctrica y combustible	Puntos y tomas de luz (incluyendo punto de luz con interruptor al lado de las camas)[172]
Agua caliente/fría	Teléfono para clientes[173]
Mobiliario	Acceso para vehículos de turismo[174]
Menaje del hogar	Campana extractora[175]
Electrodomésticos	Sistemas que impidan la salida de agua de bañeras/platos de ducha[176]
Ropa de cama	Plano de evacuación de la vivienda[177]
Botiquín de primeros auxilios	Temperatura de confort[178] y control de temperatura[179]
Información turística y de emergencias	Certificados energéticos y sistemas de control de consumo de agua[180]
Extintor	Información sobre accesibilidad[181]
Enseres y lencería de baño	Señalización de emergencia[182]
Utensilios y productos de limpieza	Piscina y jardines comunes[183]
Menaje, lencería y utensilios de cocina	Caja fuerte individual[184]

170.   Decreto 1/2023, de 11 de enero, *por el que se aprueba el Reglamento de las viviendas de uso turístico en Aragón* (art. 10.2).

171.   Decreto 256/2019, de 10 de octubre, *por el que se regulan las viviendas de uso turístico en la Región de Murcia* (art. 12.2).

172.   Decreto 12/2017, de 26 de enero, *por el que se establece la ordenación de apartamentos turísticos, viviendas turísticas y viviendas de uso turístico en la Comunidad Autónoma de Galicia* (art. 14.4.c).

173.   Decreto asturiano 48/2016, de 10 de agosto, *de viviendas vacacionales y viviendas de uso turístico* (art. 5).

174.   Decreto asturiano 48/2016, de 10 de agosto, *de viviendas vacacionales y viviendas de uso turístico* (art. 6).

175.   Decreto 3/2017, de 16 de febrero, *por el que se regulan los establecimientos de alojamiento en la modalidad de vivienda de uso turístico en la Comunidad de Castilla y León* (art. 11).

176.   Decreto 113/2015, de 22 de mayo, *por el que se aprueba el Reglamento de las viviendas vacacionales de la Comunidad Autónoma de Canarias* (art. 10).

177.   Decreto 101/2018, de 3 de julio, *de viviendas y habitaciones de viviendas particulares para uso turístico* (art. 14.4).

178.   Decreto 12/2017, de 26 de enero, *por el que se establece la ordenación de apartamentos turísticos, viviendas turísticas y viviendas de uso turístico en la Comunidad Autónoma de Galicia* (art. 14.5).

179.   *Reglamento regulador del alojamiento turístico en la Comunitat Valenciana*, aprobado por el Decreto 10/2021, de 22 de enero (anexo III).

180.   Ley 8/2012, de 19 de julio, *del Turismo de las Illes Balears* (art. 50).

181.   Decreto 79/2014, de 10 de julio, *por el que se regulan los apartamentos turísticos y las viviendas de uso turístico de la Comunidad de Madrid* (art. 17 bis, letra d).

182.   Ídem (art. 18.6).

183.   *Reglamento regulador del alojamiento turístico en la Comunitat Valenciana*, aprobado por el Decreto 10/2021, de 22 de enero (anexo III).

184.   Ídem.

Viviendas de uso turístico
Análisis de la situación actual y propuestas
para la mejora de su marco regulatorio

Fundación Democracia y Gobierno Local
Serie Claves del Gobierno Local, 39
ISBN: 978-84-125912-5-5

241

Los dos servicios más frecuentemente exigidos a las VUT son la asistencia telefónica u *online* —con diferente disponibilidad horaria y plazo de respuesta—, y el servicio de reparación y mantenimiento de la vivienda —igualmente con determinados estándares mínimos de celeridad y eficacia—. Otros servicios de carácter más infrecuente son, por ejemplo, el servicio de recogida de basuras[185] o el servicio de limpieza doméstica[186] y cambio de lencería[187], si bien este último no es un servicio prestado a los usuarios turísticos, pues las normas autonómicas exigen que la limpieza de la vivienda y el cambio de lencería doméstica se realicen con antelación a la entrada de los huéspedes[188]. La opinión de la CNMC sobre el equipamiento y los servicios exigidos a las VUT ha sufrido una ligera evolución en los últimos años, pues si en un primer momento (2016: 93) abogaba por la eliminación de la gran mayoría de estos, al considerarlos innecesarios, desproporcionados y discriminatorios, sin que en ningún caso pudiesen ser exigidos de forma obligatoria, posteriormente (2018: 56 y ss.) limitó su crítica a aquellos requisitos que no se encontrasen justificados por la existencia de un fallo de mercado o en la protección de una razón imperiosa de interés general, debiendo ser sometidos, en todo caso, a un juicio de necesidad, proporcionalidad e igualdad. En la práctica, la CNMC ha venido exigiendo la retirada de una gran cantidad de equipamientos y servicios, por considerar que no superan el triple test derivado del prin-

---

185. Exigido, entre otros, por el Decreto asturiano 48/2016, de 10 de agosto, *de viviendas vacacionales y viviendas de uso turístico* (art. 5.c), y por el Decreto 12/2017, de 26 de enero, *por el que se establece la ordenación de apartamentos turísticos, viviendas turísticas y viviendas de uso turístico en la Comunidad Autónoma de Galicia* (art. 14.4.g).

186. Exigido por el Decreto andaluz 28/2016, de 2 de febrero, *de las viviendas con fines turísticos y de modificación del Decreto 194/2010, de 20 de abril, de establecimientos de apartamentos turísticos* (art. 6.h); el Decreto 36/2018, de 29 de mayo, *por el que se establece la ordenación de los apartamentos turísticos y las viviendas de uso turístico en Castilla-La Mancha* (art. 16.g); el Decreto 3/2017, de 16 de febrero, *por el que se regulan los establecimientos de alojamiento en la modalidad de vivienda de uso turístico en la Comunidad de Castilla y León* (art. 12.f); el Decreto asturiano 48/2016, de 10 de agosto, *de viviendas vacacionales y viviendas de uso turístico* (art. 24.1); el Decreto 225/2019, de 28 de noviembre, *por el que se regulan las viviendas de uso turístico en el ámbito de la Comunidad Autónoma de Cantabria* (art. 6.m); o el *Reglamento regulador del alojamiento turístico en la Comunitat Valenciana*, aprobado por el Decreto 10/2021, de 22 de enero (anexo III).

187. Así lo exigen el Decreto 3/2017, de 16 de febrero, *por el que se regulan los establecimientos de alojamiento en la modalidad de vivienda de uso turístico en la Comunidad de Castilla y León* (art. 12.f); la Ley 8/2012, de 19 de julio, *del Turismo de las Illes Balears* (art. 51.1.b); o el *Reglamento regulador del alojamiento turístico en la Comunitat Valenciana*, aprobado por el Decreto 10/2021, de 22 de enero (anexo III).

188. Salvo en el caso de la Ley 8/2012, de 19 de julio, *del Turismo de las Illes Balears*, que permite que la limpieza previa a la entrada de los huéspedes se sustituya, mediante contrato, por una limpieza *durante* su estancia, pudiendo convertirse en un servicio de limpieza *periódico* (art. 51.1.a).

242

Viviendas de uso turístico
Análisis de la situación actual y propuestas
para la mejora de su marco regulatorio

Fundación Democracia y Gobierno Local
Serie: Claves del Gobierno Local, 39
ISBN: 978-84-125912-5-5

cipio de regulación económica eficiente[189]. En cuanto a la jurisprudencia, ha avalado expresamente la exigencia de algunos equipamientos, como muebles y enseres domésticos[190], calefacción[191], cierre interior de seguridad en puertas de acceso, botiquín de primeros auxilios, iluminación para la lectura junto a cada cama, sistema efectivo de oscurecimiento de cada dormitorio, perchas de material no deformable y estilo homogéneo adecuadas al número de personas usuarias, camas dobles o individuales con determinadas dimensiones mínimas, ropa de cama (protector de colchón, sábanas o similar, manta, almohada y cubrecama), espejo, secador, portarrollos para papel higiénico, alfombrilla, soporte para objetos de aseo, toalleros, perchas o colgadores, sistema que impida la salida de agua de bañera/plato de ducha, toallas de baño, toalla de mano, horno o microondas, cafetera, vajilla, cubertería y cristalería, menaje y lencería para la manipulación y el consumo de alimentos, utensilios de limpieza, plancha y tabla de planchar[192], mesita de noche, armario ropero, sistema antideslizante en bañera/plato de ducha, campana extractora, instrucciones de funcionamiento de electrodomésticos, frigorífico, concina convencional y cuna (cuando sean requeridas por los usuarios)[193]. Ha sido anulada, por el contrario, la exigencia de sistemas de refrigeración y calefacción, por entender que se trata de un requisito desproporcionado[194]. En cuanto a los servicios exigidos a las VUT, la jurisprudencia ha avalado la legalidad de los servicios de atención a los huéspedes y de mantenimiento de la vivienda, justificando su necesidad en la necesaria protección de los consumidores y usuarios turísticos[195].

---

189. *Ad exemplum*, CNMC (2019: 16).

190. Sentencias del Tribunal Superior de Justicia de Galicia n.º 555/2017, de 15 de noviembre (fundamento de derecho decimoprimero), y n.º 64/2018, de 14 de febrero (fundamento de derecho décimo).

191. Sentencia del Tribunal Superior de Justicia de Galicia n.º 555/2017, de 15 de noviembre (fundamento de derecho décimo).

192. Todos los anteriores son aceptados por las sentencias del Tribunal Superior de Justicia de Canarias n.º 41/2017, de 21 de marzo (fundamento jurídico quinto), y n.º 179/2017, de 5 de julio (fundamento jurídico cuarto).

193. Todos los anteriores son aceptados por la sentencia del Tribunal Superior de Justicia de Castilla y León n.º 86/2018, de 2 de febrero (fundamento de derecho sexto).

194. Sentencias del Tribunal Supremo n.º 1400/2019, de 21 de octubre, y n.º 148/2020, de 6 de febrero, en relación con el artículo 6.d) del Decreto andaluz 28/2016, de 2 de febrero, *de las viviendas con fines turísticos y de modificación del Decreto 194/2010, de 20 de abril, de establecimientos de apartamentos turísticos*. El Tribunal Supremo considera que una exigencia general de esta naturaleza para un territorio tan extenso y diverso como el andaluz, sin distinción de zonas geográficas o climáticas, resulta claramente desproporcionada.

195. Por todas, las sentencias del Tribunal Superior de Justicia de Castilla y León n.º 81/2018, de 2 de febrero (fundamento de derecho quinto), y del Tribunal Superior de Justicia de Galicia n.º 555/2017, de 15 de noviembre (fundamento de derecho decimoprimero), y n.º 64/2018, de 14 de febrero (fundamento de derecho décimo); confirmadas por la sentencia del Tribunal Supremo n.º 625/2020, de 1 de junio.

Viviendas de uso turístico
Análisis de la situación actual y propuestas
para la mejora de su marco regulatorio

Fundación Democracia y Gobierno Local
Serie Claves del Gobierno Local. 39
ISBN: 978-84-125912-5-5

243

3. A modo de conclusión

Tras un análisis de las diferentes normas autonómicas que regulan la actividad de las VUT puede concluirse que su ajuste a los principios de regulación económica eficiente puede ser calificado en algunos casos, cuando menos, como cuestionable. Por lo que se refiere al primero de ellos, la justificación de la necesidad de las diferentes medidas restrictivas contenidas en la normativa autonómica es ciertamente escasa, siendo habitual que ni siquiera se especifiquen las razones imperiosas de interés general que se pretenden proteger mediante el establecimiento de tales medidas[196]. Además, las que sí lo hacen suelen mezclar auténticas razones de interés general, reconocidas como tales por la jurisprudencia del Tribunal de Justicia de la Unión Europea —como la defensa del medio ambiente y del entorno urbano, la protección de los derechos de consumidores y usuarios turísticos, la salvaguardia de la seguridad pública, o la garantía de la convivencia vecinal entre las poblaciones residente y visitante, y del derecho a disfrutar de la propia vivienda sin perturbaciones—, con otras que no lo son —la protección de los recursos turísticos, la promoción de la excelencia y de la calidad de la oferta turística, la lucha contra las actividades clandestinas, la economía sumergida y promoción del cumplimiento de la normativa aplicable, la erradicación del intrusismo y de la competencia desleal en el sector, la profesionalización del sector, o la maximización de la rentabilidad de las

---

196. Solo Andalucía, Cataluña y Aragón utilizan el concepto de *razones de interés general* para justificar las limitaciones establecidas a esta actividad. La primera proclama que "[e]n virtud de lo expuesto, se definen por tanto las razones de interés general que sustentan la necesidad de regulación de las viviendas con fines turísticos y del medio de intervención, previstos en el presente Decreto como son la seguridad pública, la protección de las personas usuarias de servicios turísticos y la protección del medioambiente y entorno urbano" (preámbulo del Decreto 28/2016, de 2 de febrero, *de las viviendas con fines turísticos y de modificación del Decreto 194/2010, de 20 de abril, de establecimientos de apartamentos turísticos*). La norma catalana mantiene que su regulación "[...] es coherente con el marco legal vigente mencionado, que establece la obligación de suprimir toda barrera o carga administrativa que no esté justificada en la protección de una razón imperiosa de interés general" (preámbulo, apartado IV, del Decreto 75/2020, de 4 de agosto, *de Turismo de Cataluña*). La norma aragonesa mantiene que, "[e]n cuanto a los principios de necesidad y eficacia, el cumplimiento de los requisitos y obligaciones que impone este Decreto encuentra su amparo en razones imperiosas de interés general como es la protección de la seguridad y la salud de los consumidores, de los destinatarios de los servicios y de los trabajadores, todo ello al amparo de lo dispuesto en el artículo 5 de la Ley 20/2013, de 9 de diciembre, de garantía de la unidad de mercado [...], en relación con lo establecido en el artículo 3.11 de la Ley 17/2009, de 23 de noviembre, sobre el libre acceso a las actividades de servicio y su ejercicio [...]" (preámbulo, apartado II, del Decreto 1/2023, de 11 de enero, *por el que se aprueba el Reglamento de las viviendas de uso turístico en Aragón*). La norma castellanomanchega declara, por su parte, el respeto a los principios de buena regulación del artículo 129 de la Ley 39/2015, de 1 de octubre, *del Procedimiento Administrativo Común de las Administraciones Públicas* (preámbulo del Decreto 36/2018, de 29 de mayo, *por el que se establece la ordenación de los apartamentos turísticos y las viviendas de uso turístico en Castilla-La Mancha*).

244

Viviendas de uso turístico
Análisis de la situación actual y propuestas
para la mejora de su marco regulatorio

Fundación Democracia y Gobierno Local
Serie: Claves del Gobierno Local, 39
ISBN: 978-84-125912-5-5

propiedades inmobiliarias y la apertura de una nueva vía para la inversión y la creación de nuevas empresas—. Solo las normas andaluza, catalana, valenciana y murciana hacen mención expresa —si bien muy genérica— al cumplimiento de los principios de necesidad, proporcionalidad y no discriminación. Se echa en falta, por lo tanto, una verdadera motivación de la necesidad, proporcionalidad y carácter no discriminatorio de las diferentes medidas que disciplinan el régimen jurídico de las VUT, y ello a pesar de que la carga de probar el ajuste entre las medidas que restrinjan el acceso o ejercicio de una actividad económica y el triple test conformado por los principios de buena regulación económica corresponde a los autores de tales medidas. A pesar de que la jurisprudencia relativa a la carga de la prueba de la legalidad de las medidas restrictivas que afecten a las VUT y, en general, a las actividades encuadrables dentro de la economía colaborativa no ha seguido una línea clara en los últimos años, llegando a invertir la carga de la prueba, haciendo recaer la obligación de probar la innecesariedad, desproporción o carácter discriminatorio sobre los afectados por la medida restrictiva[197] —especialmente la jurisprudencia relativa a los vehículos de turismo con conductor (VTC)—[198], los últimos pronunciamientos del Tribunal de Justicia de la Unión Europea han despejado cualquier duda al respecto, atribuyendo en todo caso la carga probatoria al autor de la medida restrictiva[199]. Como propuse en su momento[200], quizás la manera más sencilla de garantizar el ajuste entre las diferentes medidas restrictivas y los principios de regulación económica eficiente es crear una categoría básica de VUT que sirva como *categoría de entrada* en la actividad, cuyos requisitos se limiten a aquellos cuya necesidad, proporcionalidad y carácter no discriminatorio estén fuera de toda duda (por estar destinados, por ejemplo, a garantizar la seguridad y salud de los consumidores turísticos, o la protección del entorno natural más inmediato), y otra u otras categorías, de acceso voluntario por parte de los titulares, con requisitos más exigentes y que, precisamente por ser categorías de acceso voluntario, no están obligados a respetar los principios de buena regulación económica. De esta forma se podría, además, compatibilizar el respeto a los límites de

---

197. *Vid. ad exemplum* las sentencias del Tribunal Supremo n.º 921/2018, de 4 de junio (fundamento de derecho séptimo); 1237/2019, de 24 de septiembre (fundamento de derecho tercero); o 1401/2019, de 21 de octubre (fundamento de derecho quinto).

198. En el ordenamiento jurídico español coexisten dos modalidades de transporte discrecional de pasajeros en vehículos de turismo —taxis y vehículos de turismo con conductor (VTC)—, y aunque cada una de ellas está sujeta a un régimen jurídico específico, ambas realizan un mismo servicio, consistente en el transporte personalizado de pasajeros en el momento y con el origen y destino decididos por estos.

199. Por todas, su sentencia de 8 de junio de 2023 (*Prestige & Limousine*, asunto C-50/21, apartados 96 y ss.).

200. Román Márquez (2022: 30).

Viviendas de uso turístico
Análisis de la situación actual y propuestas
para la mejora de su marco regulatorio

Fundación Democracia y Gobierno Local
Serie Claves del Gobierno Local. 39
ISBN: 978-84-125912-5-5

245

la regulación económica con el objetivo de conseguir una oferta turística alojativa de calidad, a través, por ejemplo, de la instauración de medidas de fomento que estimulen el paso de la categoría básica de VUT a las categorías superiores.

Por otro lado, en la regulación autonómica de las VUT se aprecia un fenómeno común a otras actividades encuadrables en la economía colaborativa, como ocurre en relación con los citados VTC, y que consiste en un progresivo aumento del protagonismo de la Administración local en la regulación de estas actividades. El Tribunal de Justicia de la Unión Europea ha venido admitiendo en los últimos años la posibilidad de restringir la implantación de determinadas actividades económicas, cuando tal limitación pueda justificarse en la protección de una razón imperiosa de interés general: la protección del entorno urbano[201]. Como se ha visto, esta posibilidad ha sido aceptada de forma expresa en relación con las VUT con fundamento en la protección, además del entorno urbano, de la lucha contra la escasez de viviendas y la protección del derecho a una vivienda digna[202], y tal posibilidad ha sido ya aplicada por nuestro Tribunal Supremo en supuestos concretos[203]. En todos estos casos, la posibilidad de restringir la implantación de determinadas actividades económicas, como sucede respecto de las VUT, se encuentra en todo caso supeditada a la justificación de su necesidad e idoneidad en relación con supuestos muy concretos que afecten a espacios muy delimitados (por ejemplo, el casco histórico de las ciudades), siendo la Administración local la idónea para establecer tales limitaciones, por su cercanía a estos espacios (al ser las Administraciones con un territorio más reducido, se les presume un conocimiento más profundo de este), pero también porque las competencias que ostenta suelen proyectarse sobre los bienes jurídicos dignos de protección en este ámbito, como sucede con su potestad de planeamiento urbanístico y la protección del entorno urbano. La Administración local es la Administración territorial que se encuentra en mejores condiciones, por lo tanto, para justificar la necesidad, la proporcionalidad y el carácter no discriminatorio de determinadas restricciones impuestas a las VUT, como la exclusión de determinadas áreas de la ciudad o la fijación de contingentes que funcionan a modo de *numerus clausus* en relación con ellas. Partiendo de la misma premisa, el Tribunal de Justicia de la Unión Europea reconoce la capacidad de los municipios para limitar el

---

201. Por todas, su sentencia de 30 de enero de 2018 (*Visser*, asuntos C-360/15 y C-31/16).

202. Por todas, su sentencia de 22 de septiembre de 2020 (*Cali Apartments*, asuntos C-724/18 y C-727/18).

203. Sentencia n.º 109/2023, de 31 de enero.

246

Viviendas de uso turístico
Análisis de la situación actual y propuestas
para la mejora de su marco regulatorio

Fundación Democracia y Gobierno Local
Serie: Claves del Gobierno Local, 39
ISBN: 978-84-125912-5-5

número de VTC que pueden prestar sus servicios en su territorio cuando tal medida resulte necesaria para la buena gestión del transporte, del tráfico y del espacio púbico, así como para la protección del medio ambiente[204]. Tal posibilidad ha sido recogida recientemente por el Real Decreto-ley 5/2023, de 28 de junio[205]. Este cambio de paradigma, consistente en un cierto desplazamiento del centro de gravedad regulatorio desde las fuentes estatales/autonómicas hasta las fuentes y los instrumentos locales, ha sido apreciado ya por la doctrina especializada en relación con las VUT (Guillén Navarro, 2023: 126), y asumido por algunas normas autonómicas reguladoras de esta actividad. Así lo hace, por ejemplo, el Decreto 75/2020, de 4 de agosto, *de Turismo de Cataluña*, el cual advierte que "[...] el fenómeno del alojamiento turístico en viviendas tiene muchas y varias implicaciones de gran trascendencia, y los intereses que confluyen en la materia son, en consecuencia, variados e interactúan entre sí. Las repercusiones sobre el urbanismo, la fiscalidad, el régimen de la propiedad horizontal o la convivencia ciudadana que rodean a esta actividad no pueden ser resueltas por la normativa turística. Una vez posibilitada y definida esa figura de alojamiento, quedaría en manos de las administraciones con competencias sobre esas materias modular y prevenir, desde su óptica y competencias, los efectos que se puedan derivar"[206]. En el mismo sentido, el Decreto 1/2023, de 11 de enero, *por el que se aprueba el Reglamento de las viviendas de uso turístico en Aragón*, considera que "[e]n relación con la tramitación de la declaración responsable previa al inicio de la actividad, parece aconsejable otorgar participación a los ayuntamientos en cuyo término municipal se ubique la vivienda de uso turístico a fin de que se puedan pronunciar respecto del carácter residencial y la conformidad con la normativa municipal sobre edificación, así como la conformidad con el uso urbanístico previsto por la normativa municipal o con las directrices de ordenación territorial que resulten de aplicación"[207].

---

204. Sentencia de 8 de junio de 2023 (*Prestige & Limousine*, asunto C-50/21).

205. Su artículo 150 (*Medidas de sostenibilidad del transporte público en vehículos de turismo*) dispone que, "[s]in perjuicio de la normativa vigente sobre la realización de transporte público en vehículos de turismo, las entidades locales podrán establecer, en el ejercicio de las competencias que tienen atribuidas, como parte de la planificación y ejecución de sus políticas de movilidad, medidas aplicables a la prestación de cualquier tipo de transporte público de viajeros en vehículos de turismo, acordes con las necesidades y características de cada localidad. Estas medidas podrán incluir, en su caso, de conformidad con la legislación autonómica, la solicitud de una autorización por parte de las entidades locales, que deberá estar justificada por razones de interés público, tales como la protección del medioambiente urbano o la garantía de la seguridad vial, y resultar proporcionadas garantizando, en todo caso, la sostenibilidad, calidad y seguridad de los servicios de interés público involucrados".

206. Preámbulo, apartado V.

207. Preámbulo, apartado II.

Viviendas de uso turístico
Análisis de la situación actual y propuestas
para la mejora de su marco regulatorio

Fundación Democracia y Gobierno Local
Serie Claves del Gobierno Local, 39
ISBN: 978-84-125912-5-5

247

4. Bibliografía

CNMC. (2015a). *Informe sobre el proyecto de Decreto del Gobierno de Aragón por el que se aprueba el reglamento de las viviendas de uso turístico en Aragón*, IPN/CNMC/007/15.

— (2015b). *Informe económico sobre el Decreto 113/2015, de 22 de mayo, por el que se aprueba el reglamento de las viviendas vacacionales de la comunidad autónoma de Canarias*, LA/03/15.

— (2016). *Estudio sobre los nuevos modelos de prestación de servicios y la economía colaborativa. Resultados preliminares*, E/CNMC/004/15.

— (2018). *Estudio sobre la regulación de las viviendas de uso turístico en España*, E/CNMC/003/18.

— (2019). *Informe sobre el proyecto de Decreto del Gobierno de la Región de Murcia por el que se regulan las viviendas de uso turístico en la Región de Murcia*, IPN/CNMC/002/19.

Groizard, J. L. y Nilsson, W. (2017). Mito y realidad del alquiler vacacional en las Islas Baleares. Análisis y recomendaciones de política turística. *DEA WP*, 84.

Guillén Navarro, N. A. (2023). Las viviendas de uso turístico en el contexto internacional. Visiones regulatorias en las ciudades de San Francisco, Nueva York, Londres, Berlín y Ámsterdam. *Revista Aragonesa de Administración Pública*, 60, 125-159.

INE. (2013). *Encuesta de Ocupación Hotelera*. Disponible en: https://www.ine.es/dynt3/inebase/es/index.htm?type=pcaxis&file=pcaxis&path=/t11/e162eoh/a2013.

Montoya Martín, E. y Fernández Scagliusi, M.ª Á. (2018). El régimen administrativo de las viviendas de uso turístico: la inspección y el régimen sancionador. En G. Cerdeira Bravo de Mansilla (dir.). *Viviendas de uso turístico: régimen civil, administrativo y fiscal* (pp. 99-146). Reus.

Román Márquez, A. (2018). El nuevo decreto andaluz sobre viviendas particulares de uso turístico. Análisis a la luz de la agenda europea para la economía colaborativa. *Cuadernos de Turismo*, 41, 591-613.

— (2021). La configuración del concepto de vivienda de uso turístico en la normativa autonómica española: los criterios de habitualidad, profesionalidad y temporalidad. En H. Gosálbez Pequeño (dir.). *Tratado jurídico ibérico e iberoamericano del turismo colaborativo* (pp. 439-466). Thomson Reuters Aranzadi.

— (2022). Viviendas de uso turístico, legislación económica y calidad de la oferta alojativa: una propuesta integradora. *Revista General de Derecho del Turismo*, 5.

248

Viviendas de uso turístico
Análisis de la situación actual y propuestas
para la mejora de su marco regulatorio

Fundación Democracia y Gobierno Local
Serie: Claves del Gobierno Local, 39
ISBN: 978-84-125912-5-5

Salvador Armendáriz, M.ª A. y Villarejo Galende, H. (2007). La Directiva de Servicios y la regulación de los grandes establecimientos comerciales en Navarra. *Revista Jurídica de Navarra*, 44, 45-86.

Suay Rincón, J. y Santana Rodríguez, J. J. (2021). La difícil convivencia entre el uso turístico y el uso residencial. Las bases del modelo canario (la consagración legislativa del uso turístico como uno de los usos del suelo y el principio de especialización de los usos —residenciales y turísticos-. *Revista General de Derecho del Turismo*, 3.

Viviendas de uso turístico
Análisis de la situación actual y propuestas
para la mejora de su marco regulatorio

Fundación Democracia y Gobierno Local
Serie: Claves del Gobierno Local. 39
ISBN: 978-84-125912-5-5

249

La protección de los derechos de los usuarios de las viviendas de uso turístico por la Administración local[1]

Humberto Gosálbez Pequeño[2]
Catedrático de Derecho Administrativo.
Universidad de Córdoba

SUMARIO.   1. Los usuarios de las viviendas de uso turístico y sus derechos. 1.1. El turista como consumidor y/o usuario. Un concepto jurídico aún indeterminado. *1.1.1. El llamado "concepto general" de consumidor y usuario. 1.1.2. El concepto de turista o "usuario de servicio turístico".* 1.2. Los derechos de los usuarios turísticos: una aproximación introductoria instrumental. **2. La protección de los derechos de los usuarios de las viviendas de uso turístico por la Administración local.** 2.1. Las competencias de las entidades locales en defensa de los usuarios turísticos. En especial, las competencias municipales. *2.1.1. Las competencias locales turísticas: ¿incluyen la protección administrativa de los usuarios? 2.1.2. Las competencias locales en defensa de los consumidores y usuarios.*

---

1.   1.— Proyecto "Respuesta de las empresas turísticas ante la reordenación del sector: entre la crisis y el plan Next Generation EU", Subvención directa nominativa a la Fundación Canaria Parque Científico Tecnológico de la Universidad de Las Palmas de Gran Canaria (FCPCT-ULPGC) para el impulso de la investigación, el desarrollo y la innovación. Proyecto cofinanciado por el Cabildo de Gran Canaria y la Comunidad Autónoma de Canarias a través de FDCAN, cuyo IP es la profesora Inmaculada González Cabrera. 2.— Proyecto de Excelencia de la Junta de Andalucía (PROYEXCEL_00903) "La Nueva Seguridad Pública, Derecho Administrativo Sancionador y Estado de Derecho en Europa" (2022-2025).

2.   Profesor investigador del Grupo PAIDI SEJ196, "Ordenación pública de la Economía, Medio Ambiente y Ordenación del territorio", y del Grupo de investigación "Turismo, Ordenación del Territorio y Medio Ambiente" (TOTMA), que se integra dentro del Instituto Universitario ECOAQUA de la Universidad de Las Palmas de Gran Canaria. Contacto: humberto@uco.es.

Viviendas de uso turístico
Análisis de la situación actual y propuestas
para la mejora de su marco regulatorio

Fundación Democracia y Gobierno Local
Serie Claves del Gobierno Local, 39
ISBN: 978-84-125912-5-5

251

Una primera aproximación general. 2.2. La protección local de los derechos de los usuarios de las viviendas turísticas. 2.2.1. La actividad de información y asistencia al turista. 2.2.2. La actividad de resolución alternativa de los conflictos de consumo turístico: mediación y arbitraje administrativo. 2.2.3. La actividad inspectora y sancionadora protectora de los usuarios turísticos. **3. Bibliografía.**

1. Los usuarios de las viviendas de uso turístico y sus derechos

1.1. El turista como consumidor y/o usuario. Un concepto jurídico aún indeterminado

1.1.1. El llamado "concepto general" de consumidor y usuario

Como han subrayado Rebollo e Izquierdo (2018: 1435), "la Constitución no define el concepto de consumidor y usuario" en su artículo 51[3], por lo que "es el legislador ordinario quien debe delimitar una noción más o menos amplia". Y así lo hizo, tipificando un amplísimo concepto general de "consumidor o usuario" en el Real Decreto Legislativo 1/2007, de 16 de noviembre, por el que se aprueba el Texto refundido de la Ley General para la Defensa de los Consumidores y Usuarios y otras leyes complementarias (TRLGDCU), al definirlo en su artículo 3.1: "A efectos de esta ley, [...] son consumidores o usuarios las personas físicas que actúen con un propósito ajeno a su actividad comercial, empresarial, oficio o profesión. Son también consumidores a efectos de esta norma las personas jurídicas y las entidades sin personalidad jurídica que actúen sin ánimo de lucro en un ámbito ajeno a una actividad comercial o empresarial [...]"[4]. El elemento esencial (y casi único) definitorio es, pues, la actuación de la persona en un ámbito no empresarial o profesio-

---

3. Recuérdese que, por su ubicación en el texto constitucional (Capítulo III del Título I), la protección de los consumidores y usuarios que consagra este precepto tiene la naturaleza de principio rector de la política social y económica, con el valor y efectos que ya apuntara específicamente el Tribunal Constitucional en su STC 14/1992, de 10 de febrero: "Este precepto (el art. 51 CE) enuncia un principio rector de la política social y económica, y no un derecho fundamental. Pero de ahí no se sigue que el legislador pueda contrariar el mandato de defender a los consumidores y usuarios, ni que este Tribunal no pueda contrastar las normas legales, o su interpretación y aplicación, con tales principios. Los cuales, al margen de su mayor o menor generalidad de su contenido, enuncian proposiciones vinculantes en términos que se desprenden inequívocamente de los arts. 9 y 53 de la Constitución. Ahora bien, es también claro que, de conformidad con el valor superior del pluralismo político (art. 1.1 de la Constitución), el margen que estos principios constitucionales dejan al legislador es muy amplio. Así ocurre con el art. 51.1 de la Constitución, que determina unos fines y unas acciones de gran laxitud, que pueden ser realizadas con fórmulas de distinto contenido y alcance. Pero, en cualquier caso, son normas que deben informar la legislación positiva y la práctica judicial (art. 53.3 de la Constitución)" (FJ 11).

4. *Vid.*, por todos, Miranda Serrano (2006: 195-203) y Fernández y Torres (2011: 60-73).

Viviendas de uso turístico
Análisis de la situación actual y propuestas
para la mejora de su marco regulatorio

Fundación Democracia y Gobierno Local
Serie: Claves del Gobierno Local, 39
ISBN: 978-84-125912-5-5

nal[5], porque tanto las personas físicas como las jurídicas podrán ser consumidoras o usuarias[6].

Lo cierto es que ese "concepto general" es tan vasto que difícilmente podrá reconducirse a un concepto unitario, reconociéndose, en cambio, más o menos implícitamente, una pluralidad de conceptos demandada por la necesaria delimitación del respectivo ámbito de aplicación de las distintas disposiciones legales protectoras de los consumidores y/o usuarios, como recordando a Bercovitz destacaran Fernández y Torres (2011: 60) y Rebollo e Izquierdo (2018: 1435). En realidad, más que un concepto "general", parece ser un concepto transversal, que impregna cualquier actividad económica consistente en ofrecer al mercado bienes o servicios[7].

Y una última precisión conceptual, de interés precisamente en el ámbito sectorial del turismo: el TRLGDCU no emplea solo el término *consumidor*, como pudiera haberlo hecho habida cuenta de la concepción tan amplia que tipifica, sino que, como puede constatarse, añade el término *usuario*[8]. Así, podría dudarse de la unidad del concepto y si la ley tipifica realmente dos conceptos distintos (consumidor y usuario), con independencia del régimen protector común que dispone, máxime atendiendo a la protección que dispensa tanto a la persona que adquiere bienes o productos como a la que "adquiere" la prestación de un servicio[9].

1.1.2. El concepto de turista o "usuario de servicio turístico"

Por todo lo anterior, el concepto general de "consumidor/usuario" que dispone el TRLGDCU (y también previsto en las leyes autonómicas[10] de defensa de

---

5. Así lo subrayan Fernández y Torres (2011: 63-64, 67-69).

6. Aunque —obsérvese— las personas jurídicas (y los entes sin personalidad jurídica) precisan la ausencia de ánimo de lucro para poder ser consumidoras/usuarias. *Vid.* Fernández y Torres (2011: 68).

7. Sobre la transversalidad del régimen protector que instaura el TRLGDCU y su incidencia en todo nuestro ordenamiento jurídico, *vid.* Rebollo e Izquierdo (2018: 1438-1439).

8. Esa noción transversal y general de "consumidor" podría incluir el concepto de "usuario", resultando entonces innecesaria la específica inclusión de este segundo término en la definición legal del TRLGDCU. *Consumidor* sería, así, un supraconcepto jurídico.

9. Pero, en todo caso, como han señalado Rebollo e Izquierdo (2018: 1435), "de esta dualidad terminológica no se deriva un régimen jurídico diferente", y así se confirma en el propio enunciado de los derechos básicos de "los consumidores y usuarios" dispuesto en el artículo 8 del TRLGDCU.

10. La materia "defensa de los consumidores y usuarios" no está incluida en los artículos 148.1 y/o 149.1 de la Constitución. Así, al no estar prevista en las normas constitucionales atributivas de competencias, podría haberse interpretado su inexistencia como "materia" a los efectos del reparto competencial previsto por el constituyente y, consecuentemente, inferirse su implícita inclusión en ciertas materias expresamente atribuidas al Estado o/y las comunidades autóno-

Viviendas de uso turístico
Análisis de la situación actual y propuestas
para la mejora de su marco regulatorio

Fundación Democracia y Gobierno Local
Serie: Claves del Gobierno Local, 39
ISBN: 978-84-125912-5-5

253

consumidores y usuarios[11]) ha de incluir el concepto especial de "turista" que normalmente tipifica la legislación turística que, conforme a nuestro sistema constitucional competencial, aprueban las comunidades autónomas[12].

---

mas en distintos títulos competenciales dispuestos en los preceptos referidos. Pero, como ha recordado Rebollo Puig (2011: 40), al amparo del primer inciso del artículo 149.3 ("Las materias no atribuidas expresamente al Estado por esta Constitución podrán corresponder a las Comunidades Autónomas, en virtud de sus respectivos Estatutos"), "los Estatutos de Autonomía optaron por configurar a la defensa de los consumidores como una materia objeto específico de distribución de competencias", incluso "a declararla de la exclusiva competencia autonómica, aunque con matizaciones no coincidentes". Lo relevante era (y es) el contenido mismo de esa "materia" de origen estatutario y no constitucional, su delimitación misma, resultando condicionada desde luego por todos los contenidos propios de las materias constitucionalmente atribuidas y, especialmente, las atribuidas en los títulos competenciales estatales dispuestos en el artículo 149.1 (Rebollo, 2011: 43-44), y no solo, pues, por los títulos competenciales referentes a las materias más próximas o inclusivas de "consumidores y usuarios" (legislación mercantil, civil...), sino también y muy especialmente por el título del artículo 149.1.1.ª, referente a las condiciones básicas de igualdad de todos los españoles en el ejercicio de los derechos constitucionales. Todo lo anterior confirma que —y no es nada accesorio precisamente— "la competencia autonómica sobre la materia defensa del consumidor queda constreñida al Derecho Administrativo: queda fuera de la materia y, por ende, de la competencia autonómica toda protección del consumidor que constituya Derecho Penal, Civil, Mercantil o Procesal [...]" (Rebollo, 2011: 44-45).

11.   No totalmente coincidentes son, sin embargo, las definiciones dispuestas en algunas leyes de las comunidades autónomas. Así, por ejemplo, no lo era el originario artículo 3 de la Ley 13/2003, de 17 de diciembre, de defensa y protección de los consumidores y usuarios de Andalucía ("A efectos de esta Ley se entiende por: a] Consumidores y usuarios: las personas físicas o jurídicas que adquieran, utilicen o disfruten como destinatarios finales bienes o servicios [...]"), precepto que, sorprendentemente, fue modificado por la disposición final segunda del Decreto-ley 2/2021, de 2 de febrero, por el que se modifican, con carácter urgente, la normativa de admisión del alumnado en los centros docentes públicos y privados concertados de la Comunidad Autónoma de Andalucía y otras disposiciones normativas, y se regulan los estudios con finalidad de diagnóstico precoz o de detección de casos de infección activa (cribados) dentro de la Comunidad Autónoma de Andalucía, asumiendo así inequívocamente la definición del artículo 3 del TRLGDCU: "A efectos de esta Ley se entiende por: a] Consumidores y usuarios: las personas físicas, jurídicas y entidades sin personalidad jurídica que gocen de esa condición de acuerdo con el artículo 3 del Real Decreto Legislativo 1/2007, de 16 de noviembre, por el que se aprueba el texto refundido de la Ley General para la Defensa de los Consumidores y Usuarios y otras Leyes complementarias [...]".

12.   La Constitución ha reconocido el "turismo" como materia de competencia exclusiva de la comunidad autónoma, porque, por un lado, la incluye expresamente en el listado del artículo 148.1 ("Las Comunidades Autónomas podrán asumir competencias en las siguientes materias: [...] 18.°] Promoción y ordenación del turismo en su ámbito territorial"), y, por otro, no dispone competencia alguna del Estado sobre dicha materia, al no mencionarse en el artículo 149.1. Pero es significativo que, pese a esa explícita atribución competencial en exclusiva a favor de las comunidades autónomas, desde los primeros años del nuevo Estado de las Autonomías, el Tribunal Constitucional haya tenido que intervenir resolviendo conflictos de competencias y, por tanto, emitiendo jurisprudencia constitucional sobre las competencias en turismo y las incidentes o conexas con turismo, desde la pionera STC 125/1984, de 20 de diciembre. Y esto confirma que la delimitación de la materia "turismo" no está suficientemente precisa y garantizada en el texto constitucional, así como tampoco lo están las funciones públicas de "promoción y ordenación" del turismo, habida cuenta de que ya la legislación autonómica turística de finales de los 90 no se limitaba a esas dos clásicas modalidades de actividad administrativa. Así pues, ¿qué alcance tiene esta competencia exclusiva autonómica dispuesta en el artículo 149.1.18.° de la Constitución? ¿toda la regulación del turismo compete a la comunidad autónoma? Es decir, ¿"promo-

254

Viviendas de uso turístico
Análisis de la situación actual y propuestas
para la mejora de su marco regulatorio

Fundación Democracia y Gobierno Local
Serie: Claves del Gobierno Local. 39
ISBN: 978-84-125912-5-5

Pero, aun siendo así, se aprecia una cierta diferenciación en las tipificaciones legislativas autonómicas, dudándose, por tanto, de la uniformidad del concepto de "turista" como consumidor/usuario[13] en nuestro ordenamiento turístico.

Es cierto que la generalidad de las leyes turísticas autonómicas emplean un *nomen iuris* claramente inclusivo en ese concepto general de consumidor/usuario del TRLGDCU, como es "usuario turístico"[14] o "personas usuarias turísticas"[15]; es decir, el sujeto esencial destinatario de la legislación turística sería el usuario del servicio turístico o turista, sin que se aprecien en las leyes autonómicas dos conceptos (usuario y turista), sino uno solo; así, por ejemplo, se dispone nítidamente en el artículo 15.1 de la Ley 7/1995, de 6 de abril, de Ordenación del Turismo de Canarias ("Se entiende por usuario turístico o turista a la persona que utiliza los establecimientos y bienes turísticos o recibe los servicios que le ofrezcan las empresas de esa naturaleza y que como cliente los demanda y disfruta"), y, asimismo, en el artículo 2 de la Ley 2/2001, de 31 de mayo, de Turismo de La Rioja, o en el artículo 29.1 de la Ley 13/2002, de 21 de junio, de turismo de Cataluña, precepto este último que, además, expresamente incluye en el concepto de turista tanto a las personas físicas como a las jurídicas.

---

ción y ordenación" del turismo incluye toda competencia en turismo?, ¿qué contenido y alcance constitucional tienen la "promoción" y la "ordenación"? Además, no se olvide el límite de la territorialidad que expresamente se dispone en la norma constitucional. En todo caso, al amparo del artículo 148.1.18.º de la Constitución, los estatutos de autonomía han atribuido a las comunidades autónomas la competencia exclusiva sobre turismo, especificando lo dispuesto en el citado título competencial constitucionalmente atribuido a las comunidades autónomas y adoptando los más recientes estatutos de autonomía (o de segunda generación) una amplia concepción de esa previsión genérica constitucional sobre la "promoción" y la "ordenación" del turismo.

13.   Explícitamente ha postulado esta comunión conceptual Razquin Lizarraga (2006: 288-289), afirmando que en las definiciones de las primeras leyes turísticas ya se apreciaba, al estar presentes en ellas "los tres elementos de la noción estricta de consumidor: 1) Referencia a usuarios o clientes, es decir, el criterio subjetivo. 2) Contratación o recepción de servicios, es decir, el consumo. 3) Relación entre consumidores y empresas, puesto que los servicios turísticos deben ser prestados por empresas [...]"; y luego lo reitera conclusivamente: "A mi juicio, la definición de turista coincide prácticamente en su totalidad con la de consumidor, por lo que únicamente difiere —como se ha visto— en que el turista es un consumidor singular puesto que es aquel que utiliza los productos, recursos o servicios turísticos" (Razquin Lizarraga, 2006: 291).

14.   Así lo dispone explícitamente la Ley 5/1999, de 24 de marzo, de Ordenación del Turismo de Cantabria, en su artículo 11: "Son usuarios turísticos, y, por tanto, constituyen la demanda turística, el conjunto de personas físicas y jurídicas que adquieren, utilizan o disfrutan como destinatarios finales los productos, servicios, actividades o funciones turísticas de quienes los producen, facilitan, suministran o expiden". Y también lo prevén la Ley 7/1995, de 6 de abril, de Ordenación del Turismo de Canarias (artículo 15.1), la Ley 8/1999, de 26 de mayo, de Ordenación del Turismo de Castilla-La Mancha (artículo 32), la Ley 1/1999, de 12 de marzo, de Ordenación del Turismo de la Comunidad de Madrid (artículo 7), etc.

15.   Término usado por la Ley 13/2016, de 28 de julio, de Turismo del País Vasco (artículo 2.2) y la Ley 2/2011, de 31 de enero, de desarrollo y modernización del turismo de Extremadura (artículo 2), entre otras leyes.

Viviendas de uso turístico
Análisis de la situación actual y propuestas
para la mejora de su marco regulatorio

Fundación Democracia y Gobierno Local
Serie Claves del Gobierno Local, 39
ISBN: 978-84-125912-5-5

255

Pero alguna ley sí los diferencia: la Ley 15/2018, de 7 de junio, de turismo, ocio y hospitalidad de la Comunitat Valenciana. Además, esta ley no solo diferencia al usuario del turista[16], sino que, además, introduce un tercer sujeto destinatario de los servicios turísticos: el visitante[17]; en efecto, en su artículo 3.s) esta ley valenciana emplea un concepto amplísimo de personas usuarias de servicios turísticos ("personas físicas o jurídicas destinatarias de la actividad turística")[18]; por tanto, en este concepto de usuario de servicio turístico están implícitamente incluidos tanto el turista como el visitante[19], siéndoles,

16.   Es cierto que en su artículo 1 se refiere únicamente al turista, y no al usuario de los servicios turísticos ("Esta ley tiene por objeto [...] el impulso de la hospitalidad como elemento básico en la relación entre residentes y turistas [...]"), y que, por el contrario, en su artículo 2 menciona a "las personas usuarias de servicios turísticos", y no a los turistas, por lo que podría interpretarse que subyace el mismo concepto en las dos nominaciones legales. No obstante, su artículo 3 lo desmiente explícitamente, al incluir entre las definiciones a uno y otro sujeto jurídico-turístico, como seguidamente comprobaremos.

17.   Así define a unos y otros en su artículo 3: "[...] r) Turista: persona que viaja a un destino distinto al de su entorno habitual con cualquier finalidad principal que no sea la de trabajar en el lugar visitado [...] t) Visitante: persona que realiza desplazamientos turísticos sin pernoctar". Esta dualidad de sujetos jurídicos integrantes de las personas físicas usuarias de servicios turísticos no se contempla, sin embargo, en las demás leyes turísticas; así, por ejemplo, unos y otros se incluyen en el único y unitario concepto omnicomprensivo de "personas usuarias turísticas" tipificado en el artículo 2.2.k) de la Ley 13/2016, de 28 de julio, de Turismo de Euskadi ("Son personas usuarias turísticas, y, por tanto, constituyen la demanda turística, las personas físicas o jurídicas que, estando desplazadas o no de su entorno habitual, contratan o reciben, como destinatarias finales, cualquier servicio turístico y las que utilizan los establecimientos, instalaciones y recursos turísticos. Se incluyen dentro de este concepto a los y las visitantes").

18.   También incluye a las personas destinatarias "de los servicios vinculados al ocio y al entretenimiento", siempre que —claro está— estos servicios se ofrezcan con "fines turísticos", pues, aunque el precepto no lo indica, se infiere de la tipificación de estos servicios complementarios o accesorios como servicios turísticos en el artículo 52 ("Se consideran actividades y servicios turísticos los de: [...] e] Entretenimiento, salud, terapéuticas, deportivas, ocupacionales, culturales, congresuales, académicas y cualesquiera que conlleven esparcimiento y ocio, así como otros servicios complementarios cuando se ofrezcan con fines turísticos, o puedan conllevar dichos fines [...]").

19.   Atendiendo a las citadas definiciones establecidas en el artículo 3, parece que la ley valenciana reserva el concepto de turista a las personas físicas usuarias de los servicios turísticos, excluyendo a las jurídicas; así se aprecia en el artículo 5.j), al disponer como "compromiso" de la actuación de la Administración el "respeto entre los derechos de turistas y vecinos", por cuanto el respeto entre turistas y vecinos —esto es, la convivencia social— no puede sino referirse solo a las personas físicas usuarias de servicios turísticos, y no a las jurídicas. Pero en otras ocasiones la ley parece utilizar unos y otros conceptos como sinónimos o equivalentes: el mismo precepto legal continúa disponiendo que toda la intervención pública de la Generalitat Valenciana debe tener como objetivo prioritario "el total respeto y equilibrio entre el derecho al disfrute de las usuarias y usuarios de servicios turísticos y el derecho al descanso, la habitabilidad y el disfrute de sus municipios y ciudades de las vecinas y vecinos"; no se aprecia aquí un derecho al disfrute que no sea referido solo a los turistas personas físicas, no incluyendo a las personas jurídicas, pese a que también forman parte del concepto de personas usuarias de los servicios turísticos, tipificado en el artículo 3.s). No obstante, en otros preceptos la ley parece reducir este amplio concepto de personas usuarias de servicios turísticos a las personas físicas, excluyendo a las jurídicas; así podría apreciarse en lo que dispone el artículo 5.b), al referirse a "las creencias, libertad de conciencia y costumbres de las personas usuarias de servicios turísticos y visitantes". En suma, se observa una confusa —e incluso incongruente— tipificación normativa de conceptos jurídicos esenciales en la ley turística valenciana.

Viviendas de uso turístico
Análisis de la situación actual y propuestas
para la mejora de su marco regulatorio

Fundación Democracia y Gobierno Local
Serie: Claves del Gobierno Local, 39
ISBN: 978-84-125912-5-5

por tanto, de aplicación a uno y otro sujeto jurídico las disposiciones legales sobre los derechos y deberes de los usuarios de los servicios turísticos, salvo que fuesen incompatibles con los específicos conceptos de turista y de visitante establecidos por el legislador valenciano en el artículo 3.

En todo caso, los referidos conceptos de usuarios turísticos que establecen las respectivas leyes de turismo rigen inexcusablemente en el ámbito de las viviendas de uso turístico. Ciertamente, las específicas regulaciones reglamentarias que desarrollan las tipificaciones de esta modalidad de servicio de alojamiento turístico establecidas en las leyes turísticas así lo confirman, bien directamente, introduciendo una definición *ad hoc* de ese usuario de la vivienda turística[20], bien indirectamente, remitiendo al régimen general del usuario turístico establecido en la Ley de Turismo[21], o bien implícitamente, no estableciendo un concepto específico de usuario turístico distinto al establecido por el legislador como se observa en la mayoría de los decretos.

1.2. Los derechos de los usuarios turísticos: una aproximación introductoria instrumental

Siendo el usuario del servicio turístico una modalidad de los consumidores o usuarios, resulta notorio que es titular de los derechos esenciales que tipifica la legislación general de defensa de consumidores y usuarios (el TRLGDCU y las respectivas leyes de consumidores y usuarios de las comunidades autónomas), siéndole, por tanto, de aplicación el régimen establecido en dicha normativa de protección general. Pese a ello, la mayoría de los legisladores autonómicos turísticos, con una u otra fórmula, expresamente declaran la aplicación de la legislación general de consumidores/usuarios cuando establecen el régimen de los derechos de los turistas, legislación no turística, pues, a la que, de esta forma, remiten[22]. Así, los derechos de los usuarios tu-

---

20. Así, por ejemplo, lo hace el artículo 2.f) del Decreto 1/2023, de 11 de enero, que aprueba el Reglamento de las viviendas de uso turístico en Aragón ("Turista: la persona que utiliza los servicios de una vivienda de uso turístico").

21. Lo hace el artículo 5.3 del Decreto 79/2014, de 10 de julio, por el que se regulan los apartamentos turísticos y las viviendas de uso turístico de la Comunidad de Madrid ("1. Derechos de los usuarios: corresponde a los usuarios de apartamentos turísticos y de viviendas de uso turístico los derechos enumerados en el artículo 8 de la Ley 1/1999").

22. En realidad, la mayoría de las leyes turísticas no declaran expresamente la aplicación —ni directa ni supletoria— de la normativa general de protección de consumidores y usuarios, sino que la declaran aplicable enunciando los derechos específicos de los turistas y añadiendo "sin perjuicio de" los derechos establecidos en la legislación sobre defensa y protección de los consumidores y usuarios (artículo 21 de la Ley 13/2011, de 23 de diciembre, del Turismo de Andalucía; artículo 30.2 de la Ley Foral 7/2003, de 14 de febrero, de turismo; artículo 15 de la Ley 7/1995, de 6 de abril, de Ordenación del Turismo de Canarias; artículo 15 de la Ley 8/2012, de 19 de julio, del Turismo de las Illes Balears...). Sí contiene, en cambio, una auténtica declaración de aplicación

Viviendas de uso turístico
Análisis de la situación actual y propuestas
para la mejora de su marco regulatorio

Fundación Democracia y Gobierno Local
Serie Claves del Gobierno Local, 39
ISBN: 978-84-125912-5-5

257

rísticos son, en primer término, los "derechos básicos de los consumidores y usuarios" enunciados en el artículo 8.1 del TRLGDCU.

Ahora bien, como modalidad específica de "bien" de consumo que es, el servicio turístico ofrece una singularidad propia que necesariamente ha de repercutir en el régimen de los derechos que deben tener sus usuarios; por ello, la normativa específica de este servicio —esto es, la legislación turística— debe, por un lado, especificar y adaptar a las características propias de los servicios turísticos los derechos básicos dispuestos en las leyes de defensa general de consumidores y usuarios[23], y, por otro, adicionar cualquier otro derecho esencial que demande la efectiva implementación sectorial turística del régimen protector que impone el artículo 51.1 de la Constitución a nuestros poderes públicos y, en el caso que nos ocupa, a los poderes legislativos autonómicos. Y todo ello parece que hacen las leyes de turismo de las comunidades autónomas cuando establecen los derechos propios de los usuarios turísticos.

Así pues, la aplicación de esta normativa general de consumidores y usuarios a los turistas parece indicar, como han señalado Razquin Lizarraga (2006: 292) y Corchero Pérez (2006: 513-515), que el usuario turístico tiene una protección general y una protección especial[24], esto es, un régimen garantista general en cuanto "el turista goza de todos los derechos de los consumidores y usuarios" (Corchero Pérez, 2006: 516), y, por tanto, "las medidas de protección previstas para todos los consumidores" (Razquin Lizarraga, 2006: 292), y, además, un régimen protector especial aplicable a la actividad turística, en cuanto "es un consumidor especialmente necesitado de protección, con una posición singularmente más débil [...]" (Corchero Pérez, 2006: 516), disponiendo así de medidas específicas de protección que superan ese "umbral mínimo de protección" dispuesto en la legislación general de

---

el artículo 36 de la Ley 8/1999, de 26 de mayo, de Ordenación del Turismo de Castilla-La Mancha: "En la garantía de los derechos que tienen reconocidos los usuarios turísticos y su defensa, será de aplicación la Ley 26/1984, de 19 de julio, General para la Defensa de los Consumidores y Usuarios, la Ley 3/1995, de 9 de marzo, del Estatuto del Consumidor de Castilla-La Mancha y el resto de disposiciones estatales y autonómicas que en desarrollo del mandato constitucional del artículo 51, en el ejercicio de la competencia que le atribuye a la Junta de Comunidades de Castilla-La Mancha el artículo 32.6 de su Estatuto de Autonomía, sean de aplicación".

23.   No parece ser este el criterio subyacente en el artículo 21 del Decreto Legislativo 1/2016, de 26 de julio, del Gobierno de Aragón, por el que se aprueba el texto refundido de la Ley del Turismo de Aragón, en cuanto que enuncia los derechos específicos de los usuarios turísticos, añadiendo: "h) Los demás derechos reconocidos por el ordenamiento jurídico en relación con la protección de los consumidores y usuarios".

24.   En sentido contrario se ha manifestado Guillén Caramés (2002: 375-377), al concluir que "[...] nada nuevo se aporta en relación con la protección que el turista ya tiene como consumidor, y, en general es una mera reiteración de las técnicas de protección establecidas por la legislación de consumo [...]".

Viviendas de uso turístico
Análisis de la situación actual y propuestas
para la mejora de su marco regulatorio

Fundación Democracia y Gobierno Local
Serie: Claves del Gobierno Local, 39
ISBN: 978-84-125912-5-5

consumidores y usuarios, y convirtiéndose, de esa forma, en un "consumidor cualificado" (Razquin Lizarraga, 2006: 292)[25].

Pese a esa necesaria especificación —y adaptación misma— de los derechos esenciales de los consumidores y usuarios regulados en la legislación de defensa general, las leyes de turismo no lo hacen respecto de todos los "derechos básicos" tipificados en el artículo 8.1 del TRLGDCU[26], sino que solo regulan algunos de ellos[27], debiendo, por consiguiente, aplicarse supletoriamente el régimen general de esos derechos no contemplados específicamente en la legislación turística. Eso sí, esa singularización específica de los derechos generales que hace la generalidad de los decretos reguladores de las viviendas de uso turístico, no obstante remitir al régimen de los derechos dispuesto en la respectiva Ley de Turismo[28], se traduce en "nuevos" derechos específicos y exclusivos de estos usuarios turísticos; en efecto, las normas reglamentarias no enuncian, cierto es, derechos *ex novo* en lista alguna, pero sí los establecen cuando disponen los específicos requisitos y condiciones que han de reunir las viviendas (capacidad de alojamiento de la vivienda, mobiliario y enseres...) o cumplir sus propietarios y/o explotadores (servicio de limpieza o de mantenimiento, de atención o asistencia, puesta a disposición de la vivienda...)[29] al amparo de la calidad turística[30], o, más exactamente, del bien jurídico de la

---

25. Razquin Lizarraga (2006: 292-293) explica las razones de esa "protección reforzada" que establece la legislación turística: lejanía, idioma, disociación entre el lugar de celebración del contrato turístico y el lugar en que se disfruta del servicio, inmediatez y rapidez, dificultades de reclamar, etc.

26. Así, por ejemplo, no contemplan el derecho de los consumidores y usuarios a "la indemnización de los daños y la reparación de los perjuicios sufridos" (artículo 8.1.c del TRLGDCU) o el derecho a "la audiencia en consulta, la participación en el procedimiento de elaboración de las disposiciones generales que les afectan directamente y la representación de sus intereses, a través de las asociaciones, agrupaciones, federaciones o confederaciones de consumidores y usuarios legalmente constituidas" (artículo 8.1.e del TRLGDCU).

27. Adviértase, no obstante, que la regulación de los derechos de los usuarios turísticos no solo está integrada por las previsiones normativas específicas enunciadoras de los derechos contenidos en las leyes de turismo, sino, además, por las previsiones complementarias dispuestas en las mismas leyes turísticas cuando tipifican los deberes de las empresas turísticas.

28. Entre otros lo dispone el Decreto 28/2016, de 2 de febrero, de las viviendas con fines turísticos de Andalucía, en su artículo 2.4 ("Los derechos y obligaciones de las personas usuarias y explotadoras serán los contemplados en la Ley 13/2011, de 23 de diciembre"), y el citado Decreto aragonés en su artículo 5 ("Los derechos y deberes de los titulares y los turistas usuarios de las viviendas de uso turístico son los contemplados en los capítulos II y III del título tercero del texto refundido de la Ley del Turismo de Aragón, aprobado por Decreto Legislativo 1/2016, de 26 de julio, del Gobierno de Aragón").

29. Una crítica de esa hetereogeneidad regulatoria ha formulado Roca Fernández-Castanys (2019: 313-315).

30. Interés público incluso declarado como causa justificativa de la propia regulación reglamentaria, como ha subrayado Pérez Guerra (2019: 4): "[...] La conveniencia de regular el uso turístico de las viviendas convencionales se puede sustentar en dos necesidades básicas:...y por otra parte, la de garantizar un mínimo de calidad en la oferta y el posicionamiento de este alojamiento en el mercado turístico. Ello contribuye a proteger los derechos de los consumidores [...]".

Viviendas de uso turístico
Análisis de la situación actual y propuestas
para la mejora de su marco regulatorio

Fundación Democracia y Gobierno Local
Serie: Claves del Gobierno Local, 39
ISBN: 978-84-125912-5-5

259

protección de los consumidores y usuarios[31], bien jurídico comunitario que, no se olvide, ha fundamentado el establecimiento reglamentario de no pocos de esos requisitos de las viviendas turísticas[32] al amparo de su indiciaria naturaleza jurídica de "razón imperiosa de interés general"[33], propiciando así su impugnación en vía contencioso-administrativa[34].

Cierto es, no obstante, que unos y otros derechos —generales (*ex* legislación de consumidores/usuarios) o especiales (*ex* normativa turística), *ex lege* (ley turística) o *ex decretum* (reglamento de viviendas de uso turístico)— pueden reconducirse en esencia a "cuatro" derechos básicos de los usuarios turísticos, enunciados con carácter general en los apartados a), b), d) y f) del artículo 8.1 del TRLGDCU: 1.— la salud y la seguridad personal de los consumidores/usuarios; 2.— sus legítimos intereses económicos y sociales; 3.— la información previa al ejercicio de esos derechos; y 4.— los procedimientos eficaces de protección de sus derechos, protección judicial o administrativa. Y es precisamente este derecho a la tutela administrativa el que, especialmente referido al ámbito local, constituye la justificación misma de este estudio.

Así, es preciso subrayar que la protección administrativa de los derechos de los consumidores/usuarios —y, por tanto, los derechos de los usuarios de las viviendas de uso turístico— que establece la legislación

---

31.   Precisamente ha sido este bien jurídico constitucional el que ha fundamentado esos deberes empresariales/derechos del usuario de la vivienda turística en la generalidad de los decretos, apreciándose incluso una cierta regulación reglamentaria de este bien jurídico protegido como modulación o limitación al ejercicio del derecho de la libertad de empresa y el derecho a la propiedad privada, como ya subrayara Rodríguez Portugués (2021: 102): "[...] La regulación del ejercicio no debe atender sólo, por tanto, a los intereses de los empresarios. Dicha regulación será el resultado de la conjugación de esos intereses con los de los demás agentes del mercado, [...] Así lo evidencia —es sólo un ejemplo entre muchos posibles— el Decreto asturiano 48/2016, de viviendas vacacionales. En él, casi todos los deberes que se imponen al propietario o empresa comercializadora de las viviendas en cuestión están al servicio de este objetivo: desde las instalaciones y equipamientos mínimos (suministro de agua, calefacción, botiquín...) hasta los tipos y dimensiones mínimas de las diferentes estancias de las viviendas, pasando por la publicidad de los precios, la claridad en la facturación o el régimen de reservas y cancelación [...]".

32.   Así lo han analizado recientemente Román Marquez (2022: 27 y ss.), comentando la doctrina anterior sobre el tema, y Ceballos y Pérez (2021: 395-396).

33.   Lo contempla la Ley 17/2009, de 23 de noviembre, sobre el libre acceso a las actividades de servicios y su ejercicio ("Ley Paraguas"), en su artículo 3.11, debiendo asimismo aplicarse el test de proporcionalidad en los términos dispuestos principalmente en el artículo 5 de la Ley 20/2013, de 9 de diciembre, de garantía de la unidad de mercado (LGUM), imponiendo explícitamente el deber de motivar la necesidad y la proporcionalidad de "cualquier límite o requisito" que se establezca respecto del acceso a una actividad económica o su ejercicio, especificando el *favor libertatis* inherente a esa debida proporcionalidad de la restricción que se pretenda imponer.

34.   Un específico y exhaustivo análisis de la doctrina jurisprudencial sobre este motivo de impugnación en relación con los decretos madrileño y castellanoleonés lo ha realizado Rebollo Puig (2021: 325, 329-330).

260

Viviendas de uso turístico
Análisis de la situación actual y propuestas
para la mejora de su marco regulatorio

Fundación Democracia y Gobierno Local
Serie: Claves del Gobierno Local, 39
ISBN: 978-84-125912-5-5

turística está integrada esencialmente por las siguientes modalidades de actividad administrativa: a) el servicio público de información y asesoramiento específico[35]; b) la actividad de mediación administrativa para la resolución del conflicto entre empresa turística y turista; c) el arbitraje administrativo para la resolución de ese conflicto[36]; d) la actividad administrativa inspectora, y e) la potestad sancionadora de la Administración pública[37]; además, ya interesa anticipar que la legislación turística tipifica un especial derecho instrumental protector de los derechos de los usuarios, constituyendo su ejercicio el presupuesto formal instituido específicamente para iniciar la Administración la generalidad de esas modalidades de actividades administrativas protectoras: la llamada Hoja de Queja y Reclamación (HQR)[38].

---

35.   Debe advertirse que las llamadas oficinas de turismo o de información turística previstas en la legislación turística no tienen como función la asistencia al turista en la protección de sus derechos, sino la función o actividad de informar y asesorar a los turistas en relación con los recursos o servicios turísticos del territorio donde ejercen sus competencias las oficinas. Es, así, un "servicio público" de información y orientación turística, no protector del usuario turístico, como se infiere de la regulación reglamentaria específica de estos órganos, ya que la mayoría de las leyes turísticas no son muy explícitas, con algunas excepciones como son, por ejemplo, la ley cántabra en su artículo 32 ("1. Para facilitar al usuario de forma habitual, profesional y técnica, información relacionada con el alojamiento, transporte, servicios turísticos, espectáculos, excursiones, monumentos, fiestas, actividades culturales u otras actividades relativas al turismo y al ocio, existirán oficinas de turismo de la Comunidad, que, al objeto de mejorar la información, deberán estar centralizadas en un único censo. 2. Como apoyo y en colaboración con las Oficinas de Información Turística de la Comunidad, podrán actuar las Oficinas de Información Turística municipales y los Centros de Iniciativas Turísticas"), la ley castellanomanchega en su artículo 42 ("1. La Junta de Comunidades de Castilla-La Mancha a través de sus Oficinas de Turismo, facilitará al usuario de forma habitual información relacionada con el transporte, alojamiento, servicios, monumentos, espectáculos y otras actividades relativas al turismo y ocio") y la ley catalana en su artículo 59 ("1. Tienen la consideración de oficina de turismo las dependencias abiertas al público que ofrecen orientación a los usuarios turísticos a través de un apoyo global a su estancia y les facilitan información y prestaciones relacionadas con el alojamiento, el transporte, los servicios, los espectáculos y las demás actividades relacionadas con la cultura y el ocio").

36.   También incluye las actividades administrativas de mediación y de arbitraje en la vía administrativa protectora de los usuarios turísticos Torrejón López (2017: 184), aunque no refiere la actividad informativa y de asistencia previa.

37.   Han analizado detalladamente el régimen de una y otra potestad administrativa turística Sanz Domínguez (2017) y Sánchez Sáez (2008); y específicamente refiriéndose a las viviendas de uso turístico, Montoya y Fernández (2018) y Guillén Navarro (2015: 137-139).

38.   En otras palabras, aunque esos modos de actuación administrativa pueden tener lugar sin la previa formulación de la HQR, la normativa contempla este acto jurídico del administrado-turista como el "presupuesto procedimental" idóneo para ejercer la Administración una u otra acción protectora. La queja/reclamación del usuario turístico constituye así un acto jurídico de naturaleza mixta y compleja, con funcionalidades y finalidades diferenciadas: 1.— podrá ser una solicitud de acceso a una actividad administrativa prestacional (el servicio de información y asistencia); 2.— podrá ser una solicitud de la actividad administrativa mediadora; 3.— podrá ser también el "objeto procesal" del arbitraje administrativo solicitado posteriormente por el usuario; 4.— y finalmente, podrá ser la denuncia administrativa previa a la actividad administrativa inspectora o/y la sancionadora.

Viviendas de uso turístico
Análisis de la situación actual y propuestas
para la mejora de su marco regulatorio

Fundación Democracia y Gobierno Local
Serie Claves del Gobierno Local, 39
ISBN: 978-84-125912-5-5

261

2. La protección de los derechos de los usuarios de las viviendas de uso turístico por la Administración local

2.1. Las competencias de las entidades locales en defensa de los usuarios turísticos. En especial, las competencias municipales

2.1.1. Las competencias locales turísticas: ¿incluyen la protección administrativa de los usuarios?

Como es sabido, la Constitución no atribuye materias o competencias a favor de las Administraciones locales, es decir, no dispone listado alguno como, en cambio, sí establece a favor de las comunidades autónomas en los artículos 148.1 y 149.1. Esto es, las competencias locales las establece el legislador —estatal o/y autonómico— competente para regular cada materia, que, en virtud de los intereses locales presentes en ella y por imperativo de la autonomía local constitucionalmente garantizada (artículos 140 y 141), ha de atribuir las suficientes competencias administrativas a las entidades locales. Así lo dispone la Ley 7/1985, de 2 de abril, Reguladora de las Bases del Régimen Local (LRBRL) en su artículo 2, garantizando aún más esa debida asignación de competencias —en su función de norma básica que es—, al establecer un listado de materias de competencias propias de los municipios, obligando de esta forma al respectivo legislador sectorial competente en la materia a atribuir en la ley sectorial las competencias locales precisas y adecuadas. Ciertamente, el artículo 25.2 de la LRBRL formula una relación de las materias o los sectores en los que, por hallarse implicados intereses locales, deben producirse necesariamente atribuciones legislativas de competencias propias municipales; y entre estas competencias de los municipios la norma incluye ciertas competencias específicamente sobre la materia turística —"h) Información y promoción de la actividad turística de interés y ámbito local"—[39], apreciándose así que el turismo es, sin duda, una materia administrativa de interés local[40].

---

39. Por otra parte, recuérdese que el mismo artículo 25.2 de la LRBRL establece no pocas competencias municipales que inciden o afectan al turismo: protección y gestión del patrimonio histórico, ferias, abastos, mercados, lonjas y comercio ambulante, protección de la salubridad pública, promoción del deporte e instalaciones deportivas y de ocupación del tiempo libre, promoción de la cultura y equipamientos culturales, etc. Así lo ha subrayado también Fernández Ramos (2017: 61), especialmente atendiendo al elemento territorial: "[...] Pero, sobre todo, debe destacarse el hecho de que el territorio es un elemento fundamental de la política turística, puesto que va a ser en el ámbito territorial de un municipio donde el turista va a proveerse de todos los servicios, ya sean de naturaleza pública o privada, que conforman el producto turístico, lo cual otorga una especial posición a las entidades locales debido a su papel determinante en el urbanismo".

40. Los municipios también podrán ejercer ciertas competencias turísticas delegadas, al amparo de lo dispuesto en el artículo 27.3 de la LRBRL, las previstas en el apartado j), que es

Viviendas de uso turístico
Análisis de la situación actual y propuestas
para la mejora de su marco regulatorio

Fundación Democracia y Gobierno Local
Serie: Claves del Gobierno Local, 39
ISBN: 978-84-125912-5-5

Nada nuevo aportan las leyes autonómicas de régimen local (ni las de regímenes especiales[41]) sobre estas competencias turísticas de las Administraciones locales[42], debiendo acudirse necesariamente a la normativa sectorial turística; es decir, las leyes de turismo serán las normas atributivas de las competencias específicamente turísticas de las entidades locales en cada comunidad autónoma[43], leyes que no destacan precisamente por su carácter municipalista o meramente local[44], como ya resaltara la doctrina[45].

Más concretamente, la mayoría de las leyes turísticas solo menciona las competencias turísticas de los municipios, siendo muy pocas las normas que explícitamente mencionan otras entidades locales competentes en turismo[46]. No debe extrañar, pues, que las leyes de turismo, en general, se

---

"Promoción y gestión turística". Por otra parte, la misma LRBRL, en su artículo 30, ya prevé que la legislación autonómica establezca regímenes turísticos específicos para los municipios en cuyos términos municipales prevalezcan, entre otras, las actividades turísticas.

41. Así lo expone Bauzá Martorell (2016: 198-200) en relación con la Ley 23/2006, de 20 de diciembre, de capitalidad de Palma de Mallorca.

42. La generalidad de estas leyes se limita meramente a incluir el turismo entre las competencias municipales, aunque algunas sí contemplan el régimen especial de los municipios turísticos (artículos 90-92 de la Ley 5/1997, de 22 de julio, de Administración local de Galicia; artículo 41 de la Ley 2/2003, de 11 de marzo, de Administración Local de la Comunidad de Madrid; artículos 46-47 de la Ley 6/1988, de 25 de agosto, de Régimen Local de la Región de Murcia,...). Excepción singular se aprecia en la Ley 5/2010, de 11 de junio, de autonomía local de Andalucía (LAULA), en cuanto que en su artículo 9.16 sí especifica las competencias de promoción del turismo: "a) La promoción de sus recursos turísticos y fiestas de especial interés. b) La participación en la formulación de los instrumentos de planificación y promoción del sistema turístico en Andalucía. c) El diseño de la política de infraestructuras turísticas de titularidad propia".

43. Especialmente crítico con la laxitud de estas atribuciones competenciales se ha manifestado Melgosa Arcos (2011: 1172): "[...] Si analizamos las Leyes de Turismo de las distintas Comunidades Autónomas en primer lugar nos llama la atención que, con carácter general se ha incumplido el mandato establecido en el art.25.2 LRBRL, puesto que en una buena parte de los casos el legislador autonómico ha omitido la atribución de competencias a las Corporaciones locales; o cuando se ha realizado, salvo honrosas excepciones, se ha hecho sin la contundencia ni la imaginación suficiente [...]".

44. Es más, como ha subrayado Fernández Ramos (2017: 62), "un bloque de las leyes turísticas autonómicas obvió cualquier referencia a la posible atribución de responsabilidades en las entidades locales contraviniendo la legislación básica de régimen local, Baleares (Ley 2/1999, de 24 de marzo), Castilla-La Mancha (Ley 8/1999, de 26 de mayo), Extremadura (Ley 2/1997, de 20 de marzo), Madrid (Ley 1/1999, de 12 de marzo), Murcia (Ley 11/1997, de 12 de diciembre) y la Rioja (Ley 22001, de 31 de mayo)", y "otro bloque de leyes, optó por establecer las competencias de todas las administraciones públicas implicadas en la materia, incluidas las entidades locales, Aragón (artículos 13 y 14 de la Ley 6/2003, de 27 de febrero), Asturias (artículo 6 de la Ley 7/2001, de 22 de junio), Canarias (artículos 6 y 7 de la Ley 7/1995, de 6 de abril), Cantabria (artículo 6 de la Ley 5/1999, de 24 de marzo), Castilla y León (artículos 7, 8 y 9 de la Ley 10/1997, de 19 de diciembre), Cataluña (artículos 68, 70 y 71 de la Ley 13/2002, de 21 de junio)".

45. Razquin Lizarraga (1999: 43-48), Melgosa Arcos (2011: 1172-1173), Bouaza Ariño (2013), Tudela Aranda (1999: 119), Martínez Pallarés (2005: 75-76) y Corchero Pérez (2011: 154).

46. Así, por ejemplo, la Ley 13/2002, de 21 de junio, de Turismo de Cataluña, se refiere genéricamente en su artículo 66.1.c) a "las Administraciones locales territoriales *distintas de los Ayuntamientos*", admitiendo una pluralidad de entidades locales turísticas; en cambio, la Ley

Viviendas de uso turístico
Análisis de la situación actual y propuestas
para la mejora de su marco regulatorio

Fundación Democracia y Gobierno Local
Serie: Claves del Gobierno Local, 39
ISBN: 978-84-125912-5-5

263

limiten a enunciar las competencias propias de las provincias, a semejanza de lo dispuesto en la legislación de régimen local[47]; tan solo en algunas leyes turísticas se pueden apreciar otras competencias más específicas, como es el caso de la Ley 14/2010, de 9 de diciembre, de Turismo de Castilla y León, cuyo artículo 4, tras disponer numerosas competencias propias y comunes de las provincias en esta materia[48], incluye dos más singulares: "e) El impulso y orientación de los Consorcios o Patronatos provinciales de Turismo", y "f) La aprobación de los planes de desarrollo turístico de ámbito provincial"[49].

7/2011, de 27 de octubre, del Turismo de Galicia, en su artículo 3.1.c) incluye una mención más específica y estricta ("las entidades locales *supramunicipales*"); y mencionando ya los *nomen iuris* de ciertos entes locales de ámbito supramunicipal, destacan el Decreto Legislativo 1/2016, de 26 de julio, por el que se aprueba el texto refundido de la Ley del Turismo de Aragón, que se refiere a "las *comarcas*" (artículo 5.1) y la Ley 7/1995, de 6 de abril, de ordenación del turismo en Canarias, cuyo artículo 4.1.b) alude a "los Cabildos Insulares".

47.   No obstante, obsérvese que el artículo 36.1 de la LRBRL ni siquiera menciona, entre otras materias, al turismo entre las competencias propias de las provincias, y pese a ello, estos entes locales han ejercido ciertas competencias de fomento turístico al amparo de una interpretación expansiva de la competencia cooperativa dispuesta en su actual apartado d) y el originario apartado e), como ha resaltado (y justificado) Fernández Ramos (2017: 61): "Por su parte, respecto a las Diputaciones Provinciales, aun cuando en la versión original de la LRBRL no se mencionaba expresamente el turismo, la referencia general, al 'fomento y la administración de los intereses peculiares de la provincia' —art. 36.1.e)—, se entendió tempranamente que fundamentaba una acción de fomento y promoción del turismo en la provincia, cuya más evidente manifestación ha sido la generalización en buena parte del país de los llamados patronatos provinciales de turismo. Y la adición por la Ley 57/2003, de 16 de diciembre, de la competencia provincial relativa a la 'cooperación en el fomento del desarrollo económico y social y en la planificación en el territorio provincial, de acuerdo con las competencias de las demás Administraciones Públicas en este ámbito' —art. 36.1.d)—, vino a reforzar este papel de las Diputaciones Provinciales, debido a la innegable vinculación del fomento y promoción del turismo con el desarrollo económico local. De hecho, uno de los objetivos principales en materia de desarrollo local es fomentar la diversificación de actividades económicas, para no depender en exclusiva de las rentas derivadas de las explotaciones agrarias, y para ello una de las medidas más extendidas es justamente el fomento del turismo rural".

48.   "a) La promoción turística de la provincia, en coordinación con los municipios. b) La coordinación de las acciones de promoción y fomento del turismo que desarrollen los municipios comprendidos en su ámbito territorial, sin perjuicio de las competencias establecidas en el artículo 5.b) de la presente ley. c) El desarrollo de la política de infraestructuras turísticas de la provincia y la coordinación de las acciones que en la materia realicen los municipios que la integran. d) El asesoramiento y apoyo técnico a los municipios de su ámbito territorial en cualquier aspecto que mejore su competitividad turística [...]".

49.   También merece citarse la Ley 2/2011, de 31 de enero, de desarrollo y modernización del Turismo de Extremadura, al atribuir su artículo 5 a las diputaciones provinciales una competencia participativa en el ejercicio de una competencia autonómica —"e) La participación en el proceso de elaboración de los planes de ordenación y promoción turística de Extremadura"—, así como las competencias colaborativas en sus apartados f) y g), esto es, respectivamente, tanto con la Administración estatal, autonómica y locales "para la promoción de zonas y recursos comunes", como "con el sector privado y social en cuantas actuaciones fueren de interés para el fomento y promoción de la actividad turística", y, "en particular, el asesoramiento técnico a las pequeñas y medianas empresas para la puesta en funcionamiento de nuevas actividades turísticas".

264

Viviendas de uso turístico
Análisis de la situación actual y propuestas
para la mejora de su marco regulatorio

Fundación Democracia y Gobierno Local
Serie: Claves del Gobierno Local. 39
ISBN: 978 84 125912-5-5

Sin embargo, en las leyes turísticas de las comunidades autónomas en cuyos ordenamientos de régimen local las comarcas tienen unas competencias propias relevantes (especialmente, el Decreto Legislativo 1/2006, de 27 de diciembre, del Gobierno de Aragón, por el que se aprueba el texto refundido de la Ley de Comarcalización de Aragón), las competencias que expresamente les atribuyen las leyes de turismo son numerosas[50], incluyendo, así, competencias turísticas características de las provincias[51], además de otras competencias similares o equiparables a las municipales, o incluso a las autonómicas. En efecto, aparte de las competencias típicamente provinciales de poder prestar servicios o realizar obras, con carácter complementario de los servicios y las obras municipales (artículo 70.2.c de la ley catalana), o prestar la asistencia necesaria a los municipios para la conservación de los recursos turísticos (artículo 13.2.i de la ley aragonesa), las comarcas de estas comunidades autónomas tienen otras competencias más propias de entidades territoriales primarias o entidades municipales, como son la mayoría de las asignadas en el artículo 70.1 de la ley catalana[52], o, incluso,

---

50. También ha destacado estas atribuciones competenciales comarcales Martínez Pallarés (2005: 76-77).

51. Igualmente la Ley castellanoleonesa, en su artículo 5, atribuye estas habituales competencias "provinciales" a sus comarcas: "Las Comarcas de la Comunidad de Castilla y León, legalmente reconocidas, ejercerán las siguientes competencias en materia de turismo: a) La promoción turística de la comarca, en colaboración con los municipios que la integran. b) La coordinación de las acciones de promoción y fomento del turismo que desarrollen los municipios comprendidos en su ámbito territorial. c) El desarrollo de la política de infraestructuras turísticas de la comarca y la coordinación de las acciones que en la materia realicen los municipios que la formen. d) El impulso y orientación de los Consorcios o Patronatos comarcales de Turismo. e) La aprobación de los planes de desarrollo turístico de ámbito comarcal [...]".

52. "Corresponden a los Consejos comarcales, sin perjuicio de las competencias establecidas por la legislación de régimen local, las siguientes atribuciones: a) La declaración de recursos turísticos de interés comarcal, la protección y el fomento de estos recursos y, si procede, la iniciativa para que sean declarados recursos turísticos esenciales. b) La coordinación de los municipios de la comarca, si obtiene la declaración de comarca de interés turístico o si más de uno de los municipios que la integran obtiene la de municipio turístico, en los términos establecidos por la legislación de régimen local. c) La colaboración en las iniciativas emprendidas por la Administración de la Generalidad para promover la imagen de Cataluña como marca turística. d) La promoción de los recursos turísticos de la comarca. e) La iniciativa para obtener la calificación de comarca de interés turístico o las denominaciones geoturísticas que coincidan con su ámbito territorial. f) La creación y el sostenimiento de la correspondiente oficina comarcal de información turística, que tienen carácter obligatorio en el caso de que la comarca sea declarada de interés turístico, y potestativo en los demás casos. g) La emisión de informes en relación a las solicitudes presentadas por los municipios de su ámbito territorial para convertirse en municipios turísticos. h) La participación en el proceso de elaboración del Plan de turismo de Cataluña. i) El ejercicio de las competencias turísticas que les delega o les asigna la Administración de la Generalidad, de acuerdo con lo establecido por la legislación de régimen local". Y el artículo 13.2 de la ley aragonesa tipifica algunas similares competencias, añadiendo otras propias: "Corresponden a las comarcas, en todo caso, las siguientes competencias sobre turismo: [...] b) La elaboración y aprobación del plan de dinamización turística comarcal, respetando las directrices de los recursos turísticos de la Comunidad Autónoma. f) La emisión de informe sobre la declaración de actividades de interés turístico de Aragón, en los

Viviendas de uso turístico
Análisis de la situación actual y propuestas
para la mejora de su marco regulatorio

Fundación Democracia y Gobierno Local
Serie: Claves del Gobierno Local. 39
ISBN: 978-84-125912-5-5

265

ciertas competencias características de las Administraciones turísticas autonómicas, como son algunas de las atribuidas por el artículo 13.2 de la ley aragonesa, en orden, principalmente, al control de las actividades y los establecimientos turísticos (registro, inspección, sanción).

En cambio, las leyes turísticas que atribuyen competencias a favor de entidades supramunicipales distintas de las comarcas se limitan a enunciar competencias típicamente provinciales. La ley gallega (artículo 6.1) tipifica como competencias turísticas la promoción de los recursos turísticos en coordinación con los entes locales y la Administración autonómica (apartado a), así como el asesoramiento y apoyo técnico a los entes locales de su ámbito territorial "en cualquier aspecto que mejore su competitividad turística" (apartado b)[53]. En esta línea también se sitúa el artículo 6 de la ley canaria, al disponer las competencias turísticas de los cabildos insulares.

Y centrándonos ya en las competencias turísticas de los municipios, llaman la atención las escasas competencias atribuidas por las leyes de turismo, así como la falta de homogeneidad de estas competencias municipales. La mayoría de las leyes turísticas enuncian esas competencias municipales, pero otras solo remiten a las atribuidas por la ley autonómica de régimen local[54]; mientras que unas leyes se limitan a disponer la competencia de promoción del turismo local[55] (y, en su caso, otras asimiladas)[56], otras atribuyen algunas competencias muy distintas a favor de los municipios, como, son, por

---

términos establecidos reglamentariamente. [...] j) La colaboración con el sector privado y social en cuantas actuaciones fueren de interés para el fomento y promoción de la actividad turística. En particular, el asesoramiento técnico a las pequeñas y medianas empresas turísticas para la puesta en funcionamiento de nuevas actividades turísticas".

53. También contiene una competencia participativa, pero condicionada a la discrecionalidad de la Administración de la comunidad autónoma: "d) La contribución, a instancia de la Administración autonómica, a la formulación de los instrumentos de planificación turística".

54. Es el caso singular de Andalucía. La Ley 13/2011, de 23 de diciembre, del Turismo, en su artículo 4.1, dispone: "1. Son competencias propias de los municipios en materia de turismo las determinadas en el artículo 9.16 de la Ley 5/2010, de 11 de junio", esto es, las atribuidas explícitamente por la Ley de Autonomía Local de Andalucía (LAULA), que se reconducen a la llamada "Promoción del turismo"; cierto es, sin embargo, que este precepto tipifica una concepción amplia de esta actividad administrativa de las Administraciones turísticas, que incluye no solo la competencia de la promoción *stricto sensu* —"la promoción de sus recursos turísticos y fiestas de especial interés", establecida en el apartado a)—, sino además otras funciones públicas dudosamente equiparables, como son las dispuestas en los apartados siguientes de la norma —"b) La participación en la formulación de los instrumentos de planificación y promoción del sistema turístico en Andalucía. c) El diseño de la política de infraestructuras turísticas de titularidad propia"—.

55. Es el caso de la Ley 13/2016, de 28 de julio, de Turismo, del País Vasco, cuyo artículo 5.3 dispone: "Corresponde a los municipios la gestión y promoción del turismo local".

56. Así, por ejemplo, el artículo 6 de la Ley 5/1999, de 24 de marzo, de Ordenación del Turismo de Cantabria (asimismo, el artículo 9 de la Ley castellanoleonesa) prescribe la competencia de la *promoción* de los recursos y productos turísticos, pero también *el fomento* de las actividades turísticas. Y en términos similares lo prevé el artículo 14 de la Ley aragonesa: "b) La promoción de los recursos turísticos existentes en el término municipal, en el marco de pro-

266

Viviendas de uso turístico
Análisis de la situación actual y propuestas
para la mejora de su marco regulatorio

Fundación Democracia y Gobierno Local
Serie: Claves del Gobierno Local. 39
ISBN: 978-84-125912-5-5

ejemplo, las inherentes a la llamada actividad administrativa de limitación u ordenación administrativa de las actividades turísticas[57]; finalmente, otras leyes asignan numerosas competencias turísticas a las entidades locales, comprendiendo la generalidad de las modalidades de la actividad administrativa (limitación, fomento, prestacional y planificadora)[58], aunque prevaleciendo las funciones propias de la actividad administrativa limitadora[59].

Por tanto, solo una absoluta minoría de las leyes turísticas se refieren a competencias municipales de *defensa* de los derechos de los usuarios

---

moción de Aragón como destino turístico integral. c) El fomento de las actividades turísticas de interés municipal".

57.   Así, el artículo 14.a) de la Ley de Aragón encomienda "la protección y conservación de sus recursos turísticos, en particular del patrimonio natural y cultural [...]" (también los artículos 9 de la Ley de Castilla y León y 6 de la Ley de Cantabria recogen esta competencia de tutela turística), y "el otorgamiento de las licencias municipales en relación con las empresas y establecimientos turísticos".

58.   La intervención o actuación administrativa en el sector turístico es —como suele ser habitual en otros sectores económicos, en particular, y en la generalidad de las actividades de los particulares, en general— muy numerosa y muy heterogénea. No se trata solo de que la Administración turística realiza un elevado número de actividades, sino que la diversidad material de estas es notable. La Administración pública actúa a veces favoreciendo a los sujetos turísticos, y otras veces perjudicándoles; dicta, así, actos administrativos favorables o concediendo/reconociendo derechos, y dicta también actos administrativos de gravamen o restrictivos de la actividad de empresas y usuarios turísticos: la Administración, bien concede subvenciones a empresas turísticas y otorga premios y galardones a profesionales del sector, bien impone sanciones a empresarios turísticos, inspecciona sus establecimientos, les dicta órdenes, o bien informa y asesora a empresarios y turistas o, incluso, en ocasiones media y resuelve los conflictos entre ellos; y finalmente, la Administración turística también actúa como un peculiar empresario turístico, prestando ciertos servicios turísticos a los usuarios (alojamiento...) a cambio de un precio... Y todas estas actividades de la Administración turística presentan entre sí algunas semejanzas y bastantes diferencias. La incidencia de unas y otras sobre los turistas y los empresarios/profesionales del sector es, como puede observarse, muy distinta. Es preciso ya diferenciar estas actividades de la Administración turística local.

59.   Relevantemente, la Ley de Cataluña, por cuanto su artículo 68 enuncia nueve competencias específicas: "Corresponden a los ayuntamientos, sin perjuicio de las competencias establecidas por la legislación de régimen local, las siguientes atribuciones: a) La promoción y la protección de los recursos turísticos de interés municipal. b) La declaración de los recursos turísticos de interés local y, si procede, la iniciativa para que sean declarados recursos turísticos esenciales. c) El otorgamiento de las autorizaciones, las licencias y los permisos que les corresponde aprobar de acuerdo con la legislación vigente. c bis) La comunicación en el Registro de Turismo de Cataluña de las altas y bajas de la actividad de los establecimientos de alojamiento turístico. d) La elaboración de los instrumentos de planeamiento que tienen atribuidos de acuerdo con la legislación vigente. e) El ejercicio de la función inspectora sobre las actividades turísticas que se lleven a cabo dentro de su término municipal, que incluyen los servicios de comercialización presencial o telemática de estas actividades, y el ejercicio de la potestad sancionadora sobre este mismo ámbito, en coordinación, en ambos casos, con la Administración de la Generalidad. f) La promoción del otorgamiento de denominaciones geoturísticas a los ámbitos territoriales en los que se hallan incluidos y la promoción de la declaración de interés turístico de lugares, bienes o servicios localizados dentro de su término municipal. g) La prestación, en el caso de los municipios turísticos, de los servicios mínimos que establece el artículo 19. h) La participación en el proceso de elaboración del Plan de turismo de Cataluña [...]". Y en términos parecidos se atribuyen también en la Ley de Galicia (ocho competencias en su artículo 5) y la Ley de Extremadura (once competencias en su artículo 6).

Viviendas de uso turístico
Análisis de la situación actual y propuestas
para la mejora de su marco regulatorio

Fundación Democracia y Gobierno Local
Serie: Claves del Gobierno Local, 39
ISBN: 978-84-125912-5-5

267

turísticos[60]; y son aquellas leyes de turismo que, bien atribuyen competencias propias de la actividad administrativa supervisora de los deberes de las empresas turísticas (y en este sentido, protectoras de los derechos de los usuarios turísticos presupuestos constitutivos de esos deberes legales), bien atribuyen la competencia de información y asesoramiento al turista en cuanto al ejercicio de sus derechos, o bien les reconocen ciertas competencias sobre el ejercicio del derecho de reclamación del usuario contra las empresas turísticas y, por ende, tutelando así la Administración municipal este derecho instrumental del usuario.

En primer lugar, la casi totalidad de las leyes de turismo no establecen competencias propias municipales referentes a potestades administrativas supervisoras del cumplimiento de los derechos de los usuarios turísticos por parte de las empresas[61]. Solo la ley catalana, en su artículo 68.e), atribuye expresamente a los municipios la titularidad de las potestades inspectora y sancionadora "sobre las actividades turísticas que se lleven a cabo dentro de su término municipal, que incluyen los servicios de comercialización presencial o telemática de estas actividades"[62].

En cuanto a las competencias informativas y asesoras de los derechos de los turistas, tampoco las leyes turísticas autonómicas tipifican competencia municipal alguna[63].

---

60. Singularidad se aprecia en el artículo 5 de la Ley gallega, en cuanto que atribuye a sus municipios una cierta competencia colaborativa en el ejercicio de esta competencia protectora del usuario turístico: "Corresponden a los Ayuntamientos, sin perjuicio de las competencias establecidas por la legislación de régimen local, las siguientes atribuciones: [...] h) La colaboración con la Xunta de Galicia en la protección de los derechos de las usuarias y usuarios turísticos".

61. Esta importante competencia administrativa turística garantizadora de los derechos de los usuarios está, pues, residenciada en las Administraciones turísticas autonómicas.

62. Así, puede apreciarse una relevante municipalización de la policía turística en Cataluña, al tener atribuido el municipio no un mero ejercicio delegado de las potestades inspectora y sancionadora (una competencia delegada por la Generalitat), sino una auténtica competencia municipal propia que representa un régimen excepcional en el seno de las actuales leyes turísticas autonómicas. Cierto es que el artículo 68.e) impone la "coordinación" —tanto en el ejercicio municipal de la potestad inspectora turística como en el de la potestad sancionadora turística— con la Administración de la Generalitat; pero este mandato es una exigencia de los principios constitucionales (y legales) propios de las relaciones interadministrativas, y no una competencia administrativa *stricto sensu*.

63. Y lo más sorprendente es que tampoco suelen atribuir esta competencia a la Administración autonómica. Excepción relevante presenta la ley andaluza, que incluso prevé la creación de órganos administrativos específicos y exclusivos para la protección del turista. Su artículo 27 así lo dispone ("1. Con el fin de informar y proteger en sus derechos a las personas usuarias de los servicios turísticos, se crea la Unidad para la Asistencia al Turista"), incluso atribuyéndole ya específicas funciones administrativas en defensa de los derechos de los usuarios: "informar sobre los derechos que asisten a las personas usuarias de servicios turísticos y sobre la forma de presentar quejas y reclamaciones para hacerlos efectivos, intervenir para la solución de conflictos entre las personas usuarias y prestadores de servicios cuando sea requerido para ello por

268

Viviendas de uso turístico
Análisis de la situación actual y propuestas
para la mejora de su marco regulatorio

Fundación Democracia y Gobierno Local
Serie: Claves del Gobierno Local, 39
ISBN: 978-84-125912-5-5

Por último, si bien es cierto que la generalidad de las leyes de turismo incluye expresamente el derecho a reclamar en el listado de derechos de los usuarios turísticos, solo una minoría establece una mínima regulación —en la propia Ley[64] o/y en un reglamento ejecutivo[65]— de este esencial derecho, y, asimismo, una esencial regulación de la protección administrativa, garantizando su ejercicio frente a la empresa turística; pero esa regulación reglamentaria no contempla competencias de las Administraciones locales.

Por todo lo anterior, el régimen competencial habilitante de la protección de los derechos de los usuarios turísticos por parte de las corporaciones locales no está efectivamente tipificado en la legislación turística, debiendo, pues, acudirse a las competencias locales en materia de consumidores y usuarios para justificar la protección local de esos derechos turísticos.

2.1.2. Las competencias locales en defensa de los consumidores y usuarios. Una primera aproximación general

El originario artículo 25.2.g) de la LRBRL atribuía expresamente a los municipios la específica competencia sobre "defensa de usuarios y consumidores", materia específica suprimida por la Ley 27/2013, de 27 de diciembre, de racionalización y sostenibilidad de la Administración Local, porque introduce un "nuevo" apartado i) —que sustituye a ese originario apartado g)—, sin incluir ya la materia defensa de consumidores/usuarios para referirse únicamente a "ferias, abastos, mercados, lonjas y comercio ambulante". Por tanto, como competencia propia la Administración local solo tiene explícitamente atribuida, con carácter básico, la defensa de consumidores y usuarios inhe-

---

las partes afectadas, informar a los prestadores de servicios turísticos sobre buenas prácticas y mejora de los servicios y trasladar a la inspección turística las denuncias o quejas que pudieran ser constitutivas de infracción administrativa" (apartado 2). Sin embargo, pese a disponer su apartado 3 que "reglamentariamente se desarrollarán su estructura administrativa y su funcionamiento", esta regulación reglamentaria aún no se ha aprobado.

64. Es el caso de la Ley 7/1995, de 6 de abril, de Ordenación del Turismo de Canarias, cuyo artículo 20 se refiere a las quejas y reclamaciones de los turistas, destacando el deber del establecimiento turístico de anunciar "en castellano, inglés, alemán y otro idioma a elegir" la existencia de las hojas de quejas y reclamaciones (apartado 2).

65. Es el caso de Canarias (Decreto 77/2022, de 7 de abril, que regula las características y el procedimiento de obtención de las hojas de reclamaciones y el procedimiento de tramitación de las reclamaciones, quejas y denuncias en materia turística), Castilla y León (Orden CYT/920/2021, de 18 de junio, que regula la hoja de reclamación en materia de turismo), Baleares (artículos 149-156 del Decreto 20/2015, de 17 de abril, de principios generales y directrices de coordinación en materia turística; de regulación de órganos asesores, de coordinación y de cooperación del Gobierno de las Illes Balears, y de regulación y clasificación de las empresas y de los establecimientos turísticos) y Galicia (Decreto 148/2013, de 12 de septiembre, por el que se regulan el libro de visitas de la inspección turística y las hojas de reclamaciones de turismo).

Viviendas de uso turístico
Análisis de la situación actual y propuestas
para la mejora de su marco regulatorio

Fundación Democracia y Gobierno Local
Serie Claves del Gobierno Local, 39
ISBN: 978-84-125912-5-5

269

rente a las materias locales referidas en el apartado i) y la enunciada en el apartado j): "Protección de la salubridad pública"[66]. Resulta obligado, pues, acudir, por un lado, a las leyes autonómicas de régimen local[67].

En segundo lugar, y sobre todo, las competencias locales sobre defensa general de consumidores y usuarios están establecidas en la legislación sectorial, que, en virtud de la doctrina constitucional sobre el sistema competencial estatal y autonómico en la materia defensa general de consumidores/usuarios (STC 15/1989, de 16 de enero, especialmente)[68], no será el TRLGDCU[69], sino las leyes autonómicas de protección de consumidores y usuarios, como asimismo subraya Guillén Caramés (2011: 2749).

---

66. Eso sí, el artículo 27.3.i) de la LRBRL cita como competencia delegable por el Estado y/o la comunidad autónoma el ejercicio de dos importantes potestades administrativas garantes del cumplimiento de los derechos de ciertos consumidores/usuarios: la "Inspección y sanción de establecimientos y actividades comerciales".

67. En su mayoría continúan contemplando la materia de protección de consumidores y usuarios entre las competencias de sus municipios: así se prevé en el artículo 80.2.g) de la Ley 5/1997, de 22 de julio, de Administración local de Galicia; el artículo 20.1.j) de la Ley 1/1998, de 4 de junio, de Régimen Local de Castilla y León; el artículo 42.2.g) de la Ley 7/1999, de 9 de abril, de Administración Local de Aragón; el artículo 33.1.g) de la Ley 8/2010, de 23 de junio, de la Generalitat, de Régimen Local de la Comunitat Valenciana, etc. Otras leyes autonómicas no la refieren, remitiéndose a las competencias municipales establecidas en la LRBRL (por ejemplo, el artículo 34 de la Ley 1/2003, de 3 de marzo, de la Administración Local de La Rioja), y, en cambio, sí incluyéndola expresamente entre las competencias de las comarcas —el artículo 361.3.i) de la Ley Foral 6/1990, de 2 de julio, de la Administración Local de Navarra, o el artículo 72.2.l) de la citada ley riojana—. Y destaca la Ley 5/2010, de 11 de junio, de autonomía local de Andalucía (LAULA), por cuanto especifica y desglosa en funciones públicas determinadas la competencia atribuida en su artículo 19.15 sobre ordenación, planificación y gestión de la defensa y protección de personas usuarias y consumidoras: "a) La información y educación a las personas usuarias y consumidoras en materia de consumo, así como la orientación y el asesoramiento a estas sobre sus derechos y la forma más eficaz para ejercerlos. b) La información y orientación a las empresas y profesionales en materia de consumo. c) El análisis, tramitación, mediación o arbitraje, en su caso, de las quejas, reclamaciones y denuncias que presentan las personas consumidoras. d) La constitución, gestión, organización y evaluación de las oficinas municipales de información al consumidor de su ámbito territorial. e) El fomento, divulgación y, en su caso, gestión, del sistema arbitral de consumo, en colaboración con la Administración General del Estado y la Comunidad Autónoma de Andalucía, en los términos previstos en la legislación vigente. f) La inspección de consumo y el ejercicio de la potestad sancionadora respecto de las infracciones localizadas en su territorio en las condiciones, con el alcance máximo y facultades establecidos en la normativa autonómica reguladora en materia de consumo. g) La prevención de situaciones de riesgo de ámbito municipal de las personas consumidoras y la adopción de medidas administrativas preventivas definitivas, cuando estas situaciones se materialicen en el ámbito estrictamente local y se puedan afrontar en su totalidad dentro del término municipal, o provisionales cuando excedan del mismo. h) La constitución, gestión, organización y evaluación de los puntos de contacto".

68. Vid., por todos, Rebollo e Izquierdo (2018: 1443-1445).

69. No contiene, por cierto, ninguna norma referente a las competencias locales, a diferencia de su antecedente, la Ley 26/1984, de 19 de julio, General para la Defensa de los Consumidores y Usuarios, que sí atribuía a las corporaciones locales competencias específicas en su artículo 41; pero este precepto fue afectado por la doctrina de la STC 15/1989, y por tanto, habiendo asumido los estatutos de autonomía la competencia sobre la materia "defensa de los

270

Viviendas de uso turístico
Análisis de la situación actual y propuestas
para la mejora de su marco regulatorio

Fundación Democracia y Gobierno Local
Serie: Claves del Gobierno Local. 39
ISBN: 978-84-125912-5-5

Y un primer examen de esta legislación autonómica nos muestra la atribución generalizada a los municipios de importantes funciones públicas protectoras de los derechos de los consumidores y usuarios[70]; y lo hace, además, tipificando incluso la organización administrativa municipal (o a veces incluso supramunicipal) específica que debe crearse en ciertos municipios para ejercer buena parte de estas competencias: las llamadas oficinas municipales de información al consumidor (OMIC). Así, en primer término, la mayoría de las leyes encomienda a las OMIC la función de informar y asesorar a los consumidores/usuarios sobre sus derechos y su ejercicio efectivo, así como la función mediadora (y conciliadora) en los conflictos entre consumidores/usuarios y empresas, iniciados con las quejas y las reclamaciones presentadas por las personas consumidoras/usuarias. En segundo término, los municipios tienen también atribuida la función arbitral de esas controversias de consumo en los términos previstos en la normativa específica sobre el sistema arbitral de consumo. Finalmente, las leyes de defensa de consumidores y usuarios de las comunidades autónomas atribuyen a estas Administraciones locales las potestades inspectora y sancionadora en garantía específicamente de los derechos de los consumidores/usuarios en cada término municipal, aunque en ocasiones con distinto alcance y distintas condiciones en su ejercicio, como se verá.

2.2. La protección local de los derechos de los usuarios de las viviendas turísticas

Todo lo anterior nos muestra un diferente régimen de competencias municipales protectoras de los derechos de los usuarios turísticos según lo dispuesto en las respectivas leyes autonómicas turísticas y de defensa general de consumidores y usuarios. Así, primeramente, se aprecian unas comunidades autónomas dotadas no solo de la protección general dispensada por las leyes de consumidores/usuarios, sino también de la protección específica prevista en las leyes de turismo, esto es, un plus de protección, confirmán-

---

consumidores" al amparo del primer inciso del artículo 149.3 de la Constitución, y ejercido esta competencia aprobando sus respectivas leyes de protección de consumidores/usuarios, carecía ya de su originario valor supletorio.

70. No todas las leyes autonómicas en esta materia otorgan competencias propias a los municipios. Así, por ejemplo, la Ley 7/2014, de 23 de julio, de protección de las personas consumidoras y usuarias de las Illes Balears dispone en su artículo 93 que "la comunidad autónoma de las Illes Balears podrá delegar en los municipios competencias en materia de consumo, en los términos establecidos por la legislación de régimen local", si bien es cierto que en su artículo 47 admite la creación —"atendiendo a los criterios de eficacia y eficiencia"— de oficinas de información al consumidor de ámbito local, oficinas que tienen atribuidas en el artículo 48 las funciones públicas de información, asesoramiento y mediación entre consumidores y empresarios.

Viviendas de uso turístico
Análisis de la situación actual y propuestas
para la mejora de su marco regulatorio

Fundación Democracia y Gobierno Local
Serie Claves del Gobierno Local, 39
ISBN: 978-84-125912-5-5

271

dose así la existencia de una primera división dual de regímenes protectores locales de usuarios turísticos en nuestro ordenamiento: régimen general (normativa de consumidores/usuarios) o régimen general y régimen especial (legislación turística). Y en segundo lugar, también se observan distintos grados de protección en los concretos regímenes establecidos en unas y otras leyes (turísticas y/o de defensa general de consumidores/usuarios), en cuanto que las competencias municipales atribuidas por los respectivos legisladores autonómicos, bien no incluyen todas las funciones públicas protectoras, o bien las incluyen con distintas condiciones, nivel o alcance.

Procede, pues, abordar estas competencias municipales protectoras de los derechos de los usuarios turísticos atribuidas por la legislación autonómica referida, ya sea la turística o ya sea la de defensa de consumidores/usuarios.

2.2.1. La actividad de información y asistencia al turista

Considerando la generalizada ausencia de estas competencias municipales en las leyes turísticas, se aplicará el régimen establecido en las leyes autonómicas de protección general de consumidores y usuarios[71]. Y esta normativa autonómica de defensa general no solo atribuye competencias informativas y asesoras a los municipios[72], sino que además, en ocasiones, establece incluso la organización primaria municipal competente para prestar esa actividad de servicio público[73]: la llamada "Oficina Municipal de Información al

---

71.   Recuérdese que el artículo 17 del TRLGDCU ya impone un deber general a las Administraciones locales —y a todas las Administraciones competentes— de asegurar que los consumidores y usuarios "dispongan de la información precisa para el eficaz ejercicio de sus derechos", así como el deber de velar "para que se les preste la información comprensible sobre el adecuado uso y consumo de los bienes y servicios puestos a su disposición en el mercado".

72.   Explícitamente lo dispone el artículo 97.1 de la ley andaluza de consumidores/usuarios: "Sin perjuicio de las competencias autonómicas, corresponde a los municipios andaluces velar en sus respectivos territorios por la protección de los consumidores y, en particular: a) La información y educación de los consumidores, estableciendo los cauces adecuados para ello, de acuerdo con las necesidades de cada localidad, pudiéndose contar para tal fin con la colaboración de las organizaciones o asociaciones de consumidores y usuarios".

73.   Así ha sido calificada esta modalidad de actividad administrativa por Rebollo e Izquierdo (1998: 16) y Guillén Caramés (2011: 2749 y ss.); esto es, las oficinas de información al consumidor de titularidad pública (no las de titularidad privada, también previstas en la mayoría de las leyes autonómicas —Guillén Caramés, 2011: 2756-2757, 2760-2764—) realizan la típica actividad prestacional, en cuanto que la Administración ha asumido como propia la realización de la finalidad pública informadora/asesora a los consumidores, prestándola ella misma directamente mediante sus servicios administrativos, ofreciendo el "servicio público" de información, orientación y asistencia al consumidor/usuario. Y expresamente así la califica la Ley 22/2010, de 20 de julio, del Código de consumo de Cataluña en su artículo 126-10 ("1. Cualquier órgano u organismo de titularidad pública dependiente de una administración pública catalana que lleve a cabo tareas de información, orientación y asesoramiento a las personas consumidoras tiene la

Viviendas de uso turístico
Análisis de la situación actual y propuestas
para la mejora de su marco regulatorio

Fundación Democracia y Gobierno Local
Serie: Claves del Gobierno Local. 39
ISBN: 978-84-125912-5-5

Consumidor"[74] (OMIC)[75]; es cierto, no obstante, que la normativa de consu-
midores/usuarios a veces condiciona su constitución al principio de eficacia
administrativa[76] y "de mayor proximidad a los consumidores" (artículo 21.1
de la Ley 13/2003, de 17 de diciembre, de defensa y protección de los consumidores y usuarios de Andalucía, artículo 126-10.4 de la Ley 22/2010, de 20
de julio, del Código de consumo de Cataluña...), principio este último que
justificaría la preferencia de ciertos legisladores autonómicos por las oficinas
de información al consumidor de ámbito municipal, y no por las oficinas de
ámbito supramunicipal o provincial (relevantemente, Andalucía[77]) o, en su
caso, por las oficinas de titularidad autonómica (Aragón)[78], a diferencia de
otros legisladores que han priorizado absolutamente la existencia de oficinas de ámbito autonómico en sus respectivas leyes de consumidores/usua-
rios[79]. Eso sí, la Administración autonómica tiene atribuidas las funciones

---

consideración de servicio público de consumo en el ámbito de su demarcación territorial y de
acuerdo con sus competencias").

74.   Entre otras, la Ley 3/2019, de 22 de marzo, del Estatuto de las Personas Consumidoras en
Castilla-La Mancha (artículo 102), la Ley 16/2006, de 28 de diciembre, de Protección y Defensa
de los Consumidores y Usuarios de Aragón (artículo 28), la ley andaluza (artículo 21), etc.

75.   Menos intervencionista en la potestad autoorganizatoria local resulta ser la Ley 3/2003,
de 12 de febrero, del Estatuto de los Consumidores y Usuarios de la Comunidad Autónoma de
Canarias, al limitarse su artículo 46.1 a una mera tipificación de la competencia local de información a los consumidores y usuarios, "y el establecimiento de oficinas y servicios de información al consumidor y usuario".

76.   Así, por ejemplo, se aprecia en el artículo 21.2 de la ley andaluza cuando prioriza la creación de las OMIC en municipios con una población superior a 20 000 habitantes o en entidades supramunicipales, y no en todo municipio: "La Administración de la Junta de Andalucía
fomentará especialmente la creación de Oficinas Municipales de Información al Consumidor:
a) En las mancomunidades o agrupaciones de municipios. b) En todos los municipios capitales
de provincia de la Comunidad Autónoma de Andalucía. c) En los distintos distritos municipales
de las ciudades de más de cincuenta mil habitantes. d) En los municipios de más de 20.000
habitantes. e) En los municipios de alto grado de población flotante, en la forma en que se
establezca reglamentariamente".

77.   El artículo 22 de la ley andaluza es ilustrativo: "Las Diputaciones Provinciales, dentro de
su ámbito territorial, podrán asumir la función de información y orientación a los consumidores en aquellos municipios donde no se dispongan de Oficinas Municipales de Información al
Consumidor, pudiendo llevarlas a cabo en colaboración con las organizaciones o asociaciones
de consumidores y usuarios". Además, en esta comunidad autónoma la ley no prevé la creación de oficinas de información en el seno de la Administración autonómica. En todo caso, ese
papel secundario de las entidades locales no municipales también lo confirma el artículo 97
en sus apartados 2 ("Tanto la Administración autonómica como las Diputaciones Provinciales
cooperarán con los municipios para que puedan ejercer adecuadamente sus competencias
en la materia") y 3 ("Todas las actividades y competencias de los municipios en relación con la
protección de los consumidores podrán desarrollarse por medio de fórmulas asociativas").

78.   El artículo 28 de la ley aragonesa, si bien expresamente proclama el principio de mayor
proximidad (apartado 1) e impone a los municipios con población superior a 5000 habitantes
crear una Oficina Municipal de Información al Consumidor (apartado 3), impone también a las
comarcas la constitución de la OMIC (apartado 4: "[...] Toda comarca contará con al menos una
oficina comarcal de información al consumidor").

79.   Es el caso de Baleares, cuya Ley 7/2014, de 23 de julio, de protección de las personas consumidoras y usuarias no es nada municipalista, sino más bien autonómicamente centralista, puesto

Viviendas de uso turístico
Análisis de la situación actual y propuestas
para la mejora de su marco regulatorio

Fundación Democracia y Gobierno Local
Serie: Claves del Gobierno Local, 39
ISBN: 978-84-125912-5-5

273

de coordinación de las oficinas de ámbito infraautonómico; así lo consagra amplia y relevantemente la ley andaluza[80], entre otras leyes autonómicas[81].

Las oficinas de información al consumidor de las entidades locales (OMIC, en su mayoría) tienen, pues, como función esencial y justificativa misma de su existencia, la prestación del servicio público informativo a los consumidores/usuarios (incluidos —no se olvide— los turistas) sobre sus derechos (y sus deberes)[82], comprendiendo también —y esto es aún más relevante— la asistencia o el asesoramiento más adecuado para su eficaz ejercicio. Y esta información, orientación y asistencia es individualizada y particularizada a cada consumidor/usuario que la solicite (Guillén Caramés, 2011: 2765), porque solo así será una eficaz acción administrativa protectora de los derechos de los consumidores y usuarios[83], protección

---

que, pese a la declaración generalizada del artículo 32.1 ("Las Administraciones públicas de las Illes Balears velarán para que los ciudadanos puedan [...] conocer sus derechos como consumidores y la manera de ejercerlos con responsabilidad [...]"), no atribuye competencias municipales propias y solo contempla en su artículo 93 las competencias municipales por delegación ("La Comunidad autónoma de las Illes Balears podrá delegar en los municipios competencias en materia de consumo, en los términos establecidos por la legislación de régimen local").

80.   El artículo 22 atribuye a esta Administración la mera coordinación interadministrativa de las OMIC (y también su asistencia en el ejercicio de sus funciones), al disponerlo en su artículo 23: "La Administración de la Junta de Andalucía, a través de la Consejería competente en materia de protección a los consumidores, coordinará la labor de las Oficinas de Información al Consumidor de titularidad pública y podrá prestar a las mismas el apoyo técnico y económico necesario para su implantación y funcionamiento, en los términos que reglamentariamente se determine"; competencia de coordinación —que podrá traducirse en una planificación autonómica sectorial al amparo del artículo 100 ("1. [...], el Consejo de Gobierno podrá coordinar la actividad de la Administración local en materia de protección del consumidor mediante la aprobación de planes sectoriales en los que se fijen los objetivos y se determinen las prioridades de la acción pública en dicha materia. 2. Estos planes... en ningún caso podrán suponer menoscabo de las competencias que esta u otras leyes atribuyan a la Administración local")— concurrente asimismo con el principio de cooperación tipificado en la propia ley, en cuanto que instaura un órgano *ad hoc* al efecto en su artículo 99 ("1. Reglamentariamente, se creará la Comisión Interadministrativa de Cooperación de Consumo, como órgano de colaboración, coordinación y cooperación entre la Administración autonómica y las Corporaciones locales andaluzas en las materias reguladas en esta Ley").

81.   El artículo 28.5 de la ley aragonesa así lo tipifica: "La Administración de la Comunidad Autónoma de Aragón, a través del Departamento competente en materia de consumo, coordinará la labor de las oficinas de información a los consumidores de titularidad pública, prestando a las mismas el apoyo técnico necesario para su implantación y funcionamiento, en los términos que reglamentariamente se determinen". También lo contempla la ley canaria en sus artículos 45.1 y 47.

82.   Aunque la generalidad de las leyes autonómicas de consumidores/usuarios solo refieren los derechos, salvo la ley catalana, que sí menciona derechos y deberes en su artículo 120-10.1.b), en no pocas ocasiones las OMIC deberán informar también de los deberes exigibles por los empresarios afectados por la consulta o la reclamación del consumidor/usuario.

83.   La información general que también realizan las OIC mediante la elaboración de folletos informativos, comunicaciones y anuncios en sus webs, campañas de difusión en medios o redes de comunicación social, etc., cumple más bien una función preventiva y no estrictamente protectora de los derechos de los consumidores/usuarios.

274

Viviendas de uso turístico
Análisis de la situación actual y propuestas
para la mejora de su marco regulatorio

Fundación Democracia y Gobierno Local
Serie: Claves del Gobierno Local. 39
ISBN: 978-84-125912-5-5

administrativa de asistencia individualizada[84] aún más necesaria cuando el consumidor tiene el *status* legal de "persona consumidora vulnerable"[85] y, por tanto, tiene derecho a un régimen protector cualificado que deben establecer también las Administraciones locales conforme demanda con carácter general el artículo 8.2 del TRLGDCU[86].

Se comprende así que no sea esta función informadora y asesora la única que tiene encomendada la OMIC; la generalidad de las leyes autonómicas de defensa de consumidores/usuarios atribuyen a las oficinas de información otras relevantes funciones públicas que exceden de la actividad de servicio público de carácter informativo-asesor que conforma su fin institucional mismo, funciones que en modo alguno pueden calificarse como actividad administrativa prestacional, presentando, por el contrario, una naturaleza jurídica propia de otras modalidades de la acción administrativa (específicamente, la actividad de mediación)[87] y, por tanto, normalmente atribuidas a otros órga-

---

84. La información que ha de facilitarse al consumidor/usuario ha de ser, pues, completa, adecuada y, por supuesto, comprensible para cada consumidor o usuario como requiere el artículo 17.1 del TRLGDCU, comprendiendo no solo los derechos sustantivos (y deberes, en su caso), sino también los derechos procedimentales y de defensa específicamente previstos acordes a la concreta relación de consumo acontecida, las acciones legales a las que tiene derecho; y no basta con una mera asistencia informativa, sino que, además, es obligado prestar la asistencia legal necesaria para el eficaz ejercicio de sus derechos (*ex* artículo 17.1 TRLGDCU), un primer asesoramiento básico recomendando iniciar una u otra vía de defensa (administrativa o judicial), sin incurrir así en el asesoramiento legal continuado del asunto o conflicto una vez ejercida una u otra acción legal, actividad profesional típicamente reservada a la abogacía (artículo 4 del Real Decreto 135/2021, de 2 de marzo, por el que se aprueba el Estatuto General de la Abogacía Española).

85. Así las define el artículo 3.2 del TRLGDCU: "Asimismo, a los efectos de esta ley y sin perjuicio de la normativa sectorial que en cada caso resulte de aplicación, tienen la consideración de personas consumidoras vulnerables respecto de relaciones concretas de consumo, aquellas personas físicas que, de forma individual o colectiva, por sus características, necesidades o circunstancias personales, económicas, educativas o sociales, se encuentran, aunque sea territorial, sectorial o temporalmente, en una especial situación de subordinación, indefensión o desprotección que les impide el ejercicio de sus derechos como personas consumidoras en condiciones de igualdad".

86. Específicamente, el artículo 8.1.f) exige la adopción de "procedimientos eficaces" para la protección de sus derechos.

87. No obstante esta diferente naturaleza y funcionalidad (en absoluto calificable como actividad de información y asistencia propia y característica de las OMIC), Guillén Caramés (2011: 2765-2779) las incluye también entre las "funciones típicas" que tienen atribuidas, limitando las "funciones atípicas" asignadas por algunas escasas leyes autonómicas a la función inspectora y la colaborativa con las asociaciones de consumidores/usuarios, funciones atípicas cuya atribución a las OMIC explícitamente critica porque "no casan bien con la finalidad de éstas deben realizar, según lo establecido por la legislación de consumo". Por el contrario, no las incluye el artículo 2.1. del Decreto 8/1999, de 4 de febrero, que regula el Registro de las Oficinas de Información al Consumidor y Usuario de la Región de Murcia ("A los efectos de la presente norma, se entiende por Oficina de Información al Consumidor y Usuario —OICU— aquella que ofrezca públicamente a los ciudadanos el servicio de información, ayuda y orientación a los consumidores y usuarios para el adecuado ejercicio de sus derechos, fundamentalmente atendiendo las consultas que realicen, así como indicando las direcciones y principales funciones de otros centros, públicos o privados, de interés para el consumidor y usuario").

Viviendas de uso turístico
Análisis de la situación actual y propuestas
para la mejora de su marco regulatorio

Fundación Democracia y Gobierno Local
Serie Claves del Gobierno Local, 39
ISBN: 978-84-125912-5-5

275

nos administrativos en modo alguno prestadores de servicios informativos y orientadores a los ciudadanos (en nuestro caso los consumidores/usuarios).

2.2.2. La actividad de resolución alternativa de los conflictos de consumo turístico: mediación y arbitraje administrativo

La generalidad de las leyes turísticas no establece un régimen específico de mediación y arbitraje turístico[88], pese a contemplarlo explícitamente y remitir a su futura regulación en ocasiones[89]. Es decir, la mayoría de la legislación turística no contiene normas propias sobre la organización y el funcionamiento de una actividad arbitral turística, remitiendo íntegramente al sistema arbitral de consumo para la resolución extrajudicial de los conflictos entre empresa turística y turista[90], sistema establecido en la legislación estatal (TRLGDCU, Ley 7/2017, de 2 de noviembre, por la que se incorpora al ordenamiento jurídico español la Directiva 2013/11/UE, del Parlamento Europeo y del Consejo, de 21 de mayo de 2013, relativa a la resolución alternativa de litigios en materia de consumo, y Real Decreto 231/2008, de 15 de febrero, por el que se regula el Sistema Arbitral de Consumo) e integrado por la actividad administrativa arbitral (y también por la previa actividad conciliadora-mediadora desempeñada por los propios organismos arbitrales), incluso contemplando las competencias de las entidades locales en los términos que referiremos.

a.– Mediación

En relación con la mediación/conciliación administrativa, es preciso subrayar que tampoco las comunidades autónomas que han aprobado una regulación específica de las quejas y reclamaciones de los usuarios turísticos (Canarias, Castilla y León, Baleares y Galicia, como ya indicamos) han dispuesto siempre una actividad administrativa mediadora tras la presentación de la

---

88. Algunas comunidades autónomas sí han establecido unas ciertas reglas mínimas en su Ley de Turismo, como se verá al abordar específicamente el arbitraje.

89. Es el caso de la ley turística catalana, por cuanto su artículo 32, pese a remitir al sistema arbitral de consumo en su apartado 1, en su apartado 2 expresamente habilita a la Administración de la Generalitat a "crear mecanismos de mediación o conciliación distintos del arbitraje de consumo, con el objetivo de que las empresas turísticas puedan utilizarlos voluntariamente para la resolución rápida y eficaz de los conflictos que las afecten". Asimismo, habilitan al reglamento para establecer el sistema de arbitraje turístico las siguientes leyes de turismo: ley extremeña (artículo 126.2), ley asturiana (disposición adicional tercera), ley cántabra (artículo 74) y ley madrileña (artículo 72).

90. Así lo hace el artículo 32.1 de la ley turística catalana ("1. Las administraciones turísticas han de fomentar la resolución de los conflictos que se produzcan entre las empresas y los usuarios de los servicios turísticos a través del arbitraje de consumo"). También remiten expresamente al arbitraje de consumo la ley de Castilla y León (artículo 14), la ley aragonesa (disposición adicional primera), la ley valenciana (artículo 80), la ley balear (artículo 17), la ley vasca (artículo 17)...

Viviendas de uso turístico
Análisis de la situación actual y propuestas
para la mejora de su marco regulatorio

Fundación Democracia y Gobierno Local
Serie: Claves del Gobierno Local, 39
ISBN: 978-84-125912-5-5

queja/reclamación ante la Administración pública turística[91], pese incluso a la habilitación expresa dispuesta en alguna ley de turismo[92], y, sobre todo, pese a las competencias autonómicas regulatorias de un sistema propio de la mediación administrativa en defensa de consumidores/usuarios[93] (y no meramente organizatorio, como acontece con el régimen del arbitraje de consumo, al ser regulado íntegramente por el Estado en virtud de sus competencias exclusivas)[94]. De esta forma, el procedimiento administrativo iniciado por estas quejas o reclamaciones de los turistas resulta ser más bien un procedimiento de naturaleza investigadora o inspectora[95], cuyo fin esencial es la comprobación administrativa de los hechos objeto de la queja/reclamación (un procedimiento administrativo, pues, previo, en su caso, a la incoación de procedimiento sancionador por esos hechos así denunciados)[96], y no tanto

---

91. La Comunidad Autónoma de Andalucía, pese a no tener esa reglamentación específica turística de las quejas y reclamaciones, podría establecer ese régimen especial de actividad de mediación turística al amparo del artículo 27 de su Ley de Turismo, en cuanto que, como ya avanzamos, prevé la llamada "Unidad para la Asistencia al Turista", a la que le atribuye específicamente la función de "intervenir para la solución de conflictos entre las personas usuarias y prestadores de servicios cuando sea requerido para ello por las partes afectadas"; sin embargo, doce años después de aprobarse la ley, el Consejo de Gobierno aún no ha aprobado el reglamento de constitución y funcionamiento al que expresamente remitía el propio artículo 27.3.

92. Es el caso de la Ley gallega, cuyo artículo 126.2 así lo prescribe: "La Administración de la Xunta de Galicia podrá crear mecanismos de mediación, de acuerdo con lo establecido en la legislación vigente sobre la materia".

93. Lo reconoce el mismo preámbulo del Real Decreto 231/2008: "[...] el papel de la mediación en el procedimiento arbitral, absteniéndose de regular este instituto de resolución de conflictos por congruencia con las competencias autonómicas sobre la materia". No es de extrañar, pues, que Cataluña aprobase una amplia regulación en el Decreto 98/2014, de 8 de julio, del procedimiento de mediación en las relaciones de consumo.

94. La disposición final primera del Real Decreto 231/2008 así lo dispone: "Esta norma se dicta al amparo de lo dispuesto en el artículo 149.1, 5.ª y 6.ª de la Constitución, que atribuyen al Estado las competencias exclusivas en materia de administración de justicia y de legislación procesal, respectivamente".

95. Nítidamente lo tipifica el Decreto 77/2022 de Canarias en su artículo 9: "1. Se acusará recibo de toda reclamación, queja o denuncia por el servicio competente en materia de inspección de turismo. [...] 3. Si del contenido de la reclamación, queja o denuncia, se aprecian indicios de comisión de alguna de las infracciones tipificadas por la normativa turística aplicable, el órgano con competencias en materia de inspección ordenará las correspondientes actuaciones previas de comprobación [...]".

96. Así lo dispone el artículo 155 del Decreto 20/2015 de Baleares ("1. Una vez recibido el original de la hoja de quejas, la Consejería de Turismo y Deportes o los consejos insulares, según los casos, [...] 3. Formuladas las alegaciones [...], la Consejería de Turismo y Deportes o el consejo insular competente, según los casos, puede iniciar el expediente sancionador correspondiente, que se tramitará de acuerdo con lo establecido en el capítulo III del título V de la Ley 8/2012, o acordar el archivo de las actuaciones. 4. La Consejería de Turismo y Deportes o el consejo insular competente, según el caso, tiene que comunicar a la persona usuaria de servicios turísticos el inicio y la resolución del expediente sancionador, de acuerdo con lo dispuesto en el artículo 6.4 del Decreto 14/1994, de 10 de febrero, por el que se aprueba el Reglamento del procedimiento que se tiene que seguir en el ejercicio de la potestad sancionadora, o el archivo de las actuaciones a los efectos oportunos"). Más tímidamente lo refiere la Orden CYT/920/2021 de Castilla y León en su artículo 7 ("2. No apreciándose in-

Viviendas de uso turístico
Análisis de la situación actual y propuestas
para la mejora de su marco regulatorio

Fundación Democracia y Gobierno Local
Serie: Claves del Gobierno Local, 39
ISBN: 978-84-125912-5-5

277

un procedimiento administrativo de resolución extrajudicial del conflicto acontecido[97].

Así, la actividad administrativa de mediación en las quejas/reclamaciones formuladas por los usuarios turísticos se rige por la normativa de defensa de consumidores/usuarios (y por la sucinta previsión contenida en el Real Decreto 231/2008), en especial por los decretos autonómicos reguladores, bien de la mediación *stricto sensu*, bien de las quejas y reclamaciones de los consumidores/usuarios cuando estas normas establecen esta modalidad de actividad administrativa para resolver la queja/reclamación. Ciertamente, estos reglamentos autonómicos reguladores de las hojas de quejas y reclamaciones en materia de consumo atribuyen a las Administraciones públicas competentes en defensa de consumidores/usuarios el ejercicio de la función pública de mediación-conciliación en los conflictos de consumo[98], concediendo también competencias a las entidades locales.

---

dicios de infracción, el órgano competente en materia de turismo acordará el archivo de la reclamación, informando al reclamante de las razones que motivan su archivo"). También lo prevé el artículo 9.4 del Decreto 77/2022 de Canarias, comunidad autónoma cuya Ley de Turismo ya contempla tímidamente en su artículo 20.4 la previa actuación inspectora ("[…] En todo caso, cuando la queja se formule directamente ante una Administración pública ésta extenderá recibo de la misma. Copia de todas las quejas y reclamaciones será trasladada a la inspección turística de la Administración autonómica").

97.   Sin embargo, el Decreto 77/2022 de Canarias, pese a tipificarlo explícitamente como un procedimiento de inspección administrativa en su artículo 9, prevé también la naturaleza conciliadora *inter privatos* en el seno de ese procedimiento administrativo de investigación, al disponer su artículo 10 no solo que "se archivarán las reclamaciones, quejas o denuncias de cuyo contenido no se desprenda la existencia de hechos constitutivos de infracción administrativa" (apartado 1), sino además que "el desistimiento de la reclamación o de la denuncia, así como la avenencia entre las partes, darán lugar al archivo de la reclamación" (apartado 2). En similar sentido se expresa la Orden CYT/920/2021 de Castilla y León en su artículo 7, al disponer, tras referirse al ejercicio de la potestad sancionadora, que "[…] la avenencia entre las partes […] darán lugar al archivo de la reclamación" (apartado 3). También contempla esta dualidad funcional del procedimiento administrativo de la queja/reclamación del turista el Decreto 148/2013 de Galicia, en términos similares, en su artículo 13.3, refiriéndose al archivo de la reclamación por "la avenencia entre las partes", sin perjuicio de que "el órgano competente de la Agencia Turismo de Galicia podrá incoar de oficio el procedimiento sancionador si apreciara algún hecho constitutivo de infracción en materia de turismo".

98.   También lo hacen las leyes autonómicas de defensa de consumidores/usuarios. Así, por ejemplo, la ley catalana (artículo 126-10.1, y artículos 132-1 a 132-4); la ley manchega, atribuyendo a las oficinas de información al consumidor la función mediadora en exclusiva (artículo 29.a) o "en colaboración con las asociaciones de consumidores" (artículo 29.b), y contemplando esta función pública en sus artículos 126 y 127; la Ley 2/2015, de 4 de marzo, por la que se aprueba el Estatuto del Consumidor de Castilla y León (artículo 25.2.b); la Ley 11/1998, de 9 de julio, de Protección de los Consumidores de la Comunidad de Madrid (artículo 30); la Ley 6/2019, de 20 de febrero, del Estatuto de las personas consumidoras de Extremadura (artículo 30); la Ley 2/2012, de 28 de marzo, de protección general de las personas consumidoras y usuarias de Galicia (artículo 44), etc.

Viviendas de uso turístico
Análisis de la situación actual y propuestas
para la mejora de su marco regulatorio

Fundación Democracia y Gobierno Local
Serie: Claves del Gobierno Local. 39
ISBN: 978-84-125912-5-5

En este sentido, especialmente ilustrativo es el preámbulo del Decreto 82/2022, de 17 de mayo, que regula las hojas de quejas y reclamaciones de las personas consumidoras y usuarias en la Comunidad Autónoma de Andalucía[99], justificando estas competencias municipales no obstante la tipificación que hace la propia Ley andaluza de consumidores al disponer unos singulares órganos administrativos mediadores de ámbito provincial y autonómico[100], funciones mediadoras, por cierto, también atribuidas con carácter accesorio a otros órganos de la Administración autonómica por su legislación de consumidores/usuarios[101]. En efecto, las oficinas municipales de información al consumidor "tramitan las reclamaciones y prestan a la persona consumidora y usuaria apoyo jurídico en la tramitación de estos expedientes; por último facilitan la solución de las controversias, alcanzando un alto número de acuerdos entre empresas y personas consumidoras y usuarias [...]". Y no solo este decreto autonómico atribuye a los municipios esas específicas competencias sobre las quejas y reclamaciones de los consumidores/usuarios, sino que, además, les atribuye prioritariamente esa competencia mediadora, reconociendo solo a título supletorio esa competencia de las delegaciones territoriales/provinciales de la consejería competente

---

99.   "[...] Y es que el análisis, la tramitación, la mediación o el arbitraje, en su caso, de las quejas, reclamaciones y denuncias que presentan las personas consumidoras y usuarias, son competencias propias de los municipios andaluces, de conformidad con el artículo 92.2.j) del Estatuto de Autonomía para Andalucía, del artículo 9.15 de la Ley 5/2010, de 11 de junio, de Autonomía Local de Andalucía, y de los artículos 97 y 98 de la Ley 13/2003, de 17 de diciembre".

100.   Estos órganos administrativos mediadores son también órganos de carácter representativo y participativo, integrados por representantes de las organizaciones o asociaciones de consumidores, de las organizaciones empresariales y de las Administraciones públicas de Andalucía (autonómica y locales), y que, de conformidad con esa composición no burocrática, tienen atribuidas otras funciones públicas en materia de protección de consumidores/usuarios, propias de los órganos consultivos y de cooperación: el Consejo Andaluz de Consumo y los consejos provinciales de consumo (artículo 38). En todo caso, el Decreto 517/2008, de 2 de diciembre, por el que se aprueba el Reglamento de Organización y Funcionamiento del Consejo Andaluz de Consumo y de los Consejos Provinciales de Consumo, les asigna específicamente la función mediadora en su artículo 2, en los siguientes términos inequívocos: "Corresponden al Consejo Andaluz de Consumo las funciones que a continuación se enumeran, cuando se refieran a cuestiones que excedan del ámbito provincial, o cuando se eleven al mismo por los Consejos Provinciales de Consumo: [...] b) Actuar como órgano de mediación a fin de instar el acuerdo entre las partes en los conflictos que puedan producirse en materia de consumo [...]". En términos similares se expresa el artículo 16.d), atribuyendo la competencia mediadora a los consejos provinciales siempre que los conflictos de consumo "no excedan de su ámbito territorial de actuación", ámbito que se circunscribe "específicamente al ámbito provincial" (artículo 15.2). En todo caso, interesa subrayar que se trata de órganos adscritos a la Administración autonómica —el Consejo Andaluz, a la dirección general competente en materia de consumo (artículo 1.2), y los consejos provinciales, a las respectivas delegaciones provinciales de la consejería con las competencias en materia de consumo (artículo 15.2)—; y, lo que es aún más relevante, solo uno de los 9 miembros de cada consejo es representante de las entidades locales (artículos 3 y 18), confirmando el escaso carácter municipalista de esta organización mediadora.

101.   El artículo 2.4 de la Ley 11/2004, de 19 de noviembre, de inspección de consumo de Galicia, encomienda al Servicio de Inspección de Consumo la función mediadora.

Viviendas de uso turístico
Análisis de la situación actual y propuestas
para la mejora de su marco regulatorio

Fundación Democracia y Gobierno Local
Serie Claves del Gobierno Local, 39
ISBN: 978-84-125912-5-5

279

en consumo[102], en la misma línea municipalista o local que la adoptada por alguna ley autonómica de defensa de consumidores y usuarios[103].

Eso sí, los decretos de las HQR no disponen un régimen uniforme de esa actuación administrativa mediadora de las OMIC. En unas comunidades autónomas (Andalucía, Cantabria...) la Administración pública solo podrá actuar cuando haya tenido lugar un previo proceso de conciliación entre consumidor/usuario y empresa[104]; solo cuando ese proceso *inter privatos* no haya resuelto satisfactoriamente la queja o reclamación formulada por el consumidor/usuario —es decir, no se haya alcanzado un acuerdo conciliatorio entre las partes dentro del plazo reglamentario previsto al efecto (10 días, 20 días, un mes, según el Decreto autonómico)— podrá la Administración iniciar su actuación mediadora de resolución extrajudicial del conflicto[105].

---

102. El mismo preámbulo lo justifica: Se adopta, así, "el criterio de la mayor cercanía a la persona reclamante. De esta manera, siempre que haya una Oficina Municipal de Información al Consumidor en el municipio de residencia habitual de la persona consumidora y usuaria, será ésta la competente para tramitar una reclamación, a tenor de las competencias propias en materia de consumo que ostentan las entidades locales andaluzas a las que se ha hecho referencia. En su defecto, corresponderá su tramitación a la Delegación Territorial o Provincial de la Junta de Andalucía competente en materia de consumo". Y en la misma línea se pronuncia el artículo 9.3 del Decreto 121/2013, de 26 de febrero, de las hojas oficiales de queja, reclamación y denuncia en las relaciones de consumo de Cataluña ("[...] En caso de que el organismo habilitado escogido sea un servicio público de consumo, la persona consumidora se dirigirá al servicio público de consumo del municipio donde está domiciliada o donde reside. Si el municipio donde está domiciliada o donde reside la persona consumidora no dispone de servicio público de consumo lo remitirá la oficina supramunicipal que proceda y, si no hay ninguna, a la Agencia Catalana del Consumo [...]"). También prevé esa preferencia de la OMIC, aunque solamente referida al ejercicio de la actividad administrativa mediadora, el artículo 9.3 y 4 del Decreto 46/2009, de 10 de julio, de Hojas de reclamación o de denuncia en materia de consumo de Baleares, impidiendo la intervención de la Dirección General de Consumo hasta que la mediación efectuada haya fracasado.

103. Relevantemente, la ley catalana de consumo en su artículo 126-10.2, antes referido.

104. Así lo prescriben el artículo 7 del Decreto 21/2021, de 11 de febrero, que regula las hojas de reclamaciones en las relaciones de consumo de Cantabria; el artículo 9.1 y 2 del Decreto 46/2009, de 10 de julio, de Hojas de reclamación o de denuncia en materia de consumo de Baleares; el artículo 9.3 del Decreto catalán 121/2013,... Y muy explícito es el artículo 14 del Decreto 98/2014, de 8 de julio, sobre el procedimiento de mediación en las relaciones de consumo de Cataluña: "Antes de la solicitud de inicio de la mediación de consumo la persona consumidora debe haber presentado una reclamación previa a la empresa con quien ha tenido la relación de consumo. Transcurrido el plazo de un mes sin haber obtenido respuesta o en caso de respuesta no satisfactoria a las pretensiones formuladas se puede iniciar el procedimiento de mediación ante la entidad acreditada".

105. El preámbulo del Decreto andaluz así lo explicita: "El mecanismo de hojas de quejas y reclamaciones se estructura en dos fases: una primera que pretende, a través del formulario recogido en el Anexo I, la solución de los conflictos de consumo gracias a la negociación directa entre empresas y personas consumidoras y usuarias. Una segunda fase, ya administrativa, en la que la Oficina Municipal de Información al Consumidor o, en su defecto, la Delegación Territorial o Provincial competente en materia de consumo, tras analizar el conflicto, facilitará que las partes puedan llegar a un acuerdo, asesorará a la persona consumidora acerca de la mejor vía a seguir para garantizar sus derechos e iniciará, en su caso, las correspondientes

280

Viviendas de uso turístico
Análisis de la situación actual y propuestas
para la mejora de su marco regulatorio

Fundación Democracia y Gobierno Local
Serie: Claves del Gobierno Local, 39
ISBN: 978-84-125912-5-5

En cambio, en otras comunidades autónomas (Madrid, Murcia, Valencia...), sus regulaciones reglamentarias no imponen ese previo procedimiento conciliatorio *inter privatos*, sino que el acuerdo entre las partes solo podrá alcanzarse en el seno del procedimiento administrativo iniciado por la presentación de la HQR en la Administración pública competente[106], procedimiento en el que, en el caso de no producirse esa avenencia entre empresa y consumidor/usuario, se iniciará la actividad administrativa mediadora[107]. Y singular regulación presenta el decreto balear, por cuanto su artículo 9 permite en ese plazo de 20 días tanto el acuerdo conciliatorio entre empresa y

actuaciones inspectoras y sancionadoras cuando advierta la comisión de alguna infracción administrativa en materia de consumo [...]". Así pues, conviene ya diferenciar los dos tipos de intervención administrativa que con ocasión de la solicitud de una HQR pueden tener lugar en esta comunidad autónoma, pero que en modo alguno se producen necesaria y obligadamente con la presentación de la HQR por parte del turista. La primera es una actividad administrativa de mediación que solo tiene lugar una vez fracasada la avenencia voluntaria de las partes durante la fase *inter privatos* de la HQR, y que precisa la previa aceptación de ambas partes. Más exactamente, esta actuación administrativa de mediación solo tiene lugar si la empresa no responde al turista dentro del plazo de 10 días que tiene establecido para responderle (incumplimiento del deber de responder en plazo que, por cierto, constituye infracción establecida en el artículo 71.8.3.º de la Ley andaluza de consumidores/usuarios), o si, habiendo respondido, la respuesta empresarial no satisface al turista reclamante, conforme dispone el artículo 14.1 del Decreto. En otros términos, esta norma reglamentaria prevé la intervención de la Administración andaluza, imponiendo al turista la presentación de la reclamación ante la propia empresa turística para que esta la valore, y a la empresa un deber de contestar expresamente la reclamación formulada, propiciando durante ese plazo de diez días una resolución voluntaria del conflicto que afecta a los dos sujetos privados; será en este caso una resolución extrajudicial y extraadministrativa, una resolución meramente bilateral y sin intervención alguna de un tercero (juez o Administración), por haber asumido ahora la empresa toda la pretensión del turista (o haberla aceptado en parte y luego aceptar esta resolución parcial el reclamante), evitando no solo una intervención administrativa de mediación entre las partes, sino también un litigio judicial iniciado por la presentación de una demanda del turista ante los jueces civiles.

106. Así lo disponen el Decreto 1/2010, de 14 de enero, que aprueba el Reglamento de Protección de los Consumidores de Madrid en su artículo 37.1 ("Cumplimentada la hoja de reclamaciones, el consumidor entregará el ejemplar para el establecimiento a su titular o empleado y conservará en su poder los ejemplares para la Administración y para el reclamante. El consumidor dirigirá a la Administración el ejemplar correspondiente [...]"); el Decreto 3/2014, de 31 de enero, del sistema unificado de reclamaciones de los consumidores y usuarios en la Comunidad Autónoma de la Región de Murcia (artículo 8.4); el Decreto 142/2014, de 1 de julio, de Hojas de reclamaciones de Consumo y del procedimiento de atención de quejas, reclamaciones y denuncias de las personas consumidoras y usuarias del País Vasco (artículo 11.2), etc.

107. Artículo 38.1 del Decreto madrileño 1/2010 ("Recibida la reclamación en el organismo competente y en función del contenido de la misma o de la solicitud del reclamante, podrá iniciarse la mediación como sistema operativo de resolución voluntaria de conflictos y reclamaciones en materia de consumo, de conformidad con lo dispuesto en la Ley 11/1998, de 9 de julio, y demás normativa aplicable"); artículo 10.2 del Decreto murciano 3/2014; artículo 4.3 del Decreto 77/1994, de 12 de abril, de las hojas de reclamaciones de consumo de Valencia; artículo 8.3 del Decreto 150/2016, de 11 de octubre, del Reglamento regulador de los Servicios de Atención a Consumidores y Usuarios, de las Hojas de Reclamaciones y por el que se crea el Distintivo de Calidad de Consumo de la Comunidad Autónoma de Aragón...

Viviendas de uso turístico
Análisis de la situación actual y propuestas
para la mejora de su marco regulatorio

Fundación Democracia y Gobierno Local
Serie: Claves del Gobierno Local. 39
ISBN: 978-84-125912-5-5

281

consumidor/usuario como la actividad administrativa mediadora[108]; de esta forma, este decreto desnaturaliza el proceso *inter privatos*, mutándolo en un proceso de naturaleza y funcionalidad híbrida cuyo objeto es tanto la avenencia de las partes por sí mismas como el acuerdo tras la mediación de un tercero (OMIC o asociación de consumidores/usuarios).

En suma, el presupuesto de esta actuación administrativa mediadora es la presentación de la HQR y la no resolución de la reclamación (y del conflicto) mediante acuerdo entre la empresa reclamada y el turista reclamante, ya se haya intentado esa conciliación de las partes en el curso del proceso *inter privatos* previo al procedimiento administrativo de tramitación de la reclamación (en las comunidades autónomas que así lo han establecido) o ya se haya intentado en el seno mismo de este procedimiento administrativo (cuando la comunidad autónoma no ha impuesto esa fase o proceso conciliatorio previo con un plazo máximo determinado); la actuación administrativa de mediación[109] solo tiene lugar cuando se haya intentado y haya fracasado una resolución del conflicto meramente bilateral entre empresa y consumidor/usuario.

Las Administraciones tienen así atribuidas expresa y específicamente potestades administrativas mediadoras, potestades que, por tanto, ejercerán previo el debido procedimiento administrativo tipificado en las normativas reglamentarias referidas. Se trata, pues, de un auténtico procedimiento administrativo que va a tramitar (y resolver) la Administración pública competente en consumo; y es un procedimiento administrativo iniciado solamente a instancia o solicitud (la HQR) del interesado (el consumidor/usuario), no estando facultada la Administración a incoarlo de oficio por acuerdo administrativo, solicitud necesitada de ser "admitida a trámite" por la empresa[110]. Es cierto, no obstante, que, con las excepciones relevantes de Cataluña[111]

---

108.   "2. Dentro del citado plazo de 20 días, el reclamante y el reclamado pueden intentar directamente llegar a una solución de la disputa...3. Dentro del mismo plazo 20 días, el reclamante podrá solicitar a la asociación de consumidores y usuarios de su elección, o a la oficina municipal de información a los consumidores que resulte competente, que lleve a cabo las acciones mediadoras ante la empresa reclamada con el objeto de obtener una solución pactada a la controversia que ha causado la reclamación".

109.   La mediación también podría realizarla una entidad privada acreditada para la resolución extrajudicial de conflictos de consumo, como expresamente reconocen algunas normas autonómicas, de conformidad con lo establecido en la Ley 7/2017.

110.   Al ser la mediación un sistema voluntario de resolución de conflictos, es necesario que ambas partes acepten previamente someterse a la mediación administrativa. Por ello, si las partes no han aceptado expresamente en la hoja de quejas y reclamaciones la posible mediación, el órgano administrativo comunicará la solicitud a la empresa para su aceptación en un plazo determinado, una vez haya admitido a trámite la solicitud del consumidor/usuario.

111.   Lo regula exhaustivamente el Decreto 98/2014 en sus artículos 12-31, que en lo esencial prevén los siguientes trámites: a) admisión de la solicitud, si se han observado los presupuestos

282

Viviendas de uso turístico
Análisis de la situación actual y propuestas
para la mejora de su marco regulatorio

Fundación Democracia y Gobierno Local
Serie: Claves del Gobierno Local, 39
ISBN: 978-84-125912-5-5

y, en menor medida, Andalucía[112], la generalidad de los decretos no ofrece una regulación suficiente de este procedimiento administrativo especial[113], limitándose a disponer algún trámite indispensable y, por supuesto, sin establecer un plazo máximo de duración.

En definitiva, las potestades inherentes a la actividad administrativa mediadora atribuida por la Administración no son las típicas de las otras modalidades de acción administrativa, más allá de las propiamente procedimentales, en todo caso adaptadas a la naturaleza de la mediación. La resolución administrativa del procedimiento no es, pues, una resolución administrativa *stricto sensu*, en cuanto que ejerciendo la mediación la Administración pública no resuelve el conflicto suscitado entre el turista y la empresa turística, sino que tan solo intenta resolverlo propiciando un acuerdo *inter privatos* y, a lo sumo, formulando y presentando a ambas partes una propuesta de resolución del litigio[114]. La resolución de la reclamación del consumidor/usuario continúa residiendo en la autonomía de la voluntad de las partes.

---

previos inexcusables para la mediación (presentación de la HQR y no resolución satisfactoria en el plazo de un mes: artículo 14) y reúne la solicitud los datos formales y documentos exigidos dispuestos en el artículo 15.2, pues en caso contrario tiene lugar el requerimiento administrativo de subsanación de acreditación de la reclamación previa, la documentación o alguno de los datos debidos, concediendo un plazo de diez días y avisando del archivo en caso de no subsanarse en plazo; b) inadmisión a trámite por las causas tasadas del artículo 17; c) traslado de la solicitud y aceptación de la mediación por parte de la empresa en el plazo de 30 días, archivándose la solicitud si no acepta o no contesta en plazo (artículo 20); d) acto de comparecencia (presencial o telemática, en su caso) con la presencia del mediador designado, que intentará que las partes alcancen "por sí mismas" (artículo 12.1) un acuerdo (artículo 22); e) alegaciones y, en su caso, propuestas de las partes (artículo 24); f) terminación del procedimiento en un plazo máximo de 90 días ampliables (artículos 28 y 29).

112.   El Decreto andaluz presenta una singularidad notable respecto de la regulación catalana, no tanto en relación con los trámites del procedimiento, sino en cuanto al concepto de la mediación administrativa. En efecto, en el Decreto catalán la Administración mediadora no podrá formular propuesta alguna de acuerdo a las partes (en términos parecidos se expresa el artículo 45 de la ley foral navarra ("[...] la intervención de una tercera persona imparcial y experta, que tiene como objeto ayudar a las partes y facilitar la obtención por ellas mismas de un acuerdo satisfactorio"); en cambio, en el Decreto andaluz se habilita al órgano administrativo mediador a proponer "una posible solución del conflicto" (artículo 22.1.c).

113.   Al menos el Decreto vasco lo justifica en su preámbulo: "[...] No es objeto este Decreto regular la mediación ni ningún otro sistema de resolución extrajudicial de conflictos de consumo. Tan solo alcanza a regular la tramitación administrativa que se debe dar a toda reclamación presentada ante los Servicios Territoriales de Kontsumobide-Instituto Vasco de Consumo o ante las Oficinas Municipales de Información a las Personas Consumidoras (OMIC) [...]".

114.   Incluso en este caso, la propuesta administrativa no pone fin al conflicto, esto es, la Administración no dirime o resuelve el litigio entre empresa y consumidor/usuario; la resolución del conflicto solo se realizará cuando las dos partes acepten la propuesta de solución que les ha presentado la Administración después de oírles y valorar así sus respectivas alegaciones a los hechos controvertidos. La empresa y el usuario no están obligados a aceptar la propuesta administrativa, y pueden, por tanto, aceptarla o rechazarla, o también asumirla introduciendo modificaciones consensuadas por ambas partes.

Viviendas de uso turístico
Análisis de la situación actual y propuestas
para la mejora de su marco regulatorio

Fundación Democracia y Gobierno Local
Serie: Claves del Gobierno Local, 39
ISBN: 978-84-125912-5-5

283

b.– Arbitraje

Como ya avanzamos, la generalidad de las leyes turísticas remite a la normativa del arbitraje de consumo[115], legislación estatal que, por tanto, se aplicará plenamente a los conflictos turísticos[116], sin perjuicio de las reglamentaciones esencialmente organizativas aprobadas por las comunidades autónomas.

Y precisamente destaca, en el seno de algunas de esas regulaciones reglamentarias organizatorias, la creación de unidades organizativas específicas del arbitraje turístico[117]. En efecto, la Orden de 15 de diciembre de 1998 de la comunidad autónoma de Murcia crea la llamada Sección de Turismo de la Junta Arbitral de Consumo de la Región de Murcia, justificándose en su preámbulo por "la proliferación de reclamaciones producidas durante los últimos años en el sector turístico, así como la especialización necesaria

---

115. La mayoría de las leyes autonómicas de defensa general de consumidores y usuarios tipifican explícitamente el arbitraje de consumo: la ley catalana (artículo 126-10.1.f), la ley aragonesa (artículo 29.c y j), la ley canaria (artículo 45.3.h), la ley castellanoleonesa (artículo 27), la ley madrileña (artículo 31), la ley gallega (artículo 42), la Ley Foral 34/2022, de 12 de diciembre, reguladora del Estatuto de las personas consumidoras y usuarias de Navarra (artículos 42-43 y 49), la Ley 11/2002, de 2 de diciembre, de los Consumidores y Usuarios de Asturias (artículo 28)..., incluso citando su "gestión" por las entidades locales en cooperación con las Administraciones estatal y autonómica (artículos 97.1.c y 98.1.c de la ley andaluza).

116. Una excepción presenta la Ley de Turismo de Cantabria, al disponer dos reglas de interés que se apartan de las dispuestas en el Real Decreto 231/2008. La primera afecta al plazo máximo de resolución del procedimiento administrativo del arbitraje; mientras que el artículo 49.1 del Real Decreto 221/2008 dispone que "el laudo se dictará y notificará a las partes en un plazo de noventa días naturales contados desde que se acuerde el inicio del procedimiento por haber recibido el órgano arbitral la documentación completa necesaria para su tramitación" (aunque el órgano arbitral, "en caso de especial complejidad", podrá acordar una prórroga no superior a ese plazo), en cambio, el artículo 75 de esa ley turística prescribe que el laudo se emitirá "en un plazo no superior a sesenta días desde el comienzo del arbitraje". La segunda diferencia es aún más relevante, por exceder de la naturaleza procedimental u organizativa del arbitraje y referirse a la naturaleza jurídica de la fundamentación misma del laudo arbitral; ciertamente, al amparo de la previsión dispuesta en el artículo 57 del TRLGDCU remitiendo al reglamento ejecutivo del Sistema Arbitral de Consumo ("[...] En dicho reglamento podrá preverse la decisión en equidad, salvo que las partes opten expresamente por el arbitraje de derecho [...]"), el Real Decreto 231/2008 dispone la regla general del arbitraje en equidad, salvo acuerdo expreso de las partes por el arbitraje en derecho (artículo 33.1); por el contrario, el artículo 76.1 de la ley turística cántabra ni siquiera invierte la regla estatal, disponiendo como regla general el arbitraje en derecho y como excepción el de equidad, si no es que exige inexcusablemente el arbitraje en derecho, prohibiendo implícitamente el laudo en equidad ("El laudo arbitral se dictará en derecho").

117. Pero el Decreto Legislativo 1/2019, de 13 de diciembre, del Consell, de aprobación del texto refundido de la Ley del Estatuto de las personas consumidoras y usuarias de la Comunitat Valenciana, no parece limitarse solo a un contenido organizativo de ese régimen especial del arbitraje turístico, al disponer su artículo 84 lo siguiente: "3. Las juntas arbitrales de consumo constituidas en la Comunitat Valenciana, en el marco de lo dispuesto por la normativa general de arbitraje de consumo para los arbitrajes sectoriales, desarrollarán el arbitraje de consumo turístico con las especialidades propias de la materia, atendiendo al carácter turístico de la Comunitat Valenciana, así como aquellos otros arbitrajes sectoriales que se puedan establecer".

Fundación Democracia y Gobierno Local
Serie: Claves del Gobierno Local, 39
ISBN: 978-84-125912-5-5

de los órganos administrativos competentes para resolverlas", atribuyendo, pues, la competencia para conocer "las reclamaciones civiles de consumidores y usuarios finales en materia turística plasmadas en las correspondientes solicitudes de arbitraje", y estando constituida por "el conjunto de los Colegios Arbitrales especializados que se constituyan para el conocimiento de las solicitudes de arbitraje de consumidores o usuarios finales en materia de turismo". En el mismo sentido, la Orden de 12 de febrero de 2003 constituye la Sección de Arbitraje Turístico de la Junta Arbitral de Consumo de la Comunidad Autónoma de Andalucía, porque así se podrán "resolver los conflictos de los consumidores turísticos en un plazo breve, antes de la conclusión de su estancia vacacional; incremento de la protección de los consumidores turísticos y de la calidad de los servicios y favorecimiento de la imagen turística de la Costa del Sol", disponiendo que la sede de la Sección de Arbitraje Turístico estará ubicada en la Delegación del Gobierno de la Junta de Andalucía en Málaga.

Pero, al margen de estas excepcionales singularidades organizativas específicas del arbitraje turístico, la organización administrativa del arbitraje de consumo —que rige en los conflictos turísticos, como se ha indicado— está constituida, de conformidad con lo dispuesto en el Real Decreto 231/2018 (artículo 5.2) y las leyes autonómicas de protección de consumidores/usuarios, por las llamadas juntas arbitrales de consumo (JAC), por las juntas arbitrales territoriales constituidas mediante convenio de colaboración entre, por un lado, cada Administración pública autonómica, provincial o municipal, y, por otro, el Instituto Nacional del Consumo; son, pues, órganos administrativos que ejercen una actividad administrativa (*ex* artículo 3 del Real Decreto 231/2018), siendo, por tanto, de naturaleza administrativa el procedimiento de arbitraje regulado en los artículos 33 y siguientes del citado reglamento estatal.

Ahora bien, la junta arbitral —integrada por presidente/a y secretario/a— no ejerce la función arbitral, al estar atribuida esta función a otro órgano administrativo (el órgano arbitral[118]) que debe constituirse al iniciarse cada

---

118. Así lo dispone el artículo 18 del Real Decreto, previendo en sus artículos 19 y 20 las dos clases de órganos arbitrales: a) unipersonal, esto es, un órgano arbitral constituido solo por un árbitro único, que deberá ser un árbitro de los designados a propuesta de la Administración (salvo que las partes, de común acuerdo, soliciten por razones de especialidad que dicha designación recaiga en otro árbitro acreditado), siendo competente cuando las partes así lo acuerden y cuando lo acuerde el presidente de la Junta Arbitral de Consumo, siempre que la cuantía de la controversia sea inferior a 300 euros y que la falta de complejidad del asunto así lo aconseje; y b) colegiado, es decir, un órgano arbitral constituido por tres árbitros seleccionados (el "colegio arbitral"), siendo el presidente del colegio un árbitro acreditado a propuesta de la Junta Arbitral de Consumo, un segundo miembro un árbitro acreditado a propuesta de las aso-

Viviendas de uso turístico
Análisis de la situación actual y propuestas
para la mejora de su marco regulatorio

Fundación Democracia y Gobierno Local
Serie: Claves del Gobierno Local, 39
ISBN: 978-84-125912-5-5

285

procedimiento tras la admisión a trámite de la solicitud de arbitraje formulada por el consumidor/usuario. Son los órganos administrativo arbitrales *ad hoc* quienes ejercen la función resolutoria de las controversias o los conflictos suscitados entre el turista y la empresa turística, actuando como si fueran "jueces", al ser la vía del arbitraje de consumo una vía alternativa a la judicial y, en consecuencia, tener atribuida el laudo arbitral "fuerza ejecutiva" (carácter vinculante y ejecutivo para ambas partes: artículo 57.1 del TRLGDCU).

No debe extrañar, por ello, que siendo el arbitraje de consumo un sistema voluntario y acordado de resolución de conflictos, requiera precisamente su previa y expresa aceptación por las partes en litigio; es decir, no solo es preciso que el consumidor/usuario quiera y solicite el arbitraje (artículo 34.1 del Real Decreto 231/2018), sino que también es preciso que la empresa acepte someterse al arbitraje solicitado por el reclamante[119]. Y esa aceptación de la empresa reclamada puede efectuarse con carácter previo a la presentación de la solicitud de arbitraje mediante el llamado "convenio arbitral" celebrado entre empresa y consumidor/usuario (artículos 24.1 y 34.1.e del Real Decreto 231/2018), convenio que admite una modalidad *sui generis* con la aceptación del reclamante del arbitraje propuesto previamente por la empresa en la llamada "oferta pública de adhesión al sistema arbitral de consumo" (artículo 25 del Real Decreto 231/2018), en cuyo caso "el convenio arbitral estará válidamente formalizado por la mera presentación de la solicitud, siempre que coincida con el ámbito de la oferta" (artículo 24.2 del Real Decreto 231/2018). Pero también se admite que la aceptación de la empresa sea posterior a la presentación de la solicitud de arbitraje cuando "no consta la existencia de convenio arbitral previo o este no es válido", debiendo el/la presidente/a de la junta arbitral dar traslado de la solicitud de arbitraje al reclamado, dándole un plazo de quince días para la aceptación del arbitraje (artículo 37.3.b del Real Decreto 231/2018). En suma, un procedimiento que se celebrará por haberse previamente acordado por las partes para resolver su conflicto, aunque esta autonomía de la voluntad, sin embargo, no alcanza a los trámites y plazos procedimentales, que están exhaustivamente reglamentados en el citado Real Decreto acorde a la naturaleza administrativa

---

ciaciones empresariales, y el tercero uno entre los acreditados propuestos por las asociaciones de consumidores.

119. Aunque habitualmente, previamente al arbitraje, ha tenido lugar una mediación administrativa fracasada o intentada, la norma reglamentaria no la impone como requisito o condición previa a la formulación de la solicitud de arbitraje, solicitud que, por tanto, debe admitirse a trámite sin haberse efectuado o intentado mediación administrativa alguna. En este caso, el artículo 38.1 del Real Decreto dispone que la Junta Arbitral ha de intentar la mediación antes de realizar el arbitraje, salvo que conste expresamente el rechazo de las partes a la actividad mediadora y su voluntad de someterse directa y únicamente al arbitraje.

Viviendas de uso turístico
Análisis de la situación actual y propuestas
para la mejora de su marco regulatorio

Fundación Democracia y Gobierno Local
Serie: Claves del Gobierno Local. 39
ISBN: 978-84-125912-5-5

del arbitraje de consumo encomendado por el legislador a la Administración pública a través de sus juntas arbitrales de consumo[120].

---

120.   El procedimiento arbitral no puede estar más tipificado reglamentariamente en los artículos 33 y siguientes. Se inicia por el consumidor presentando la solicitud de arbitraje ante la Junta, por escrito o por vía electrónica, existiendo modelos normalizados, y debiendo constar en la solicitud: a) nombre y apellidos, domicilio, lugar señalado a efectos de notificaciones...; b) nombre y apellidos o razón social y domicilio del reclamado,...; c) breve descripción de los hechos que motivan la controversia, exposición sucinta de las pretensiones del reclamante, determinando, en su caso, su cuantía y los fundamentos en que basa la pretensión; d) en su caso, copia del convenio arbitral; e) lugar, fecha y firma. Junto a la solicitud podrán aportarse documentos o proponerse las pruebas. Si la solicitud no reuniera los requisitos mínimos exigidos en el apartado anterior, el secretario de la Junta Arbitral de Consumo requerirá al reclamante su subsanación en un plazo que no podrá exceder de 15 días, con la advertencia de que, de no subsanarse en el plazo concedido, se le tendrá por desistido de la solicitud, procediéndose al archivo de las actuaciones. Admitida a trámite la solicitud por resolución del presidente de la Junta Arbitral de Consumo, acordará la iniciación del procedimiento arbitral y ordenará su notificación a las partes, haciendo constar la invitación a las partes para alcanzar un acuerdo a través de la mediación previa, salvo oposición expresa a la mediación. Pero si no se ha aportado convenio arbitral y la empresa no está adherida, se dará traslado de la solicitud de arbitraje al reclamado, haciendo constar que esta ha sido admitida a trámite, dándole un plazo de quince días para la aceptación del arbitraje y de la mediación previa en los supuestos en que proceda, así como para, en su caso, contestar a la solicitud formulando las alegaciones que estime oportunas para hacer valer su derecho y, en su caso, presentar los documentos que estime pertinentes o proponer las pruebas de que intente valerse. Transcurrido dicho plazo sin que conste la aceptación del arbitraje por el reclamado, el presidente de la Junta Arbitral de Consumo ordenará el archivo de la solicitud, notificándoselo a las partes. Si se aportó convenio arbitral o la empresa estaba adherida, se le remite también copia de la solicitud de arbitraje para que, en el plazo de 15 días, formule las alegaciones que estime oportunas para hacer valer su derecho y, en su caso, presente los documentos que estime pertinentes o proponga las pruebas de que intente valerse. El presidente de la Junta Arbitral de Consumo designará al árbitro o árbitros que conocerán el conflicto, notificando a las partes tal designación, así como citándolas al acto de la audiencia ("juicio") con suficiente antelación y con advertencia expresa de que en ella podrán presentar las alegaciones y pruebas que estimen precisas para hacer valer su derecho. En cualquier momento del procedimiento las partes pueden presentar alegaciones y documentos, dándose traslado de ellos a la otra parte. Y en cualquier momento las partes podrán modificar o ampliar la solicitud y la contestación, pudiendo plantearse reconvención (una reclamación o "contrarreclamación") frente a la parte reclamante. Y también pueden llegar a un acuerdo conciliador que, una vez comunicado a Junta, motivará el fin del procedimiento arbitral. El acto de la audiencia (oral normalmente) comenzará con la asistencia de las partes y del árbitro único o colegio arbitral designado, con la asistencia del Secretario de la Junta. Con carácter general, la no contestación, inactividad o incomparecencia injustificada de las partes no impide que se realice el arbitraje y se decida el conflicto, siempre que el órgano arbitral pueda decidir la controversia con los hechos y documentos que consten en la demanda y contestación, si esta se ha producido. Pero el silencio, la falta de actividad o la incomparecencia de las partes no se considerará como allanamiento o admisión de los hechos alegados por la otra parte. En la audiencia el órgano arbitral oirá a las partes y les formulará las preguntas u observaciones que estime necesarias. Y resolverá sobre la aceptación o el rechazo de las pruebas propuestas por las partes, proponiendo, en su caso, de oficio la práctica de pruebas complementarias que se consideren imprescindibles para la solución de la controversia. Finalizada la audiencia, el órgano arbitral decidirá el conflicto, emitiendo el llamado "laudo arbitral", equivalente a una sentencia judicial, que deberá ser dictado en un plazo máximo de 90 días naturales desde el día siguiente al inicio del procedimiento arbitral, aunque puede ser prorrogado motivadamente por un período no superior a ese plazo.

Viviendas de uso turístico
Análisis de la situación actual y propuestas
para la mejora de su marco regulatorio

Fundación Democracia y Gobierno Local
Serie Claves del Gobierno Local, 39
ISBN: 978-84-125912-5-5

287

2.2.3. La actividad inspectora y sancionadora protectora de los usuarios turísticos

a.– La actividad administrativa limitadora y las competencias de las entidades locales

La legislación turística prevé una importante actividad de la Administración pública turística limitadora u ordenadora de la libertad empresarial y la libertad del consumidor/turista. Y ello porque las leyes de turismo, en primer lugar, asumen que ciertas actividades privadas (empresariales sobre todo) poseen una potencialidad lesiva para el interés general, y por esto, habilitan a la Administración turística a efectuar una cierta ordenación, planificación, organización, dirección, limitación, control u orientación: las condiciona con el fin de evitar que produzcan perjuicio a los intereses públicos constituidos, en buena parte, por los derechos esenciales de los turistas, que merecen ser preservados cautelarmente y protegidos y reestablecidos cuando sufren lesiones indebidas por parte de las empresas turísticas[121].

La actividad administrativa de limitación efectuada por la Administraciones públicas turísticas pretende, pues, esencialmente proteger esos intereses públicos establecidos en las leyes autonómicas de turismo, subyacentes generalmente en la tipificación de los derechos de los usuarios turísticos, y asimismo, a veces, subyacentes en el establecimiento de ciertos deberes u obligaciones de las empresas turísticas en las leyes turísticas. De esta forma, la Administración pública normalmente intervendrá "limitando" a los empresarios turísticos para defender los derechos reconocidos legalmente a los turistas, a semejanza de lo que hacen otras Administraciones no turísticas en defensa de los demás consumidores y usuarios en sus relaciones con las empresas o los profesionales. La Administración turística impone restricciones, deberes, o, de cualquier otra forma, ordena coactivamente las conductas o actividades empresariales[122], porque la Administración aparece aquí, más

---

121.   También hay otros intereses públicos legitimadores de esa actuación interventora limitadora: un cierto desarrollo ordenado de los sectores turísticos que, aparte de ser rentable económicamente para las empresas, garantice una calidad de los servicios prestados a los turistas y un desarrollo económico y bienestar social del territorio así ordenado.

122.   En realidad, cuando la Administración turística ejerce esa actividad limitadora, imponiendo restricciones a los empresarios y otros sujetos que ofrecen los servicios turísticos, es decir, señalándoles imperativamente cómo deben actuar para no poner en peligro los intereses públicos protegidos, no está determinando así las conductas admitidas y las prohibidas legalmente. Esto es, los deberes y obligaciones de las empresas turísticas no los crea la Administración pública, sino que son previos a la actuación administrativa, y están más o menos previstos en las leyes de turismo; es la legislación misma la que impone a las empresas turísticas deberes básicos con la finalidad de proteger esos intereses generales, esos derechos esenciales de los usuarios turísticos. Lo que la Administración hace es aprobar reglamentos concretando esos deberes genéricos

288

Viviendas de uso turístico
Análisis de la situación actual y propuestas
para la mejora de su marco regulatorio

Fundación Democracia y Gobierno Local
Serie: Claves del Gobierno Local. 39
ISBN: 978-84-125912-5-5

que en ninguna otra forma de actividad administrativa, como una organización dotada de imperio, de mando, de supremacía sobre los particulares.

Pero ya es preciso subrayar que la generalidad de las leyes autonómicas turísticas solo atribuye a los municipios escasas competencias constitutivas de potestades administrativas limitadoras o restrictivas de las actividades empresariales o profesionales turísticas, atribuyendo, en cambio, la totalidad de estas potestades limitadoras a las respectivas Administraciones autonómicas. Más exactamente, tan solo alguna ley turística se refiere a las competencias municipales propias de este modo de la actividad administrativa, reduciéndolas esencialmente a colaborar en el control administrativo de las actividades turísticas[123], y, así, en la salvaguarda de los derechos de los turistas[124].

b.– Las actividades inspectora y sancionadora de las Administraciones locales

La generalidad de las leyes autonómicas turísticas no atribuye a sus entes locales competencias propias inspectoras y sancionadoras, por lo que, en principio, las competencias locales inspectoras y sancionadoras preservando los

---

—que explícita o implícitamente ya están establecidos en las leyes turísticas— en múltiples deberes específicos para cada una de las actividades turísticas. Así, por ejemplo, el deber legal de tener la Hoja de Queja y Reclamación a disposición del usuario turístico que establece el artículo 19.k) de la ley balear está concretado y desglosado en específicos deberes tipificados en los artículos 149-156 del Decreto 20/2015, de 17 de abril, de Principios generales y directrices de coordinación en materia turística; de regulación de órganos asesores, de coordinación y de cooperación del Gobierno de las Illes Balears, y de regulación y clasificación de las empresas y de los establecimientos turísticos; y asimismo, el deber empresarial dispuesto en el artículo 16.2.e) de la ley de Castilla y León está desarrollado en la Orden CYT/920/2021, de 18 de junio, que regula la hoja de reclamación en materia de turismo, así como el deber impuesto por el artículo 35.g) de la ley gallega está especificado en el Decreto 148/2013, de 12 de septiembre, por el que se regulan el libro de visitas de la inspección turística y las hojas de reclamaciones de turismo.

123.   El artículo 6 de la ley extremeña, aparte de reconocer que los municipios están facultados para "d) otorgar las licencias que la legislación les atribuya en lo que afecta a empresas y establecimientos turísticos", les encomienda las siguientes funciones cooperadoras en la actividad de control de la normativa turística: "e) Recibir y tramitar las declaraciones responsables y comunicaciones previas que les atribuya la legislación turística. f) Recibir, tramitar y constatar la veracidad y conformidad de la declaración responsable en lo referente a la clasificación turística para la clase de café-bares y otros locales de ocio que vayan a prestar el servicio o ejercer la actividad en el término municipal. g) Comunicar a la Consejería competente en materia de turismo las declaraciones responsables presentadas de conformidad con la letra anterior, para su inscripción en el Registro de Actividades y Empresas turísticas de Extremadura"; en esta línea, el artículo 68 de la ley catalana asigna a los municipios la siguiente competencia: "c bis) La comunicación en el Registro de Turismo de Cataluña de las altas y bajas de la actividad de los establecimientos de alojamiento turístico".

124.   Una singular "competencia" colaborativa establece el artículo 5 de la ley gallega: "Corresponden a los Ayuntamientos, sin perjuicio de las competencias establecidas por la legislación de régimen local, las siguientes atribuciones: [...] h) La colaboración con la Xunta de Galicia en la protección de los derechos de las usuarias y usuarios turísticos".

Viviendas de uso turístico
Análisis de la situación actual y propuestas
para la mejora de su marco regulatorio

Fundación Democracia y Gobierno Local
Serie: Claves del Gobierno Local, 39
ISBN: 978-84-125912-5-5

289

derechos de los turistas serán las atribuidas en las respectivas leyes autonómicas de defensa general de consumidores/usuarios[125]. Así, en lo referente a la actividad inspectora, refiere expresamente esta competencia municipal inspectora la ley de consumidores castellanomanchega en su artículo 101.d), así como la ley andaluza en sus artículos 43.3 y 97.1 —incluso con referencia autónoma en su apartado g) a "la adopción de medidas no sancionadoras para garantizar los derechos e intereses de los consumidores"—[126], la ley ca-

---

125. Interesa advertir que las hojas de queja o reclamación (HQR) tienen también otra naturaleza y funcionalidad jurídica muy distinta a la inherente a la queja o reclamación del consumidor/usuario contra la empresa. Es más, esta segunda función es la prevalente y presente en la generalidad de las regulaciones reglamentarias de las HQR, a diferencia de la función adicional de solicitud de mediación administrativa que solo contemplan algunos decretos autonómicos, como por ejemplo, relevantemente, el andaluz o el madrileño (no lo prevé, entre otros, el Decreto canario); en efecto, estas normas asignan específicamente a las HQR la función de "denuncia administrativa", esto es, una comunicación del ciudadano (en este caso, consumidor/usuario) de hechos indiciariamente ilícitos a la Administración competente en consumo, hechos que podrían ser constitutivos de infracciones administrativas tipificadas en las leyes de defensa de consumidores/usuarios, y, en consecuencia, justificar el ejercicio de la potestad administrativa sancionadora. Por todo ello, considerando la distinta naturaleza y funcionalidad jurídica de todas y cada una de las modalidades de actividad administrativa que pueden iniciarse por la presentación de una HQR por el usuario, resulta sorprendente la interdependencia y vinculación en cuanto a su ejercicio mismo que establece singularmente cierta normativa turística y también cierta normativa de defensa de consumidores/usuarios, olvidando los heterogéneos bienes jurídicos protegidos e intereses públicos justificadores del ejercicio de una y otra acción administrativa. Por un lado, la Ley de turismo de Cantabria dispone en su artículo 74 que "el sometimiento de la resolución a arbitraje [...] implicará que no se tramite expediente sancionador frente a la persona presuntamente responsable de los hechos que traen causa, a no ser que los mismos estén tipificados como infracción muy grave"; este legislador sectorial prohíbe así el ejercicio mismo de la potestad sancionadora, aun apreciándose indiciariamente la comisión de una infracción grave (o leve) en materia turística, contraviniendo lo dispuesto en el artículo 53 de la misma ley, que prescribe ejercer la potestad sancionadora sin perjuicio de la reparación del daño ocasionado por el infractor sancionado ("2. La actuación contraria a lo dispuesto en esta Ley o en la normativa vigente dará lugar a que el órgano competente en materia de turismo actúe: [...] b] Imponiendo sanciones a los responsables de la actuación, previa tramitación del procedimiento sancionador a que hubiera lugar. 3. Las sanciones que se deriven de la comisión de una infracción serán compatibles con la exigencia al infractor de la reposición de la situación alterada por el mismo a su estado originario y a la determinación de la indemnización por los daños y perjuicios causados por la comisión de la infracción"), que, no se olvide, es la pretensión principal del reclamante; olvidando así el legislador cántabro que el ordenamiento sancionador prevé otros mecanismos más adecuados para valorar la "buena fe" para la resolución del conflicto turístico por parte del presunto infractor, sin concederle ex lege la exoneración de responsabilidad sancionadora con la no incoación del procedimiento sancionador: el reconocimiento voluntario de su responsabilidad y la graduación de la sanción, imponiendo el grado inferior o mínimo de la sanción tipificada. Por otro lado, la Ley 11/1998, de 9 de julio, de Protección de los Consumidores de la Comunidad de Madrid, en su artículo 57.1, apartándose del artículo 30.2 de la LRJSP, crea una nueva causa de interrupción del cómputo del plazo de prescripción de la infracción: "[...] El plazo de prescripción se interrumpe en el momento en que el interesado tenga conocimiento de la iniciación de un procedimiento sancionador o de un procedimiento de mediación o arbitraje".

126. Precisamente en relación con los servicios de inspección, el artículo 43.2 de esta ley parece instaurar una competencia autonómica de supervisión: "Las Administraciones locales, en lo referente al desarrollo de las competencias de defensa del consumidor, se organizarán en la

Viviendas de uso turístico
Análisis de la situación actual y propuestas
para la mejora de su marco regulatorio

Fundación Democracia y Gobierno Local
Serie: Claves del Gobierno Local. 39
ISBN: 978-84-125912-5-5

naria en sus artículos 45.3.f) y 46.1.b), la ley cántabra en su artículo 33.3, la ley aragonesa en su artículo 63.2, etc.

Y respecto de la potestad sancionadora local, también la atribuye la mayoría de las leyes autonómicas protectoras de consumidores/usuarios, si bien con distinto alcance y presupuestos. El artículo 101.e) de la ley de Castilla-La Mancha tipifica como competencia propia de sus entidades locales "la imposición de sanciones pecuniarias, con el límite máximo de la cuantía establecida para las faltas graves, por la comisión de infracciones en materia de defensa de las personas consumidoras, cuando se trate de empresas radicadas en su término municipal o la infracción se hubiera cometido en el mismo"; el artículo 46.d) de la ley canaria, "el ejercicio de la potestad sancionadora, por la comisión de infracciones de carácter leve o grave en materia de consumo, en relación con las empresas y establecimientos domiciliados en su ámbito territorial, siempre y cuando la infracción se haya cometido en el mismo y fuera conocida por sus propios servicios de inspección". Y más exhaustivo y restrictivo es el régimen competencial municipal dispuesto en la ley cántabra, en su artículo 45.2: "2. Las competencias sancionadoras de los municipios estarán referidas a infracciones en las que concurran las circunstancias siguientes: a) Haber sido detectadas o conocidas por los propios servicios municipales. b) Haberse desarrollado la conducta típica íntegramente en el término municipal correspondiente. c) No haberse iniciado el correspondiente procedimiento sancionador por los órganos competentes de la Administración autonómica"; régimen que, por cierto, también contemplan en términos similares la ley andaluza en su artículo 95.2 y la ley valenciana en su artículo 61.2. Son, pues, diversos los criterios determinantes de unas y otras atribuciones competenciales en favor de los entes locales: la gravedad de la infracción en unos casos, el ámbito territorial (municipal) del domicilio social de la empresa o de la comisión de la infracción en la mayoría de las atribuciones, así como una singular traslación del principio del *prior tempore potior iure* en el conocimiento de la infracción o/y en la incoación del procedimiento administrativo sancionador.

Ahora bien, el efectivo ejercicio de estas potestades inspectoras y sancionadoras en materia de consumo por parte de las entidades locales para

forma que estimen adecuada. No obstante, deberán comunicar a la Dirección General de Consumo de la Junta de Andalucía su organización, su ámbito funcional y los medios personales y materiales con los que cuentan". En la misma línea se pronuncia el artículo 34.2 de la ley cántabra, aunque acertadamente disponiendo el fin justificativo de ese deber de comunicación interadministrativa a los entes locales: "Los municipios que desarrollen estas competencias a través de sus propios servicios de inspección, pondrán en conocimiento de la Dirección General competente del Gobierno de Cantabria, a los efectos de garantizar la correspondiente coordinación administrativa en los términos que se determinen legalmente, su organización, ámbito funcional y medios personales y materiales con los que cuentan".

Viviendas de uso turístico
Análisis de la situación actual y propuestas
para la mejora de su marco regulatorio

Fundación Democracia y Gobierno Local
Serie: Claves del Gobierno Local. 39
ISBN: 978-84-125912-5-5

291

la comprobación y, en su caso, incoación del procedimiento sancionador en relación con las infracciones referidas a los derechos de los usuarios turísticos tipificadas en las leyes de turismo presenta ciertas dudas, al estar establecido un régimen especial de inspección y potestad sancionadora en las leyes turísticas, es decir, una evidente regulación sectorial protectora de los usuarios turísticos que, según prescriben precisamente algunas leyes autonómicas de defensa de consumidores/usuarios, prevalece sobre el régimen general establecido en dichas leyes. Ciertamente, el artículo 43.4 de la ley andaluza de consumidores/usuarios dispone que "si los Servicios de Inspección de Consumo detectan irregularidades ante las que deban ejercer sus competencias otros órganos o Administraciones Públicas, se remitirá la correspondiente acta de inspección o copia debidamente diligenciada"[127]; y en similares términos lo dispone el artículo 33.2 de la ley cántabra.

Y más que dudas presenta la efectividad de las competencias sancionadoras en materia de consumo para garantizar los derechos de los turistas. Primero porque estas competencias solo podrán ejercerse por las entidades locales cuando aprecien indiciariamente infracciones administrativas tipificadas en el TRLGDCU o la correspondiente ley autonómica de consumidores/usuarios que resulten ser aplicables en garantía de los derechos de los usuarios de las viviendas turísticas[128], y no en relación con otras infracciones

---

127. Esta ley contiene otros preceptos de interés, y no siempre congruentes entre sí. Por un lado, el artículo 42 parece consagrar una cierta vis atractiva de la competencia de consumo sobre las competencias en otras materias: "1. La Administración de la Junta de Andalucía y las Administraciones locales, en el ámbito de sus respectivas competencias, desarrollarán las inspecciones necesarias para vigilar y garantizar que quienes producen, distribuyen o comercializan bienes o servicios, o quienes colaboran con aquellos, cumplan los deberes, prohibiciones y limitaciones establecidos para la ordenación de los distintos sectores de actividad cuya inobservancia pueda lesionar los intereses generales protegidos por esta Ley"; y más aún se aprecia esta preferencia en sus apartados 2 ("Las informaciones que afecten a los consumidores, obtenidas en el curso de las distintas actividades inspectoras por las Administraciones Públicas de Andalucía, se pondrán en conocimiento de los órganos de defensa del consumidor al objeto de facilitar el correcto ejercicio de sus competencias") y 3 ("La actividad de inspección puede recaer sobre todos los bienes y servicios que se ofrecen o están destinados a ofrecerse a los consumidores, [...] La perfección y ejecución de los contratos será objeto de inspección en cuanto las mismas puedan dar lugar al ejercicio de potestades administrativas"). Sin embargo, el artículo 43.1 parece situarse moderadamente en otra dirección, al disponer que "la actividad de inspección a que se refiere el artículo anterior se podrá desarrollar por la Inspección de Consumo de la Junta de Andalucía, integrada y dependiente de las Delegaciones Provinciales de la Consejería competente en materia de protección a los consumidores, pero ello sin perjuicio de las inspecciones que, para ciertos sectores o aspectos, correspondan a otras Administraciones Públicas o a otros órganos o servicios de la propia Junta de Andalucía"; y más avanza el artículo 43.2 y 3 cuando dispone que la Inspección de Consumo de la Junta de Andalucía y de los municipios desarrollará su actividad, "preferentemente, en la fase de comercialización, para comprobar que se cumplen los deberes, prohibiciones y limitaciones establecidos directamente para la protección de los consumidores".

128. Entre otras, podrían ser las siguientes infracciones tipificadas en el artículo 47.1 del TRLGDCU: "f) El incumplimiento de las normas reguladoras de precios, la imposición injustifi-

292

Viviendas de uso turístico
Análisis de la situación actual y propuestas
para la mejora de su marco regulatorio

Fundación Democracia y Gobierno Local
Serie: Claves del Gobierno Local. 39
ISBN: 978-84-125912-5-5

de consumo que protegen otros bienes jurídicos diferentes. En segundo lugar, y es aún más relevante, aun concurriendo el citado presupuesto de la tipicidad infractora en la ley de consumidores, no podrá ejercerse la potestad sancionadora de consumo protegiendo los derechos de los turistas tipificados en las leyes de turismo cuando ya se haya ejercido la potestad sancionadora por la Administración turística, al estar prevista esa conducta como infracción en la ley de turismo[129] (infracción que, por cierto, en alguna

---

cada de condiciones sobre prestaciones no solicitadas o cantidades mínimas o cualquier otro tipo de intervención o actuación ilícita que suponga un incremento de los precios o márgenes comerciales. g) El incumplimiento de las normas relativas a [...] publicidad de bienes y servicios, incluidas las relativas a la información previa a la contratación. h) El incumplimiento de las disposiciones sobre seguridad en cuanto afecten o puedan suponer un riesgo para los consumidores y usuarios [...] j) La introducción o existencia de cláusulas abusivas en los contratos, [...]". Además, no conviene olvidar la singular norma tipificadora de infracciones "en blanco" que establece el apartado u) de este precepto legal ("Cualquier otro incumplimiento de los requisitos, obligaciones o prohibiciones establecidas en esta norma o en disposiciones que la desarrollen, que no esté previsto en los tipos recogidos en este artículo será considerado infracción de la normativa de consumo y sancionado en los términos previstos en la legislación autonómica que resulte de aplicación"). *Vid.*, por todos, Rebollo *et al.* (2011).

129.   Numerosas infracciones tipificadas en las leyes turísticas están constituidas por vulneraciones de derechos de los usuarios turísticos (y, por tanto, de los usuarios de las viviendas de uso turístico), ya sea como infracciones leves, graves o muy graves, según cada ley de turismo. Así, la generalidad de las leyes prevén, de una u otra forma, las siguientes infracciones enunciadas en la ley catalana como leves en su artículo 87 —"c) Faltar al debido respeto y consideración a los usuarios turísticos [...] e) Incurrir en deficiencias leves en la prestación de los servicios en relación a la categoría del establecimiento y a las condiciones anunciadas o pactadas. f) Incurrir en deficiencias en el mantenimiento y la higiene de los establecimientos y en los servicios de limpieza y reparación de los locales, las instalaciones, el mobiliario y los utensilios [...] i) Incumplir las normas sobre la publicidad de las prestaciones, de los servicios y de los precios"—, graves en su artículo 88 —"b) Utilizar denominaciones, letreros o distintivos diferentes de los que corresponden a la clasificación del establecimiento o de la actividad [...] d) Incumplir obligaciones contractuales o legales relativas a los derechos de los usuarios turísticos. e) Faltar gravemente al debido respeto y consideración a los usuarios turísticos, o tratarlos de forma ofensiva. f) Prohibir a los usuarios acceder libremente a los establecimientos, expulsarlos de los mismos o impedirles el uso de los servicios, salvo por causa justificada. h) Hacer publicidad que sea engañosa o que pueda favorecer la confusión sobre los elementos esenciales de los servicios ofrecidos [...] o) Incurrir en deficiencias manifiestas en la prestación de los servicios, en el mantenimiento y la higiene de los establecimientos y en los servicios de limpieza y reparación de los locales, las instalaciones, el mobiliario y los utensilios [...] q) No entregar a los usuarios turísticos los documentos a que tienen derecho de acuerdo con la presente Ley y la normativa complementaria [...] u) ter. Comercializar, contratar, ofrecer o facilitar alojamientos turísticos, o hacer publicidad de los mismos, sin hacer constar su número de inscripción en el Registro de Turismo de Cataluña o haciendo constar números o expresiones incorrectas [...] u) septies. Superar el número máximo de usuarios alojados que establece la normativa turística o el título habilitante [...] u) octies. No adoptar las medidas previstas por la normativa cuando se producen comportamientos que atentan contra las normas básicas de convivencia en los alojamientos turísticos situados en viviendas. u novies) Ofrecer, comercializar o ceder una vivienda de uso turístico por habitaciones, directamente o por medio de un intermediario"—, o muy graves en su artículo 89 —"d) Negarse a alojar a clientela proveniente de una empresa intermediaria, con reserva hecha y aceptada, o efectuada de acuerdo con las condiciones previamente pactadas, independientemente del sistema y los plazos acordados para la liquidación. e) Incumplir obligaciones contractuales o legales, si se ocasionan perjuicios muy graves a los usuarios turísticos"—.

Viviendas de uso turístico
Análisis de la situación actual y propuestas
para la mejora de su marco regulatorio

Fundación Democracia y Gobierno Local
Serie Claves del Gobierno Local, 39
ISBN: 978-84-125912-5-5

293

ley está específicamente referida a las viviendas de uso turístico[130]) y, por tanto, apreciarse un concurso de normas sancionadoras administrativas para castigar la misma infracción[131], proscribiendo nuestro ordenamiento jurídico la doble sanción que derivaría de la sanción impuesta por la Administración autonómica turística y la adoptada por la Administración competente en defensa de consumidores/usuarios, debiendo así aplicarse el principio del *non bis in idem* consagrado[132], con carácter general, en el artículo 31.1 de la

---

130.   Destaca la ley balear, en cuanto incluye varias exclusivas infracciones como graves en su artículo 119 —"e) La oferta o la comercialización de estancias turísticas en viviendas que no cumplan los requisitos o las condiciones establecidas en el capítulo IV del título III de esta ley y en su normativa de desarrollo. f) Permitir en una vivienda de su propiedad que no se cumplan los requisitos o las condiciones establecidos en el capítulo IV del título III de esta ley y en la normativa de desarrollo de la oferta o la comercialización de estancias turísticas [...] i) La publicidad, la contratación o la comercialización de estancias turísticas en viviendas de uso residencial cuya tipología no permita la presentación de la declaración responsable de inicio de actividad turística o se trate de viviendas situadas en zonas no aptas para la comercialización de estancias turísticas en viviendas residenciales. j) Llevar a cabo por parte de las personas físicas o jurídicas que sean titulares o explotadoras de los canales de comercialización turística definidos en el artículo 3 de esta ley la comercialización, la publicidad o la facilitación mediante enlace o alojamiento de contenidos de reservas, relativas a estancias turísticas en viviendas ubicadas en cualquier isla de las Illes Balears que no hayan presentado la declaración responsable de inicio de actividad turística o sin hacer constar el número de inscripción turística [...] ac) No adoptar las medidas adecuadas para que sus clientes no lleven a cabo comportamientos graves contrarios a las normas de régimen interno en los establecimientos turísticos o a las básicas de la convivencia o a lo que fijen los estatutos de la comunidad de propietarios en las viviendas sujetas al régimen de propiedad horizontal, si estos comportamientos producen molestias o perjuicios graves al resto de clientes o al vecindario [...] af) No mantener en los establecimientos y las viviendas mencionados en la disposición adicional sexta de esta ley unas correctas condiciones de higiene y limpieza, así como el correcto estado de funcionamiento y de actualización de los mecanismos, equipos e instalaciones de que dispongan"—; y también su famoso Decreto-ley 1/2020, de 17 de enero, contra el turismo de excesos para la mejora de la calidad en zonas turísticas, las tipifica en su artículo 13 como faltas muy graves —"a) El incumplimiento, por los establecimientos de alojamiento turístico y viviendas objeto de comercialización turística, de la venta de bebidas alcohólicas de forma individual y al mismo precio que figura en la lista de precios, tal como determina el artículo 3.3"—, y en su artículo 14 como faltas graves —"a) El incumplimiento, por los establecimientos de alojamiento turístico y viviendas objeto de comercialización turística, de las medidas establecidas en el artículo 3.1", medidas consistentes en informar a los usuarios de las prohibiciones de conductas incívicas, las sanciones previstas "y de la obligación de expulsión inmediata en caso de que las prácticas prohibidas se lleven a cabo"—. Más modestamente, la ley catalana también incluye algunas infracciones referidas exclusivamente a las viviendas turísticas como graves en su artículo 88 —"u) sexies. No comunicar a la Administración competente que se desarrolla una actividad turística clandestina en una vivienda de su propiedad [...] u) octies. No adoptar las medidas previstas por la normativa cuando se producen comportamientos que atentan contra las normas básicas de convivencia en los alojamientos turísticos situados en viviendas. u) novies. Ofrecer, comercializar o ceder una vivienda de uso turístico por habitaciones, directamente o por medio de un intermediario"—.

131.   Así, por ejemplo, el artículo 71.8 de la ley andaluza de consumidores tipifica como infracción no tener las hojas de quejas y reclamaciones oficiales, así como negarse a entregárselas a los consumidores/usuarios que lo soliciten; y esta misma conducta infractora está tipificada expresamente como infracción grave en el artículo 71.23 de la ley andaluza de turismo.

132.   Principio general del derecho o, en cambio, garantía del derecho sancionador (*vid.* Alarcón Sotomayor, 2010: 416 y ss.).

294

Viviendas de uso turístico
Análisis de la situación actual y propuestas
para la mejora de su marco regulatorio

Fundación Democracia y Gobierno Local
Serie: Claves del Gobierno Local. 39
ISBN: 978-84-125912-5-5

Ley 40/2015, de 1 de octubre, de Régimen Jurídico del Sector Público (LRJSP), y también específicamente en algunas leyes turísticas (artículo 74.3 de la ley andaluza, artículo 108.1 de la ley gallega, artículo 41.2 de la ley riojana, artículo 89.3 de la ley valenciana[133]) y en la mayoría de las leyes autonómicas de defensa de consumidores/usuarios (artículo 86 de la ley andaluza[134], artículo 97 de la ley aragonesa, artículo 44.5 de la ley cántabra, artículo 312-9 de la ley catalana, artículo 67 de la ley extremeña, artículo 77 de la ley gallega, artículo 73.1 de la ley foral navarra,...)[135]. Finalmente, el artículo 52 bis.1 del TRLGDCU dispone la prevalencia del régimen competencial sectorial —esto es, el turístico en nuestro caso— frente al régimen general de la legislación de defensa

---

133.   Además, en esta comunidad autónoma la Ley 1/1989, de 2 de marzo, por la que se establece el Régimen de Inspección y Procedimiento en Materia de Disciplina Turística ordena la prevalencia de la competencia sancionadora turística sobre la atribuida en la legislación de defensa de consumidores/usuarios. Así lo dispone su disposición adicional primera: "En el caso de que se sigan dos o más expedientes administrativos de sanción existiendo identidad de sujeto y hechos, y en cada uno de ellos haya de producirse un enjuiciamiento y una calificación resultante de distintas normativas administrativas, se procederá a su acumulación para su resolución en un sólo acto por aquel órgano que tenga una competencia más específica en relación con el objeto de que se trate. A tal fin reglamentariamente se preverán los instrumentos de coordinación pertinentes según los casos".

134.   Norma que además, en su apartado 3.b), impone la prevalente aplicación del régimen sancionador turístico en detrimento del régimen sancionador en materia de consumo: "Si los hechos todavía no hubieran sido sancionados conforme a otra legislación administrativa, pero se hubiera iniciado el procedimiento encaminado a ello o concurrieran circunstancias que lo justifiquen, los órganos de defensa del consumidor podrán acordar motivadamente la iniciación del procedimiento sancionador que les corresponda tramitar, suspendiéndolo, hasta conocer la decisión adoptada por los otros órganos. Una vez conocida esa resolución, los órganos de defensa del consumidor tomarán la decisión pertinente sobre la procedencia o no de iniciar o reanudar el procedimiento sancionador".

135.   Asimismo se prevé este principio en el artículo 46 del TRLGDCU, cuyo apartado 5 dispone unas reglas de aplicación de una u otra norma sancionadora en garantía del *non bis in idem* ("Cuando el mismo hecho y en función de idéntico ataque a los intereses públicos pueda ser calificado como infracción con arreglo a dos o más preceptos de esta Ley o de otras normas sancionadoras, se aplicará el que prevea más específicamente la conducta realizada y, si todos ofrecieran los mismos caracteres, el que establezca mayor sanción, sin perjuicio de que prevalezcan y sean de aplicación preferente las disposiciones sectoriales respecto de aquellos aspectos expresamente previstos en las disposiciones del derecho de la Unión Europea de las que traigan causa"). Ahora bien, la aplicación de este "principio de especialidad" —así calificado doctrinal y jurisprudencialmente (por ejemplo, las sentencias del Tribunal Superior de Justicia de Andalucía, Sala de lo Contencioso, Sección Segunda, de 4 de febrero de 2016, número de recurso 251/2014, y de 11 de febrero de 2016, número de recurso 252/2014)— en la resolución del concurso de normas sancionadoras no necesariamente parece demandar en nuestro caso (concurso de la ley turística y la ley de consumidores) la prevalencia del régimen sancionador turístico, porque dependerá del grado de tipicidad presente en los concretos tipos infractores concurrentes; es decir, en primer término, será la descripción del tipo infractor en la ley turística y en la ley de consumidores/usuarios el criterio determinante de la prevalente aplicación de una u otra norma sancionadora. Así pues, parece estar en manos de cada legislador autonómico el tipificar lo más específicamente posible sus tipos infractores potencialmente concurrentes con los tipos establecidos en otras leyes sancionadoras, y, de esta forma, evitar el desplazamiento de su régimen sancionador por el dispuesto en otra norma sancionadora aplicable.

Viviendas de uso turístico
Análisis de la situación actual y propuestas
para la mejora de su marco regulatorio

Fundación Democracia y Gobierno Local
Serie: Claves del Gobierno Local. 39
ISBN: 978-84-125912-5-5

295

de consumidores/usuarios, prescribiendo, en el supuesto de concurrencia de ambos regímenes sancionadores competenciales, la supletoriedad de la competencia sancionadora de las Administraciones competentes en materia de consumo[136].

Por todo lo anterior, aciertan las dos leyes turísticas que sí contemplan expresamente a sus entidades locales en estas actividades administrativas protectoras de los derechos de los usuarios turísticos. En primer lugar, la ley catalana, en su artículo 68.e), atribuye expresamente a los municipios la titularidad de las potestades inspectora y sancionadora "sobre las actividades turísticas que se lleven a cabo dentro de su término municipal, que incluyen los servicios de comercialización presencial o telemática de estas actividades". Así pues, puede apreciarse una relevante municipalización de la policía turística en Cataluña, al tener atribuido el municipio no un mero ejercicio de las potestades inspectora y sancionadora y una competencia delegada, sino una auténtica competencia propia que conforma un régimen singular en el conjunto de la legislación turística. Cierto es que la norma impone la "coordinación, en ambos casos, con la Administración de la Generalidad", pero este mandato es una exigencia de los principios constitucionales (y legales) propios de las relaciones interadministrativas, y no una competencia administrativa *stricto sensu*.

Y en segundo lugar, mención especial merece la legislación turística de las Islas Baleares, por cuanto, tras disponer su ley de turismo que "los consejos insulares y los municipios ejercerán sus competencias en materia de turismo a través de los órganos que las tengan atribuidas" (artículo 10), se refiere a las competencias inspectoras y sancionadoras de los consejos insulares, respectivamente, en sus artículos 93 y 112[137]. Además, su Decre-

---

136. "Las autoridades competentes en materia de consumo sancionarán, asimismo, las conductas tipificadas como infracciones en materia de defensa de los consumidores y usuarios de los empresarios de los sectores que cuenten con regulación específica, en tanto en cuanto dicha regulación no atribuya la competencia sancionadora en materia de consumo a otra Administración". Obsérvese, no obstante, que sorprendentemente la norma no se refiere a la competencia sancionadora atribuida en esa legislación sectorial, sino a la competencia sancionadora "en materia de consumo" atribuida en esa regulación sectorial, lo cual no puede interpretarse como competencia contemplada en la legislación general de consumidores/usuarios, sino como la competencia sancionadora especial atribuida por la regulación sectorial que se refiera a infracciones "en materia de consumo" en sentido amplio, y no a otros bienes jurídicos amparados por el sistema de infracciones tipificado en esa regulación sectorial.

137. Mientras que el artículo 93 no menciona explícitamente a los consejos insulares, aunque la referencia expresa al ámbito insular remite a la competencia inspectora de estos entes ("Las facultades de control y verificación del cumplimiento de lo establecido en esta ley y en las disposiciones que la desarrollen corresponden a la administración turística competente, que ejercerá la función inspectora en materia de turismo en el ámbito insular que le corresponde a través de la inspección de turismo"), el artículo 112 es inequívoco atribuyendo competencias

296

Viviendas de uso turístico
Análisis de la situación actual y propuestas
para la mejora de su marco regulatorio

Fundación Democracia y Gobierno Local
Serie: Claves del Gobierno Local. 39
ISBN: 978-84-125912-5-5

to-ley 1/2020, de 17 de enero, contra el turismo de excesos para la mejora de la calidad en zonas turísticas[138], explícitamente contempla la competencia de los consejos insulares en el ejercicio de sus potestades de policía turística (artículos 11 y 12)[139] y sancionadora[140] (artículo 19)[141].

3. Bibliografía

Alarcón Sotomayor, L. (2010). El "non bis in idem" como principio general del derecho administrativo. En J. A. Santamaría Pastor (dir.). *Los principios jurídicos del derecho administrativo* (pp. 387-426). Madrid: La Ley.

Bauzá Martorell, F. (2016). Competencias municipales y servicios públicos: especial referencia al turismo. En J. Alemany Garcías (dir.). *Una década con la Ley de Capitalidad de Palma (Mallorca)* (pp. 191-202). Palma: Lleonard Muntaner Editor.

---

sancionadoras a los consejos insulares ("El titular competente en materia de turismo de cada uno de los consejos insulares, dentro de su respectivo ámbito territorial, o la persona o les personas en quienes estos deleguen, serán competentes para la imposición de las sanciones correspondientes a todas las infracciones, salvo que el ámbito territorial de la infracción exceda del territorio de la isla en que tiene competencias. El consejero competente en materia de turismo del Gobierno de las Illes Balears será el órgano que impondrá las sanciones por infracciones cuyo ámbito territorial exceda al de una isla").

138.   Una crítica sobre el régimen de policía turística, en general, y el sancionador, en particular, establecido en este Decreto-ley balear, la ha realizado Martín Fernández (2020: 2-27), norma que en el marco específico de la legislación balear ha sido analizada recientemente por Ferrer Tapia (2022: 2-25).

139.   El primero así lo tipifica: "1. Las denuncias o los actos de inspección formulados por la Policía Local, la Guardia Civil, la Policía Nacional y los inspectores de la Comunidad Autónoma de las Illes Balears y de los consejos insulares tienen valor probatorio, [...] 2. Los inspectores de la Comunidad Autónoma de las Illes Balears y de los consejos insulares están facultados, [...]". Y el artículo 12.2 específicamente le atribuye competencia para proponer la medida provisional cautelar de cierre del establecimiento: "En el supuestos de infracciones muy graves y si el responsable es el titular del establecimiento, el personal con funciones de policía o los inspectores, al extender el acta o denuncia, pueden proponer la medida cautelar de cierre del establecimiento donde se haya cometido la infracción [...]".

140.   También refiere en su artículo 19 bis la delegación de competencias en favor de los municipios: "Las competencias mencionadas en el artículo 19, incluida la instrucción de los procedimientos y otras que puedan estar conectadas, se podrán delegar en los ayuntamientos de Palma, Calvià, Llucmajor y Sant Antoni de Portmany, en los términos que prevé el artículo 27 de la Ley 7/1985, de 2 de abril, reguladora de las bases del régimen local. En caso de delegación, será de aplicación lo dispuesto en el artículo 11 de este Decreto-ley, también respecto a las atribuciones de los inspectores municipales y respecto a los efectos de sus actas o denuncias".

141.   Este precepto no solo dispone la competencia sancionadora de este singular ente local en materia turística, sino que, además, explícitamente la diferencia de la competencia sancionadora en materia de consumidores/usuarios: "Son competentes para iniciar y resolver los expedientes sancionadores los consejeros de la Administración de la Comunidad Autónoma de las Illes Balears o el consejero o consejera del consejo insular competente en materia de turismo. A estos efectos son competentes: 1. El consejero o consejera competente en materia de turismo, en cuanto a las sanciones derivadas de los incumplimientos de los artículos 3, 6.4, 6.5, 7 y 8 [...] 3. El consejero o consejera competente en materia de consumo, las sanciones derivadas de los incumplimientos de los artículos 4, 6.2 y 20 [...]".

Viviendas de uso turístico
Análisis de la situación actual y propuestas
para la mejora de su marco regulatorio

Fundación Democracia y Gobierno Local
Serie Claves del Gobierno Local, 39
ISBN: 978-84-125912-5-5

297

Bouazza Ariño, O. (2013). Regímenes locales especiales en materia de turismo. *Anuario Aragonés del Gobierno Local 2012*, 257-292.

Ceballos Martín, M.ª M. y Pérez Guerra, R. (2021). Capítulo XI. Turismo y alojamiento colaborativo: a vueltas con la regulación de las viviendas turísticas en España. En H. Gosálbez Pequeño (dir.). *Tratado jurídico ibérico e iberoamericano del turismo colaborativo* (pp. 381-415). Cizur Menor: Thomson Reuters Aranzadi.

Corchero Pérez, M. (2006). La protección del turista como consumidor: derechos y obligaciones del usuario turístico. *RArAP*, 28, 511-546.

— (2011). Competencias de los municipios en materia de turismo. *Revista Andaluza de Derecho del Turismo*, 5, 149-155.

Fernández Carballo-Calero, P. y Torres Pérez, F. J. (2011). Ámbito de aplicación. En M. Rebollo Puig y M. Izquierdo Carrasco (dirs.). *La defensa de los consumidores y usuarios. Comentario sistemático del texto refundido aprobado por el Real Decreto Legislativo 1/2007 (adaptado a las reformas introducidas por las Leyes 25/2009 y 29/2009)* (pp. 57-115). Madrid: Iustel.

Fernández Ramos, S. (2008). Régimen general de los servicios, establecimiento y empresas turísticas. La información turística. Los establecimientos de restauración. En S. Fernández Ramos (dir.). *Estudios sobre el derecho andaluz del turismo* (pp. 221-285). Sevilla: Consejería de Turismo, Comercio y Deporte de la Junta de Andalucía.

— (2017). Capítulo 1. Las Administraciones turísticas andaluzas. En S. Fernández Ramos y J. M.ª Pérez Monguió (coords.). *Estudio sobre el Derecho del Turismo de Andalucía* (pp. 19-101). Sevilla: Instituto Andaluz de Administración Pública.

Ferrer Tapia, B. (2022). La economía circular, la sostenibilidad y la protección del territorio en la nueva regulación del alojamiento turístico balear. *Revista General de Derecho del Turismo*, 5.

Guillén Caramés, J. (2002). Algunos aspectos de la protección jurídica del turista. *REDA*, 115, 357-380.

— (2011). La protección de los consumidores en el ámbito municipal. En S. Muñoz Machado (coord.). *Tratado de Derecho Municipal* (vol. 3, 3.ª ed., pp. 2735-2780). Madrid: Iustel.

Guillén Navarro, N. (2015). La vivienda de uso turístico y su incidencia en el panorama normativo español. *Revista Aragonesa de Administración Pública*, 45-46, 101-144.

Martín Fernández, C. (2020). El Decreto-ley balear 1/2020, contra el turismo de excesos. *Revista General de Derecho Administrativo*, 54.

Martínez Pallarés, P. L. (2005). Las entidades locales en la legislación turística. *Cuadernos de Derecho Local*, 9, 72-86.

Melgosa Arcos, F. J. (2011). Administraciones locales y turismo: el municipio turístico. En J. Castelao Rodríguez, F. Castro Abella y E. Corral García

298

Viviendas de uso turístico
Análisis de la situación actual y propuestas
para la mejora de su marco regulatorio

Fundación Democracia y Gobierno Local
Serie: Claves del Gobierno Local, 39
ISBN: 978-84-125912-5-5

(coords.). *Administración local. Estudios en homenaje a Ángel Balles-teros* (pp. 1167-1207). El Consultor de los Ayuntamientos.

Miranda Serrano, L. (2006). La protección de los consumidores en la con-tratación: aspectos generales. En M. Olivencia, C. Fernández Novoa y R. Jiménez de Parga (dirs.). *La contratación mercantil. Disposiciones generales. Protección de los consumidores. Tratado de Derecho Mer-cantil* (pp. 179-221). Madrid: Marcial Pons.

Montoya Martín, E. y Fernández Scagliusi, M. Á. (2018). Capítulo II. El régimen administrativo de las viviendas de uso turístico: la inspección y el régi-men sancionador. En G. Cerdeira Bravo de Mansilla (dir.). *Viviendas de uso turístico. Régimen civil, administrativo y fiscal* (pp. 99-145). Madrid: Reus.

Pérez Guerra, R. (2019). Algunas consideraciones sobre el régimen jurídi-co-administrativo de los pisos turísticos: las viviendas turísticas versus los apartamentos turísticos. Especial referencia a la Comunidad Autó-noma de Andalucía. *Revista General de Derecho Administrativo*, 51.

Razquin Lizarraga, M. M.ª (1999). Organización local del turismo. En D. V. Blanquer Criado (coord.). *Municipios turísticos, tributación y contrata-ción empresarial, formación y gestión del capital humano* (pp. 39-67). Valencia: Tirant lo Blanch.

— (2006). Capítulo octavo. Los conceptos subjetivos del Derecho del Turis-mo (II). El estatuto del turista como consumidor y usuario. En J. Tudela Aranda (dir.). *El derecho del turismo en el Estado autonómico. Una vi-sión desde la Ley del Turismo de la Comunidad Autónoma de Aragón* (pp. 271-304). Zaragoza: Cortes de Aragón.

Rebollo Puig, M. (2011). La aprobación del Texto Refundido de la Ley General para la Defensa de los Consumidores y Usuarios y otras leyes comple-mentarias. En M. Rebollo Puig y M. Izquierdo Carrasco (dirs.). *La defen-sa de los consumidores y usuarios (comentario sistemático del Texto Refundido aprobado por Real Decreto Legislativo 1/2007): adaptado a las reformas introducidas por las Leyes 25/2009 y 29/2009* (pp. 17-53). Madrid: Iustel.

— (2021). Capítulo IX. Las restricciones a las viviendas turísticas ante los tribunales. En H. Gosálbez Pequeño (dir.). *Tratado jurídico ibérico e iberoamericano del turismo colaborativo* (pp. 301-356). Cizur Menor: Thomson Reuters Aranzadi.

Rebollo Puig, M. e Izquierdo Carrasco, M. (1998). *Manual de la inspección de consumo (con especial referencia a la inspección local)*. Madrid: Instituto Nacional del Consumo.

— (2018). La intervención pública en defensa de los consumidores y usua-rios. En M. Rodríguez-Piñero y Bravo-Ferrer y M.ª E. Casas Baamonde (dirs.). *Comentarios a la Constitución Española. XI Aniversario* (pp.

Viviendas de uso turístico
Análisis de la situación actual y propuestas
para la mejora de su marco regulatorio

Fundación Democracia y Gobierno Local
Serie: Claves del Gobierno Local, 39
ISBN: 978-84-125912-5-5

299

1430-1446). Las Rozas (Madrid): Fundación Wolters Kluwer, Boletín Oficial del Estado, Tribunal Constitucional y Ministerio de Justicia.

Rebollo Puig, M., Izquierdo Carrasco, M. y Bueno Armijo, A. (2011). Infracciones y sanciones. En M. Rebollo Puig y M. Izquierdo Carrasco (dirs.). *La defensa de los consumidores y usuarios (comentario sistemático del Texto Refundido aprobado por Real Decreto Legislativo 1/2007): adaptado a las reformas introducidas por las Leyes 25/2009 y 29/2009* (pp. 702-890). Madrid: Iustel.

Roca Fernández-Castanys, M.ª L. (2019). Notas sobre el régimen jurídico-administrativo de las "viviendas de uso turístico": claves para un debate. En H. Gosálbez Pequeño (dir.). *El régimen jurídico del turismo colaborativo* (pp. 305-336). Madrid: Wolters Kluwer.

Rodríguez Portugués, M. (2021). Capítulo III. Regulación y garantías del ejercicio de los derechos fundamentales económicos en el turismo colaborativo. En H. Gosálbez Pequeño (dir.). *Tratado jurídico ibérico e iberoamericano del turismo colaborativo* (pp. 87-132). Cizur Menor: Thomson Reuters Aranzadi.

Román Márquez. A. (2022). Viviendas de uso turístico, legislación económica y calidad de la oferta alojativa: una propuesta integradora. *Revista General de Derecho del Turismo*, 5.

Sánchez Sáez, A. J. (2008). La inspección turística y el régimen sancionador en materia de turismo. En S. Fernández Ramos (coord.). *Estudios sobre el derecho andaluz del turismo* (pp. 515-570). Sevilla: Consejería de Turismo, Comercio y Deporte.

Sanz Domínguez, C. (2017). Capítulo IV. Protección de la legalidad turística: inspección y régimen sancionador. En S. Fernández Ramos y J. M.ª Pérez Monguió (coords.). *Estudio sobre el Derecho del Turismo de Andalucía* (pp. 245-298). Sevilla: Instituto Andaluz de Administración Pública.

Torrejón López, J. L. (2017). Capítulo 3. La ordenación de la oferta turística. En S. Fernández Ramos y J. M.ª Pérez Monguió (coords.). *Estudio sobre el Derecho del Turismo de Andalucía* (pp. 155-244). Sevilla: Instituto Andaluz de Administración Pública.

Tudela Aranda, J. (1999). La Administración Turística. *Revista Aragonesa de Administración Pública*, 15, 93-137.

300

Viviendas de uso turístico
Análisis de la situación actual y propuestas
para la mejora de su marco regulatorio

Fundación Democracia y Gobierno Local
Serie: Claves del Gobierno Local. 39
ISBN: 978-84-125912-5-5

La fiscalidad de las estancias turísticas: la competencia local para gravar las pernoctaciones en viviendas de uso turístico

M.ª del Mar Soto Moya

Profesora titular de Derecho Financiero y Tributario.
Universidad de Málaga

SUMARIO. 1. Introducción. 2. La competencia autonómica para gravar las estancias en establecimientos turísticos: impuestos vigentes en nuestro país. 3. La competencia local para gravar las estancias en establecimientos turísticos: situación actual y líneas de futuro. 4. Reflexiones finales. 5. Bibliografía.

1. Introducción

En nuestro país, una vez superado el paréntesis que supuso la pandemia derivada de la COVID-19, se ha vuelto a manifestar, si cabe con más intensidad, la problemática derivada de la utilización excesiva de la vivienda privada con fines turísticos, fundamentalmente en comunidades autónomas de tradición turística: Cataluña, Comunidad Valenciana, Baleares, Andalucía o Madrid. Esta circunstancia ha venido provocando un aumento exponencial de los precios de los alquileres de larga duración, pues la oferta de este tipo de viviendas es cada vez más escasa, por resultar mucho más beneficioso para los propietarios el alquiler turístico. De hecho, las operaciones relacionadas con viviendas para fines turísticos, que en un principio comenzaron a enmarcarse dentro de la economía colaborativa como alojamiento colaborativo, en la actualidad se encuentran, también respecto de sus consecuencias tributarias, dentro de la llamada economía de plataforma, pues han dejado

Viviendas de uso turístico
Análisis de la situación actual y propuestas
para la mejora de su marco regulatorio

Fundación Democracia y Gobierno Local
Serie Claves del Gobierno Local, 39
ISBN: 978-84-125912-5-5

301

de cumplir las características propias de lo que podemos denominar como colaborativo.

Esta circunstancia ha provocado que muchos municipios, especialmente los que cuentan con un mayor número de viviendas de uso turístico (VUT), hayan comenzado a poner en marcha mecanismos que logren reducir, o al menos moderar, el establecimiento y uso de este tipo de viviendas y, sobre todo, algunos de los efectos que las mismas conllevan. La inseguridad jurídica generada por el arrendamiento de viviendas para uso turístico no es una cuestión baladí, ni en lo que se refiere a sus aspectos civiles ni por sus consecuencias tributarias. A esta falta de seguridad de los participantes directos en este tipo de actividad (tanto arrendadores como arrendatarios) se suman otras cuestiones de orden social que se han originado, o intensificado, a consecuencia del aumento del alquiler de viviendas para un uso turístico o con fines turísticos: gentrificación, falta de parque de viviendas para arrendamientos de larga duración, o aumento de necesidades de los turistas relacionadas con el uso de servicios públicos.

No es objeto de este artículo enumerar las causas ni las consecuencias de la utilización ilimitada de las viviendas particulares con fines turísticos, ni tampoco analizar, desde el punto de vista del derecho administrativo, las posibilidades de los instrumentos jurídico-administrativos para limitar la proliferación de este tipo de viviendas, pues a este particular se han dedicado, prolijamente, los artículos anteriores en este trabajo.

Sin embargo, aunque de forma somera, sí es necesaria la alusión, por su relación directa con las consecuencias jurídicas y tributarias, sobre todo para aquellos municipios en los que el turismo se eleva en determinadas épocas del año, a que el gasto público generado es también mayor. Como es sabido, hay determinados gastos, como el abastecimiento de agua en fuentes públicas, alumbrado de vías públicas, vigilancia pública general, protección civil..., por los que no se pueden exigir tasas, pero las arcas municipales deben soportar el coste de estos servicios. Así, los ingresos proceden de lo que podemos llamar una población de derecho, que vive allí todo el año, mientras que el gasto municipal depende de una población de hecho muy superior a la de derecho. Es más, como señala García de Pablos, "esta actividad turística generadora de progreso económico y social, ha supuesto en determinadas zonas turísticas una explotación excesiva de recursos con la puesta en peligro de la sostenibilidad del sector turístico español"[1].

Los gastos asociados al turismo y las viviendas de uso turístico, que normalmente son soportados por la Administración municipal, han tenido

---

1. García de Pablos (2023: 179).

Viviendas de uso turístico
Análisis de la situación actual y propuestas
para la mejora de su marco regulatorio

Fundación Democracia y Gobierno Local
Serie: Claves del Gobierno Local. 39
ISBN: 978-84-125912-5-5

como consecuencia que, además de los instrumentos urbanísticos, en los últimos años se haya despertado el interés de numerosos ayuntamientos por implantar un tributo que grave las estancias en este tipo de establecimientos: la mal llamada "tasa turística".

Hasta el momento, el gravamen sobre las viviendas de uso turístico se ha llevado a cabo en nuestro país por parte de las comunidades autónomas, en concreto los impuestos autonómicos catalán, balear y valenciano (este último con inminente entrada en vigor). Ahora bien, si los ayuntamientos son los más directamente afectados por este tipo de actividad, podemos plantearnos por qué hasta la fecha ningún ayuntamiento ha aprobado una "tasa turística" que grave las estancias en establecimientos turísticos, y si tal aprobación supondría algún beneficio para los mismos. Al análisis de la imposición vigente sobre las estancias en establecimientos turísticos, y las posibilidades que los ayuntamientos tienen para poder gravar tales estancias en sus municipios, se dedica el presente artículo.

2. La competencia autonómica para gravar las estancias en establecimientos turísticos: impuestos vigentes en nuestro país

La regulación de las VUT entra dentro del ámbito competencial de las comunidades autónomas, por lo que, para la determinación de sus requisitos y características, hay que estar a lo dispuesto en las normativas autonómicas. En la actualidad, la práctica totalidad de comunidades autónomas ha establecido una regulación propia sobre VUT o, al menos, ha definido qué debe entenderse por VUT y cuáles son sus requisitos, si bien la denominación que se utiliza en cada norma puede ser diferente. Así, muchas comunidades autónomas utilizan "vivienda de uso turístico" (VUT) o "vivienda con fines turísticos" (VFT); otras, "estancias turísticas en viviendas" (ETV), así como "alojamiento turístico extrahotelero", "viviendas vacacionales" o "vivienda turística". En este trabajo, por ser la denominación más extendida, utilizaremos VUT.

La heterogeneidad de las distintas regulaciones autonómicas es evidente, y no únicamente en relación con la designación que cada una de ellas realiza respecto de este tipo de viviendas, sino también por sus requisitos, tipología o restricciones, que, como se indicó anteriormente, pueden dar lugar a desigualdades y a cierta inseguridad jurídica para los agentes involucrados[2], tal y como se ha puesto de manifiesto en artículos precedentes,

---

2. Estamos de acuerdo con Álamo Cerrillo cuando apunta lo siguiente: "El establecimiento de una definición de vivienda turística, donde se establezcan las condiciones que se tienen que dar para ser considerada como tal, es fundamental para poder establecer la fiscalidad de las mismas. Pues es primordial determinar el hecho imponible y el sujeto pasivo de un tributo

Viviendas de uso turístico
Análisis de la situación actual y propuestas
para la mejora de su marco regulatorio

Fundación Democracia y Gobierno Local
Serie Claves del Gobierno Local, 39
ISBN: 978-84-125912-5-5

303

por lo que en este momento nos centraremos en las competencias de las comunidades autónomas para la aprobación de tributos que graven las estancias en establecimientos turísticos, entre los que se encuentran las VUT.

Asimismo, algunas comunidades autónomas, en virtud de su capacidad para la creación de tributos propios, de acuerdo con lo previsto en los artículos 133.2 y 157.1.b) de la Constitución Española, y 6.1 de la Ley Orgánica 8/1980, de 22 de septiembre, de Financiación de las Comunidades Autónomas (LOFCA)[3], están comenzando a realizar actuaciones en pro de la aprobación de un gravamen específico a las estancias en establecimientos turísticos, si bien la realidad es que existen solo tres impuestos autonómicos aprobados: el catalán, el balear y el valenciano. Los impuestos tienen un funcionamiento similar a los gravámenes existentes en ciudades y regiones de muchos países de nuestro entorno, aunque con algunas particularidades. No se trata, por lo tanto, de gravar operaciones sobre las que no recae gravamen en otros muchos lugares. En efecto, según los datos de la European Tourism Association (ETOA), 21 de 30 países de Europa ya han establecido tributos de este tipo y, pese a las críticas de algunos sectores, no se ha detectado una disminución del turismo en los lugares que cuentan con estos tributos, no siendo esta una razón por la que los turistas escogen uno u otro destino.

Ahora bien, antes de comenzar a analizar cada uno de estos impuestos, es necesario resaltar que, teniendo en cuenta las exposiciones de motivos de las tres leyes que los configuran, todos tienen unos objetivos similares, pudiendo destacarse las referencias a su carácter afecto a criterios de sostenibilidad, competitividad, calidad del servicio turístico, protección del medio ambiente y regeneración. Al respecto, resulta muy ilustrativa la referencia al carácter regenerativo que podemos encontrar en la norma valenciana (la más reciente de las aprobadas en nuestro país): "Se trata de un impuesto vinculado a la actividad turística encuadrado en los denominados de carácter regenerativo. Es decir, la recaudación servirá tanto para compensar los

---

determinado, si estos dos conceptos tributarios están confusos no podemos analizar las cuestiones tributarias que le afectan a la tributación de las viviendas turísticas con detenimiento" (Álamo Cerrillo, 2017).

3.   Debe destacarse que el apartado dos del artículo 6 de la LOFCA dispone: "Los tributos que establezcan las Comunidades Autónomas no podrán recaer sobre hechos imponibles gravados por el Estado. Cuando el Estado, en el ejercicio de su potestad tributaria originaria establezca tributos sobre hechos imponibles gravados por las Comunidades Autónomas, que supongan a éstas una disminución de ingresos, instrumentará las medidas de compensación o coordinación adecuadas en favor de las mismas". Como es sabido, en la actualidad no existe un impuesto de carácter estatal que grave las estancias en establecimientos turísticos, por lo que las comunidades autónomas pueden establecer un impuesto propio que recaiga sobre esta actividad, sin que ello cause ninguna problemática en el ámbito de la doble imposición interna.

Viviendas de uso turístico
Análisis de la situación actual y propuestas
para la mejora de su marco regulatorio

Fundación Democracia y Gobierno Local
Serie: Claves del Gobierno Local, 39
ISBN: 978-84-125912-5-5

posibles efectos adversos del modelo turístico como para conseguir que la actividad turística revierta en una mayor calidad de vida para los valencianos y las valencianas, así como en un mayor atractivo turístico que suponga una ventaja competitiva respecto a otros destinos".

Esto no quiere decir que la recaudación quede fuera de los objetivos de esta figura impositiva, ya que, como se señaló anteriormente, los gastos soportados por las regiones y los municipios de carácter turístico, sobre todo en determinadas épocas del año, son considerablemente mayores, por lo que la necesidad de recaudación también aumenta. El propio Tribunal Constitucional así lo ha afirmado en su Sentencia de 3 de junio de 2021, en la que, en referencia al impuesto catalán, establece que no es un impuesto extrafiscal, en cuanto que dicha finalidad no se refleja en su estructura, con independencia de las declaraciones realizadas por el legislador.

Sin embargo, y sin excluir el carácter recaudatorio de los impuestos, tal y como se ha puesto de manifiesto en trabajos anteriores, a pesar de no poder ser calificados como impuestos extrafiscales puros, este tipo de figuras pueden coadyuvar a la consecución de un modelo turístico más sostenible[4]. Incluso se ha llegado a hablar de estos instrumentos como tributos restaurativos, ya que se afecta su recaudación a la conservación y protección ambiental[5].

Como afirma Sanz Gómez, podemos considerar que "los impuestos sobre estancias turísticas se justifican atendiendo a varios motivos, pero pueden resumirse en tres: recaudación, cobertura de costes e internalización de costes". Además, el autor pone énfasis en una cuestión interesante: "Mediante la cobertura de costes se pretende que los turistas financien, aunque sea parcialmente, servicios públicos de los que hacen uso (y que, en casos extremos, pueden llegar a saturar). La lógica subyacente en este caso sería el principio del beneficio y el objetivo sería evitar que la sobrecarga recaiga sobre los contribuyentes no turistas. Desde este punto de vista, el impuesto sobre las estancias turísticas debería constituir un recurso local, puesto que la mayoría de estos servicios son competencia municipal"[6]. Sobre el mayor gasto que deben soportar los municipios ya se ha hecho hincapié en la introducción a este artículo, y aunque volveremos sobre esta sustancial cuestión más adelante, podemos anticipar que, en nuestra opinión, el instrumento óptimo para gravar las estancias en establecimientos turísticos sería

---

4. Soto Moya (2019).
5. Sobre la sostenibilidad del turismo, Patón García realiza un interesante análisis en Patón García (2020).
6. Sanz Gómez (2023).

Viviendas de uso turístico
Análisis de la situación actual y propuestas
para la mejora de su marco regulatorio

Fundación Democracia y Gobierno Local
Serie: Claves del Gobierno Local, 39
ISBN: 978-84-125912-5-5

305

un impuesto de carácter municipal, si bien, en la actualidad, esta opción no puede ponerse en marcha por parte de los ayuntamientos.

Retomando el análisis de los impuestos autonómicos sobre estancias turísticas y, más en particular, en VUT, pasaremos, a continuación, a examinar los impuestos catalán, balear y valenciano, que son los tres impuestos autonómicos aprobados hasta el momento.

La Comunidad Autónoma de Cataluña creó el impuesto sobre estancias en establecimientos turísticos a través de la Ley 5/2012, de 20 de marzo, de medidas fiscales, financieras y administrativas y de creación del impuesto sobre las estancias en establecimientos turísticos (en adelante Ley 5/2012), aunque sus artículos fueron derogados por la Ley 5/2017, de 28 de marzo, de medidas fiscales, administrativas, financieras y del sector público y de creación y regulación de los impuestos sobre grandes establecimientos comerciales, sobre estancias en establecimientos turísticos, sobre elementos radiotóxicos, sobre bebidas azucaradas envasadas y sobre emisiones de dióxido de carbono (en adelante Ley 5/2017)[7].

El impuesto grava la capacidad económica "singular" de las personas físicas que se pone de manifiesto en la estancia en los establecimientos turísticos. Ahora bien, la Ley dispone una serie de exenciones:

a)   las estancias subvencionadas por programas sociales de una administración pública de cualquier estado miembro de la Unión Europea;

b)   las estancias efectuadas por personas de edad igual o inferior a dieciséis años;

c)   las estancias que se efectúen por causas de fuerza mayor, determinadas por reglamento;

d)   las estancias que efectúe cualquier persona por motivos de salud, así como las de las personas que la acompañen.

Según el artículo 23 de la Ley 5/2017, el impuesto pretende internalizar las posibles externalidades que el turismo puede causar en las zonas de alta concentración turística.

---

7.   Como señala Borja Sanchís, pese a que la Ley aporta una mayor seguridad jurídica en la aplicación de este impuesto, la visibilidad de la norma es menor, porque en la Ley 5/2017 se regulan también otras figuras impositivas (Borja Sanchís, 2017).

Viviendas de uso turístico
Análisis de la situación actual y propuestas
para la mejora de su marco regulatorio

Fundación Democracia y Gobierno Local
Serie: Claves del Gobierno Local, 39
ISBN: 978-84-125912-5-5

La citada Ley determina que son establecimientos turísticos:

a) los alojamientos turísticos establecidos en cada momento por la normativa vigente en materia de turismo;

b) los albergues de juventud, cuando presten servicios turísticos de alojamiento;

c) las embarcaciones de crucero turístico;

d) cualquier establecimiento o equipamiento en el que se presten servicios turísticos de alojamiento.

La definición de establecimiento turístico es lo suficientemente amplia como para circunscribir a su ámbito de aplicación las VUT. De hecho, el Decreto 159/2012, de 20 de noviembre, de establecimientos de alojamiento turístico y de viviendas de uso turístico, dispone que son VUT "aquellas que son cedidas por su propietario, directa o indirectamente, a terceros de forma reiterada y a cambio de contraprestación económica, para una estancia de temporada, en condiciones de inmediata disponibilidad y con las características establecidas en el decreto".

Las tarifas vigentes de la Generalitat de Cataluña son las aplicables desde el 1 de abril de 2023, distinguiendo dos áreas de aplicación (cobrando por persona y días de estancia/alojamiento):

a) Turista que se aloja en la ciudad de Barcelona, para el que se establece, además de la tarifa general que se expone en la tabla que aparece más abajo, un recargo municipal de 2,75 euros sea cual sea el tipo de establecimiento (este recargo se incrementará a 3,25 euros a partir del 1 de abril de 2014):

Hotel de 5 estrellas, gran lujo, *camping* de lujo y establecimiento o equipamiento de categoría equivalente (EB1)	3,50 €
Hotel de 4 estrellas y 4 estrellas superior, y establecimiento o equipamiento de categoría equivalente (EB2)	1,70 €
Vivienda de uso turístico (EB4)	2,25 €
Resto de establecimientos y equipamientos (EB3)	1,00 €
Embarcación de crucero — Más de 12 horas (CR1) — 12 horas o menos (CR2)	2,00 € 3,00 €

Viviendas de uso turístico
Análisis de la situación actual y propuestas
para la mejora de su marco regulatorio

Fundación Democracia y Gobierno Local
Serie: Claves del Gobierno Local, 39
ISBN: 978-84-125912-5-5

307

b) Turista que se aloja en cualquier otra parte de Cataluña:

Hotel de 5 estrellas, gran lujo, *camping* de lujo y establecimiento o equipamiento de categoría equivalente (ET1)	3,00 €
Hotel de 4 estrellas y 4 estrellas superior, y establecimiento o equipamiento de categoría equivalente (ET2)	1,20 €
Vivienda de uso turístico (ET4)	1,00 €
Resto de establecimientos y equipamientos (ET3)	0,60 €
Embarcación de crucero — Más de 12 horas (CR3) — 12 horas o menos (CR4)	2,00 € 3,00 €

Además, se ha establecido una tarifa especial para los locales situados en centros recreativos turísticos en los que se desarrollen actividades de juego:

Hotel de 5 estrellas, gran lujo, *camping* de lujo y establecimiento o equipamiento de categoría equivalente (TE1)	5,00 €
Hotel de 4 estrellas y 4 estrellas superior, y establecimiento o equipamiento de categoría equivalente (TE2)	3,50 €
Resto de establecimientos y equipamientos (TE3)	2,50 €

Como puede observarse, esta comunidad autónoma hace uso del instrumento del recargo, habilitando al Ayuntamiento de Barcelona a establecer el recargo municipal, que se sitúa, actualmente, en 2,75 euros. Ahora bien, tales ingresos derivados del recargo no quedan afectados a la dotación de un fondo para el fomento del turismo, a diferencia de los ingresos del impuesto.

El establecimiento del recargo municipal ha sido objeto de debate, cuestionando su constitucionalidad, en especial en relación con los cruceros y embarcaciones de recreo, particular sobre el que se ha pronunciado el Tribunal Constitucional en su Sentencia de 3 de junio de 2021[8], concluyendo que el establecimiento por el Ayuntamiento de Barcelona de un recargo municipal sobre las tarifas del impuesto autonómico no supone una invasión de la competencia estatal exclusiva para el establecimiento *ex novo* de tributos locales, ya que su naturaleza es accesoria al impuesto autonómico y en ningún caso supone la creación de un nuevo impuesto local, con independencia de que

---

8. STC 125/2021, de 3 de junio, rec. núm. 4192/2020.

308

Viviendas de uso turístico
Análisis de la situación actual y propuestas
para la mejora de su marco regulatorio

Fundación Democracia y Gobierno Local
Serie: Claves del Gobierno Local. 39
ISBN: 978-84-125912-5-5

su cuantía sea elevada o de que su recaudación se desafecte del fondo autonómico al que se destina la recaudación del impuesto catalán[9]. Por lo tanto, el recargo de la ciudad de Barcelona es conforme a derecho y puede seguir aplicándose.

Por su parte, la Comunidad de Baleares introdujo el impuesto con la Ley 2/2016, de 30 de marzo, del impuesto sobre estancias turísticas en las Islas Baleares y de medidas de impulso del turismo sostenible (en adelante Ley 2/2016), y el Decreto 35/2016, de 23 de junio, que desarrolla esta ley[10]. Como es sabido, ya en el año 2001 se había aprobado la Ley 7/2001, de 23 de abril, que creó el impuesto sobre las estancias en empresas turísticas de alojamiento, erróneamente conocido como "tasa turística" o "ecotasa balear". Esta ley se mantuvo en vigor hasta el 2003, año en que fue derogada por la Ley 7/2003, de 22 de octubre. Con posterioridad, si bien con cierto recelo por parte de las empresas del sector hotelero, como ocurre en casi todos los casos en los que se ha proyectado una norma de estas características, volvió a retomarse la idea y se aprobó la Ley del año 2016.

El funcionamiento de este impuesto se basa en la aplicación de unas tarifas a las personas físicas que disfrutan de una estancia en un establecimiento turístico.

Las tarifas oscilan entre 1 y 4 euros, diferenciando el tipo de establecimiento (se aplican a hoteles, cruceros, hostales, *campings*, apartamentos turísticos, viviendas turísticas de vacaciones...). Por lo tanto, el impuesto es aplicable a las VUT:

Hoteles, hoteles de ciudad y hoteles-apartamentos de cinco estrellas, cinco estrellas gran lujo y cuatro estrellas superior	4 €
Hoteles, hoteles de ciudad y hoteles-apartamentos de cuatro estrellas y tres estrellas superior	3 €
Hoteles, hoteles de ciudad y hoteles-apartamentos de una, dos y tres estrellas	2 €
Apartamentos turísticos de cuatro llaves y cuatro llaves superior	4 €
Apartamentos turísticos de tres llaves superior	3 €
Apartamentos turísticos de una, dos y tres llaves	2 €

9. Un exhaustivo análisis de la Sentencia del Tribunal Constitucional puede encontrarse en Sedeño López (2021).

10. Sobre la misma, *vid.* Ruiz Garijo (2002).

Viviendas de uso turístico
Análisis de la situación actual y propuestas
para la mejora de su marco regulatorio

Fundación Democracia y Gobierno Local
Serie Claves del Gobierno Local, 39
ISBN: 978-84-125912-5-5

309

Establecimientos de alojamiento no residenciales de empresas turístico-residenciales	4 €
Viviendas turísticas de vacaciones, viviendas objeto de comercialización de estancias turísticas y viviendas objeto de comercialización turística	2 €
Hoteles rurales, agroturismos, hospederías y alojamientos de turismo de interior	2 €
Hostales, hostales-residencia, pensiones, posadas y casas de huéspedes, campamentos de turismo o *campings*	1 €
Albergues y refugios	1 €
Otros establecimientos o viviendas de carácter turístico	2 €
Embarcaciones de crucero turístico	2 €

Como ocurre con el impuesto catalán, el balear determina también que la recaudación queda afectada a un fondo creado para favorecer el turismo. Concretamente, la exposición de motivos de la Ley 2/2016 establece que "el impuesto que se establece mediante la presente ley está destinado, por una parte, a compensar a la sociedad balear por el coste medioambiental y social y la precariedad laboral que supone el ejercicio de determinadas actividades que distorsionan o deterioran el medio ambiente en el territorio de las Illes Balears, y, por otra, a mejorar la competitividad del sector turístico por medio de un turismo sostenible, responsable y de calidad en el archipiélago". Pese a que ambos cuentan con este objetivo, estamos de acuerdo con Bueno Gallardo y Urbano Sánchez en que el impuesto balear presenta siempre el matiz de la sostenibilidad[11], siendo uno de sus objetivos la protección del medioambiente, por lo que, como ya ocurrió en el año 2001, se conoce popularmente como "ecotasa".

Sin embargo, algunos autores, como Menéndez Moreno, han señalado algunas contradicciones en las que podría incurrir el impuesto, como la relativa a su finalidad medioambiental, pues "pese a la cacareada y reiterada proclamación de su finalidad de protección medioambiental, su Ley reguladora establece en el artículo 13.2.a) una bonificación del 50% de la cuota para las 'estancias que se realicen en temporada baja'; de manera que este beneficio fiscal parece más bien una llamada que anime a los turistas a venir —y 'contaminar'— a las preciosas Islas Baleares,

---

11.   Bueno y Urbano (2017).

Viviendas de uso turístico
Análisis de la situación actual y propuestas
para la mejora de su marco regulatorio
Fundación Democracia y Gobierno Local
Serie: Claves del Gobierno Local. 39
ISBN: 978-84-125912-5-5

también en esa época de menor afluencia turística. Y su artículo 13.2.b) recoge una aún más sorprendente bonificación del 50% de la cuota para los 'días noveno y siguientes en todos los casos de estancias en un mismo establecimiento turístico superiores a los ocho días'; de donde se infiere que no todos los turistas 'contaminan' igual, ya que, a la vista de esta regulación, parece que, paradójicamente, contaminan menos los que están más tiempo"[12].

La idea de la afectación de las cantidades recaudadas a finalidades específicas del territorio de aplicación del impuesto resulta interesante, tanto para las comunidades autónomas como para los municipios, pues el gasto público generado en este ámbito no es baladí, sobre todo en determinadas localidades.

Por último, en el ámbito autonómico, encontramos el impuesto propio de la Comunidad Valenciana, aprobado por la Ley 7/2022, de 16 de diciembre, de la Generalitat, de medidas fiscales para impulsar el turismo sostenible, cuya entrada en vigor está prevista para diciembre del presente año 2023, si bien ya se ha anunciado por el Gobierno valenciano que la norma será derogada antes de finalizar el año, por lo que será necesario esperar para ver si, efectivamente, se produce o no su entrada en vigor.

Pese a que finalmente pudiera no aplicarse, por sus especiales características resulta interesante realizar un análisis, aunque sea somero, de la configuración de este impuesto propio de la Comunidad Valenciana.

En el preámbulo de la Ley 7/2022 se señalan cuáles son los objetivos de la misma, muy en consonancia con los indicados anteriormente respecto a la normativa catalana y balear: se trata de un impuesto de carácter regenerativo, ya que con su recaudación se compensarán los posibles efectos adversos del modelo turístico y, además, se conseguirá que los beneficios de la actividad turística reviertan en una mayor calidad de vida de los residentes en la Comunidad Valenciana, incrementando, asimismo, el atractivo turístico de la Comunidad.

La diferencia con los impuestos catalán y balear radica en que, en el caso del valenciano, se establece que los municipios discrecionalmente pueden establecer recargos sobre el impuesto (en el caso de Cataluña esta particularidad solo se dispone para la ciudad de Barcelona). Lo que hace la Generalitat valenciana es establecer una bonificación del 100 por 100 en su

---

12. Menéndez Moreno (2016: 16).

Viviendas de uso turístico
Análisis de la situación actual y propuestas
para la mejora de su marco regulatorio

Fundación Democracia y Gobierno Local
Serie Claves del Gobierno Local. 39
ISBN: 978-84-125912-5-5

311

cuota autonómica, por lo que, finalmente, la exigencia del impuesto es municipal y, además, con carácter potestativo, es decir, cada municipio puede decidir si aplicar o no el impuesto.

En concreto, el artículo 11 de la Ley valenciana especifica lo siguiente:

"1. Los ayuntamientos podrán establecer, en ejecución de su autonomía municipal, un recargo sobre el impuesto valenciano a las estancias turísticas.
Este recargo se exigirá a los mismos sujetos pasivos y en los mismos casos contemplados en la normativa reguladora del impuesto, y consistirá en un porcentaje sobre la cuota íntegra de hasta un máximo del 100 %. Los ayuntamientos establecerán el recargo mediante una ordenanza.
2. Las competencias para su aplicación, recaudación y potestad sancionadora corresponderán a la Agencia Tributaria Valenciana, de acuerdo con la normativa reguladora de los tributos propios de la Comunitat Valenciana. [...]".

Respecto al establecimiento de este recargo, como ya ocurrió con el caso catalán, ha existido cierta controversia, teniendo en cuenta que es al Estado al que corresponde en exclusiva el establecimiento del sistema tributario local. Ahora bien, tanto en la Ley de Bases de Régimen Local (LBRL) como en el Texto Refundido de la Ley Reguladora de las Haciendas Locales (TRLRHL) está previsto que las comunidades autónomas coadyuven en la financiación de los municipios. Con base en las citadas normas, las comunidades autónomas pueden autorizar a los municipios de su ámbito territorial a establecer recargos sobre sus tributos propios, ya que la competencia exclusiva del sistema tributario local que se atribuye al Estado es la establecida en el TRLRHL, que es, precisamente, la cuestión sobre la que radica la posibilidad, o no, que tienen los ayuntamientos de aprobar un tributo que grave las estancias en establecimientos turísticos.

A mayor abundamiento, ya se apuntó, respecto al impuesto catalán sobre estancias en establecimientos turísticos, que el propio Tribunal Constitucional, en su Sentencia de 3 de junio de 2021, determinó que el establecimiento por el Ayuntamiento de Barcelona de un recargo municipal sobre las tarifas del impuesto autonómico no supone una invasión de la competencia estatal exclusiva para el establecimiento *ex novo* de tributos locales, ya que su naturaleza es accesoria al impuesto autonómico y en ningún caso supone la creación de un nuevo impuesto local. Por lo tanto, parece que la cuestión relativa a la posibilidad que tienen las comunidades autónomas de establecer un recargo municipal en el ámbito del impuesto sobre estancias

312

Viviendas de uso turístico
Análisis de la situación actual y propuestas
para la mejora de su marco regulatorio

Fundación Democracia y Gobierno Local
Serie: Claves del Gobierno Local, 39
ISBN: 978-84-125912-5-5

en establecimientos turísticos debe concluirse en sentido afirmativo[13]. En efecto, el artículo 38.2 del TRLRHL prevé que las comunidades autónomas autoricen, por ley, a los entes locales a establecer recargos sobre sus impuestos propios autonómicos, al señalar que "las entidades locales podrán establecer recargos sobre los impuestos propios de la respectiva comunidad autónoma y de otras entidades locales en los casos previstos en las leyes de la comunidad autónoma".

Es más, como indica García Carretero, el pronunciamiento del Tribunal Constitucional supone un importante incentivo para que las entidades locales presten mayor atención a este medio de obtención de ingresos que hasta el momento ha sido escasamente utilizado[14].

Respecto al tipo de gravamen previsto, es el siguiente, que distingue entre la tipología turística y la categoría del establecimiento:

Tipología turística	Categoría	Cuota tributaria
Establecimientos hoteleros (hoteles, hoteles-apartamentos y hotel balneario)	Hoteles 5*, 5* gran lujo y 4*superior	2,00
	Hoteles de 4* y 3* superior	1,5
	Hoteles de 1*, 2* y 3*	1
	Hostales y pensiones	0,5
Bloques y conjuntos de apartamentos turísticos	Superior	1,5
	Primera	1
	Estándar	0,5
Viviendas de uso turístico	Superior	1,5
	Estándar	1
Campings		0,5
Áreas de pernocta en tráfico para autocaravanas		0,5
Alojamiento turístico rural	Casas rurales 5*, 5* gran lujo y 4*	1,5
	Casas rurales y hoteles rurales de 4* y 3*	1
	Casas rurales y hoteles rurales de 1*, 2* y 3*	0,5
	Acampada en finca particular con vivienda habilitada	0,5
Albergues turísticos		0,5
Embarcaciones de crucero turístico		1,5

13.   Sobre el funcionamiento y la gestión del impuesto valenciano y el recargo municipal, *vid.* Borja Sanchís (2023).

14.   García Carretero (2021).

Viviendas de uso turístico
Análisis de la situación actual y propuestas
para la mejora de su marco regulatorio

Fundación Democracia y Gobierno Local
Serie: Claves del Gobierno Local, 39
ISBN: 978-84-125912-5-5

313

De nuevo, respecto a este impuesto, puede afirmarse que, por su cuantía, no supone un desincentivo para el turismo en esta comunidad autónoma. Así lo estima un amplio sector doctrinal, pudiendo destacarse la opinión de Borja Sanchís, cuando señala que "su cuantía es simbólica y no desincentivaría el alojamiento turístico en la Comunitat Valenciana, de conformidad con lo señalado por el código ético mundial para el turismo. Además, en este caso, la progresividad en el tipo de gravamen del IVET se consigue atendiendo al tipo y a la categoría del alojamiento turístico"[15].

Sin embargo, como se ha señalado anteriormente, parece que el impuesto será finalmente derogado en esta comunidad, entre otras razones por las presiones del sector hotelero, que sí observa un posible desincentivo del turismo como consecuencia del gravamen sobre las estancias turísticas. Ya adelantamos que no podemos estar de acuerdo con este criterio, sobre todo estimando las cuantías de los diferentes impuestos autonómicos y teniendo en cuenta la necesidad de paliar los mayores gastos derivados del turismo en determinadas regiones o municipios, así como por la afectación de estos tributos a la protección del medio ambiente y la sostenibilidad[16]. Esto no quiere decir, como analizaremos en el epígrafe siguiente, que en nuestra opinión un impuesto autonómico sea la mejor opción, ya que entendemos que lo más adecuado sería establecer un impuesto municipal de carácter potestativo.

---

15. Borja Sanchís (2023).

16. Para que el gravamen sobre las estancias en establecimientos turísticos desincentivara realmente el turismo, los tipos aplicables deberían ser mucho más elevados. Al respecto, resulta muy interesante la argumentación de Sanz Gómez, cuando explica: "¿Podría la imposición de tipos más elevados tener un efecto desincentivador? Un estudio realizado por Labandeira y otros estimaba que un impuesto del 10% sobre las estancias turísticas implicaría una caída del consumo en el sector de alojamiento y restauración de 495 millones de euros (un 4,60%). Si la reducción del consumo se concreta exclusivamente en la falta de llegada de turistas (y no en la reducción de la duración de las estancias), esto equivaldría a entre 3,5 y 4 millones de entradas internacionales menos. Parece que una caída drástica del turismo requeriría tipos muy elevados, y siendo el caso se deben tener en cuenta los efectos sociales que tendría limitar sustancialmente la capacidad de viajar atendiendo a la renta: esto sería cuestionable si partimos de que la transición ecológica debe ser justa, aunque los datos disponibles muestran que ya son las rentas medias-altas (hogares con renta superior a 40.000 euros) en quienes se concentra el consumo de paquetes turísticos: según datos de la AIReF, el IVA reducido sobre el turismo beneficia preponderantemente (en más de un 70%) a estas rentas medias-altas". *Vid.* Sanz Gómez (2023). En el mismo sentido, circunscribiéndolo al ámbito de Cataluña, se ha pronunciado Cubiles Sánchez-Pobre: "El mayor temor frente al impuesto es que pudiese perjudicar al sector turístico al retraerse la demanda como consecuencia del mayor coste final del producto. Los datos estadísticos comparativos de España, Cataluña y Barcelona no prueban esto. El número de pernoctaciones en establecimientos hoteleros ha seguido aumentando tras la introducción del impuesto"; en Cubiles Sánchez-Pobre (2015).

314

Viviendas de uso turístico
Análisis de la situación actual y propuestas
para la mejora de su marco regulatorio

Fundación Democracia y Gobierno Local
Serie: Claves del Gobierno Local. 39
ISBN: 978-84-125912-5-5

3. La competencia local para gravar las estancias en establecimientos turísticos: situación actual y líneas de futuro

Como se ha puesto de manifiesto a lo largo de este estudio, la competencia para la regulación concreta de las VUT corresponde a las comunidades autónomas, pues la propia Ley de Arrendamientos Urbanos las incluye dentro de la competencia turística, que es autonómica. Sin embargo, esto no quiere decir que las entidades locales, que realmente son las más afectadas por la actividad de las VUT, no tengan ninguna competencia sobre las mismas.

Son numerosos los ayuntamientos que, en los últimos años, han procedido a regular, dentro de su actividad urbanística, muchos aspectos concernientes a las VUT, y otros muchos los que se han preguntado si es posible establecer algún tipo de tributo, a semejanza de muchas ciudades europeas, terceros estados o comunidades autónomas, sobre este tipo de viviendas.

Es más, ya sea por su asimilación a las figuras aprobadas en países de nuestro entorno, o por la mayor cercanía del término a los ciudadanos, estamos habituados a denominar al gravamen sobre las estancias en establecimientos turísticos como tasa. Así, no es difícil encontrar noticias, o incluso determinadas Administraciones, que hablan de "tasa turística", "ecotasa" o "tasa sobre vivienda turística". Esto ha llevado también a cierta confusión sobre la naturaleza jurídica del tributo que puede regular las estancias o pernoctaciones en establecimientos turísticos, entre los que se encuentran las VUT.

Por diversos motivos ya expuestos, como los mayores gastos que deben soportar (sobre todo en determinadas épocas del año), la necesidad de proteger el patrimonio y el medio ambiente en el municipio, la exigencia actual de abogar por un turismo más sostenible o la regeneración del medio, entre otros, muchos ayuntamientos han tenido (o tienen en cuenta) la posibilidad de gravar las estancias en establecimientos turísticos. Sin embargo, ninguno de los proyectos de aprobación de una "tasa turística" ha podido materializarse. La razón es muy sencilla: los ayuntamientos, a diferencia de las comunidades autónomas, no tienen potestad para la creación de un tributo que grave las estancias turísticas en el municipio.

Para poder comprender esta afirmación, debemos comenzar señalando que las entidades locales sí tienen la capacidad suficiente para poder establecer tasas por la prestación de determinados servicios. En concreto, una tasa es aquel tributo que puede tener como hecho imponible:

Viviendas de uso turístico
Análisis de la situación actual y propuestas
para la mejora de su marco regulatorio

Fundación Democracia y Gobierno Local
Serie Claves del Gobierno Local. 39
ISBN: 978-84-125912-5-5

315

a) La utilización privativa o el aprovechamiento especial del dominio público (por ejemplo, la utilización de la vía pública para poner una terraza con mesas y sillas que corresponden a un negocio privado o un vado).

Podría pensarse que los turistas hacen un uso específico del dominio público, pero cualquier ejemplo en el que se piense puede ser realizado también por personas que no sean turistas, por lo que realmente los turistas no hacen un uso privativo.

b) La prestación de servicios o la realización de actividades en régimen de derecho público que se refieran o afecten de modo particular al obligado tributario, siempre que esos servicios o actividades no sean de solicitud o recepción voluntaria para los obligados tributarios o no se presten por el sector privado (por ejemplo, la tasa por la expedición del DNI).

Aunque el artículo 20 del TRLHL señala veintisiete tipos de tasas que pueden establecer los entes locales por la prestación de servicios, no existe ninguna modalidad que pueda aplicarse a las estancias en establecimientos turísticos, pues es evidente que el servicio en un establecimiento turístico no es obligatorio y puede prestarse, y de hecho se presta, por el sector privado. Por lo tanto, no cabe duda de que estas actividades no se pueden gravar a través de una tasa[17]. Tanto es así que, como recuerda Sanz Gómez: "Para evitar cualquier duda derivada del hecho de que estos tributos estén destinados (parcialmente) a compensar por el uso que los turistas hacen de los servicios públicos, todos ellos declaran expresamente que son compatibles con otras exacciones y, específicamente, con las tasas por la prestación de servicios públicos o la realización de actividades administrativas"[18].

Por lo tanto, las estancias en establecimientos turísticos deben ser gravadas a través de un impuesto, que es aquel tributo que se exige sin contraprestación específica, cuyo hecho imponible está constituido por negocios, actos o hechos que ponen de manifiesto la capacidad económica del contribuyente. En este caso, la operación que se somete a gravamen es un "acto de consumo específico, cual es el consumo de servicios turísticos y, en particular, el que va asociado a la estancia en un establecimiento o alojamiento turístico, siendo a todas luces esta manifestación de riqueza la gravada habi-

---

17. Es más, el artículo 21 del TRLHL establece numerosos servicios de los que hacen uso los turistas (y también los ciudadanos) por los que queda prohibida la exigencia de tasas: abastecimiento de agua en fuentes públicas, alumbrado de vías públicas, vigilancia pública general, protección civil, limpieza de la vía pública...

18. Sanz Gómez (2023).

Viviendas de uso turístico
Análisis de la situación actual y propuestas
para la mejora de su marco regulatorio

Fundación Democracia y Gobierno Local
Serie: Claves del Gobierno Local. 39
ISBN: 978-84-125912-5-5

tualmente por los denominados impuestos indirectos y, a la postre, quedando a salvo aquel principio constitucional de capacidad económica"[19]. Queda claro que se grava una capacidad económica que, como indica Álamo Cerrillo, "refleja, de forma clara y contundente, la evolución de los sistemas tributarios actuales, puesto que la evolución de la sociedad ha dado lugar al establecimiento de un nuevo impuesto a una actividad económica que anteriormente no estaba gravada, y que refleja una capacidad económica determinada. No todos los ciudadanos tienen acceso a determinadas actividades turísticas, entre las que se encuentran las pernoctaciones en establecimientos turísticos"[20]. El impuesto, además, tendría carácter indirecto, pues la estancia en un establecimiento turístico es una modalidad de consumo.

Una vez determinada la naturaleza que debería tener este tipo de tributo, debemos responder a la segunda de las cuestiones que planteábamos al comienzo de este artículo: quién tiene la competencia para el establecimiento de este tipo de impuesto, y a mayor abundamiento, y aunque ya hemos adelantado nuestra opinión al respecto, si realmente las estancias en establecimientos turísticos deben gravarse en el ámbito municipal.

Respecto a la competencia local para gravar las pernoctaciones en viviendas de uso turístico, si tenemos en cuenta que el tributo que grave las estancias en establecimientos turísticos no puede tener naturaleza de tasa, sino que debe gravarse a través de un impuesto, en principio habría que concluir que los ayuntamientos no pueden gravar las estancias en establecimientos turísticos (más allá de los recargos que se han señalado, derivados de la normativa autonómica), ya que para la creación de impuestos no tienen competencia los ayuntamientos[21]. Los artículos 31.3 y 133 de la Constitución Española establecen la reserva de ley en materia tributaria. Los entes locales no tienen potestad legislativa, por lo que la decisión y creación de este tipo de tributo no puede provenir del ayuntamiento ni realizarse a través de una ordenanza municipal.

Así, podemos preguntarnos si existe alguna posibilidad de que los ayuntamientos, que son los más directamente afectados por las consecuencias

---

19. Urbano Sánchez (2018).
20. Álamo Cerrillo (2016).
21. Al respecto resulta destacable la afirmación de Menéndez Moreno en su análisis del impuesto sobre estancias turísticas de las Islas Baleares: "Aunque casi todo es posible en la imaginación del legislador tributario (y no digamos en la del autonómico), no era sencillo representarse la posibilidad de aplicar una tasa a esos turistas, ya que difícilmente podría recaer sobre su utilización del dominio público balear sin gravar a los demás beneficiarios (o sea, a quienes no fueran turistas); y tampoco resultaba fácil imaginar qué actuaciones o servicios podrían disfrutar específica y exclusivamente los visitantes (y no así los residentes), sobre los que recaería dicha tasa"; vid. Menéndez Moreno (2016).

Viviendas de uso turístico
Análisis de la situación actual y propuestas
para la mejora de su marco regulatorio

Fundación Democracia y Gobierno Local
Serie Claves del Gobierno Local, 39
ISBN: 978-84-125912-5-5

317

del aumento exponencial del turismo y de las VUT, puedan gravar las estancias en establecimientos turísticos, en los municipios más afectados. La respuesta a esta cuestión es afirmativa, sin bien requeriría de una reforma del TRLRHL, mediante la introducción de un impuesto de carácter potestativo en su artículo 59, que pudieran aplicar los ayuntamientos de los municipios que lo estimaran necesario.

En relación con la cuestión de si las estancias en establecimientos turísticos deben gravarse en el ámbito local y por qué razones sería más conveniente hacerlo mediante un impuesto de carácter municipal, como ya se ha señalado, la razón fundamental es que son los municipios los que soportan, en mayor medida, los gastos derivados del turismo, sobre todo en determinadas épocas del año en las que el número de personas que viven o se alojan en ese territorio se multiplica. Algunos autores hablan no solo de idoneidad, sino de necesidad, como es el caso de Navarro García, cuando señala la necesidad de la introducción de un impuesto turístico de carácter potestativo, que pueda dotar a los municipios de recursos adicionales[22]. Otro argumento a favor del gravamen en el ámbito municipal, y con el que coincidimos plenamente, es el aducido por García Novoa, que sostiene que el hecho de que "los visitantes tengan que pagar un tributo vinculado a su presencia temporal en las ciudades que visitan puede ser un buen instrumento para la integración del turismo masivo en la ciudad, aprovechando la función de *sentimiento de pertenencia* que promueve el hecho de contribuir"[23].

Precisamente, ese turismo masivo tiene como consecuencia que los servicios que esa localidad debe prestar también se multiplican: seguridad, suministros, limpieza, atención a la población de hecho y de derecho... Es cierto que no podemos olvidar que el turismo, y en concreto las VUT, generan importantes beneficios económicos para la comunidad y el municipio, sobre todo para los propietarios de las mismas y empresarios de la zona, pero también un mayor gasto público, que soportan las arcas municipales. De nuevo, podemos traer a colación las palabras de García Novoa, en defensa de un impuesto de carácter municipal: "Las estancias turísticas suponen un aprovechamiento de infraestructuras y servicios municipales que justificarían tal figura tributaria, aunque se trate de un aprovechamiento de una intensidad mucho menor que la que se da en relación con los residentes, por el carácter ocasional o temporal del mismo. Esa distinta intensidad tendría reflejo en los elementos cuantitativos del tributo, requiriendo que

---

22. Navarro García (2017: 80). En el mismo sentido, Adame Martínez (2013).
23. García Novoa (2023).

318

Viviendas de uso turístico
Análisis de la situación actual y propuestas
para la mejora de su marco regulatorio

Fundación Democracia y Gobierno Local
Serie: Claves del Gobierno Local. 39
ISBN: 978-84-125912-5-5

su importe sea reducido, pues el beneficio que obtiene el turista de los servicios locales de los municipios que visita es también reducido, aunque no nulo. Y siendo los tributos locales el principal instrumento de la suficiencia financiera se justifica plenamente una figura tributaria de este tipo ante las necesidades de recursos que los municipios de mayor impacto turístico tienen como consecuencia de la afluencia de visitantes"[24].

En este sentido, si bien abogamos por que la eventual incorporación del impuesto sobre estancias en establecimientos turísticos tenga objetivos de sostenibilidad, restauración, protección del medio ambiente o internalización, su implantación supondría, también, un cierto alivio para muchos ayuntamientos. Además, como indica Puchol Tur: "Una de las ventajas de la descentralización fiscal sería la adaptación a las preferencias locales, la proximidad a las personas de los gobiernos locales, dado que algunas actuaciones no tienen sentido en todas las localidades"[25].

Esta posibilidad ha sido propuesta en diversas ocasiones por diferentes organismos; entre otros, en el Informe de la Comisión de Expertos para la revisión del modelo de financiación local del año 2017[26].

En concreto, en el Informe se dispone lo siguiente:

"Se propone la creación de un nuevo tributo ligado a las estancias turísticas. Este nuevo impuesto local se justifica, eminentemente, por medio de dos argumentos: la estancia en hoteles o establecimientos de alojamiento análogos es un inequívoco signo de capacidad económica y, por otro lado, es muy razonable que los turistas contribuyan, aunque sea modestamente, a la financiación de unos servicios públicos de los que disfrutan, aunque en menor medida que los residentes.

En cuanto a este segundo argumento, se ha de tener presente que la mayoría de los impuestos —tanto directos como indirectos— son soportados exclusivamente por los residentes en nuestro país (téngase en cuenta, por ejemplo, que los visitantes extracomunitarios pueden solicitar la devolución del IVA por los productos adquiridos en nuestro país). Sin embargo, es evidente que —a pesar de que los residentes son los principales destinatarios de los servicios públicos— los turistas se benefician de los servicios públicos que prestan las Entidades Locales".

---

24. García Novoa (2023).
25. Puchol Tur (2023: 73).
26. Disponible en https://www.hacienda.gob.es/CDI/sist%20financiacion%20y%20deuda/informacioneells/2017/informe_final_comisi%C3%B3n_reforma_sfl.pdf.

Viviendas de uso turístico
Análisis de la situación actual y propuestas
para la mejora de su marco regulatorio

Fundación Democracia y Gobierno Local
Serie Claves del Gobierno Local, 39
ISBN: 978-84-125912-5-5

319

Por otra parte, los expertos hacen referencia, también, a la afectación del tributo a finalidades extrafiscales: "cabría justificar la exigencia de este impuesto desde el punto de vista del impacto medioambiental que el turismo causa en nuestro país, a fin de evitar una indeseable externalización de costes. Esto es, resulta equitativo y eficiente que los turistas aporten las cantidades necesarias para paliar el impacto que puedan causar en el medioambiente".

Como ya se ha reiterado, aunque el impuesto sobre estancias en establecimientos turísticos no se puede calificar como un impuesto de carácter extrafiscal puro, sí que se trata de un tributo afecto, entre otras cosas, a la protección, compensación y restauración del medio ambiente. Por ello, no se puede obviar un cierto carácter restaurativo, en pro del turismo sostenible, que es aquel que tiene en cuenta las necesidades de los visitantes, de la industria, del entorno y de las comunidades anfitrionas, más allá del carácter recaudatorio al que también se ha aludido.

Así se ha estimado, entre otros importantes documentos, en el Libro Blanco sobre el diseño e impacto de los impuestos turísticos (*White paper on the desing and impact of tourism taxation*)[27]. El texto hace referencia a que la imposición sobre el turismo, normalmente, es bien recibida por los turistas, pues su contribución, no siendo muy elevada, sí puede coadyuvar a realizar actividades regenerativas.

Además, es evidente que el establecimiento de un impuesto de estas características no es óbice para la actividad de arrendamiento de VUT, como no lo ha sido en numerosas ciudades en las que se ha implantado un tributo análogo, no solo en nuestro país (impuestos autonómicos catalán, balear y valenciano), sino también en el ámbito internacional (Milán, Berlín, Burdeos, Nueva York, San Francisco, París o Ámsterdam, que son solo algunos ejemplos de ciudades en las que existe un tributo que grava las estancias turísticas)[28].

Por otra parte, no hay que olvidar que el impuesto sería compatible con otros tributos propios; en particular, con las tasas (la prestación de servicios

---

27. Elaborado por Group NAO and Global Destination Sustainability Movement. Disponible en https://groupnao.com/tourism-taxes-by-design/.

28. Por ejemplo, en Milán se introdujo una tasa turística en el año 2012 en función de las estrellas del hotel y tarifas concretas para las VUT, en Nueva York se aplica tanto una tasa turística como un impuesto municipal desde el año 2012, en San Francisco se aplica igualmente tanto una tasa turística como un impuesto municipal, en Ámsterdam el tributo municipal subió en el año 2018 de un 5 a un 6 %, en París en 2015 la Asamblea Nacional aprobó una "tasa de estancia" que varía según el tipo de alojamiento y su categoría. Las viviendas de alquiler turístico deben aplicar una tasa de 0,40 euros por persona y noche.

320

Viviendas de uso turístico
Análisis de la situación actual y propuestas
para la mejora de su marco regulatorio

Fundación Democracia y Gobierno Local
Serie: Claves del Gobierno Local, 39
ISBN: 978-84-125912-5-5

públicos o la realización de actividades administrativas que se refieran, afecten o beneficien de manera particular a los sujetos pasivos).

Respecto al hecho imponible y a los sujetos del impuesto municipal, el Informe señala lo siguiente: "El impuesto local potestativo que se propone debería presentar un hecho imponible suficientemente amplio como para englobar todas las modalidades de estancias turísticas. El contribuyente habría de ser la persona que realiza la estancia, si bien, a efectos de facilitar la gestión del impuesto, podría determinarse que el titular del establecimiento turístico fuera el sustituto del contribuyente. La base imponible habría de tener en cuenta el número de estancias y en la fijación de la cuota se podría distinguir, otorgando cierto margen a la autonomía local, entre establecimientos de distintas categorías".

También estamos de acuerdo con este particular. Está claro que la actividad que se grava no puede ser, simplemente, el acceso a la ciudad, ya que sería muy difícil individualizarlo en la persona del contribuyente; no se puede distinguir (o sería realmente difícil hacerlo) el paso por la vía pública de un vecino del municipio del paso o acceso de un visitante, por lo que el acto que genera el deber de contribuir debe ser la estancia en un determinado establecimiento, que debe ser de tipo turístico. El hecho imponible ya se ha establecido en las normas autonómicas, englobando las diferentes modalidades turísticas, incluyendo las VUT o los cruceros y embarcaciones, por lo que el impuesto municipal debería concretarse en la misma línea[29]. La consideración de "estancia" también debe definirse, pues es necesario disfrutar del alojamiento, ya sea por días o fracciones, y concretar si es necesaria la pernoctación, ya que, en ocasiones, no se pernocta (algo frecuente en el caso de los cruceros).

En cuanto a la figura del contribuyente, no puede ser otro que la persona que realiza la estancia, que es quien realiza el hecho imponible del impuesto, pudiendo concretarse para cada caso específico, ya que es posible que se establezcan, por ejemplo, unas horas determinadas de estancia de la persona.

Igualmente, como ya está previsto en las leyes autonómicas vigentes, y en aras de facilitar la exacción del impuesto, la introducción de esta figura

---

29. Incluso, añade García Novoa que "cabría plantearse que estos impuestos deberían afectar también a los amarres en puertos deportivos. Los puertos deportivos son también parte del municipio en los que están enclavados, como se ha encargado de señalar el Tribunal Constitucional". En estos casos: "Se podrían prever exenciones cuando, por ejemplo, el amarre temporal se deba a circunstancias no estrictamente turísticas o de recreo, como competiciones deportivas oficiales. Y la cuantía a pagar podría modularse en función del número de horas de atraque". García Novoa (2023).

Viviendas de uso turístico
Análisis de la situación actual y propuestas
para la mejora de su marco regulatorio

Fundación Democracia y Gobierno Local
Serie: Claves del Gobierno Local, 39
ISBN: 978-84-125912-5-5

321

en el TRLRHL debería establecer la figura del sustituto del contribuyente, siendo este el titular del establecimiento turístico. El sustituto del contribuyente ha de repercutir la carga tributaria al consumidor, que deberá abonar una cuota en función de su capacidad económica calculada en relación con el número de unidades de estancia, y con un tipo de gravamen que, por ejemplo, podría establecerse en función de la categoría del establecimiento.

Otra cuestión importante son los supuestos de exención, pues no todas las estancias en establecimientos turísticos pueden (o deben) someterse a gravamen. Por ejemplo, se pueden establecer exenciones por razones de edad (incluir que los menores de edad queden fuera del ámbito de aplicación del impuesto), por motivos de salud, las realizadas para asistir a eventos científicos o educativos o, incluso, por las características del viajero, como, por ejemplo, eximiendo del pago del impuesto a personas que acrediten un determinado grado de discapacidad. Estos extremos también deberían concretarse, como elementos esenciales del tributo, en el TRLRHL.

Una homogeneización de los elementos esenciales del tributo a través de una ley estatal contribuiría a otorgar una mayor seguridad jurídica en este sector, frente a la creación de numerosos tributos autonómicos que podrían aprobarse, cada uno de ellos con características y funcionamientos diferentes, aplicables, además, a todos los municipios que se encuentren dentro de su territorio, tengan o no un número de visitantes relevante, siendo esta otra de las razones por las que entendemos que es más adecuado gravar las estancias en establecimientos turísticos a través de un impuesto municipal, introducido en el TRLRHL, en lugar de por impuestos autonómicos singulares.

Además, cada ayuntamiento, en función de las necesidades y características de su municipio, podría decidir su implementación en el mismo, toda vez que ha de configurarse como un impuesto municipal de carácter potestativo. La razón es que son manifiestas las enormes diferencias en cuanto al número de turistas y visitantes de unos municipios respecto de otros, incluso dentro de una misma comunidad autónoma.

En definitiva, aunque en la actualidad la legislación vigente no permite a los ayuntamientos la creación de un impuesto que grave las estancias turísticas, ya que no cuentan con competencias legislativas, que son requisito para la creación de la figura tributaria del impuesto, sí que podría procederse a la modificación del TRLRHL. Esta modificación, que en nuestra opinión es totalmente factible e, incluso, deseable, tendría como objetivo la inclusión de una nueva figura impositiva dentro del ámbito municipal, el impuesto sobre estancias en establecimientos turísticos, de carácter po-

322

Viviendas de uso turístico
Análisis de la situación actual y propuestas
para la mejora de su marco regulatorio

Fundación Democracia y Gobierno Local
Serie: Claves del Gobierno Local. 39
ISBN: 978-84-125912-5-5

testativo, para lograr que aquellos municipios que lo estimaran necesario pudieran implementarlo.

4. Reflexiones finales

1. El auge del turismo en los últimos años ha generado no solo un aumento exponencial del número de turistas en muchas ciudades y municipios de nuestro país, sino también nuevas formas de permanecer y pernoctar en el territorio, como es el caso de las VUT. Esta circunstancia ha tenido como consecuencia importantes beneficios económicos para esos municipios, pero también ha elevado, en ocasiones de forma preocupante, el gasto público de sus ayuntamientos, toda vez que los turistas y visitantes precisan de servicios y atenciones sufragadas por las arcas públicas.

2. El reto de la consecución de un turismo más sostenible es una de las cuestiones pendientes en nuestro país, y sin duda, entre los instrumentos que pueden coadyuvar a lograrlo, se encuentran los jurídicos. Son ya muchas las regiones y ciudades que han puesto en marcha mecanismos dentro del ámbito administrativo, en concreto a través de instrumentos de planeamiento urbanístico. Ahora bien, nuestro ordenamiento jurídico-tributario cuenta, también, con figuras aplicables al turismo y, por ende, a las VUT, más allá de los tradicionales impuestos sobre el consumo. En concreto, el impuesto sobre estancias en establecimientos turísticos, un impuesto de carácter indirecto que grava las estancias en diferentes alojamientos turísticos realizadas por los contribuyentes.

3. Respecto a la naturaleza jurídica del impuesto, debe destacarse que, pese a ser un impuesto de carácter recaudatorio, ya que entre sus objetivos se encuentra el de ayudar a sufragar los gastos generados por el turismo en un determinado territorio, cuenta también con cierto carácter de extrafiscalidad, como ha señalado un amplio sector doctrinal y se desprende de las leyes aprobadas hasta el momento sobre el impuesto, ya que se trata de un tributo afecto a objetivos de regeneración, sostenibilidad o protección del medio ambiente, entre otros, si bien tampoco puede calificarse como puramente extrafiscal.

4. En la actualidad, en nuestro país no existe un impuesto de carácter estatal que grave las estancias turísticas. Este tipo de impuesto solo se aplica en nuestro país en dos comunidades autónomas (Cataluña y Baleares), y ha sido aprobado en la Comunidad Valenciana, si bien, con bastante probabilidad, la entrada en vigor en esta comunidad, prevista para diciembre de 2023, no llegará a producirse, ya que se ha anunciado que el impuesto

Viviendas de uso turístico
Análisis de la situación actual y propuestas
para la mejora de su marco regulatorio

Fundación Democracia y Gobierno Local
Serie Claves del Gobierno Local. 39
ISBN: 978-84-125912-5-5

323

será derogado. Las comunidades autónomas, en virtud de nuestra CE y de la LOFCA, cuentan con las competencias necesarias para poder crear tributos propios, como es el caso del impuesto sobre estancias en establecimientos turísticos, y no es de extrañar que, precisamente, las regiones que registran un mayor número de turistas sean las que se han interesado por gravar este tipo de actividades.

Las normativas aprobadas hacen uso de la figura del recargo municipal, como es el caso de la ciudad de Barcelona, que a través del recargo eleva la cuantía del tributo para los turistas que se alojen en la ciudad, o el mecanismo utilizado en la Comunidad Valenciana, que bonifica al 100 por 100 el impuesto, permitiendo que sean los municipios los que, con carácter potestativo, apliquen un recargo municipal. Sobre la aplicabilidad de la figura del recargo en estos supuestos se ha generado cierta controversia, si bien, como se ha señalado, el propio Tribunal Constitucional ha determinado que su utilización no resulta contraria a la CE ni al resto del ordenamiento jurídico, ya que no se conculca, en este caso, la prohibición de la doble imposición entre los tributos autonómicos y los estatales y locales.

5. El interés de las comunidades autónomas por permitir a los municipios que apliquen o eleven el impuesto autonómico nos lleva a una cuestión relevante: por qué, hasta el momento, ningún municipio ha gravado, directamente, las estancias en establecimientos turísticos en su territorio, si parece que, precisamente, los municipios son los más directamente afectados por el aumento exponencial del número de turistas y de VUT.

En efecto, como se ha analizado a lo largo de este trabajo, las arcas municipales son las que mayor peso soportan como resultado de los gastos que genera el turismo: transporte público, limpieza de vía pública, seguridad, recogida de basuras, suministros, mantenimiento de espacios públicos y de playas, problemas vecinales derivados de las VUT... Por estas razones, no sería ilógico pensar que la implementación de un impuesto municipal sobre las estancias turísticas pudiera ser una realidad.

Sin embargo, nuestro ordenamiento jurídico no permite, en la actualidad, a los ayuntamientos crear un tributo de estas características. El tributo debe tener naturaleza de impuesto y no de tasa, pese a que en muchas ocasiones se ha denominado a este tipo de tributo "tasa turística". Los impuestos deben crearse por una norma con rango de ley y, como es sabido, los ayuntamientos no cuentan con competencias legislativas para la aprobación de leyes. En consecuencia, no tienen potestad para crear ni aprobar un impuesto de estas características.

Viviendas de uso turístico
Análisis de la situación actual y propuestas
para la mejora de su marco regulatorio

Fundación Democracia y Gobierno Local
Serie: Claves del Gobierno Local, 39
ISBN: 978-84-125912-5-5

6. Ahora bien, existe una posibilidad para que aquellos ayuntamientos que lo estimen necesario u oportuno puedan aplicar un impuesto sobre las estancias en establecimientos turísticos, si bien requeriría una reforma legislativa de carácter estatal, en concreto del TRLRHL. En efecto, el TRLRHL establece, en su artículo 59, un catálogo de impuestos de carácter local que diferencia entre aquellos que obligatoriamente deben aplicar los municipios y aquellos que pueden aplicar potestativamente. Por lo tanto, sería posible y, en nuestra opinión, deseable incluir un nuevo tipo de impuesto, que gravara las estancias en establecimientos turísticos y que se pudiera aplicar de forma voluntaria por los ayuntamientos.

El hecho imponible del impuesto serían las estancias en establecimientos turísticos dentro del municipio de que se trate, y la Ley debería definir de forma exhaustiva qué ha de entenderse por establecimiento turístico y cómo debe ser esa estancia, ya que, en algunos casos, puede no requerir pernocta, por ejemplo. Además, se deben establecer los supuestos de exención, ya que en algunos casos es evidente que la estancia no debería estar sometida a gravamen. Respecto al sujeto pasivo, el contribuyente debe ser la persona que realiza la estancia, si bien se trata de un impuesto que requiere, para facilitar su exacción, de la figura del sustituto del contribuyente, que se individualiza en el titular del establecimiento turístico.

En definitiva, en la actualidad los ayuntamientos no cuentan con las competencias necesarias para gravar las pernoctaciones en VUT, como tampoco para hacerlo en otro tipo de establecimientos turísticos. Sin embargo, si existiera verdadero interés en permitir a los ayuntamientos aplicar un impuesto a las estancias turísticas en su territorio, podría modificarse el TRLRHL, introduciendo un nuevo tipo impositivo, de carácter potestativo, que gravara las estancias en establecimientos turísticos.

5. Bibliografía

Adame Martínez, F. (2013). Turismo y financiación municipal: Estudio sobre posibles nuevos Tributos Locales vinculados al turismo. *Tributos Locales*, 112.

Álamo Cerrillo, R. (2016). La importancia del sector turístico y una fiscalidad adecuada al mismo. *Crónica Tributaria*, 160.

— (2017). Fiscalidad de los apartamentos turísticos. *Quincena Fiscal*, 12.

Borja Sanchís, A. (2017). Los impuestos sobre las estancias turísticas en España. *Quincena Fiscal*, 18.

— (2023). Los impuestos turísticos: en particular, el Impuesto Valenciano sobre Estancias Turísticas. *Quincena Fiscal*, 17.

Viviendas de uso turístico
Análisis de la situación actual y propuestas
para la mejora de su marco regulatorio

Fundación Democracia y Gobierno Local
Serie Claves del Gobierno Local, 39
ISBN: 978-84-125912-5-5

325

Bueno Gallardo, E. y Urbano Sánchez, L. (2017). Algunas reflexiones en relación con los impuestos catalán y balear sobre estancias turísticas. *International Journal of Scientific Management and Tourism*, 3, 65-90.

Caramés Viéitez, L. (2018). La tasa turística. Un tributo en expansión. En *Jornadas Iberoamericanas de Financiación Local* (5-6 de septiembre de 2018). Universidad de Santiago de Compostela.

Cubiles Sánchez-Pobre, P. (2015). El impuesto sobre las estancias en establecimientos turísticos, ¿un ejemplo a seguir o un error a evitar? *Impulso al Desarrollo Económico a través del Turismo*, 147-165. Disponible en: https://idus.us.es/bitstream/handle/11441/53063/cubiles-sanchez.pdf?sequence=1&isAllowed=y.

García Carretero, B. (2021). La reactivación del recargo como medio de financiación de las haciendas locales a raíz de la declaración de constitucionalidad del recargo del Ayuntamiento de Barcelona sobre el Impuesto sobre estancias en establecimientos turísticos de Cataluña. *Nueva Fiscalidad*, 3.

García de Pablos, J. F. (2023). El impuesto sobre estancias en establecimientos jurídicos: recargos municipales. *Tributos Locales*, 163, 177-204.

García Novoa, C. (2023). Las llamadas tasas turísticas y la Hacienda Municipal. *Tributos Locales*, 164.

Lucas Durán, M. (2013). Nuevas figuras tributarias en el ámbito municipal ante la crisis financiera actual y su coordinación con la hacienda autonómica y estatal. En I. Merino Jara (dir.). *La Hacienda local: cuestiones actuales*. Instituto de Estudios Fiscales.

Menéndez Moreno, A. (2016). Las prestaciones patrimoniales, los tributos y sus clases: una clarificación pendiente y necesaria. *Quincena Fiscal*, 10, 13-20.

Navarro García, A. (2017). La financiación de los municipios turísticos. En M.ª L. Esteve Pardo (dir.). *Impulso a la actividad económica en los municipios: cuestiones tributarias de interés* (pp. 67-85). Huygens.

Patón García, G. (2020). Fiscalidad y economía circular: instrumentos tributarios para la sostenibilidad ambiental. En G. M. Luchena Mozo y M. E. Sánchez López (dirs.). *Los retos del Derecho Financiero y Tributario desde una perspectiva internacional*. Atelier.

Puchol Tur, T. (2023). Reflexiones sobre la tasa turística en el ámbito local. Análisis de las distintas implantaciones de la tasa turística. *Documentos de trabajo del Instituto de Estudios Fiscales*, 3, 69-81.

Ruiz Garijo, M. (2002). *Fiscalidad de la empresa turística*. Madrid: Edersa.

Sanz Gómez, R. (2023). Fiscalidad y turismo: reflexiones sobre el diseño y la función de los impuestos sobre estancias turísticas y sobre los billetes de avión. *Quincena Fiscal*, 14.

326

Viviendas de uso turístico
Análisis de la situación actual y propuestas
para la mejora de su marco regulatorio

Fundación Democracia y Gobierno Local
Serie: Claves del Gobierno Local, 39
ISBN: 978-84-125912-5-5

Sedeño López, J. F. (2021). La constitucionalidad del impuesto catalán sobre estancias en cruceros turísticos: Análisis de la STC 125/2021, de 3 de junio, rec. núm. 4192/2020. *Revista de Contabilidad y Tributación*, 465, 77-84.

Soto Moya, M.ª M. (2019). *Objetivos de desarrollo sostenible y economía circular. Desafíos en el ámbito fiscal*. Comares.

— (2019) El carácter impositivo de las «tasas por estancias en establecimientos turísticos»: una llamada a su posible implementación por las entidades locales. *Tributos Locales*, 142.

Urbano Sánchez, L. (2018). ¿Es factible la implantación de un impuesto sobre estancias turísticas en el ámbito local? *International Journal of Scientific Management and Tourism*, 4 (2), 539-561.

Viviendas de uso turístico
Análisis de la situación actual y propuestas
para la mejora de su marco regulatorio

Fundación Democracia y Gobierno Local
Serie Claves del Gobierno Local, 39
ISBN: 978-84-125912-5-5

327

Conclusiones y propuestas de mejora relativas a la regulación de la actividad de las viviendas de uso turístico

SUMARIO. 1. Contexto socioeconómico de las viviendas de uso turístico. El fenómeno de la economía colaborativa: nacimiento, evolución y regulación (Prof. Pedro Alberto Barea Gallardo). 2. La actividad de las viviendas de uso turístico en las ciudades: irrupción y consecuencias (Prof.ª Joana M. Socías Camacho). 3. Objeto y régimen de funcionamiento de las viviendas de uso turístico (Prof.ª Mariola Rodríguez Font). 4. Mecanismos de intervención local en la actividad de alojamiento turístico en viviendas (Prof. Alejandro Corral Sastre). 5. La regulación de las viviendas de uso turístico a través de los instrumentos de planeamiento urbanístico: la zonificación de las viviendas de uso turístico (Prof.ª María Hernando Rydings). 6. La regulación de las viviendas de uso turístico desde la perspectiva de los principios de buena regulación económica. Principales barreras regulatorias (Prof. Alejandro Román Márquez). 7. La protección de los derechos de los usuarios de las viviendas de uso turístico por la Administración local (Prof. Humberto Gosálbez Pequeño). 8. Propuestas de mejora sobre el gravamen a las viviendas turísticas en el ámbito local (Prof.ª M.ª del Mar Soto Moya).

Viviendas de uso turístico
Análisis de la situación actual y propuestas
para la mejora de su marco regulatorio

Fundación Democracia y Gobierno Local
Serie Claves del Gobierno Local, 39
ISBN: 978-84-125912-5-5

329

1. **Contexto socioeconómico de las viviendas de uso turístico. El fenómeno de la economía colaborativa: nacimiento, evolución y regulación (Prof. Pedro Alberto Barea Gallardo)**

   - La actividad de cesión de viviendas con fines turísticos no constituye *per se* ninguna novedad.

   - Diversos factores concitados entre la segunda mitad del siglo XX y el primer cuarto de la centuria en la que vivimos han propiciado, al proyectarse sobre el turismo, un auge sin precedentes de dicha actividad. Este incremento explica que se sitúe entre las preocupaciones principales de la ciudadanía y, por ende, de los poderes públicos y la doctrina científica. Ahora bien, ello no se debe únicamente a que haya aumentado el número de viviendas cuyo uso se cede de forma temporal con finalidades turísticas. Se debe también, y desde un prisma cualitativo, a que tal crecimiento ha provocado que la actividad revista mayores incertezas y retos que antaño, siendo así que no pocos de ellos ponen en liza derechos y principios consagrados, inclusive, a nivel constitucional.

   - Inicialmente, y durante mucho tiempo, el grueso de su regulación vino dado por el derecho privado. La reforma efectuada por el Estado, hace apenas una década, en el art. 5 LAU cambió el rumbo de su ordenación jurídica, que viró hacia el círculo del derecho público y, señaladamente, de las competencias de las comunidades autónomas, asumidas con el carácter de exclusivas en sus estatutos de autonomía, sobre "promoción y ordenación del turismo en su ámbito territorial". El Estado y los municipios, no obstante, cuentan con competencias y mecanismos que les permiten incidir en el régimen de la actividad, e incluso, por lo que respecta al primero, dotarlo de una mínima homogeneidad, lo que estimamos oportuno ante la existencia de disparidades en su fragmentada ordenación jurídica actual.

   - Los factores que impulsaron la intensificación de la actividad de cesión de viviendas con fines turísticos auspiciaron, también, el surgimiento y desarrollo de un modelo de acceso a los bienes y servicios, alternativo o complementario al modelo tradicional que pivota sobre la propiedad, basado en compartir, reciclar y reutilizar. Este modelo se ha dado en llamar "economía colaborativa", sintagma que no tiene contornos y significados pacíficos en la literatura científica. La Comisión Europea y la CNMC, empero, han alumbrado definiciones que acogen en su seno "un conjunto heterogéneo y

Viviendas de uso turístico
Análisis de la situación actual y propuestas
para la mejora de su marco regulatorio

Fundación Democracia y Gobierno Local
Serie: Claves del Gobierno Local. 39
ISBN: 978-84-125912-5-5

rápidamente cambiante de modos de producción y consumo por el que los agentes comparten de forma innovadora activos, bienes o servicios infrautilizados, a cambio o no de un valor monetario, valiéndose para ello de plataformas sociales digitales y, en particular, de internet".

- En torno a la actividad de cesión de viviendas para usos turísticos existe un intenso debate entre los partidarios de la regulación y el intervencionismo público, de un lado, y quienes simpatizan con la desregulación y la liberalización del régimen de las actividades económicas, de otro. Por ahora, el examen de los boletines oficiales y de la realidad parece arrojar la impresión de que la tendencia imperante es la reguladora, viéndose los posibles excesos atemperados o enmendados por la acción de los límites y barreras que se desprenden de la CE, el derecho de la Unión Europea y la legislación estatal aprobada para su transposición y hacer más efectiva la unidad de mercado.

- De acuerdo con la Comisión Europea, el Tribunal de Justicia de la Unión Europea y el Tribunal Supremo, la calificación jurídica que ha de atribuirse al servicio que prestan las plataformas electrónicas, como las de *Airbnb* y *Homeaway*, en el sector del alojamiento, es la de "servicio de la sociedad de la información comprendido en el ámbito de aplicación de la Directiva 2000/31/CE". En cuanto a su responsabilidad por los datos y anuncios que alojan y que provienen de terceros —o sea, de los "anfitriones"—, debe examinarse a la luz del régimen de responsabilidad establecido para los prestadores de servicios de la sociedad de la información en el derecho comunitario y la LSSICE.

2. La actividad de las viviendas de uso turístico en las ciudades: irrupción y consecuencias (Prof.ª Joana M. Socías Camacho)

- La actividad de comercialización turística en viviendas contribuye, junto a otros factores, a la saturación de la ciudad y de su alma, el espacio público; además, lejos de suponer un freno a la emergencia o angustia climática y residencial, agrava esta situación.

- La proliferación desmesurada del alquiler vacacional y la mercantilización del espacio público urbano no favorecen ni ciudades resilientes, es decir, capaces de estar prevenidas y reaccionar ante nuevas situaciones complejas como pandemias, ni ciudades habitables generadoras de bienestar para los residentes.

Viviendas de uso turístico
Análisis de la situación actual y propuestas
para la mejora de su marco regulatorio

Fundación Democracia y Gobierno Local
Serie: Claves del Gobierno Local, 39
ISBN: 978-84-125912-5-5

331

- El alcance de los objetivos de desarrollo sostenible no es misión en exclusiva de los niveles estatales con poder legislativo, Estado central y comunidades autónomas, sino que las ciudades y el poder local habrán de compartir con aquellas instancias, en las materias relacionadas con los intereses de la ciudadanía (como son las viviendas de uso turístico por su impacto sobre el acceso a la vivienda o la emergencia climática), la labor destinada a la consecución del referido compromiso internacional.

- El impacto de la legislación sobre mejora de la regulación ha empezado a ser relevante en el ámbito local, por lo que cobra importancia que se lleven a cabo todas y cada una de las nuevas funciones públicas vinculadas a la mejora regulatoria (planificación, consulta pública previa, evaluación *ex ante* de la memoria de análisis de impacto normativo o evaluación *ex post*), con el fin de lograr que las normativas que sean de interés local (como la que afecta a las viviendas de uso turístico) sean más participativas, democráticas, ambientales y, sobre todo, eficaces.

Propuestas de mejora:

- Los instrumentos propios de la función urbanística y sus técnicas clásicas de ordenación del territorio (como la zonificación) deberían ser utilizados en la ordenación del espacio urbano ante la irrupción de las viviendas de uso turístico.

- Los instrumentos o técnicas del urbanismo no pueden funcionar de manera aislada, sino que se han de combinar con los propios de otras vertientes de la intervención administrativa, como son en particular los que se refieren a la política de vivienda, a la intervención general sobre la actividad económica o al cambio climático.

- Las regulaciones de las viviendas de uso turístico que se lleven a cabo no deberían prestar atención en exclusiva al turista y a las competencias en materia de turismo, sino que tiene que tomarse fundamentalmente en consideración al residente y a las competencias en materia de urbanismo, vivienda y medio ambiente, con el fin de remover los obstáculos que impiden la creación de espacios habitables para el ciudadano de manera permanente.

- El poder de la ciudad está en auge, y ello se traduce en su posibilidad de intervención sobre la actividad de las viviendas de uso turístico con medidas limitadoras, previo permiso de la ley, que in-

Viviendas de uso turístico
Análisis de la situación actual y propuestas
para la mejora de su marco regulatorio

Fundación Democracia y Gobierno Local
Serie: Claves del Gobierno Local. 39
ISBN: 978-84-125912-5-5

ciden en el derecho de propiedad y la libertad de empresa de los ciudadanos. El principio de desarrollo sostenible, la protección del medio ambiente, la lucha contra el cambio climático, el acceso a la vivienda, la movilidad responsable, la convivencia social, la salud pública y la buena regulación deben garantizarse en todo caso.

3. Objeto y régimen de funcionamiento de las viviendas de uso turístico (Prof.ª Mariola Rodríguez Font)

- En aras de dotar a la normativa de una mayor seguridad jurídica y evitar equívocos se sugiere llevar a cabo algunas modificaciones, tales como la eliminación de conceptos jurídicos ambiguos presentes en los preceptos de algunos decretos turísticos, como los relativos a la "habitualidad" y "profesionalidad" en el desempeño de la actividad de viviendas de uso turístico. Al mismo tiempo, se propone definir con sencillez el criterio temporal de las estancias.

- Se propone someter a valoración la opción de suprimir la consideración de la declaración responsable turística como la habilitante del ejercicio de la actividad, reubicando en la Administración municipal, competente para habilitar el inicio de actividades económicas, la recepción y tramitación de las declaraciones responsables presentadas por los titulares de viviendas de uso turístico, con el fin de eliminar trámites y facilitar el ejercicio de su actividad a los sujetos participantes en el mercado del alojamiento colaborativo.

4. Mecanismos de intervención local en la actividad de alojamiento turístico en viviendas (Prof. Alejandro Corral Sastre)

- Las competencias en materia turística atraviesan todos y cada uno de los niveles territoriales. Desde la Unión Europa, pasando por el Estado y las comunidades autónomas. Pero es en el nivel municipal donde las competencias administrativas de intervención en el mercado de las VUT adquieren todo su sentido. Deberían ser los municipios los que, a través de unos mecanismos adecuados desde el punto de vista tecnológico, es decir, sistemas de inteligencia artificial o tratamientos avanzados de información, realizasen los correspondientes controles administrativos de manera simultánea al inicio de la actividad. Para ello sería necesaria la revisión de ciertas categorías administrativas y su adaptación a las tecnologías actuales, ampliamente implantadas en la sociedad.

Viviendas de uso turístico
Análisis de la situación actual y propuestas
para la mejora de su marco regulatorio

Fundación Democracia y Gobierno Local
Serie: Claves del Gobierno Local, 39
ISBN: 978-84-125912-5-5

333

- El mercado de las VUT es, en su esencia, tecnológico. Quiere esto decir que su enorme desarrollo en los últimos tiempos se debe, fundamentalmente, a la utilización de las TIC. Las grandes plataformas digitales han puesto en contacto a la oferta y la demanda a través de canales que se sitúan fuera del control de las Administraciones, lo que ha hecho que el crecimiento del mercado haya sido extraordinario, generando externalidades negativas. Y este, según estimo, ha sido uno de los principales problemas: el intento de control administrativo de un mercado tecnológicamente tan avanzado con instrumentos jurídicos propios del siglo XIX. Se requiere una mayor inversión pública para paliar la asimetría digital. Sobre todo, en los pequeños municipios, llamados a realizar el correspondiente control sobre el mercado de las VUT, que no disponen de suficientes y adecuados medios personales y materiales.

- Pero no debe quedarse ahí, entiendo, el desarrollo tecnológico de los municipios. No solo para controlar y limitar la iniciativa privada. También para fomentarla, cuando sea preciso. Y lo es, en aquellas zonas rurales sometidas a intensos procesos de despoblamiento. Allí sí es necesaria una intervención administrativa firme y decidida que fomente el desarrollo económico y social. La utilización de modelos similares a los que tanto éxito han tenido en las grandes ciudades y otras zonas, bajo el auspicio del sector público, entiendo que podría ser una solución adecuada a eso que ha venido en denominarse el vaciamiento de la España rural. Por supuesto, con el debido cuidado y protección de otros bienes jurídicos vulnerables, como el medio ambiente, el patrimonio cultural o similares.

5. La regulación de las viviendas de uso turístico a través de los instrumentos de planeamiento urbanístico: la zonificación de las viviendas de uso turístico (Prof.ª María Hernando Rydings)

- La proliferación de las viviendas de uso turístico, como fenómeno propio del llamado alojamiento o turismo colaborativo, y dentro de los nuevos usos, descritos a través del calificativo genérico e indeterminado de economía colaborativa, que la explosión de la economía digital ha producido en los últimos tiempos, ha hallado como respuesta la aprobación de distintos instrumentos jurídicos tendentes a su control. Los mismos han tenido un origen autonómico y local, pues es el poder regional, a través de las competencias en materia de turismo, o municipal, a través de las competencias en materia de urbanismo, el que cuenta con las herramientas precisas para

334

Viviendas de uso turístico
Análisis de la situación actual y propuestas
para la mejora de su marco regulatorio

Fundación Democracia y Gobierno Local
Serie: Claves del Gobierno Local. 39
ISBN: 978-84-125912-5-5

el abordaje de los múltiples problemas que dicha proliferación ha producido.

- El empleo de la técnica de la zonificación urbanística, e incluso el desplazamiento de la figura de la comunicación previa o de la declaración responsable en beneficio de la reinstauración de las tradicionales técnicas autorizatorias, han recibido un respaldo positivo por las instancias jurisdiccionales nacionales y europeas, lo que implica la confirmación de la posibilidad de que los consistorios puedan limitar las viviendas de uso turístico por medio de las zonificaciones urbanísticas que se están llevando a cabo en los correspondientes planes especiales, en los que se somete la viabilidad de la VUT al cumplimiento de una serie variada de condiciones y requisitos, que implican por lo general la fijación de una serie de zonas, áreas, o anillos, en espacios reconocidos por la normativa urbanística como residenciales, para el empleo de las viviendas como de alquiler turístico, desde la prohibición de dicho empleo en algunas de esas áreas, a su sujeción a mayores o menores condicionantes. A tal efecto, se han analizado los casos de Madrid, Bilbao, Barcelona o San Sebastián.

- No obstante, entendemos que los instrumentos jurídicos descritos no han servido como elemento de contención y ordenación a la mentada proliferación de viviendas de uso turístico. Continúan existiendo un gran número de viviendas que, dedicándose efectivamente a los usos que las normas describen como turísticos, no cumplen los requisitos que exigen las mismas, encontrándose en consecuencia fuera de ordenación, o dicho más claramente, en situación irregular o ilegal. Por ello se considera que el problema está no tanto en promover un cambio regulatorio que dé mejor solución al conflicto planteado, sino en encontrar los medios para lograr que la regulación vigente sea realmente efectiva, lo que determina la necesidad de fortalecer la potestad de inspección y de su efectivo ejercicio por parte de las Administraciones a las que corresponde el mismo.

6. La regulación de las viviendas de uso turístico desde la perspectiva de los principios de buena regulación económica. Principales barreras regulatorias (Prof. Alejandro Román Márquez)

- Cualquier limitación, tanto respecto del inicio de la actividad de las VUT como de su explotación, debe ajustarse a las normas comunitarias y nacionales que regulan el ejercicio de la libertad eco-

Viviendas de uso turístico
Análisis de la situación actual y propuestas
para la mejora de su marco regulatorio

Fundación Democracia y Gobierno Local
Serie Claves del Gobierno Local, 39
ISBN: 978-84-125912-5-5

335

nómica, materializadas en los principios de buena regulación económica. Solamente aquellas limitaciones que superen el triple test conformado por los principios de necesidad, proporcionalidad y no discriminación podrán ser consideradas como ajustadas a la legalidad.

- En cualquier caso, la carga probatoria del ajuste a los citados principios corresponde a los responsables de la limitación, esto es, a los autores de la norma que contenga dicha limitación, ya sea de rango legal (poder legislativo) o reglamentario (poder ejecutivo).

- La jurisprudencia ha reconocido la posibilidad de que las Administraciones locales puedan limitar el número de VUT en un territorio concreto, ya sea como consecuencia de restricciones relativas a las características físicas de los inmuebles susceptibles de explotación turística (tipologías edificativas, requisitos estructurales, destino de los inmuebles, etc.), ya sea fijando contingentes máximos de operadores en determinadas áreas del término municipal. Para que tales limitaciones cuantitativas resulten aceptables resulta imprescindible demostrar, con estudios suficientemente fundamentados, su necesidad para la salvaguarda de determinadas razones imperiosas de interés general —protección del derecho a una vivienda digna y del entorno urbano—, así como su proporcionalidad —idoneidad y mínima intervención— y su carácter no discriminatorio.

- La posibilidad de establecer las limitaciones señaladas en el apartado anterior no resulta extrapolable a todo el territorio de una comunidad autónoma, pues en él habrá lugares en los que pueda justificarse su necesidad y proporcionalidad atendiendo a su situación concreta, pero en muchos otros lugares las mismas medidas resultarán innecesarias y desproporcionadas.

7. La protección de los derechos de los usuarios de las viviendas de uso turístico por la Administración local (Prof. Humberto Gosálbez Pequeño)

- La mayoría de las leyes turísticas solo menciona las competencias turísticas de los municipios, otorgándoles escasas competencias propias. Unas solo refieren la competencia de promoción del turismo local (País Vasco), otras atribuyen algunas competencias de protección de los recursos turísticos del territorio (Aragón, Castilla y León, Cantabria...). Destacan, no obstante, las leyes turísticas de Cataluña (su art. 68 enuncia nueve competencias específicas), de

336

Viviendas de uso turístico
Análisis de la situación actual y propuestas
para la mejora de su marco regulatorio

Fundación Democracia y Gobierno Local
Serie: Claves del Gobierno Local, 39
ISBN: 978-84-125912-5-5

Galicia (ocho competencias en su art. 5) y de Extremadura (once competencias en su art. 6).

- Solo una absoluta minoría de las leyes turísticas se refieren a competencias municipales de defensa de los derechos de los usuarios turísticos, y normalmente disponiendo en colaboración con las competencias de la Administración autonómica. La ley catalana, en su art. 68.e), atribuye expresamente a los municipios la titularidad de las potestades inspectora y sancionadora "sobre las actividades turísticas que se lleven a cabo dentro de su término municipal, que incluyen los servicios de comercialización presencial o telemática de estas actividades", en coordinación con la Generalitat.

Propuestas de mejora:

- Una descentralización de competencias autonómicas mediante la inclusión en las leyes de turismo (y posterior aprobación de los reglamentos autonómicos ejecutivos y municipales adecuados) de específicas competencias municipales propias en defensa de los usuarios de las viviendas turísticas (y, en su caso, de otros usuarios turísticos), al afectar notablemente esta modalidad de servicio del alojamiento turístico al ejercicio de otras competencias municipales (convivencia ciudadana y seguridad pública, urbanismo, vivienda, suministro de servicios básicos, transporte público de viajeros, medio ambiente, etc.), y tener así un cualificado interés local superior al presente en la prestación de otros servicios turísticos en el ámbito municipal. El proyecto de ley deberá atribuir la titularidad de las potestades administrativas precisas para ejercer las específicas competencias municipales atribuidas, y, consecuentemente, disponer para los municipios turísticos (o de característica similares) o con cierta población lo siguiente:

  a)   Creación de oficinas municipales de asistencia al turista, a semejanza de las OMIC que dispone la legislación de defensa de consumidores/usuarios (debiendo, en consecuencia, aprobarse una específica regulación reglamentaria de las HQR turísticas), con las siguientes funciones: a) informar y asesorar a los usuarios turísticos sobre sus derechos (y sus deberes) y su ejercicio efectivo; b) ejercer la mediación-conciliación en los conflictos entre usuarios y empresas iniciados con las quejas y las reclamaciones presentadas por los turistas; c) remitir a la unidad de disciplina turística municipal las denuncias de

Viviendas de uso turístico
Análisis de la situación actual y propuestas
para la mejora de su marco regulatorio

Fundación Democracia y Gobierno Local
Serie Claves del Gobierno Local. 39
ISBN: 978-84-125912-5-5

337

indiciarias infracciones administrativas turísticas de su competencia.

b) Creación de unidades municipales de disciplina turística, con las siguientes funciones públicas: a) potestad inspectora sobre las presuntas infracciones turísticas cometidas contra los usuarios de las viviendas turísticas, siempre que se trate de empresas radicadas en su término municipal o la infracción se hubiera cometido solamente en dicho término, debiendo revisarse, en su caso, el régimen procedimental del ejercicio de la potestad inspectora turística; b) potestad sancionadora sobre dichas infracciones administrativas, debiendo revisarse, en su caso, el régimen de infracciones dispuesto en la ley de turismo al efecto de incluir específicos tipos en defensa de los usuarios turísticos, y los consiguientes y previos deberes legales constitutivos de los tipos infractores.

c) Creación de juntas arbitrales turísticas, a semejanza de las juntas arbitrales de consumo, o, en su defecto, sección turística en la junta arbitral de consumo del municipio, con las funciones arbitrales y mediadoras establecidas en el Real Decreto 231/2008, de 15 de febrero, por el que se regula el Sistema Arbitral de Consumo.

8. Propuestas de mejora sobre el gravamen a las viviendas turísticas en el ámbito local (Prof.ª M.ª del Mar Soto Moya)

· El gravamen por las estancias en establecimientos turísticos no puede realizarse por otra figura tributaria diferente al impuesto, por lo que, pese a que, erróneamente, la tributación sobre estancias en establecimientos turísticos (que incluye las VUT) se suele denominar "tasa turística", el tributo que grava esta actividad, por su naturaleza, no puede ser una tasa, sino que ha de ser un impuesto.

· En la actualidad, no es posible gravar las estancias en VUT en el ámbito local, ya que los entes locales no tienen competencias legislativas, que son imprescindibles para la creación de impuestos (que solo pueden establecerse mediante una norma con rango de ley).

· Las comunidades autónomas sí tienen competencias legislativas, por lo que hasta el momento, en nuestro país, han sido las comunidades autónomas las que han sometido a gravamen las estancias en establecimientos turísticos: Cataluña, Baleares y Comunidad

Viviendas de uso turístico
Análisis de la situación actual y propuestas
para la mejora de su marco regulatorio
Fundación Democracia y Gobierno Local
Serie: Claves del Gobierno Local. 39
ISBN: 978-84-125912-5-5

Valenciana (en esta última, pese a haberse aprobado el impuesto, muy probablemente se va a derogar antes de su entrada en vigor).

- La propuesta de mejora para lograr adecuar el tributo a las necesidades locales pasaría por la modificación del TRLRHL, consistente en la introducción de una nueva figura impositiva: un impuesto municipal, de carácter potestativo, que gravara las estancias en establecimientos turísticos en el ámbito local. De esta forma, los ayuntamientos que lo estimaran oportuno podrían implementar un gravamen sobre los establecimientos turísticos (incluyendo las VUT), con el objetivo de coadyuvar al mantenimiento de los gastos públicos municipales generados por el turismo y a la sostenibilidad turística en el municipio.

Viviendas de uso turístico
Análisis de la situación actual y propuestas
para la mejora de su marco regulatorio

Fundación Democracia y Gobierno Local
Serie: Claves del Gobierno Local, 39
ISBN: 978-84-125912-5-5

339